給水装置工事

要点テキスト

市ケ谷出版社

は　じ　め　に

　「給水装置工事主任技術者試験」は，水道法に基づく国家試験です。公益財団法人給水工事技術振興財団が実施します。給水装置工事主任技術者試験に合格した者は，厚生労働大臣の免許が交付され，「給水装置工事主任技術者」として，全国のあらゆる地域において給水装置工事を行うことができます。

　本書は，給水装置工事に係わる人で，経験の浅い人，または**初めて給水装置工事主任技術者試験を受験する人を対象**に過去の出題傾向に基づき編修されています。

　本書には，次のような配慮がしてあります。

　第一に，本試験の試験科目順に編修しています。大きくは編・章で分けています。

　第二に，試験科目ごとに，過去の出題傾向を示してあります。

　第三に，毎年のように出題される内容については，主として側注欄に「よく出る」と表記，および本文に__アンダーライン__をし，重点的に学習できるようにしています。本試験は，過去に出題された問題が繰り返し出題される傾向にありますので，アンダーライン箇所には，マーカーなどで色をつけて，丸暗記する位に学習するのがよいと思います。

　第四に，出題の根拠となった水道法令の根幹が理解しやすいように，できる限り法令そのものを掲載し，かつ解説しています。__重要な法令は繰り返し掲載しています。__

　第五に，学習しやすいように，__解りにくい用語や給水用具に関して，図などを駆使して，__自然に無理なく頭に入るように工夫してあります。したがって，図などを見ることで理解できるようにもしてありますし，また，**※で補助解説**していますので，むだな学習時間を省くことができます。

　第六に，各章の最後に，○×形式の確認テストを掲載しています。過去問で頻繁に出題されている文章です。本試験の出題形式には選択肢文章の正・誤や数を問う難しい問題もありますので，確実に実力がついたかどうかの試しに活用してください。

　本書は，独学で勉強する人にも，確実に試験に合格することを目標としてつくられていますが，講習会テキストとしても最高水準のものです。

　本書でじっくりと学習することにより，「給水装置工事主任技術者」の資格を取得してください。合格を祈願いたします。

> 令和3年度からは，新しい「給水装置工事技術指針2020」（公益財団法人　給水工事技術振興財団発行）に記載された内容で試験問題が作成されます。__本書もそれに沿って改訂しました__ので安心してご利用ください。

2023年5月

横手幸伸

試験の特徴と本書の利用法

⑴ 本書の構成

　本書は，本試験の構成分野別に，本試験の問題に関する内容を含んだ項目を，テキスト部分としてまとめ解説しております。目次構成と試験で出題される問題数は，次のとおりです。

目　次　構　成	出題される問題数
学科試験1	
・公衆衛生概論	3
・水道行政	6
・給水装置工事法	10
・給水装置の構造及び性能	10
・給水装置計画論	6
・給水装置工事事務論	5
小計	40
学科試験2	
・給水装置の概要	15
・給水装置施工管理法	5
小計	20
合計	60

⑵ 本書での学習の仕方

　内容を繰返し読み，しっかりと把握する。学習を進めるなかで，次に学習した事柄をつなぎ合わせて，給水装置工事の全体像をしだいに形づくっていく。

　そのために

Step1　本文で内容を把握したのち，（章末）確認テストにとりかかる方法が効果的です。

Step2　章の学習で扱った内容の全体を理解するために，いまいちど（章末）確認テストを順番に解く。

　　　　問題の中には，いくつかの問題をつなぎ合わせて解答するようなことも可能性としては考えておいたほうがよい。

Step3　解答は，正答の場合は何を判断のポイントとしたか，誤答の場合は何が誤ったのかを直ちに本文で確認する。このことが繰返し読むことにもなる。○×の確認だけで終わらないよう心掛ける。

(3) **合格基準のめやす**（令和4年度の場合）

配点は，1題につき1点。

一部免除者は条件1．および条件2．，全科目受験者は条件1．，条件2．および条件3．のすべてを満たしたとき，合格となります。

条件1．各科目の必要な点数をすべてクリアすること。

※受験したすべての科目で，必要な点数以上を得点しなければなりません。

8科目の問題数および必要な点数は表のとおりです。

〔一部免除者は科目⑦と⑧が除かれ，6科目を受験する〕

科　目	問題数 （点数）	科目別必要 最低点数
① 公衆衛生概論	3	1
② 水道行政	6	2
③ 給水装置工事法	10	4
④ 給水装置の構造及び性能	10	4
⑤ 給水装置計画論	6	2
⑥ 給水装置工事事務論	5	2
⑦ 給水装置の概要	15	5
⑧ 給水装置施工管理法	5	2

条件2．全員が受験する必須6科目（⑦，⑧以外）の合計点が，27点以上であること。

条件3．全科目（8科目）の合計点が，40点以上であること。

(4) **その他**

試験の日程等については，厚生労働省，公益財団法人給水工事技術振興財団（ホームページアドレス：http://www.kyuukou.or.jp）にて最新の情報を入手してください。

受験ガイダンス

　水道法（昭和32年法律第177号）に基づき，「給水装置工事主任技術者試験」が実施されます。

　なお，試験の実施に関する事務は，公益財団法人　給水工事技術振興財団が行います。**試験の日程**は，次のとおりです。

　主催団体によれば，「令和5年度の給水装置工事主任技術者試験の試験日及び願書受付期間の公表は，令和5年6月1日を予定しております。これに伴い，願書受付開始日も例年より2週間程度遅くなる見込み」です。

1．【令和4（2022）年度試験の概要（参考）】日程フロー図

受験申込期間
（インターネット申込書作成システム稼働期間）　　6月6日（月）〜7月8日（金）

⬇

受験票発送　　　　10月3日（月）

⬇

試験日　　　　　　10月23日（日）

⬇

合格発表　　　　　11月30日（水）

2．試験日

2022年10月23日（日）

3．試験地区（試験予定地）…令和4年は次の通り。

北海道（札幌市），東北（仙台市），関東（習志野市・東京都杉並区・横浜市），中部（名古屋市），関西（大阪市，和泉市），中国四国（広島市），九州（福岡市），沖縄（那覇市）

4．試験科目および時間割

	時　間　割	試　験　科　目　等
学科試験1	**9：20までに入室** 9：30～10：00 10：00～12：30 （150分）	受験者集合 受験上の注意事項の説明 試験科目「公衆衛生概論」 　　　　　「水道行政」 　　　　　「給水装置工事法」 　　　　　「給水装置の構造及び性能」 　　　　　「給水装置計画論」 　　　　　「給水装置工事事務論」
	12：30～13：45 （75分）	昼　食・休　憩
学科試験2	**13：45までに入室** 13：45～14：00 14：00～15：00 （60分）	受験者集合 受験上の注意事項の説明 試験科目「給水装置の概要」 　　　　　「給水装置施工管理法」

5．試験科目の一部免除

建設業法施行令（昭和31年政令273号）第二十七条の三の表に掲げる検定種目のうち，管工事施工管理の種目に係る1級又は2級の技術検定に合格した方（**管工事施工管理技士1級又は2級**）は，申請により，試験科目のうち「給水装置の概要」及び「給水装置施工管理法」の免除を受けることができます。

6．受験資格

給水装置工事に関して3年以上の実務の経験を有する方。

（1）　実務経験に該当する業務

「受験の手引き」を参考にしてください。

（2）　実務経験に該当しない業務

「受験の手引き」を参考にしてください。

7．受験の手続き

2021年5月24日より給水工事技術振興財団のホームページ（http://www.kyuukou.or.jp）に掲載されている「インターネット申込書作成システム」の画面に従い，必要事項を入力し，印刷したものに必要事項の記入等を行い，完成させたものを簡易書留にて郵送してください。

なお，「申請書類作成に際しての注意事項」（重要）を確認のうえ，次の書類を提出してください。

(1) 受験願書

(2) 試験一部免除申請書（1級又は2級管工事施工管理技士の資格取得者で試験の一部免除を希望される方）

(3) 給水装置工事実務従事証明書

(4) 給水装置工事実務従事証明省略申請書

（平成27年度試験からの連続受験者で省略を希望される方）

(5) 受験写真貼付用紙・払込確認用紙

8．受験に関する書類の提出期限及び提出先

受験に関する書類の提出は，令和4年度は令和4年6月6日（月）から7月8日（金）（当日消印有効）までの間です。

公益財団法人　給水工事技術振興財団 国家試験部 国家試験課

（〒163-0712 東京都新宿区西新宿二丁目7番1号　小田急第一生命ビル12階）

に原則として**郵送**により提出してください。

9．合格者の発表

試験の合格者は，令和4年11月30日（水）午前10時，厚生労働省及び財団の掲示場にその受験番号を掲示して発表します。

財団のホームページ（http://www.kyuukou.or.jp）にも掲載して発表します。

10．合格者の発表場所

厚生労働省　　　　　　　　　　　　　　　〒100-8045 東京都千代田区霞が関1丁目2番2号

　　　　　　　　　　　　　　　　　　　　　　　　　　　　中央合同庁舎5号館1階

公益財団法人　給水工事技術振興財団

　　　　　　　　　　　　　　　〒163-0712 東京都新宿区西新宿二丁目7番1号

　　　　　　　　　　　　　　　　　　　　　　小田急第一生命ビル12階

　　　　　　　　　　　　　　　　　　　　　　電話03-6911-2711（代）

目　　　　次

第2編　学科試験　2

資　料　編

令和4年度　給水装置工事主任技術者試験問題

第1編　学科試験1

第1章　公衆衛生概論

公衆衛生概論の出題傾向

　「公衆衛生概論」の試験科目の主な内容は，水道水の汚染による公衆衛生問題に関する知識を有していること。水道の基本的な事柄に関する知識を有していることである。具体的には，消毒，逆流防止の重要性，微量揮発性有機物の溶出による健康影響，病原性大腸菌，原虫類の混入による感染症，水質基準及び施行基準の概要等である。

　令和4年度も例年通り3問出題され，①水道事業，②水質基準，③残留塩素からの出題で，合格に必要な正答は1問以上である。また，択一式の問題は3問すべて4択であった。

　これ以外で過去に多く出題されているのは水道施設，水質管理目標，汚染物質，水道の歴史などである。

水道施設　取水施設，貯水施設，導水施設，浄水施設，送水施設，配水施設等の名称と内容に関することが多く出題されている。

　急速ろ過方式と緩速ろ過方式の違いに関することが多く出題されている。

水道水の消毒　飲用水に起因する健康影響（病原体・化学物質）が多く出題されている。

　遊離残留塩素濃度・結合残留塩素濃度に関することが多く出題されている。

水道水の条件　水道水を供給する条件としての水質・水量・水圧に関することが出題されている。

　用語の定義から水道事業の種類や定義などについても出題されている。

水質基準　水質基準，水質管理目標設定項目，要検討項目の関連等に関することが多く出題されている。

　水質基準の重要な物質に関することが多く出題されている。

　水道法の管理目標，水源の消毒方法，人体の健康に対する水質基準に関することが多く出題されている。

その他　わが国の水道での水系感染症の発生事例，水道の歴史に関することが出題されている。

1・1 水道の基礎

学習のポイント

1．水道法について学習する。
2．水道水の条件を学習する。
3．水道事業の種類を学習する。

1・1・1　水道法

（1）　水道法の目的

水道法の目的は，水道法第一条に規定されている。

> **法第一条**　この法律は，水道の布設及び管理を適正かつ合理的ならしめるとともに，水道の基盤を強化することによつて，清浄にして豊富低廉な水の供給を図り，もつて公衆衛生の向上と生活環境の改善とに寄与することを目的とする。

第2章2・1・2参照。

（2）　責　務

責務に関しては，水道法第二条，第二条の二に規定されている。

> **法第二条**　国及び地方公共団体は，水道が国民の日常生活に直結し，その健康を守るために欠くことのできないものであり，かつ，水が貴重な資源であることにかんがみ，水源及び水道施設並びにこれらの周辺の清潔保持並びに水の適正かつ合理的な使用に関し必要な施策を講じなければならない。
> 2　国民は，前項の国及び地方公共団体の施策に協力するとともに，自らも，水源及び水道施設並びにこれらの周辺の清潔保持並びに水の適正かつ合理的な使用に努めなければならない。

> **法第二条の二**　地方公共団体は，当該地域の自然的社会的諸条件に応施策を策定し，及びこれを推進するとともに，都道府県及び市町村並びに水道事業者及び水道用水供給業者（以下「水道事業者等」という。）に対し，必要な技術的及び財政的な援助を行うよう努めなければならない。
> 2　都道府県は，その区域の自然的社会的諸条件に応じて，その区域内における市町村の区域を超えた広域的な水道事業者等の間の連携等（水道事業者等の間の連携及び二以上の水道事業又は水道用水供給事業の一体的な経営をいう。以下同じ。）の推進その他の水道の基盤の強化に関する施策を策定し，及びこれを実施するよう努めなければならない。

　　3　市町村は，その区域の自然的社会的諸条件に応じて，その区域内におけ
　　　る水道事業者等の間の連携等の推進その他の水道の基盤の強化に関する施
　　　策を策定し，及びこれを実施するよう努めなければならない。
　　4　水道事業者等は，その経営する事業を適性かつ能率的に運営するととも
　　　に，その事業の基盤の強化に努めなければならない。

（3）　用語の定義

　用語の定義は，水道法第三条に規定されている。

　法第三条　この法律において「**水道**」とは，導管及びその他の工作物により，
　　水を人の飲用に適する水として供給する施設の総体をいう。ただし，臨時
　　に施設されたものを除く。

　2　この法律において「**水道事業**」とは，一般の需要に応じて，水道により
　　水を供給する事業をいう。ただし，給水人口が100人以下である水道によ
　　るものを除く。

　3　この法律において「**簡易水道事業**」とは，給水人口が5,000人以下であ
　　る水道により，水を供給する水道事業をいう。

　4　この法律において「**水道用水供給事業**」とは，水道により，水道事業者
　　に対してその用水を供給する事業をいう。ただし，水道事業者又は専用水
　　道の設置者が他の水道事業者に分水する場合を除く。

　5　この法律において「**水道事業者**」とは，第六条第1項の規定による認可
　　を受けて水道事業を経営する者をいい，「**水道用水供給事業者**」とは，第
　　二十六条の規定による認可を受けて水道用水供給事業を経営する者をいう。

　6　この法律において「専用水道」とは，寄宿舎，社宅，療養所等における
　　自家用の水道その他水道事業の用に供する水道以外の水道であつて，次の
　　各号のいずれかに該当するものをいう。ただし，他の水道から供給を受け
　　る水のみを水源とし，かつ，その水道施設のうち地中又は地表に施設され
　　ている部分の規模が政令で定める基準以下である水道を除く。

　　一　100人を超える者にその居住に必要な水を供給するもの

　　二　その水道施設の1日最大給水量（1日に給水することができる最大の
　　　水量をいう。以下同じ。）が政令で定める基準を超えるもの

　7　この法律において「**簡易専用水道**」とは，水道事業の用に供する水道及
　　び専用水道以外の水道であつて，水道事業の用に供する水道から供給を受
　　ける水のみを水源とするものをいう。ただし，その用に供する施設の規模
　　が政令で定める基準以下のものを除く。

　8　この法律において「**水道施設**」とは，水道のための取水施設，貯水施設，
　　導水施設，浄水施設，送水施設及び配水施設（専用水道にあつては，給水
　　の施設を含むものとし，建築物に設けられたものを除く。以下同じ。）で
　　あつて，当該水道事業者，水道用水供給事業者又は専用水道の設置者の管
　　理に属するものをいう。

◀よく出る

◀第2章2・4に詳述。

9　この法律において「**給水装置**」とは，需要者に水を供給するために水道事業者の施設した配水管から分岐して設けられた給水管及びこれに直結する給水用具をいう。

10　この法律において「**水道の布設工事**」とは，水道施設の新設又は政令で定めるその増設若しくは改造の工事をいう。

11　この法律において「**給水装置工事**」とは，給水装置の設置又は変更の工事をいう。

12　この法律において「**給水区域**」，「**給水人口**」及び「**給水量**」とは，それぞれ事業計画において定める給水区域，給水人口及び給水量をいう。

1・1・2　水道水の要件

水道は，人々に飲用に適合する水を豊富に，しかも安い料金で供給することが求められている。すなわち，水質基準に適合する衛生的に安全な水質，使用者の需要を十分に満たすことができる水量を確保し，消火用水としても対応できるだけの水圧を保持する必要がある。この水質，水量，水圧の3条件は，すべての水道が備えなければならない要件であり，大規模な水道，小規模な簡易水道を問わず，常に満足しなければならない要件である。

水道法において定義されている水道とは，「導管及びその他の工作物により，水を人の飲用に適する水として供給する施設の総体」であり，浄水場から末端まで導管によって飲用に供する目的で水を供給する施設は，都市の水道はもとより家庭用井戸の設備に至るまで，法律的にはすべて「水道」である。ただし，工事現場等の仮設給水施設として設けられたものは水道の定義からは除外されている。

◀よく出る

1・1・3　水道事業

水道事業に関係する用語の定義は，水道法第三条に規定されている。

法第三条　この法律において「**水道**」とは，導管及びその他の工作物により，水を人の飲用に適する水として供給する施設の総体をいう。ただし，臨時に施設されたものを除く。

2　この法律において「**水道事業**」とは，一般の需要に応じて，水道により水を供給する事業をいう。ただし，給水人口が100人以下である水道によるものを除く。

3　この法律において「**簡易水道事業**」とは，給水人口が5,000人以下である水道により，水を供給する水道事業をいう。

◀よく出る

次ページ図1・1と対比して覚えるとよい。

簡易水道事業

5 この法律において「水道事業者」とは，第六条第1項の規定による許可を受けて水道事業を経営する者をいい，「水道用水供給事業者」とは，第二十六条の規定による許可を受けて水道用水供給事業を経営する者をいう。

6 この法律において「専用水道」とは，寄宿舎，社宅，療養所等における自家用の水道その他水道事業の用に供する水道以外の水道であつて，次の各号のいずれかに該当するものをいう。ただし，他の水道から供給を受ける水のみを水源とし，かつ，その水道施設のうち地中又は地表に施設されている部分の規模が政令で定める基準以下である水道を除く。

一　100人を超える者にその居住に必要な水を供給するもの

二　その水道施設の1日最大給水量（1日に給水することができる最大の水量をいう。以下同じ。）が政令で定める基準を超えるもの

7 この法律において「簡易専用水道」とは，水道事業の用に供する水道及び専用水道以外の水道であつて，水道事業の用に供する水道から供給を受ける水のみを水源とするものをいう。ただし，その用に供する施設の規模が政令で定める基準以下のものを除く。

水道事業者
水道用水供給事業者
専用水道

以上の用語の定義を，図1・1に示す。

注：給水人口数と使用水量を理解しておくこと。

水道事業等の定義

― 水道事業者にその用水を供給する事業――**水道用水供給事業**

― 一般の需要に応じて水道により水を供給する事業
　　― 給水人口が100人を超えるもの
　　　　└ **水道事業**
　　　　　　└ **簡易水道事業**（水道事業のうち，給水人口5,000人以下のもの）
　　― （給水人口が100人以下のもの）

― 自家用の水道その他水道事業の水道以外の水道
　　― 100人を超える者にその居住に必要な水を供給するもの，又は人の飲用，炊事用，浴用，手洗い用その他人の生活の用の目的のために使用する水量が1日最大で20m³を超えるもの
　　　　└ **専用水道**（他の水道から供給される水のみを水源とし，かつ地中又は地表の施設の規模が小さい水道を除く。）
　　― （給水対象が100人以下で，人の飲用，炊事用，浴用，手洗い用その他人の生活の用の目的のために使用する水量が1日最大で20m³以下のもの）

― 水道事業及び水道事業以外の水道であって水道事業から供給される水のみが水源
　　└ **貯水槽水道**　水道事業から水の供給を受けるための水槽を持つ給水施設
　　　　── **簡易専用水道**　　　水槽の有効容量の合計が10m³を超えるもの
　　　　── **小規模貯水槽水道**　水槽の有効容量の合計が10m³以下のもの

図1・1　水道事業等の定義

1・2　水道施設と給水装置

学習のポイント

1．水道施設の構成を学習する。
2．各施設の浄水の順序，役割を学習する。
3．給水装置について学習する。

1・2・1　水道施設

（1）　施設基準

施設基準は，**水道法第五条**により規定されている。

法第五条　水道は，原水の質及び量，地理的条件，当該水道の形態等に応じ，取水施設，貯水施設，導水施設，浄水施設，送水施設及び配水施設の全部又は一部を有すべきものとし，その各施設は，次の各号に掲げる要件を備えるものでなければならない。

　一　**取水施設**は，できるだけ良質の原水を必要量取り入れることができるものであること。

　二　**貯水施設**は，渇水時においても必要量の原水を供給するのに必要な貯水能力を有するものであること。

　三　**導水施設**は，必要量の原水を送るのに必要なポンプ，導水管その他の設備を有すること。

　四　**浄水施設**は，原水の質及び量に応じて，前条の規定による水質基準に適合する必要量の浄水を得るのに必要な沈殿池，ろ過池その他の設備を有し，かつ，消毒設備を備えていること。

　五　**送水施設**は，必要量の浄水を送るのに必要なポンプ，送水管その他の設備を有すること。

　六　**配水施設**は，必要量の浄水を一定以上の圧力で連続して供給するのに必要な配水池，ポンプ，配水管その他の設備を有すること。

2　水道施設の位置及び配列を定めるにあたつては，その布設及び維持管理ができるだけ経済的で，かつ，容易になるようにするとともに，給水の確実性をも考慮しなければならない。

3　水道施設の構造及び材質は，水圧，土圧，地震力その他の荷重に対して十分な耐力を有し，かつ，水が汚染され，又は漏れるおそれがないものでなければならない。

◀よく出る

施設名及び施設のフローの順を確実に覚えておくこと（図1・2）。

4　前3項に規定するもののほか，水道施設に関して必要な技術的基準は，厚生労働省令で定める。

（2）　水道施設の要件

① 水質基準に適合する水を所定の水圧で連続して供給できること。

② 需要の変動に応じて，給水を安定的かつ効率的に供給できること。

③ 給水の確実性を向上させるために，必要に応じて，予備施設の設置などの措置が講じられていること。

④ 非常時に断水等の給水への影響ができるだけ少なくなるよう，また，速やかに復旧できるよう配慮されたものであること。

⑤ 環境の保全に配慮されたものであること。

⑥ 自重，積載荷重，水圧，土圧等の予想される荷重に対して安全な構造であること。

⑦ 施設の重要度に応じて，地震力に対して安全な構造であるとともに，地震により生ずる液状化，側方流動等によって生ずる影響に配慮されたものであること。

⑧ 漏水のおそれがないように水密性を有する構造であること。

⑨ 水の汚染のおそれがないように，必要に応じて暗きょとし，又は柵の設置などの措置が講じられていること。

⑩ 資材又は設備の材質は，必要な強度や耐久性を有し，水を汚染するおそれがないこと等の要件を備えること。

⑪ その他。

・側方流動
　地震時に発生する液状化に判い地盤が水平方向に大きく変位する現象。

（3）　水道施設の構成

水道施設は，貯水施設，取水施設，導水施設，浄水施設，送水施設及び配水施設で構成される。それぞれの施設の役割と保有しなければならない要件を次に示す（図1・2）。

◀よく出る
　図1・2は何度も見て覚えること。

(a)　**貯水施設**

貯水施設は，渇水時においても必要量の原水を供給するのに必要な貯

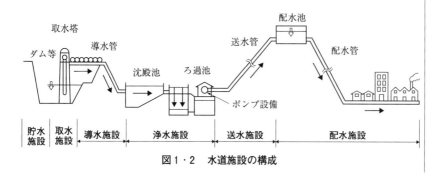

図1・2　水道施設の構成

水能力を有するものであって，水質の悪化を防止するための必要な措置などの要件を備えている施設。

(b)　**取水施設**

　取水施設は，できるだけ良質の原水を必要量取り入れることができるものであって，地表水の取水施設か地下水の取水施設かに応じてそれぞれに必要な要件を備えている施設。

(c)　**導水施設**

　導水施設は，必要量の原水を浄水施設に送るのに必要なポンプ，導水管等の設備を有する施設。

(d)　**浄水施設**

　浄水施設は，原水の質及び量に応じて，水質基準に適合する必要量の浄水を得るのに必要な沈殿池，ろ過池等の設備を有している施設。また，水と消毒剤との必要な接触時間が確保できる消毒設備を備えている施設（図1・3）。

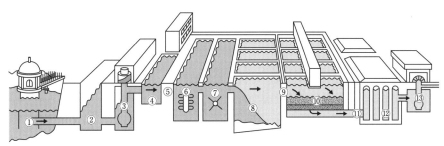

①取水塔　②沈砂池　③取水ポンプ　④着水井　⑤凝集剤注入設備　⑥薬品混和池
⑦フロック形成池　⑧沈殿池　⑨塩素注入設備　⑩ろ過池　⑪塩素注入設備
⑫配水池　⑬送水ポンプ

図1・3　浄水施設の例

(e)　**送水施設**

　送水施設は，必要量の浄水を配水施設に送るのに必要なポンプ，送水管等の設備を有する施設。

(f)　**配水施設**

　配水施設は，必要量の浄水を一定以上の圧力で連続して供給するのに必要な配水池，ポンプ，配水管等の設備を有するものであって，配水管から給水管に分岐する箇所において，原則として最小動水圧が150 kPaを下回らず，最大静水圧が750 kPaを超えないことなどの要件を備えている施設。また，事故や災害等の非常時の場合に，断水による給水への影響ができる限り少なくなるように必要な措置（配水管を鎖でつないだような管網とするなど）が講じられている施設。

1・2・2　給水装置

（1）　給水装置の定義

給水装置の定義は，水道法第三条第9項に規定されている。

> **法第三条**　この法律において「水道」とは，導管及びその他の工作物により，水を人の飲用に適する水として供給する施設の総体をいう。ただし，臨時に施設されたものを除く。
>
> 9　この法律において「給水装置」とは，需要者に水を供給するために水道事業者の施設した配水管から分岐して設けられた給水管及びこれに直結する給水用具をいう。

◀よく出る

（2）　給水装置と給水装置工事

給水装置とは，需要者に水を供給するために水道事業者の施設した配水管から分岐して設けられた給水管及びこれに直結する給水用具をいう。また，給水装置工事とは，給水装置の設置又は変更の工事をいう。次に具体例を示す。

(a)　給水装置と給水用具

水道法に定義されている給水用具には，配水管からの分岐器具，給水管を接続するための継手，給水管路の途中に設けられる弁類や湯沸器，給水管路の末端に設けられる給水栓，ボールタップ，温水洗浄便座，自動販売機，自動食器洗い機，湯沸器等があり，通常，給水用具は需要者の所有物である。一方，支給された水道メータは，水道事業者の所有物であるが，給水装置に該当する。

◀よく出る

給水用具と給水装置に対する位置付けを理解する。

建物等で，水道水を一旦受水槽に受けて給水する貯水槽水道の場合には，配水管の分岐から受水槽への注入口（ボールタップ等）までが給水装置であり，受水槽以降の給水設備は給水装置に該当しない。

(b)　給水装置工事

現地で施行する工事が給水装置工事であり，住宅生産工場内で行われる工場生産住宅に給水管及び給水用具を設置する作業は，給水装置工事に含まれない。

◀よく出る

図1・4に，水道施設の①施設区分，②所有区分，③管理区分④水質管理区分をよく理解しておく。

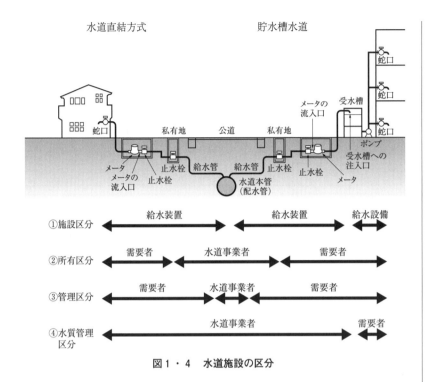

図 1 ・ 4 　水道施設の区分

1・3 水 質 基 準

学習のポイント

1. 水質基準，水質管理目標設定項目及び要検討項目の位置付けを学習する。
2. 代表的な水質基準の項目と基準値を学習する。

1・3・1 水質基準

水道法では，水道によって「清浄にして豊富低廉な水の供給」がなされることを目的として，水道の布設及び管理を適正で合理的にするための各種規定を設けている。

そのうちで最も基本となる規定が水質基準と施設基準であり，これらは，水道の定義に掲げた法規制対象の水道はもちろんその他の水道にも適用されるべきものとして定められている。

（1） 水質基準

水質基準は，水道法第四条に規定されている。

> **法第四条** 水道により供給される水は，次の各号に掲げる要件を備えるものでなければならない。
>
> 　一　病原生物に汚染され，又は病原生物に汚染されたことを疑わせるような生物若しくは物質を含むものでないこと。
>
> 　二　シアン，水銀その他の有毒物質を含まないこと。
>
> 　三　銅，鉄，弗素，フェノールその他の物質をその許容量をこえて含まないこと。
>
> 　四　異常な酸性又はアルカリ性を呈しないこと。
>
> 　五　異常な臭味がないこと。ただし，消毒による臭味を除く。
>
> 　六　外観は，ほとんど無色透明であること。
>
> 2　前項各号の基準に関して必要な事項は，厚生労働省令で定める。

1・3・2 水質基準の構成

水質基準は，水質基準，水質管理目標設定項目及び要検討項目で構成されている（p.15 図1・5）。

◀よく出る

（1）　水質基準

①　水質基準は，人の健康の保護の観点から設定された項目と，生活利用上障害が生ずるおそれの有無の観点から設定された項目から構成され，最新の科学的知見に照らして改正される（表1・1）。

②　人の健康の保護の観点から設定された項目は，「1　一般細菌」から「31　ホルムアルデヒド」までの31項目である（平成23年4月1日より，「19　トリクロロエチレン」の基準値が0.03mg/L以下から0.01mg/L以下に変更になった。また，平成26年4月1日より，9亜硝酸態窒素が追加された。）。

③　生活利用上障害が生ずるおそれの有無の観点から設定された項目は，「32　亜鉛及びその化合物」から「51　濁度」までの20項目である。

④　平成27年4月1日より「28　トリクロロ酢酸」の基準値が0.3mg/L以下から0.03mg/L以下に変更になった。

水道法では，水道により供給される水は水質基準を満たさなくてはならない。水質基準については，地域，水源の種別又は浄水方法により，人の健康の保護又は生活上の支障を生ずるおそれのあるものについて水質基準項目として設定されている。

表1・1　水質基準

項目	基準値	説明
1　一般細菌	1mLの検水で形成される集落数が100以下	水の一般的清浄度を示す指標である。
2　大腸菌	検出されないこと	人や動物の腸管内や土壌に存在している。
3　カドミウム及びその化合物	カドミウムの量に関して，0.003mg/L以下	イタイイタイ病の原因物質として知られている。
4　水銀及びその化合物	水銀の量に関して，0.0005mg/L以下	有機水銀化合物は水俣病の原因物質として知られている。
5　セレン及びその化合物	セレンの量に関して，0.01mg/L以下	鉱山排水や工場排水などの混入によって河川水などで検出されることがある。
6　鉛及びその化合物	鉛の量に関して，0.01mg/L以下	水道水中には含まれていないが，鉛管を使用している場合に検出されることがある。
7　ヒ素及びその化合物	ヒ素の量に関して，0.01mg/L以下	地質の影響，鉱泉，工場排水などの混入によって河川水などで検出されることがある。
8　六価クロム化合物	六価クロムの量に関して，0.02mg/L以下	鉱山排水や工場排水などの混入によって河川水などで検出されることがある。
9　亜硝酸態窒素	0.04mg/L以下	窒素肥料，腐敗した動植物，家庭排水，下水等に由来する。
10　シアン化物イオン及び塩化シアン	シアンの量に関して，0.01mg/L以下	工場排水などの混入によって河川水などで検出されることがある。
11　硝酸態窒素及び亜硝酸態窒素	10mg/L以下	高濃度に含まれると幼児にメトヘモグロビン血症（チアノーゼ症）を起こすことがある。
12　フッ素及びその化合物	フッ素の量に関して，0.8mg/L以下	適量摂取は虫歯の予防効果があるが，高濃度に含まれると斑状歯の症状が現れる。
13　ホウ素及びその化合物	ホウ素の量に関して，1.0mg/L以下	火山地帯の地下水や温泉からの排水などの混入によって河川水などで検出される。

項目	基準値	説明
14 四塩化炭素	0.002mg/L 以下	主に化学合成原料，溶剤，金属の脱脂剤，塗料，ドライクリーニングなどに使用され，地下水汚染物質として知られている。
15 1,4-ジオキサン	0.05mg/L 以下	
16 シス-1,2-ジクロロエチレン及びトランス-1,2-ジクロロエチレン	0.04mg/L 以下	
17 ジクロロメタン	0.02mg/L 以下	主に化学合成原料，溶剤，金属の脱脂剤，塗料，ドライクリーニングなどに使用され，地下水汚染物質として知られている。
18 テトラクロロエチレン	0.01mg/L 以下	
19 トリクロロエチレン	0.01mg/L 以下	
20 ベンゼン	0.01mg/L 以下	
21 塩素酸	0.6mg/L 以下	消毒剤の次亜塩素酸ナトリウム及び二酸化塩素の分解生成物である。
22 クロロ酢酸	0.02mg/L 以下	原水中の一部の有機物質と消毒剤の塩素が反応して生成される。
23 クロロホルム	0.06mg/L 以下	
24 ジクロロ酢酸	0.03mg/L 以下	
25 ジブロモクロロメタン	0.1mg/L 以下	
26 臭素酸	0.01mg/L 以下	原水中の臭化物イオンが高度浄水処理のオゾンと反応して生成される。
27 総トリハロメタン	0.1mg/L 以下	クロロホルム，ジブロモクロロメタン，ブロモジクロロメタン，ブロモホルムの合計。
28 トリクロロ酢酸	0.03mg/L 以下	原水中の一部の有機物質と消毒剤の塩素が反応して生成される。
29 ブロモジクロロメタン	0.03mg/L 以下	
30 ブロモホルム	0.09mg/L 以下	
31 ホルムアルデヒド	0.08mg/L 以下	
32 亜鉛及びその化合物	亜鉛の量に関して，1.0mg/L 以下	鉱山排水，工場排水などの混入や亜鉛メッキ鋼管からの溶出に由来して検出される。
33 アルミニウム及びその化合物	アルミニウムの量に関して，0.2mg/L 以下	工場排水等の混入や，水処理に用いられるアルミニウム系凝集剤に由来して検出される。
34 鉄及びその化合物	鉄の量に関して，0.3mg/L 以下	高濃度に含まれると異臭味（カナ気）や，洗濯物などを着色する原因となる。
35 銅及びその化合物	銅の量に関して，1.0mg/L 以下	高濃度に含まれると洗濯物や水道施設を着色する原因となる。
36 ナトリウム及びその化合物	ナトリウムの量に関して，200mg/L 以下	海水，塩素処理などの水処理に由来し，高濃度に含まれると味覚を損なう原因となる。
37 マンガン及びその化合物	マンガンの量に関して，0.05mg/L 以下	消毒用の塩素で酸化されると黒色を呈することがある。
38 塩化物イオン	200mg/L 以下	高濃度に含まれると味覚を損なう原因となる。
39 カルシウム、マグネシウム等(硬度)	300mg/L 以下	硬度とはカルシウムとマグネシウムの合計量をいい，主として地質によるもの。
40 蒸発残留物	500mg/L 以下	水を蒸発させたときに得られる残留物のこと。
41 陰イオン界面活性剤	0.2mg/L 以下	生活排水や工場排水などの混入に由来し，高濃度に含まれると泡立ちの原因となる。
42 ジェオスミン	0.00001mg/L 以下	湖沼などで富栄養化現象に伴い発生する藍藻類によって産生されるカビ臭の原因物質。
43 2-メチルイソボルネオール	0.00001mg/L 以下	湖沼などで富栄養化現象に伴い発生する藍藻類によって産生されるカビ臭の原因物質。

項目	基準値	説明
44 非イオン界面活性剤	0.02mg/L 以下	生活排水や工場排水などの混入に由来し，高濃度に含まれると泡立ちの原因となる。
45 フェノール類	フェノールの量に換算して，0.005mg/L 以下	微量であっても異臭味の原因となる。
46 有機物(全有機炭素(TOC)の量)	3mg/L 以下	有機物などによる汚れの度合を示す。 注　蒸発残留物と混同しないこと。
47 pH 値	5.8以上8.6以下	0〜14の数値で表され，pH 7 が中性，7 以下は酸性，7 以上はアルカリ性。
48 味	異常でないこと	水の味は，地質又は海水，工場排水等の混入及び藻類など生物の繁殖に伴う。
49 臭気	異常でないこと	水の臭気は，藻類など生物の繁殖，工場排水，下水の混入，地質などに伴う。
50 色度	5 度以下	水についている色の程度を示すもの。
51 濁度	2 度以下	水の濁りの程度を示すもの。

（2）　水質管理目標設定項目

　水質管理目標設定項目とは，浄水中で一定の検出の実績はあるが，毒性の評価が暫定的であるため水質基準とされなかったもの又は現在まで，浄水中では水質基準とする必要があるような濃度で検出されていないが，今後，当該濃度を超えて浄水中で検出される可能性があるもの等，水道水質管理上留意すべきものが厚生労働省健康局長通知により設定されている。

◀よく出る

（3）　要検討項目

　要検討項目とは，毒性評価が定まらない，水道水中での検出実態が明らかでない等，水質基準又は水質管理目標設定項目に位置付けられなかった項目で，今後必要な情報・知見の収集に努めていくべき項目として厚生科学審議会から示されている。

以上，水質基準，水質管理目標設定項目及び要検討項目の位置付けを図1・5に示す。

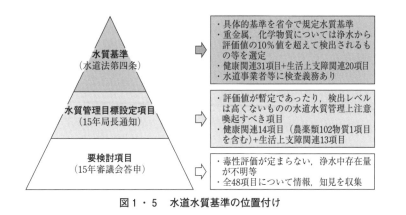

図1・5　水道水質基準の位置付け

1・4 水道水の消毒

1．消毒剤の特徴を学習する。
2．浄水施設の急速ろ過法・緩速ろ過法を学習する。
3．残留塩素に関する事項を学習する。

1・4・1 消毒の方法と効果

（1） 消毒剤　　　　　　　　　　　　　　　　　　　　　　　◀よく出る

一般に水道で使用される消毒剤には，次の塩素系の3種類がある。

(a) 次亜塩素酸ナトリウム

次亜塩素酸ナトリウムは，液化塩素と比較して取扱いが容易であるため，塩素剤を液化塩素から変更した水道事業者が多い。価格は液化塩素よりも高い。光や温度の影響を受け，徐々に分解して有効濃度が低下する。また，次亜塩素酸ナトリウムの注入によってpHが若干上昇する。

(b) 液化塩素（液体塩素）

液化塩素は，塩素ガスを高圧で液化し高圧ボンベに詰めて貯蔵される。塩素ガスは猛毒であるため，液体や気体として漏洩した場合の影響が大きいこと，貯蔵設備等が複雑であり，維持管理に多くの労力を必要とすること，高圧ガス保安法の規制を受けること等の欠点及び制約がある。有効塩素注入量当たりの消毒効果は次亜塩素酸ナトリウムよりも高い。

(c) 次亜塩素酸カルシウム

次亜塩素酸カルシウム（高度さらし粉を含む。）は，粉末・顆粒及び錠剤があり，有効塩素濃度は60％以上で保存性がよい。非常時対策用として準備しておくには，取扱い性，化学的安定性から次亜塩素酸カルシウムがよい。

（2） 消毒剤の注入箇所　　　　　　　　　　　　　　　　　　◀よく出る

水道の浄水施設における消毒剤の注入箇所は，緩速ろ過法と急速ろ過法によって異なる。

(a) 緩速ろ過法の場合

緩速ろ過法とは，通常は原水を普通沈殿処理させた後，3～5m/日のろ過速度で砂ろ過を行う方法である。ろ過池の砂層に繁殖した好気性

微生物の作用によって水を浄化させるものであるので，消毒のための塩素剤は砂ろ過を行った後に注入する。

(b)　**急速ろ過法の場合**

急速ろ過法とは，通常は凝集剤を加えて沈殿処理した後，120〜150 m/日のろ過速度で砂ろ過を行う方法である。

凝集フロックを物理的に除去する処理方法であり，溶解性の鉄やマンガンは塩素による酸化析出作用によって除去することができるので，そのための塩素剤の注入は凝集剤を加える前又は沈殿処理後に注入される。鉄やマンガンを除去するために注入された塩素は砂ろ過後も保持されているが，通常それだけでは配水中に消失する残留塩素を補うことができないので，さらに塩素剤を追加注入する。沈殿処理前に塩素剤を注入する場合を前塩素処理，沈殿処理後に注入する場合を中間塩素処理，ろ過後に注入する場合を後塩素処理という。前塩素処理の代わりに中間塩素処理を行うのは，原水中の有機物質と塩素が反応してできる消毒副生成物を低減するためである。

（3）　残留塩素の消毒効果と測定方法　　　　　　　◀よく出る

①　**残留塩素**とは，消毒効果のある有効塩素が水中の微生物を殺菌消毒したり，有機物を酸化分解した後も水中に残留している塩素のことである。

②　残留塩素には，**遊離残留塩素**と**結合残留塩素**の2種類があり，殺菌効果は遊離残留塩素のほうが強く，残留効果は結合残留塩素のほうが持続する。

③　**遊離残留塩素**は，水道水などの消毒のために添加された塩素で，水中に残留した強い酸化力を有する形の塩素（有効塩素）で，次亜塩素酸($HClO$)と次亜塩素酸イオン(ClO^-)がある。

④　**結合残留塩素**は，水中にアンモニア化合物があると，塩素はこれと反応してクロラミンを生じる。クロラミンは，水の pH 値によってモノクロラミン（NH_2Cl），ジクロラミン（$NHCl_2$）及びトリクロラミン（NCl_3）となるが，殺菌作用はまだ残っている。

⑤　残留塩素の測定方法には種々あるが，給水栓の水質検査や作業現場で，使いやすい簡易測定法としては，DPD 法がある。これは，残留塩素がジエチル−p−フェニレンジアミン(DPD)と反応して生じる桃〜桃赤色を標準比色液と比較して測定する方法である。なお，過去にオルト・トリジン試薬を使用するオルト・トリジン法（OT 法）が一般に利用されてきたが，発がん性が指摘され現在は禁止されている。

（4）　残留塩素の基準

◀よく出る

　水質基準での給水栓における残留塩素は，結合残留塩素の場合は0.4mg/L以上で，遊離残留塩素は0.1mg/L以上であることとされている。

（5）　トリハロメタン

　トリハロメタンは，浄水場で塩素殺菌を行うときに発生する発がん性物質である。水源が汚染されている場合，多くの塩素を投入するので，それだけ多くのトリハロメタンが発生するおそれが高くなる。最近は，水質の維持や異臭などに対応するため，高度浄水処理も行われるようになり，活性炭やオゾンなどが用いられている。

1・4・2　塩素消毒の義務付け

　水道法第二十二条により，水道事業者等は消毒その他，衛生上必要な措置を講じなければならない。

（衛生上の措置）

法第二十二条　水道事業者は，厚生労働省令の定めるところにより，水道施設の管理及び運営に関し，消毒その他衛生上必要な措置を講じなければならない。

（衛生上必要な措置）抜粋

規則第十七条第1項　法第二十二条の規定により水道事業者が講じなければならない衛生上必要な措置は，次の各号に掲げるものとする。

　3　給水栓における水が，遊離残留塩素を0.1mg/L（結合残留塩素の場合は，0.4mg/L）以上保持するように塩素消毒をすること。ただし，供給する水が病原生物に汚染されたことを疑わせるような生物若しくは物質を多量に含むおそれがある場合の給水栓における水の遊離残留塩素は，0.2mg/L（結合残留塩素の場合は，1.5mg/L）以上とする。

1・5　そ　の　他

学習のポイント

1．飲用水に起因する健康影響を学習する。
2．水道の歴史を学習する。

1・5・1　飲用水に起因する健康影響

（1）　飲用水に関する衛生問題の歴史

　飲用水に関する公衆衛生の歴史上有名な事件に，1854年にロンドンで発生したコレラの流行がある。この汚染源が，共同井戸であることが突き止められ，井戸の使用を禁じることでコレラの流行を阻止したという疫学研究の最初ともいえる事件である。平成 5（1993）年アメリカのミルウォーキーの水道でクリプトスポリジウムが原因となって40万人を超える患者の発生があり，約400人の死者が出たと報告されている。1893年にはアメリカとドイツで河川の水をろ過して給水することにより伝染病の死亡率が低下するのみならず，一般死亡率も低下することが見つけられている。これは，公衆衛生における疫学上の大発見といわれている。

◀よく出る

　わが国でも，近代水道が普及する前の時代には，飲用水の衛生状態と伝染病，特に消化器系感染症との関係が強かったが，水道の普及に伴って消毒された飲用水が供給され，コレラ，チフス，赤痢等の消化器系感染症が激減した。

　一方，昭和30（1955）年代以降の高度経済成長の時期に，急速な産業の発展と都市への人口集中に伴い，主たる水道水源である河川・湖沼において，工場排水や生活排水による深刻な水質汚濁が，各地で生じるようになった。水道水質の要件としても，飲用水判定基準（昭和25（1950）年）や水質基準（昭和33（1958）年）が制定され，有害化学物質である水銀，ヒ素，クロム，フッ素，シアンなどの項目が追加された。昭和40（1965）年頃からは，さまざまな公害被害が大きな社会問題となり，水質汚染に起因する深刻な被害として，工場排水中の有機水銀に起因する水俣病，あるいは鉱業所排水中のカドミウムに起因するイタイイタイ病が世に知られるようになった。

　このように急速に悪化してきた公共用水域の環境を改善するために，昭和45（1970）年には工場・事業場の排水を規制する新たな法制度として水

質汚濁防止法が制定され，また，昭和46（1971）年には水質汚濁防止対策
の目標となる「水質汚濁に係る環境基準」が定められた。

　このような状況から，飲用水に関する公衆衛生上の主たる関心は，病原
微生物による水系感染症から水銀，カドミウム等の重金属や陰イオン界面
活性剤等の化学物質へと移行した。

　昭和50（1975）年代以降，洗浄剤や溶剤として用いられる有機塩素化合
物（トリクロロエチレン，テトラクロロエチレン等）による広範囲にわたる
地下水汚染やゴルフ場農薬（シマジン，チウラム等）による水源汚染，ある
いは，浄水場の塩素処理により生成されるトリハロメタン類（クロロホル
ム等）の存在が社会問題化し，いずれも水道の水質基準や水質管理目標の
項目として追加された。

　平成に入って以降では，塩素系消毒剤（次亜塩素酸ソーダ，電解塩素な
ど）に不純物として含まれる臭素酸や海水淡水化を行う場合に問題となる
ホウ素などが新たに水質基準に追加された。また，内分泌撹乱化学物質，
ダイオキシン類，残留医薬品など，微量で人の健康に影響を及ぼす化学物
質の存在が注目を集めたが，水道水に含まれる濃度が極くわずかであるこ
となどにより，いずれも水道での規制は行われていない。

　塩素消毒された水道の普及により，病原体による感染症は完全に駆逐さ
れたものと考えられていたが，一方で，平成6（1994）年には，神奈川県
平塚市で，雑居ビルの受水槽が原因となったわが国初のクリプトスポリジ
ウムによる水系集団感染が発生して，少なくても736人が暴露し，461人が
下痢，腹痛等の症状を訴えた。また，平成8（1996）年には埼玉県越生町
において，水道水が直接の感染経路となるクリプトスポリジウムによる集
団感染が発生（住民約14,000人のうち8,000人以上が感染）したことか
ら，改めて病原体による水系感染症も注目されるようになっている。

　平成2（1990）年に，浦和市の幼稚園で，井戸水が原因となる病原性大
腸菌O157の集団感染により，園児250人以上が発症し，2人が死亡した。
これ以降も度々，O157など人体に影響を及ぼした事例が報告されている。

　平成23（2011）年3月に発生した東日本大震災に伴って起った東京電力
福島第一原子力発電所での原子力災害により，放射性物質が環境中に放出
され，福島県並びに関東各県を中心として水道水中から放射性ヨウ素及び
放射性セシウムが検出された。一部地域では，乳児への飲用制限などの措
置がとられた。

　平成25（2013）年3月，群馬県営浄水場の県央第一水道（榛東村）で浄
水した水道水から，下痢や腹痛の原因となるおそれがあるジアルジアが検
出されたが，給水は止めず，生水としては飲まず，煮沸してから飲むよう

◀よく出る

にと呼びかける事例が報告されている。

（2）　病原体による健康影響

水系感染症とは，水を媒体として病原性を有する細菌，ウイルス又は原 ◀よく出る
虫等が体内に侵入し，種々の病状を起こす疾患のことである。これらの病
原性微生物を病原体といい，次のようなものがある。

病原細菌

病原性大腸菌 O157，レジオネラ属菌，赤痢菌，腸チフス菌，コレラ菌等

病原ウイルス

　肝炎ウイルス（A型・E型），腸管系ウイルス（ノロウイルス他）等

病原原虫

　クリプトスポリジウム，ジアルジア，エキノコックス，赤痢アメーバ
等

（3）　病原体の特徴

病原体の特徴を示すと，次のとおりである。

(a)　病原性大腸菌 O157 ◀よく出る

　この菌はベロ毒素を産生するのが特徴で，腸で産生された毒素は神経
を侵し，赤血球を溶かして血小板を破壊するため出血が止まらなくなり，
腎不全を起こしたり，腸粘膜を傷つけ血便が続く症状を引き起こす。こ
れを溶血性尿毒症症候群（HUS）という。

　菌自体は10日前後で死滅するが，毒素は体内に残留するので，このよ
うな状態になったら治療しにくいため，予防する以外に手段がない。遊
離残留塩素で0.1mg/L 以上又は75℃の加熱１分の条件下で死滅するの
で，水道においては残留塩素の確保が有効である。

(b)　レジオネラ属菌 ◀よく出る

　この菌は土壌や地下水・河川水等自然界に広く存在している。増殖速
度が遅いので，一過性で使われる水の中には存在しにくいが，循環利用
される水，たとえば，循環式ふろ水やビルの冷却塔の冷却水に混入する
ことがある。免疫力の低下している人が，レジオネラ属菌の混入した水
の飛まつを吸入した場合，肺炎のような感染症を起す病原細菌である。　在郷軍人病ともいう。
熱に弱く，55℃以上で死滅することが確認されている。飲用により感染
することはない。塩素により死滅するので，水道においては，残留塩素
の確保が有効である。なお，給湯設備は，60℃に設定すると有効といわ
れている。

(c)　肝炎ウイルス

　肝炎ウイルスには，A型，B型，C型，D型，E型などがあり，A
型肝炎ウイルスおよびE型肝炎ウイルスは主に水や食べ物を介して感染

する。これらのウイルスは主に肝臓に感染し，炎症を引き起こす。それがウイルス性肝炎である。

　A型肝炎ウイルスは，主に水や食べ物を介して感染する。わが国でも以前は感染者が多かったが，衛生状態の改善により，感染者は劇的に減少している。しかし，A型肝炎に対する抗体をもっている人の割合も減少し，衛生状態の悪い国において感染，もしくは輸入食品で感染する事例が多く報告されている。E型肝炎ウイルスは，主に水や食べ物を介して感染する。近年，わが国においては豚，イノシシ・シカのレバーや加熱不十分な肉の摂食によりE型肝炎を起こした例が複数例報告されている。慢性化することはないが，妊婦が感染した場合，重篤な経過をとることが報告されている。

(d)　**クリプトスポリジウム**

　下痢症を引き起こす原虫である。水や食べ物のなかでは殻に覆われたオーシストの形で存在する。オーシストの殻は非常に硬く，塩素消毒に対して抵抗性を示すことから，一般の浄水場の塩素消毒では不活性化できない。加熱・冷凍・乾燥には弱いために，沸騰水では1分以上で死滅し，また，60℃以上又は−20℃以下で30分，常温で1〜4日間の乾燥で感染力を失う。

◀よく出る

※**オーシスト**とは，原虫の生活環におけるステージの一つ。接合子嚢（のう）とも呼ばれる。接合子の周囲に被膜，被殻が形成されたもの。

(e)　**ノロウイルス**

　このウイルスは，下痢，吐気，嘔吐，腹痛，発熱を主な症状とする急性胃腸炎を起こす。経口により感染し，ふん便や吐物から大量にウイルスが長期間排出され，それにより汚染された食品や水により感染する。毎年，主に冬季を中心として食中毒の集団発生が報じられている。わが国では，簡易水道や井戸水による食中毒が発生している。水道では，浄水場での通常の浄水処理及び塩素消毒により，ノロウイルスを阻止できるとの研究報告がある。

(f)　**ジアルジア**

　消化管寄生虫鞭（べん）毛虫の一種であるジアルジア（別名ランブル鞭毛虫）による原虫感染症を起こす病原原虫である。ふん便中に排出された原虫嚢子（のう）により食物や水が汚染されることによって，経口感染を起こす。健康な者の場合には無症状のことも多いが，食欲不振，腹部不快感，下痢（しばしば脂肪性下痢）等の症状を示すこともあり，免疫不全状態では重篤となることもある。

（4）　化学物質による健康影響

　水道において起こるおそれがある主な化学物質による汚染の原因と影響は次のとおりである。

(a)　カドミウム

◀よく出る

　飲用水への混入は鉱山排水や工場排水に由来する。カドミウムを継続的に摂取すると腎尿細管の再吸収機能の阻害などによって，腎臓結石や骨軟化症を引き起こす。富山県の神通川流域で発生したイタイイタイ病は，河川水を経て水稲に蓄積したカドミウムが主な原因物質とされている。

(b)　水　銀

　飲用水への混入は工場排水，農薬，下水などに由来する。無機水銀も多量に摂取すると健康影響を起こすが，メチル水銀などの有機水銀の毒性は極めて強く，少量でも継続的に摂取すると記憶障害，神経障害などを引き起こす。熊本県の水俣湾岸や新潟県の阿賀野川流域で発生した水俣病は，魚介類に蓄積した有機水銀が原因物質とされている。

(c)　鉛

◀よく出る

　飲用水への混入は工場排水・鉱山排水などに由来することもあるが，水道水では過去に布設した鉛製の給水管からの溶出によることが多い。特に，pH の低い水や遊離炭酸の多い水に溶出しやすい。過度に継続的に摂取すると体内に蓄積し，貧血，消化管の障害，神経系の障害，腎臓障害などを起こす。

(d)　ヒ　素

◀よく出る

　飲用水への混入は地質，鉱山排水・工場排水などに由来する。過度に摂取すると腹痛，嘔吐，四肢のしびれ，けいれん等の急性症状を引き起こす。また，長期間にわたって少量を摂取した場合の慢性症状として，皮膚の異常，抹消神経障害，皮膚がん等を引き起こす。台湾，中国，インド，バングラデシュ，チリ等において，飲用水源の地下水や河川水がヒ素に汚染されたことによる慢性中毒症が報告されている。

　生体への影響としては角化症，色素沈着，黒皮症等がある。

(e)　シアン

　飲用水への混入はめっき工場，精錬所などの排水に由来する。シアン化カリウム等としてシアンイオンを過度に摂取すると人体細胞の酵素作用が阻害され，めまい，血圧低下，呼吸困難，意識喪失等を起こす。

(f)　フッ素

◀よく出る

　飲用水への混入は地質や工場排水などに由来する。適量の摂取は虫歯予防の効果があるとされるが，過度に摂取すると体内沈着によって，斑状歯や骨折の増加などを引き起こす。兵庫県宝塚市において水道水中のフッ素による斑状歯が問題になる事件が起きた。

(g)　有機溶剤

　ドライクリーニング，金属の脱脂洗浄などに使用される有機溶剤であ

るテトラクロロエチレンやトリクロロエチレンが処理されないまま排出され，土壌に浸透して工場排水として飲用の地下水に混入したことがある。過度に摂取すると頭痛，中枢神経の機能低下を起こす。また，これらの物質をマウスに少量を継続的に摂取させた実験によって発がん性があることが報告されている。

(h)　トリハロメタン類　　　　　　　　　　　　　　　　◀よく出る

水道原水中のフミン質等の有機物質と浄水場で注入される塩素が反応してトリハロメタン類が生成する。主な物質としてクロロホルム，ブロモジクロロメタン，ジブロモクロロメタン，ブロモホルムがある。動物実験によって発がん性が認められたと報告されている。

(i)　硝酸態窒素及び亜硝酸態窒素

窒素肥料，腐敗した動植物，家庭排水，下水等に由来する。乳幼児が経口摂取することで，メトヘモグロビン血症による血液中の酸素濃度の低下（チアノーゼ）を引き起こす。1996（平成8）年に高濃度の硝酸態窒素を含む井戸水を原因とする新生児のメトヘモグロビン血症の事例が我が国でも報告された。

（5）　利水障害

人への健康障害の他に，特定の汚染物質が，日常生活での水利用への差し障りとなることがあり，これを利水障害という。利水障害には臭気，味，色等がある。

(a)　臭気

湖沼の富栄養化等によって藻類が繁殖すると産生されるジェオスミンや2-メチルイソボルネオール等の有機物質が，飲料水に混入するとカビ臭の原因となる。

また，工場排水等に由来するフェノール類は水道水中においては塩素と反応してクロロフェノール類を生成し，非常に低い濃度でも不快臭の原因となる。清涼飲料水等の人工甘味料であったチクロが水道原水に混入して悪臭の原因になったこともあった。

(b)　味

飲料水の味に関わる物質としては，亜鉛，塩素イオン，鉄，ナトリウム等がある。これらの物質の飲料水への混入は主に水道原水や工場排水等に由来するが，亜鉛や鉄は水道管から溶出することもある。

(c)　色等

飲料水の色に関わる物質として一般的なものとしては，亜鉛，アルミニウム，鉄，銅，マンガン等がある。これらの物質は土壌中から水道原水に混入するものと工場排水等に由来するものがある。亜鉛，アルミニ

ウム，鉄あるいは銅は水道に用いられた薬品や資機材に由来することもある。

　また，生活排水や工場排水に由来する界面活性剤が飲料水に混入すると泡立ちにより，不快感をもたらすことがある。

1・5・2　水道の歴史

（1）　世界の水道

　近年の世界各国における水道の普及状況をみると，水道管による給水が利用できる人々の割合は，平成27（2015）年の時点で全世界の71％程度である。

　一方で，外部の汚染を受けるおそれがある井戸や湧水，未処理の河川水や池水といった安全でない水を使用している人々の割合は，全世界の11％に相当する8億4千4百万人に及んでいる。このことを一因として，毎日3千人以上の乳幼児が下痢性疾患により死亡している状況にある。

（2）　日本の水道

(a)　近代水道建設の契機

　1854年のペリー来航の折に日米和親条約が調印され，下田・函館の開港を契機に，わが国の鎖国時代は幕を閉じ，開国の時代を迎えた。当時，東南アジアの地域ではコレラが流行していたため，交易船の船員等によってコレラ菌がわが国に持ち込まれ，感染，発症するものが多く，またたく間に全国に蔓延することになった。コレラの惨状は今日からは想像も及ばないものであり，患者の半数以上が死亡する例が多かった。

　明治になってもコレラの流行は頻繁で，明治10（1877）年9月に長崎へ来航した英国商船から西日本各地への蔓延，明治12（1879）年3月から10万人以上の死者を出し大流行，明治15（1882）年に横浜から発生し3万人以上の死者を出し全国的な流行，明治18（1885）年8月に長崎から全国に広がって，患者発生の報告がなかったのは鹿児島・宮崎の2県だけであり，患者発生数15万人余で死者は11万人近くに達したという大流行などがある。

　このほか，海外から侵入したものではないが，赤痢，腸チフスについても毎年多くの患者を出した。いずれもコレラと同様，不衛生な飲み水に起因する水系感染症であった。当時は外国との交易により欧米文化が輸入され，わが国の各種産業の発達，都市の発展等の著しい時代であったにもかかわらず，飲用水の施設は徳川時代に築造された水道や井戸等が主なものであり，汚染物質の流入には無力であった。

当時の衛生行政の最も重大な懸案事項は，しばしば大流行するコレラ等の水系感染症の予防であった。

そこで内務省は，明治11(1878)年に，「飲用水注意法」(全10箇条)を発して飲用用井戸水の汚染防止を全国に促した。国や地方庁において，飲用水取締りが実施されたにもかかわらず，十分な効果が現れず，その後も依然としてコレラ等の流行が繰り返された。水系感染症は不衛生な飲用水に起因しており，その予防には衛生的な飲用水の供給が不可欠であった。そのため，西洋式の近代水道のように，ろ過等の浄水処理を加えた水を鉄管によって一定以上の圧力をもって給水し，外部より汚染されるおそれのない水道の布設が必要であるとの認識が次第に広まってきた。

◀よく出る

(b)　近代水道の普及

◀よく出る

明治20(1887)年になって，内務省に設置された中央衛生会が，コレラの予防のために近代水道の布設を促進すべき旨の建議を行った。

同年に「水道布設ノ目的ヲ一定スルノ件」が閣議決定され，水道の布設は地方政府，地方税によることを原則とし，例外的に民営を認めることを趣旨とした方針が定まった。

わが国の近代水道の第1号となったのは，明治20(1887)年に給水を開始した横浜水道であった。この背景として，横浜では明治6(1873)年に完成していた会社組織による木樋水道の工事が良好でなかったため，コレラの最大の窓口であった横浜港を抱えている神奈川県が必要に迫られて水道を整備したものである。

次いで，函館，長崎，大阪，東京，広島，神戸の順で布設された。このように，わが国の近代水道は，大都市や貿易の拠点等でその緊急性が高かった都市をはじめとし，その後も全国各地で布設されることになった。当時の浄水方法は，緩速ろ過法であった。

緩速ろ過方式とは，一般に凝集剤を加えずに原水を普通沈殿処理した後，砂ろ過を行う浄水方法である。

明治時代末頃までは近代水道の恩恵を受ける人口は10%に満たなかった。水質のよい水が取水できなくなった大正時代から塩素消毒は必要となった。大正時代以降は次第に水道普及率が高まり，昭和15(1940)年頃には30%程度にまで上昇した。

その後，第二次世界大戦の戦災によって一時的な普及率低下があったものの，昭和30(1955)年代から40(1965)年代にかけてさらに急速に水道の普及が進み，平成29(2017)年度末における水道の全国普及率は98.0%に達し，大部分の国民が水道を利用できるようになっている。特に人口規模の大きい東京都，大阪府，神奈川県，愛知県といった大都市圏域や沖縄県の普及率はほぼ100%となっている。

確認テスト〔正しいものには○，誤っているものには×を付けよ。〕

□□(1)　水道水に混入するおそれのある汚染の原因となる化学物質のヒ素は，地質，鉱山排水，工場排水などに由来する。

□□(2)　水道事業とは，一般の需要に応じて，給水人口が100人を超える水道により水を供給する事業をいい，簡易水道事業は，水道事業のうち，給水人口が5,000人以下である水道により水を供給する規模の小さい事業をいう。

□□(3)　水道施設は，上流側から「貯水施設」，「取水施設」，「導水施設」，「浄水施設」，「送水施設」，「配水施設」の順番で構成されている。

□□(4)　給水栓における水は，遊離残留塩素0.1mg/L 以上（結合残留塩素の場合は0.4mg/L 以上）を含まなければならない。

□□(5)　残留塩素濃度の簡易測定法として，ジエチル-p-フェニレンジアミン（DPD）と反応して生じる青色を標準比色液と比較する方法がある。

□□(6)　水道法第4条の水質基準では病原生物をその許容量を超えて含まないことと規定されている。

□□(7)　平成8年6月埼玉県越生町において，水道水が直接の感染経路となる集団感染が発生し，約8,800人が下痢等の症状を訴えた。この主たる原因は病原性大腸菌O（オー）157であった。

□□(8)　塩素系消毒剤として使用されている次亜塩素酸ナトリウムは，光や温度の影響を受けて徐々に分解し，有効塩素濃度が低下する。

□□(9)　利水障害の原因となる物質のうち，亜鉛，アルミニウム，鉄，銅は水道原水に由来するが，水道に用いられた薬品や資機材に由来することもある。

□□(10)　一般細菌の基準値は，「検出されないこと」とされている。

確認テスト解答・解説

(1)　○

(2)　○

(3)　○

(4)　○

(5)　×：DPD と反応して生じる色は桃～桃赤色である。

(6)　×：病原生物に汚染されたことを疑わせるような生物若しくは物質を含んではいけない。

(7)　×：主たる原因はクリプトスポリジウムであった。

(8)　○

(9)　○

(10)　×：一般細菌の基準値は，1mL の検水で形成される集落数が100以下である。

第2章　水道行政

水道行政の出題傾向

　「水道行政」の試験科目の主な内容は，水道行政に関する知識を有していること及び給水装置工事に必要な法令及び供給規程に関する知識を有していることである。具体的には，水道法（給水装置関係等），供給規程の位置づけ，指定給水装置工事事業者制度の意義，指定給水装置工事事業者制度の内容，指定給水装置工事事業者の責務等である。

① 　水道行政では，「誰が・誰に・何を・どうするのか」という視点で学習することが大切である。
② 　令和4年度も6問（問題4から問題9）が出題され，全て四肢択一で，不適当なものの選択が4問，四肢の正誤問題が2問となっている。（いずれも回答に時間を要する）
③ 　令和4年度も，指定給水装置工事業者の5年ごとの更新に関する出題（問題6），給水装置工事主任技術者資格の更新に関わる出題（問題7）が出題された。
④ 　令和4年度は，水道事業者の水質管理（問題4），簡易専用水道の管理基準（問題5），水道法第十四条の供給規定（問題8），水道施設運営権に関する出題（問題9）が出題された。
⑤ 　出題範囲は広くないので，過去の出題をよく研究しておくとよい。

水道行政と水道事業の関係　平成30年法改正，水道施設の老朽化・耐震化，水道事業の第三者委託，脆弱な経営基盤，関係者の責務の明確，広域連携の推進，水道事業との許認可。
指定給水装置工事事業者制度　水道事業者，給水装置，給水装置工事，給水装置の構造及び材質の基準，指定の基準，給水装置工事主任技術者，厚生労働省令で定める機械器具，指定給水装置工事事業者の指定の更新（5年），事業運営の基準。
水道事業者の経営　水道施設の整備，供給規定，給水義務，検査の請求，水道技術管理者，第三者への業務委託，水道施設運営権，水質管理，情報提供，健康診断，衛生上必要な措置，給水の緊急停止。
簡易専用水道の管理基準等　簡易水道事業，水道用水供給事業者，管理基準，水槽の掃除，水槽の点検等，水質管理，緊急停止，情報提供。
水源の汚濁防止のための要請等　水源の水質を保全，水質基準，施設基準，衛生上の措置等。

2·1 水道行政と水道事業の関係

学習のポイント

1．人口減少社会を迎える中，水道行政が直面している諸問題について学習する。
2．平成30年の水道法改正に伴う，水道事業の第三者委託等について学習する。

2・1・1　水道法の改正（平成30年法律第92号）

　昭和32（1957）年に制定された水道法は，高度経済成長，都市人口の急増などによる需要増大に伴い，拡張整備を前提としていたが，昨今の経済成長の鈍化，人口減少に加え，都市インフラとしての水道施設の老朽化が進行してきた。

　平成30（2019）年に現状に即した改正が行われ，既存の水道施設の維持・更新の促進，必要な人材確保が求められる。

　水道法改正に至る課題点を次に示す。

① 老朽化の進行

② 耐震化の遅れ

③ 多くの水道事業者が小規模で経営基盤が脆弱

④ 計画的な更新のための備えが不足

　これらの課題点に対応策を盛り込んだ形で，平成30年に法改正された。次に国土交通省が公表した法改正の概要を引用する。

１．関係者の責務の明確化

① 国，都道府県及び市町村は水道の基盤の強化に関する施策を策定し，推進又は実施するよう努めなければならないこととする。

② 都道府県は水道事業者等（水道事業者又は水道用水供給事業者をいう。以下同じ。）の間の広域的な連携を推進するよう努めなければならないこととする。

③ 水道事業者等はその事業の基盤の強化に努めなければならないこととする。

２．広域連携の推進

① 国は広域連携の推進を含む水道の基盤を強化するための基本方針を定めることとする。

② 都道府県は基本方針に基づき，関係市町村及び水道事業者等の同意を得て，水道基盤強化計画を定めることができることとする。

③ 都道府県は，広域連携を推進するため，関係市町村及び水道事業者等を構成員とする協議会を設けることができることとする。

3．適切な資産管理の推進

① 水道事業者等は，水道施設を良好な状態に保つように，維持及び修繕をしなければならないこととする。

② 水道事業者等は，水道施設を適切に管理するための水道施設台帳を作成し，保管しなければならないこととする。

③ 水道事業者等は，長期的な観点から，水道施設の計画的な更新に努めなければならないこととする。

④ 水道事業者等は，水道施設の更新に関する費用を含むその事業に係る収支の見通しを作成し，公表するよう努めなければならないこととする。

注．①②は実施の要請。

注．③④は努力義務。

4．官民連携の推進

地方公共団体が，水道事業者等としての位置付けを維持しつつ，厚生労働大臣等の許可を受けて，水道施設に関する公共施設等運営権※を民間事業者に設定できる仕組みを導入する。

※公共施設等運営権とは，PFIの一類型で，利用料金の徴収を行う公共施設について，施設の所有権を地方公共団体が所有したまま，施設の運営権を民間事業者に設定する方式である。

◀よく出る

PFI事業：水道施設の建設・維持管理，運営等を民間の資金，経営能力及び技術的能力を活用する手法。

5．指定給水装置工事事業者制度の改善

資質の保持や実体との乖離（かいり）の防止を図るため，指定給水装置工事事業者の指定に更新制（5年）を導入する。

※各水道事業者は給水装置（蛇口やトイレなどの給水用具・給水管）の工事を施行する者を指定でき，条例において，給水装置工事は指定給水装置工事事業者が行う旨を規定。

◀よく出る

2・1・2　水道法の目的等

水道法は，その目的を第一条で，水道に関する国，国民，都道府県，市区町村，水道事業者等の責務を法第二条及び法第二条の二に規定されている。

（この法律の目的）

法第一条　この法律は，水道の布設及び管理を適正かつ合理的ならしめるとともに，水道の基盤を強化することによつて，清浄にして豊富低廉な水の供給を図り，もつて公衆衛生の向上と生活環境の改善とに寄与することを目的とする。

（責　務）

法第二条　国及び地方公共団体は，水道が国民の日常生活に直結し，その健

（改正前）
水道を計画的に整備し，及び水道事業を保護育成すること。

康を守るために欠くことのできないものであり，かつ，水が貴重な資源であることにかんがみ，水源及び水道施設並びにこれらの周辺の清潔保持並びに水の適正かつ合理的な使用に関し必要な施策を講じなければならない。

2　国民は，前項の国及び地方公共団体の施策に協力するとともに，自らも，水源及び水道施設並びにこれらの周辺の清潔保持並びに水の適正かつ合理的な使用に努めなければならない。

法第二条の二　国は，水道の基盤の強化に関する基本的かつ総合的な施策を策定し，及びこれを推進するとともに，都道府県及び市町村並びに水道事業者及び水道用水供給事業者（以下「水道事業者等」という。）に対し，必要な技術的及び財政的な援助を行うよう努めなければならない。

2　都道府県は，その区域の自然的社会的諸条件に応じて，その区域内における市町村の区域を超えた広域的な水道事業者等の間の連携等（水道事業者等の間の連携及び二以上の水道事業又は水道用水供給事業の一体的な経営をいう。以下同じ。）の推進その他の水道の基盤の強化に関する施策を策定し，及びこれを実施するよう努めなければならない。

3　市町村は，その区域の自然的社会的諸条件に応じて，その区域内における水道事業者等の間の連携等の推進その他の水道の基盤の強化に関する施策を策定し，及びこれを実施するよう努めなければならない。

4　水道事業者等は，その経営する事業を適正かつ能率的に運営するとともに，その事業の基盤の強化に努めなければならない。

第二条の二は，H30改正時追加。

（改正点）

1）第一条（この法律の目的）では普及率97％に達し，拡張ではなく，2・1・1の①〜④に記した新たな方向性を「基盤強化」という言葉に込めている。

2）第二条（責務）は，従来通りの「国」と「国民」の基本的な責務はそのままに，第二条の二を追加することによって，国，都道府県，市町村が「水道事業者等」に対するコミットメントによるそれぞれの「基盤強化」の役割を述べ（第1項〜第3項），「水道事業者等」自体も基盤強化に向けた努力義務を課している（第4項）。

2・1・3　水道事業の認可

（1）　認可の概要

水道事業の許認可は，法第六条及び第二十六条に記されているが，第六条には第2項が新たに追記された。

（事業の認可及び経営主体）
法第六条　水道事業を経営しようとする者は，厚生労働大臣の認可を受けな

・水道事業の認可

けなればならない。

  2　水道事業は、原則として市町村が経営するものとし、市町村以外の者は、給水しようとする区域をその区域に含む市町村の同意を得た場合に限り、水道事業を経営することができるものとする。

（事業の認可）

法第二十六条　水道用水供給事業を経営しようとする者は、厚生労働大臣の認可を受けなければならない。

◀よく出る
・H30改正で第2項が追記された。

◀よく出る
・水道用水供給事業者の認可。

学科試験1

水道法では次の事項を規定している。

① 　水道事業を地域独占事業として経営する権利を国が与えることとして、水道事業者を保護育成すると同時に需要者の利益を保護するために国が監督するという仕組みで認可制度をとっている。この認可制度によって、複数の水道事業者の給水区域が重複することによる不合理・不経済が回避され、また、有限な水資源の公平な配分の実現が図られ、さらに水道を利用する国民の利益が保護されている。

② 　水道用供給事業者については、給水区域の概念はないが、水道事業者の機能の一部を代替するものであることから、事業を経営しようとする者は、厚生労働大臣の認可を受けなければならない。

③ 　「認可」とは、水道事業や水道用水供給事業を経営することを国や都道府県が法律的に認めることをいい、認可を受けない事業者は無効となるという強い意味を持つ。これに似た用語として「許可」があるが、これは一般的に禁止されている行為について特別に法律的に認めることをいい、許可を受けない行為は処罰の対象となるが無効とはならない。例えば、必要な道路占用の許可を受けないで管埋設工事を行った場合に、工事事業者は罰せられるが直ちに工事そのものが無効ということにはならない。

・「許可」と「認可」の差異をよく見ておく。

1）水道事業に対し民間企業が参画することが初めて条文に記された。

2）「市町村が形成するもの」という枠を外し、人口減少の著しい地域において市町村外の水道事業による供給を条件付きで認めることにより、水道事業の整理統合が進められる法的根拠を与えている。

（2）　認可の基準

（認可基準）

法第八条　水道事業経営の認可は、その申請が次の各号のいずれにも適合していると認められるときでなければ、与えてはならない。

一　当該水道事業の開始が一般の需要に適合すること。

二　当該水道事業の計画が確実かつ合理的であること。

　三　水道施設の工事の設計が第五条の規定による施設基準に適合すること。

　四　給水区域が他の水道事業の給水区域と重複しないこと。

　五　供給条件が第十四条第2項各号に掲げる要件に適合すること。

　六　地方公共団体以外の者の申請に係る水道事業にあつては，当該事業を遂行するに足りる経理的基礎があること。

　七　その他当該水道事業の開始が公益上必要であること。

2　前項各号に規定する基準を適用するについて必要な技術的細目は，厚生労働省令で定める。

　法第八条第1項では，水道事業の認可基準を規定し，認可基準の適用を明確化するため，必要な技術的細目を規則第五条から第七条に規定されている。そのため，認可には申請内容が同条の7項目の基準すべてに適合していることが必要となる。

（法第八条第1項各号を適用するについて必要な技術的細目）

規則第五条　法第八条第2項に規定する技術的細目のうち，同条第1項第一号に関するものは，次に掲げるものとする。

1　当該水道事業の開始が，当該水道事業に係る区域における<u>不特定多数の者の需要に対応するもの</u>であること。 ◀単一の事業者への給水は対象とならない。

2　当該水道事業の開始が，需要者の意向を勘案したものであること。

規則第六条　法第八条第2項に規定する技術的細目のうち，同条第1項第二号に関するものは，次に掲げるものとする。

1　給水区域が，当該地域における水系，地形その他の自然的条件及び人口，土地利用その他の社会的条件，水道により供給される水の需要に関する長期的な見通し並びに当該地域における水道の整備の状況を勘案して，合理的に設定されたものであること。

2　給水区域が，水道の整備が行われていない区域の解消及び同一の市町村の既存の水道事業との統合について配慮して設定されたものであること。

3　給水人口が，人口，土地利用，水道の普及率その他の社会的条件を基礎として，各年度ごとに合理的に設定されたものであること。

4　給水量が，過去の用途別の給水量を基礎として，各年度ごとに合理的に設定されたものであること。

5　給水人口，給水量及び水道施設の整備の見通しが一定の確実性を有し，かつ，経常収支が適切に設定できるよう期間が設定されたものであること。

6　工事費の調達，借入金の償還，給水収益，水道施設の運転に要する費用等に関する収支の見通しが確実かつ合理的なものであること。

7　水質検査，点検等の維持管理の共同化について配慮されたものであること。

8　水道基盤強化計画が定められている地域にあつては，当該計画と整合性のとれたものであること。

9　水道用水供給事業者から用水の供給を受ける水道事業者にあつては，水道用水供給事業者との契約により必要量の用水の確実な供給が確保されていること。

10　取水に当たつて河川法第二十三条の規定に基づく流水の占用の許可を必要とする場合にあつては，当該許可を受けているか，又は許可を受けることが確実であると見込まれること。

11　取水に当たつて河川法第二十三条の規定に基づく流水の占用の許可を必要としない場合にあつては，水源の状況に応じて取水量が確実に得られると見込まれること。

12　ダムの建設等により水源を確保する場合にあつては，特定多目的ダム法（昭和32年法律第三十五号）第四条第1項に規定する基本計画においてダム使用権の設定予定者とされている等により，当該ダムを使用できることが確実であると見込まれること。

規則第七条　法第八条第2項に規定する技術的細目のうち，同条第1項第六号に関するものは，当該申請者が当該水道事業の遂行に必要となる資金の調達及び返済の能力を有することとする。

（3）　水道事業・水道用水供給事業の認可

水道事業・水道用水供給事業に対する事業規模と認可権者の関係は，表2・1による。

表 2・1　水道事業・水道用水供給事業の規模と認可権者

事業の種類	認可・監督する水道事業等の種類	
	厚生労働大臣	都道府県知事
水道事業	①河川から取水する 　給水人口5万人超 ②河川又は水道用水供給事業者から給水 　人口5万人超	①給水人口5万人以下 ②給水人口5万人超で国の所管する事業 　を除く
水道用水供給事業	①給水人口5万人超 ②一日最大給水量25,000㎥超	①一日最大給水量25,000㎥以下
注1：水道事業者等は許可権者に「各種申請」「届け出等」を申請する 　2：許可権者は水道事業者等に各種認可，命令，勧告，立入検査，指示等を出す		

2・2　指定給水装置工事事業者制度

> 学習のポイント
>
> 1．給水装置と給水装置工事について学習する。
> 2．水道事業者と指定給水装置工事事業者制度ついて学習する。

　給水装置は，水道事業者の配水管に直結して設けられるものであるため，給水装置の構造及び材質が基準に適合していないと，需要者への安全な水の安定した供給が損なわれるおそれがあり，場合によっては水質基準に適合しない水が給水管から配水管に逆流し，公衆衛生上の大きな被害が生ずるおそれがある。そのため，給水装置工事従事者の技術力を確保することが非常に重要である。

　指定給水装置工事事業者制度は，給水装置工事により設置された給水装置が，政令に定める給水装置の構造及び材質の基準に適合することを確保するため，平成8（1996）年の水道法改正によって設けられた。これは，それまで各水道事業者（市町村等）が供給規程等（給水条例等）に基づいて運用してきた指定工事店制度を規制緩和の目的で全国一律の制度として見直し，水道法に位置付けたものである。

◀よく出る
　給水装置の構造及び材質の基準には，給水装置システム全体として満たすべき技術的な基準も含まれている。

　なお，平成30（2018）年の水道法改正により，指定給水装置工事事業者の指定に5年の有効期限が新たに設けられた。

2・2・1　給水装置と給水装置工事

> （用語の定義）
> **法第三条**　この法律において「水道」とは，導管及びその他の工作物により，水を人の飲用に適する水として供給する施設の総体をいう。ただし，臨時に施設されたものを除く。
> 9　この法律において「給水装置」とは，需要者に水を供給するために水道事業者の施設した配水管から分岐して設けられた給水管及びこれに直結する給水用具をいう。

◀よく出る

（1）　給水装置

　給水装置は，配水管から分岐して設けられた給水管及びこれに直結する

給水用具で構成される。「直結する給水用具」とは，容易に取り外しの
できない構造をして接続し有圧のまま給水できる給水栓などをいい，ホ
ースなど容易に取り外せるものは含まない。

　具体的には，①配水管からの分岐器具，②給水管を接続するための継
手，③弁類や給湯器等，給水管の末端に設けられる給水栓，ボールタッ
プ，温水洗浄便座，自動販売機，自動食器洗い機，給湯器，水道直結式
のスプリンクラーヘッド等が給水装置に該当する。

　なお，貯水槽水道の場合は，配水管から受水槽のボールタップまでが
給水装置であり，受水槽以降の機器・器具等（同じ器具であっても）は
給水装置ではない。

（2）　給水装置工事

1）　給水装置工事の定義

給水装置工事の定義は，水道法第三条第11項に規定されている。

（用語の定義）

法第三条

11　この法律において「給水装置工事」とは，給水装置の設置又は変更の工
事をいう。

◀よく出る

　図2・1の水道施設の①施設区分，②所有区分，③管理区分，④水質管
理区分をよく理解しておく。

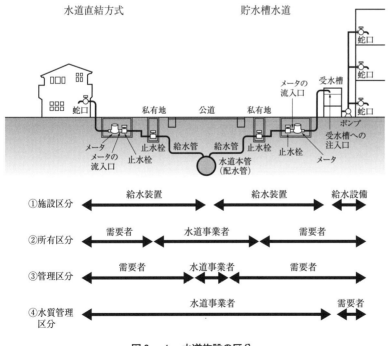

図2・1　水道施設の区分

※故障時等の費用負
担の範囲は水道事業者
ごとに異なる場合があ
ることに注意する。
（p.95　3・3・1　参照）

2）　給水装置工事の内容

　給水装置工事は，給水装置を新設，改造，修繕，撤去する工事で，水栓等を交換する等の軽微な工事は該当しない。また，工事とは，調査，計画，施工及び検査の一連の過程の全部又は一部をいい，給水装置工事の費用は，需要者が負担する。◀よく出る

(a)　**新設工事**

　新たに給水装置を設置する工事

(b)　**改造工事**

　給水管の増径，管種変更，給水栓の増設等給水装置の原形を変える工事。なお，これらの改造工事は，水道事業者が事業運営上必要として施行している工事で，配水管の新設及び移設等に伴い，給水管の付替えもしくは敷設替え等を行う工事のほか，水道メータ位置変更工事等がある。

(c)　**修繕工事**

　給水装置の原形を変えないで給水管，給水栓等を修理する工事。

(d)　**撤去工事**

　給水装置を配水管または他の給水装置の分岐部から取りはずす工事。◀3・4撤去工事(p.99)参照。

3）　給水装置工事に該当しないもの

(a)　**給水装置工事に該当しない軽微な工事**

　給水装置の軽微な変更は，水道法施行規則第十三条に規定されている。

> **規則第十三条**　法第十六条の二第3項の厚生労働省令で定める給水装置の軽微な変更は，単独水栓の取替え及び補修並びにこま，パッキン等給水装置の末端に設置される給水用具の部品の取替え（配管を伴わないものに限る。）とする。

◀よく出る

(b)　**工場プレハブ加工品等**

　給水装置工事は，給水管や給水用具を用いて，需要者に水を供給するために行う現地で施行する工事である。したがって，次のものは給水装置工事ではない。

①　製造工場内で管・継手・バルブ等を用いて湯沸器やユニットバス等を組み立てる作業 ◀よく出る

②　工場プレハブで加工し生産する住宅に工場内で給水管及び給水用具を設置する作業 ◀よく出る

③　給水管等の工場における部材加工（これらを現地で組付ける作業は，給水装置工事である）

2・2・2　指定給水装置工事事業者制度の概要

給水装置は，水道事業者の配水管に直結して設けられるものであるため，法第十六条に定める給水装置の構造及び材質が基準に適合していないと，需要者に安全な水の安定した供給が損なわれるおそれがあり，場合により水質基準に適合しない水が給水管から配水管に逆流し，公衆衛生上の大きな被害が生ずるおそれがある。そのため，給水装置工事従事者の技術力を確保することは極めて重要である。

指定給水装置工事事業者制度は，給水装置工事により設置された給水装置が，政令に定める給水装置の構造及び材質の基準に適合することを確保するために設けられた制度である。

（1）　給水装置の構造及び材質

（給水装置の構造及び材質）

法第十六条　水道事業者は，当該水道によつて水の供給を受ける者の給水装置の構造及び材質が，政令で定める基準に適合していないときは，供給規程の定めるところにより，その者の給水契約の申込を拒み，又はその者が給水装置をその基準に適合させるまでの間その者に対する給水を停止することができる。

◀よく出る

（給水装置工事）

法第十六条の二　水道事業者は，当該水道によつて水の供給を受ける者の給水装置の構造及び材質が前条の規定に基づく政令で定める基準に適合することを確保するため，当該水道事業者の給水区域において給水装置工事を適正に施行することができると認められる者の指定をすることができる。

◀よく出る

水道事業者は，水質基準に適合する水を常時安定して供給する義務を負っている。そのため，給水装置からの水の汚染を防止する等の措置が必要であるため，給水装置の構造及び材質に関する基準を政令で定め，給水装置工事を適正に施行することができると認められる者としての給水装置工事事業者を指定することができる。

また，水の供給を受ける需要者に対しても，所有する給水装置を構造及び材質を構造材質基準に適合させる義務があるとしている。

（2）　指定給水装置工事事業者の指定の基準

1）指定の基準

指定の基準は水道法第二十五条の三に規定されている。

（指定の基準）

法第二十五条の三　水道事業者は，第十六条の二第1項の指定の申請をした者が次の各号のいずれにも適合していると認めるときは，同項の指定をしなければならない。　◀よく出る

一　事業所ごとに，第二十五条の四第1項の規定により給水装置工事主任技術者として選任されることとなる者を置く者であること。　◀よく出る

二　厚生労働省令で定める機械器具を有する者であること。　◀よく出る

三　次のいずれにも該当しない者であること。

　イ　心身の故障により給水装置工事の事業を適正に行うことができない者として厚生労働省令で定めるもの

　ロ　破産手続開始の決定を受けて復権を得ない者

　ハ　この法律に違反して，刑に処せられ，その執行を終わり，又は執行を受けることがなくなつた日から2年を経過しない者

　ニ　第二十五条の十一第1項の規定により指定を取り消され，その取消しの日から二年を経過しない者

　ホ　その業務に関し不正又は不誠実な行為をするおそれがあると認めるに足りる相当の理由がある者

　ヘ　法人であつて，その役員のうちにイからホまでのいずれかに該当する者があるもの

2　水道事業者は，第十六条の二第1項の指定をしたときは，遅滞なく，その旨を一般に周知させる措置をとらなければならない。　◀よく出る

法第十六条の二第一項は p.39参照。

2）給水装置工事主任技術者の選任

指定給水工事工事事業者は，法第二十五条の三第1項でいう給水装置工事主任技術者を事業所ごとに選任しなければならない。詳細は，「6. 指定給水装置工事事業者の事業運営の基準」を参照されたい。

3）厚生労働省令で定める機械器具

法第二十五条の三第2項でいう機械器具は，規則第二十条に規定されている。

（厚生労働省令で定める機械器具）

規則第二十条　法第二十五条の三第1項第二号の厚生労働省令で定める機械器具は，次の各号に掲げるものとする。　◀4項目は覚える。

一　金切りのこその他の管の切断用の機械器具

二　やすり，パイプねじ切り器その他の管の加工用の機械器具

三　トーチランプ，パイプレンチその他の接合用の機械器具
四　水圧テストポンプ

（3）　指定給水装置工事事業者の変更・廃止の届出

指定給水装置工事事業者の変更の届出は，法第二十五条の七及び規則第三十四条に，廃止の届出は，規則第三十五条に規定されている。

（指定給水装置工事事業者の変更の届出）

法第二十五条の七　指定給水装置工事事業者は，事業所の名称及び所在地その他厚生労働省令で定める事項に変更があつたとき，又は給水装置工事の事業を廃止し，休止し，若しくは再開したときは，厚生労働省令で定めるところにより，その旨を水道事業者に届け出なければならない。

◀よく出る

（変更の届出）

規則第三十四条　法第二十五条の七の厚生労働省令で定める事項は，次の各号に掲げるものとする。
一　氏名又は名称及び住所並びに法人にあつては，その代表者の氏名
二　法人にあつては，役員の氏名
三　給水装置工事主任技術者の氏名又は給水装置工事主任技術者が交付を受けた免状の交付番号
2　法第二十五条の七の規定により変更の届出をしようとする者は，当該変更のあつた日から30日以内に様式第十による届出書に次に掲げる書類を添えて，水道事業者に提出しなければならない。

◀よく出る

◀よく出る
※日数に注意

（廃止等の届出）

規則第三十五条　法第二十五条の七の規定により事業の廃止，休止又は再開の届出をしようとする者は，事業を廃止し，又は休止したときは，当該廃止又は休止の日から30日以内に，事業を再開したときは，当該再開の日から10日以内に，様式第11による届出書を水道事業者に提出しなければならない。

◀よく出る
※日数に注意

（4）　指定給水装置工事事業者の指定の更新

平成30年の水道法改正により，新たに指定給水装置工事事業者の5年ごとの更新が規定された。更新の届出は，法第二十五条の三の二及び規則第三十四条に，廃止の届出は，規則第三十五条に規定されている。

（指定の更新）

法第二十五条の三の二　第十六条の二第1項の指定は，5年ごとにその更新を受けなければ，その期間の経過によつて，その効力を失う。

◀よく出る。
平成30年法改正

　給水装置工事を適正に行うための資質の保持や実体との乖離の防止を図るため，平成30年の法改正において，指定給水装置工事事業者の指定に5年間の有効期間を設けた。 ◀よく出る

　水道事業者は，指定期間の5年ごとの更新の際には，次の4項目について確認し，需要者に対して指定給水装置工事事業者を選択する際の有用な情報発信の一つとして活用することが有効としている。

　1）指定給水装置工事事業者の講習会の受講実績 ◀よく出る
　2）指定給水装置工事事業者の業務内容
　3）給水装置工事主任技術者等の研修会の受講状況
　4）適切に作業を行うことができる技能を有する者の従事状況

　給水装置工事主任技術者の免状は，給水装置工事主任技術者試験に合格した者に対し，厚生労働大臣が交付する。（水道法法第二十五条の五）

　但し，給水装置工事主任技術者の資格は，更新する必要はない。

（5）指定給水装置工事事業者の指定の取り消し

> （指定の更新）
> **法第二十五条の十一**　水道事業者は，指定給水装置工事事業者が次の各号のいずれかに該当するときは，第十六条の二第1項の指定を取り消すことができる。

▶解説参照。

　水道事業者は，この条文に続く，次の8項目が書かれており次に引用した。これらのいずれかに該当する場合には給水装置工事事業者の指定を取り消すことができる。

　一　法第二十五条の三（指定の基準）第1項各号のいずれかに適合しなくなったとき。 ◀p.40参照

　二　法第二十五条の四（給水装置工事主任技術者）第1項又は第2項の規定に違反したとき。 ◀p.44参照

　三　法第二十五条の七（変更の届出等）の規定による届出をせず，又は虚偽の届出をしたとき。 ◀p.41参照

　四　法第二十五条の八（事業の基準）に規定する給水装置工事の事業の運営に関する基準に従った適正な給水装置工事の事業の運営をすることができないと認められるとき。

　五　法第二十五条の九（給水装置工事主任技術者の立会い）の規定による水道事業者の求めに対し，正当な理由なくこれに応じないとき。 ◀「立会い」は検査への立会いを意味する。

　六　法第二十五条の十（報告又は資料の提出）前条の規定による水道事業者の求めに対し，正当な理由なくこれに応じず，又は虚偽の報告若しくは資料の提出をしたとき。 ◀施行した給水装置工事の記録の水道事業者への提出。

七　その施行する給水装置工事が水道施設の機能に障害を与え，又は与えるおそれが大であるとき。

八　不正の手段により第十六条の二第1項の指定を受けたとき。

（6）　指定給水装置工事事業者の事業運営の基準

> （事業の運営の基準）
> **規則第三十六条**　法第二十五条の八に規定する厚生労働省令で定める<u>給水装置工事の事業の運営に関する基準</u>は，次に掲げるものとする。

条文は第一号～第六号まであるが，法の引用が多く分かりにくいので，次にまとめた。

1）給水装置工事ごとに免状の交付を受けた給水装置工事主任技術者が次の職務を行う。

・法第二十五条の四第3項（p.44参照）

一　給水装置工事に関する<u>技術上の管理</u>

二　給水装置工事に<u>従事する者の技術上の指導監督</u>

三　給水装置工事に係る<u>給水装置の構造及び材質</u>が法第十六条の規定に基づく政令で定める基準に適合していることの確認

四　その他厚生労働省令で定める職務

2）配水管から分岐して水道メーターまでの工事を施行する場合，<u>当該配水管及び他の地下埋設物に変形，破損その他の異常を生じさせることがないよう適切に作業を行うことができる技能を有する者を従事させ，又はその者に当該工事に従事する他の者を実施に監督させること。</u>

◀よく出る

3）給水の装置工事を施行するときは，あらかじめ<u>当該水道事業者の承認を受けた工法，工期その他の工事上の条件に適合するように</u>当該工事を施行すること。

4）給水装置工事に従事する者の給水装置工事の施行技術の向上のために，研修の機会を確保するよう努めること。

5）法第十六条に規定する基準に適合しない<u>次のような施行を禁じている。</u>

◀よく出る（9項目）

①　<u>配水管から分岐する給水管を，他の分岐から30cm以内で行うこと</u>

②　<u>配水管から分岐する給水管口径は，その水使用量に対し著しく過大なこと</u>

③　<u>配水管の水圧に影響を及ぼすポンプを直接連結すること</u>

④　<u>水圧，土圧その他の荷重に耐えられない給水装置を施工すること</u>

⑤　<u>配水管の水が汚染されたり，漏水を起こしたりする給水装置を施行すること</u>

⑥　<u>凍結，破壊，侵食等を防止するための措置がなされない施行をすること</u>

⑦　当該給水装置以外の水管その他の設備に直接連結すること

⑧　水槽，プール，流しその他水を入れ，又は受ける器具，施設等に給水する給水装置において，水の逆流を防止する措置をしないこと

⑨　給水管及び給水用具の切断，加工，接合等に適さない機械器具を使用すること

6）施行した給水装置工事（軽微な変更を除く）ごとに，1）で指名した給水装置工事主任技術者に次の記録を作成させ，当該記録をその作成の日から3年間保存すること。　　　　　　　　　　◀よく出る**(保存期間)**

イ　施主の氏名又は名称

ロ　施行の場所

ハ　施行完了年月日

ニ　給水装置工事主任技術者の氏名

ホ　竣工図

ヘ　給水装置工事に使用した給水管及び給水用具に関する事項

ト　法第二十五条の四第3項第三号の確認の方法及びその結果（当該　　◀2・2・3参照
　　給水装置工事が構造および材質の基準に適合していることの確認）

2・2・3　給水装置工事主任技術者の制度上の位置づけ

（給水装置工事主任技術者）

法第二十五条の四　指定給水装置工事事業者は，事業所ごとに，第3項各号に掲げる職務をさせるため，厚生労働省令で定めるところにより，給水装置工事主任技術者免状の交付を受けている者のうちから，給水装置工事主任技術者を選任しなければならない。　　　　　　　　　　　　　・関連
　　　　　　　　　　　　　　　　　　　　　　　　　　　　　　　（p.40　2・2・2-(2)解説）

2　指定給水装置工事事業者は，給水装置工事主任技術者を選任したときは，遅滞なく，その旨を水道事業者に届け出なければならない。これを解任したときも，同様とする。

3　給水装置工事主任技術者は，次に掲げる職務を誠実に行わなければならない。　　　　　　　　　　　　　　　　　　　　　　　　　　　　◀よく出る

一　給水装置工事に関する技術上の管理

二　給水装置工事に従事する者の技術上の指導監督

三　給水装置工事に係る給水装置の構造及び材質が第十六条の規定に基づく政令で定める基準に適合していることの確認

四　その他厚生労働省令で定める職務

4　給水装置工事に従事する者は，給水装置工事主任技術者がその職務として行う指導に従わなければならない。

2·3　水道事業者の経営

学習のポイント

1．水道事業者等による水道施設の整備ついて学習する。
2．水道事業者の供給規定・給水義務・検査等について学習する。
3．水道管理技術者の職務・第三者への業務委託・水道施設運営権・水質管理について学習する。

　指定給水装置工事事業者及び給水装置工事主任技術者は，給水装置工事の施行に当たり，水道事業者の水道施設の整備の考え方，需要者との給水契約に係る供給規定，給水義務，水道管理技術者の責務等について学ぶ。

2·3·1　水道事業者等による水道施設の整備

（技術者による布設工事の監督）

法第十二条　水道事業者は，水道の布設工事（当該水道事業者が地方公共団体である場合にあつては，当該 地方公共団体の条例で定める水道の布設工事に限る。）を自ら施行し，又は他人に施行させる場合においては，その職員を指名し，又は第三者に委嘱して，その工事の施行に関する技術上の監督業務を行わせなければならない。

2　前項の業務を行う者は，政令（水道法施行令第五条）で定める資格（当該水道事業者が地方公共団体である場合にあつては，当該資格を参酌して当該地方公共団体の条例で定める資格）を有する者でなければならない。

▶解説に整理

「参酌」とは，辞書によると「他のものを参考にして長所を取り入れること」である。

　指定給水装置工事事業者は，事業所ごとに給水装置工事の技術上の統括をする給水装置工事主任技術者を選任する。給水装置工事主任技術者は，給水装置工事主任技術者試験に合格し，免状の交付を受けている必要がある。

　給水装置工事に関する実務経験とは，給水装置工事に関する技術上のすべての職務経験をいう。技術上の職務経験とは，次のことを指す。

・5項目

① 給水装置工事の工事計画の立案
② 給水装置工事の現場における監督に従事した経験
③ その他給水装置工事の施工を計画，調整，指揮監督又は管理した経験

④　給水管の配管，給水用具の設置等の給水装置工事の施行の技術的な実務に携わった経験

⑤　これら①から④の技術を習得するための見習期間

ただし，工事現場への物品の搬送等の雑務及び給与計算等の庶務的な業務経験は，実務経験には含まれない。

選任を受けた給水装置工事主任技術者は，給水装置工事業務の技術上の管理等職務を誠実に行う必要がある。

なお，給水装置工事主任技術者の職務の詳細は第6章 給水装置工事事務論を参照されたい。

2・3・2　供給規定

（供給規程）

法第十四条　水道事業者は，料金，給水装置工事の費用の負担区分その他の供給条件について，供給規程を定めなければならない。　◀よく出る

2　前項の供給規程は，次に掲げる要件に適合するものでなければならない。

　一　料金が，能率的な経営の下における適正な原価に照らし，健全な経営を確保することができる公正妥当なものであること。　◀よく出る（5項目）

　二　料金が，定率又は定額をもつて明確に定められていること。

　三　水道事業者及び水道の需要者の責任に関する事項並びに給水装置工事の費用の負担区分及びその額の算出方法が，適正かつ明確に定められていること。

　四　特定の者に対して不当な差別的取扱いをするものでないこと。

　五　貯水槽水道（水道事業の用に供する水道及び専用水道以外の水道であつて，水道事業の用に供する水道から供給を受ける水のみを水源とするものをいう。以下この号において同じ。）が設置される場合においては，貯水槽水道に関し，水道事業者及び当該貯水槽水道の設置者の責任に関する事項が，適正かつ明確に定められていること。　◀よく出る

3　前項各号に規定する基準を適用するについて必要な技術的細目は，厚生労働省令で定める。

4　水道事業者は，供給規程を，その実施の日までに一般に周知させる措置をとらなければならない。　◀よく出る

5　水道事業者が地方公共団体である場合にあつては，供給規程に定められた事項のうち料金を変更したときは，厚生労働省令で定めるところにより，その旨を厚生労働大臣に届け出なければならない。

6　水道事業者が地方公共団体以外の者である場合にあつては，供給規程に定められた供給条件を変更しようとするときは，厚生労働大臣の認可を受

・第5項と第6項は水道事業者の認可者が実施することを指している。

けなければならない。

7　厚生労働大臣は，前項の認可の申請が第 2 項各号に掲げる要件に適合していると認めるときは，その認可を与えなければならない。

　法第十四条は，供給規程の設定義務，適合すべき要件，周知義務及び変更の手続きについて定めたものである。供給規程は，水道事業者と水道の需要者との給水契約の内容を示すものであり，料金，給水装置工事の費用の負担区分その他の供給条件を定めるもので，市町村においては「給水条例」等の名称で 具体的な内容が定められている。

　供給規程の内容は，料金が公正妥当なものであること，水道事業者及び需要者の責任に関する事項が適正かつ明確に定められていること等，法に定められた要件に適合するものでなければならない。また，これらの法定要件についての技術的細目が法施行規則に示されている。

　指定給水装置工事事業者及び給水装置工事主任技術者にとって，水道事業者の給水区域で給水装置工事を施行する際に，供給規程は工事を適正に行うための基本となるものである。

（1）　供給規程の周知

　水道事業者は，需要者に対する供給条件を，条例等により供給規程として定め，その実施の日までに一般に周知させる措置をとらなければならない。

◀期日よく出る

（2）　供給規程の要件

　供給規程が満たすべき要件は法第十四条第 2 項第一号から五号に定められており，水道事業の認可の際などに審査を受ける。

・p.46の法文参照

（3）　水道事業者と水道の需要者の責任

　供給規程の詳細な内容は水道事業者ごとに異なるが，必要に応じて次の内容が定められている。

◀よく出る

1）　水道事業者の責任に関する事項（7項目）

①　給水区域

②　料金，給水装置工事の費用等の徴収方法

③　給水装置工事の施行方法

④　給水装置の検査及び水質検査の方法

⑤　給水の原則及び給水を制限し，又は停止する場合の手続

⑥　貯水槽水道の設置者に対する指導，助言及び勧告

⑦　貯水槽水道の利用者に対する情報提供

・目を通す

2）　水道需要者等の責任に関する事項（11項目）

①　給水契約の申込みの手続

②　料金，給水装置工事の費用等の支払義務及びその支払遅延又は不払の場合の措置

・目を通す

③　水道メーターの設置場所の提供及び保管責任

④　水道メーターの賃貸料等の特別の費用負担を課する場合にあっては，その事項及び金額

⑤　給水装置の設置又は変更の手続

⑥　給水装置が構造材質基準に適合していない場合の措置

⑦　給水装置の検査を拒んだ場合の措置

⑧　給水装置の管理責任

⑨　水の不正使用の禁止及び違反した場合の措置

⑩　貯水槽水道の設置者の管理責任及び管理基準

⑪　貯水槽水道の設置者の管理状況に関する検査

（4）　給水装置工事費用の負担区分

　給水装置工事の費用の負担区分は，法第十四条の規定に基づき，当該水道事業者が供給規程に定める。この供給規程では原則として当該給水装置を新設，改造，修繕及び撤去する給水装置工事の費用を需要者の負担としている（規則第十二条の三第1項第二号）。給水装置の所有者は需要者であり，管理責任もある。

（5）　給水装置工事事業者及び給水装置工事主任技術者の責務

　供給規程には，前述の他に給水装置工事に関わる事項として，a）工事施行ができる者，b）水道メーターの設置位置，c）指定給水装置工事事業者が給水装置工事を施行する際に行わなければならない手続き等，を定めている。したがって，給水装置工事事業者及びその給水装置工事主任技術者は，当該給水区域で給水装置工事を施行する場合には，供給規程を熟知しておく必要がある。

・重要

2・3・3　給水義務等

（給水義務）

法第十五条　水道事業者は，事業計画に定める給水区域内の需要者から給水契約の申込みを受けたときは，正当の理由がなければ，これを拒んではならない。

2　水道事業者は，当該水道により給水を受ける者に対し，常時水を供給しなければならない。ただし，第四十条第1項の規定による水の供給命令を受けた場合又は災害その他正当な理由があつてやむを得ない場合には，給水区域の全部又は一部につきその間給水を停止することができる。この場合には，やむを得ない事情がある場合を除き，給水を停止しようとする区域及び期間をあらかじめ関係者に周知させる措置をとらなければならない。

◀よく出る

3　水道事業者は，当該水道により給水を受ける者が料金を支払わないとき，正当な理由なしに給水装置の検査を拒んだとき，その他正当な理由があるときは，前項本文の規定にかかわらず，その理由が継続する間，供給規程の定めるところにより，その者に対する給水を停止することができる。

◀よく出る

水道事業者は，水道法に基づく事業経営の認可を取得することにより，地域独占で事業を行う権利を付与される。一方，給水区域内の需要者が水の供給を受ける場合，当該水道事業者以外の水道事業者を選択できない。そのため，水道の公共性の確保及び需要者の利益保護のために，水道事業者に対して種々の規制が課されている。

（1）　給水契約の受諾義務

水道事業者は，正当な理由がなければ，給水区域内で行われる給水契約申込みを拒むことはできない。

◀よく出る

給水義務を解除する正当な理由とは，法第十六条（給水装置の構造及び材質）に定めるもののほかおおむね次のa.からc.のような場合である。

・p.39に条文有り。

a.　配水管未布設地区からの申込み

給水区域内であっても，配水管が未布設である地区からの給水の申込みがあった場合，配水管が布設されるまでの間，給水契約の締結を拒否することは正当な理由となる。

b.　給水量が著しく不足している場合

正常な企業努力にも関わらず給水量が著しく不足している場合であって，給水契約の受諾により他の需要者への給水に著しい支障をきたすおそれがある場合には，その不足している期間，給水契約を拒否することは正当な理由となる。

c.　多量の給水量を伴う申込み

当該水道事業の事業計画内では対応し得ない多量の給水量を伴う給水の申込みに対して給水を拒否することは，正当な理由となる。

（2）　常時給水義務

水道事業者は，水道法に基づく他の水道事業者等に対する水道用水の緊急応援命令を受け又は災害その他正当な理由によって給水停止を回避できない場合を除き，常時給水を行う義務がある。

（3）　給水の停止

給水契約した需要者には，供給規程により定められた料金を支払うこと等の義務がある。料金不払い，給水装置の検査を正当な理由なく拒んだ場合等は，水道事業者は供給規程に基づき給水を停止することができる。

2・3・4　検査の請求

（検査の請求）

法第十八条　水道事業によつて水の供給を受ける者は，当該水道事業者に対して，給水装置の検査及び供給を受ける水の水質検査を請求することができる。

2　水道事業者は，前項の規定による請求を受けたときは，すみやかに検査を行い，その結果を請求者に通知しなければならない。

法第十七条の水道事業者による給水装置の検査に対して，需要者に給水装置の検査及び供給を受ける水の水質検査の請求権を認め，水道事業者に検査結果の報告義務を課したものである。需要者は，常時，水質基準に適合する水の供給が保障されているが，給水装置の損壊や老朽化等に伴い，水質基準に適合しない水の供給を受けるおそれがある。このような場合，需要者に給水装置及び供給を受ける水の水質についての検査請求権を認めている。　◀よく出る

水道事業者は，検査の請求を受けたときはすみやかに検査を行い，その結果を検査請求者（需要者）に通知なければならない。

給水装置に関連する水道事業者の検査等の関連を図2・2に示す。

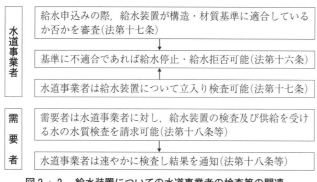

図2・2　給水装置についての水道事業者の検査等の関連

2・3・5　水道技術管理者

（1）　水道技術管理者の配置及び資格・業務

（水道技術管理者）

法第十九条　水道事業者は，水道の管理について技術上の業務を担当させるため，水道技術管理者一人を置かなければならない。ただし，自ら水道技術管理者となることを妨げない。　◀よく出る

2　水道技術管理者は，次に掲げる事項に関する事務に従事し，及びこれらの事務に従事する他の職員を監督しなければならない。

一　水道施設が第五条の規定による施設基準に適合しているかどうかの検査（第二十二条の二第2項に規定する点検を含む。）

二　第十三条第1項の規定による水質検査及び施設検査

三　給水装置の構造及び材質が第十六条の政令で定める基準に適合しているかどうかの検査

四　次条第1項の規定による水質検査

五　第二十一条第1項の規定による健康診断

六　第二十二条の規定による衛生上の措置

七　第二十二条の三第1項の台帳の作成

八　第二十三条第1項の規定による給水の緊急停止

九　第三十七条前段の規定による給水停止

3　水道技術管理者は，政令で定める資格（当該水道事業者が地方公共団体である場合にあつては，当該資格を参酌して当該地方公共団体の条例で定める資格）を有する者でなければならない。

1）水道技術管理者の配置及び資格

水道事業者，水道用水供給事業者及び専用水道の設置者は，水道施設の管理の技術上の業務を担当させるため，法施行令第七条で定める資格を有する水道技術管理者を置かなければならない。

◀よく出る

2）水道技術管理者の業務

水道技術管理者は，次の事項に関する事務に従事し，また他の職員を監督する。

・水道用水供給事業者は除外と考えてよい。

① 水道施設が施設基準に適合しているかどうかの検査

② 配水施設以外の水道施設又は配水池を新設し，増設し，又は改造した場合における，使用開始前の水質検査及び施設検査

③ 給水装置が構造材質基準に適合しているか否かの検査

④ 水道により供給される水の水質検査

⑤ 水道の取水場，浄水場又は配水池で業務に従事している者及びこれらの施設の設置場所の構内に居住している者についての定期及び臨時の健康診断

⑥ 水道施設の管理及び運営に関し，消毒その他衛生上必要な措置

⑦ 水道施設の台帳を作成し，これを保管（平成30年の法改正による。ただし，施行は令和4年9月30日である。）

⑧ 供給する水が人の健康を害するおそれがあることを知ったときの給水停止と関係者への周知

⑨　厚生労働大臣又は都道府県知事からの命令による給水停止

（2）　水道技術管理者に対する勧告

（改善の指示等）

法第三十六条第2項　厚生労働大臣は水道事業又は水道用水供給事業について，都道府県知事は専用水道について，水道技術管理者がその職務を怠り，警告を発したにもかかわらずなお継続して職務を怠ったときは，当該水道事業者若しくは水道用水供給事業者又は専用水道の設置者に対して，水道技術管理者を変更すべきことを勧告することができる。

水道技術管理者が適正に業務を遂行しないときは，厚生労働大臣は水道事業，水道用水供給事業について，都道府県知事（市又は特別区の長）は専用水道について，水道技術管理者の変更を勧告できる。

「勧告」の対象は，次のような区分になっている。

・厚生労働大臣は，水道事業者又は水道用水供給事業者の水道技術管理者

・都道府県知事は，専用水道の水道技術管理者

2・3・6　水道事業者による第三者への業務委託

（業務の委託）

法第二十四条の三　水道事業者は，政令で定めるところにより，水道の管理に関する技術上の業務の全部又は一部を他の水道事業者若しくは水道用水供給事業者又は当該業務を適正かつ確実に実施することができる者として政令で定める要件に該当するものに委託することができる。

3　第1項の規定により業務の委託を受ける者（以下「水道管理業務受託者」という。）は，水道の管理について技術上の業務を担当させるため，受託水道業務技術管理者一人を置かなければならない。

4　受託水道業務技術管理者は，第1項の規定により委託された業務の範囲内において第十九条第2項各号に掲げる事項に関する事務に従事し，及びこれらの事務に従事する他の職員を監督しなければならない。

5　受託水道業務技術管理者は，政令で定める資格を有する者でなければならない。

◀よく出る
（平成30年法改正関連）

※第6〜第8項は省略している。

（1）　水道事業者による第三者への業務委託の概要

中小規模の水道事業者の中には，水道の管理体制が脆弱で，業務を適正確実に遂行することが困難な状況に面している事業者がある。そこで，浄水場の運転管理，水質管理等の技術上の業務を技術的に信頼できる第三者に委託して適正に実施できるようにする方策が業務委託である。水道事業

学科試験 1

者における管理体制の充実を図る選択肢の一つである。この背景については 2 . 1 . 1 水道法の改正（平成30年法律第92号）を参照のこと。

（2）　受託水道業務技術管理者が行う技術上の業務

　受託を受けた者は，技術上の責任者として，水道技術管理者に相当する「受託水道業務技術管理者」を置く必要がある。

　受託水道業務技術管理者は，委託された業務の範囲内で法第19条第 2 項各号に掲げる水道技術管理者が行う事項に関する事務に従事し，及びこれらの事務に従事する他の職員を監督しなければならない。水道技術管理者が行う業務は 2・3・5 水道技術管理者を参照。

・受託水道業務技術管理者は法第二十四条の三を除き、記述はない名称である。

・p.50参照

2・3・7　水道施設運営権

（水道施設運営権の設定の許可）

法第二十四条の四　地方公共団体である水道事業者は，民間資金等の活用による公共施設等の整備等の促進に関する法律（平成11年法律第117号。以下「民間資金法」という。）第十九条第 1 項の規定により水道施設運営等事業（水道施設の全部又は一部の運営等（民間資金法第二条第 6 項に規定する運営等をいう。）であつて，当該水道施設の利用に係る料金（以下「利用料金」という。）を当該運営等を行う者が自らの収入として収受する事業をいう。以下同じ。）に係る民間資金法第二条第 7 項に規定する公共施設等運営権（以下「水道施設運営権」という。）を設定しようとするときは，あらかじめ，厚生労働大臣の許可を受けなければならない。この場合において，当該水道事業者は，第十一条第 1 項の規定にかかわらず，同項の許可（水道事業の休止に係るものに限る。）を受けることを要しない。

2　水道施設運営等事業は，地方公共団体である水道事業者が，民間資金法第十九条第 1 項の規定により水道施設運営権を設定した場合に限り，実施することができるものとする。

3　水道施設運営権を有する者（以下「水道施設運営権者」という。）が水道施設運営等事業を実施する場合には，第六条第 1 項の規定にかかわらず，水道事業経営の認可を受けることを要しない。

（水道施設運営等事業技術管理者）

法第二十四条の七　水道施設運営権者は，水道施設運営等事業について技術上の業務を担当させるため，水道施設運営等事業技術管理者一人を置かなければならない。

　二　水道施設運営等事業技術管理者は，水道施設運営等事業に係る業務の範囲内において，法第十九条第 2 項各号に掲げる事項に関する事務に従事し，及びこれらの事務に従事する他の職員を監督しなければならない。

※平成30年改正項目
・PFI事業のことである。

　　三　水道施設運営等事業技術管理者は，法第二十四条の三第5項の政令で
　　　定める資格を有する者でなければならない。

◀水道技術管理技師を
指す。

　社会基盤である水道事業について，市町村が経営するという原則は変わ
らないが，一方で，水道の基盤の強化のために官民連携を行うことは有効
な手法の一つであり，地方公共団体が水道事業者等としての位置付けを維
持しつつ，水道施設の運営権を民間事業者に設定できる方式を平成30
（2018）年の水道法改正で創設した。

2・3・8　水質管理

（水質検査）
法第二十条　水道事業者は，厚生労働省令の定めるところにより，定期及び
　臨時の水質検査を行わなければならない。

◀よく出る

2　水道事業者は，前項の規定による水質検査を行つたときは，これに関す
る記録を作成し，水質検査を行つた日から起算して5年間，これを保存しな
ければならない。

◀よく出る

（定期及び臨時の水質検査）
規則第十五条　法第二十条第1項の規定により行う定期の水質検査は，次に
　掲げるところにより行うものとする。
　一　次に掲げる検査を行うこと。
　　イ　1日1回以上行う色及び濁り並びに消毒の残留効果に関する検査
　　ロ　第三号に定める回数以上行う水質基準に関する省令の表（以下この
　　　項及び次項において「基準の表」という。）の上欄に掲げる事項につ
　　　いての検査
　二　検査に供する水（以下「試料」という。）の採取の場所は，給水栓を
　　原則とし，水道施設の構造等を考慮して，当該水道により供給される水
　　が水質基準に適合するかどうかを判断することができる場所を選定する
　　こと。（後略）

　水道により供給される水についてのべられているが，具体的には次の事
項を定めている。
なお，これら検査は，すべて水道事業者等の実施事項である。
　①　毎事業年度の開始前に水質検査計画を策定し，そのことを需要者に
　　情報提供を行うこと
　②　1日1回以上色及び濁り並びに消毒の残留効果に関する検査を行う
　　こと

◀よく出る
　色と濁りは目視，消毒
の残留効果は残留塩素
（遊離及び結合）である。

③　水質基準項目については，項目によりおおむね 1 カ月に 1 回以上又は 3 カ月に 1 回以上の検査を行うこと

④　水道により供給される水が水質基準に適合しないおそれがある場合は臨時の検査を行うこと

⑤水道の需要者に対し，水質検査の結果その他水道事業に関する情報を提供しなければならないこと

（1）　情報提供

（情報提供）

法第二十四条の二　水道事業者は，水道の需要者に対し，厚生労働省令で定めるところにより，第二十条第 1 項の規定による水質検査の結果その他水道事業に関する情報を提供しなければならない。

規則第十七条の五　法第二十四条の二の規定による情報の提供は，第一号から第六号までに掲げるものにあつては毎年 1 回以上定期に（第一号の水質検査計画にあつては，毎事業年度の開始前に），第七号及び第八号に掲げるものにあつては必要が生じたときに速やかに，水道の需要者の閲覧に供する等水道の需要者が当該情報を容易に入手することができるような方法で行うものとする。

一　水質検査計画及び法第二十条第 1 項の規定により行う定期の水質検査の結果その他水道により供給される水の安全に関する事項

二　水道事業の実施体制に関する事項（法第二十四条の三第 1 項の規定による委託及び法第二十四条の四第 1 項の規定による水道施設運営権の設定の内容を含む。）

三　水道施設の整備その他水道事業に要する費用に関する事項

四　水道料金その他需要者の負担に関する事項

五　給水装置及び貯水槽水道の管理等に関する事項

六　水道施設の耐震性能，耐震性の向上に関する取組等の状況に関する事項

七　法第二十条第 1 項の規定により行う臨時の水質検査の結果

八　災害，水質事故等の非常時における水道の危機管理に関する事項

第七号でいう「法第二十条第 1 項の規定」は，次のとおりである。

"水道事業者は，厚生労働省令の定めるところにより，定期及び臨時の水質検査を行わなければならない。"

（2） 健康診断

（健康診断）

法第二十一条 水道事業者は，水道の取水場，浄水場又は配水池において業務に従事している者及びこれらの施設の設置場所の構内に居住している者について，厚生労働省令の定めるところにより，定期及び臨時の健康診断を行わなければならない。　　　　　◀よく出る

2　水道事業者は，前項の規定による健康診断を行つたときは，これに関する記録を作成し，健康診断を行つた日から起算して1年間，これを保存しなければならない。　　　　　◀よく出る

規則第十六条 法第二十一条第1項の規定により行う定期の健康診断は，おおむね6カ月ごとに，病原体がし尿に排せつされる感染症の患者（病原体の保有者を含む。）の有無に関して，行うものとする。　　　　　◀よく出る

　水道の取水場，浄水場又は配水池において業務に従事している者及びこれらの施設の設置場所の構内の居住者に対して，次の事項が定められている。

①　おおむね6カ月ごとに，病原体が屎尿に排泄される感染症の患者（病原体の保有者を含む）の有無に関して，定期の健康診断を行うこと。

②　①の感染症が発生した場合又は発生するおそれがある場合に，発生した感染症又は発生するおそれがある感染症について，臨時の健康診断を行うこと。

（3） 衛生上必要な措置

（衛生上の措置）

法第二十二条 水道事業者は，厚生労働省令の定めるところにより，水道施設の管理及び運営に関し，消毒その他衛生上必要な措置を講じなければならない。

・水道施設であって給水装置は除外される。

　水道施設並びにその供給する水の衛生状態が常時確保されていることは，水道の必須条件である。法施行規則第十七条では，衛生上必要な措置として次の事項を定めている。

①　取水場，貯水池，導水渠，浄水場，配水池及びポンプ井は，常に清潔にし，水の汚染防止を十分にする。

②　①の施設には，鍵をかけ，柵を設ける等，みだりに人畜が施設に立ち入って水が汚染されるのを防止するのに必要な措置を講ずる。

③　給水栓における水が，遊離残留塩素0.1mg/L（結合残留塩素ならば0.4mg/L）以上を保持するように塩素消毒をする。

④　供給する水が<u>病原生物に著しく汚染されるおそれがある</u>等の場合は，<u>給水栓における水が遊離残留塩素0.2mg/L（結合残留塩素ならば1.5mg/L）以上保持</u>するように塩素消毒をする。

（4）　給水の緊急停止

（給水の緊急停止）

法第二十三条　水道事業者は，その供給する水が人の健康を害するおそれがあることを知つたときは，直ちに給水を停止し，かつ，その水を使用することが危険である旨を関係者に周知させる措置を講じなければならない。

2　水道事業者の供給する水が人の健康を害するおそれがあることを知つた者は，直ちにその旨を当該水道事業者に通報しなければならない。

◀よく出る

◀よく出る

法第二十三条は，<u>水道事業者の供給する水が人の健康を害するおそれのあることを知ったときに水道事業者及びその他の者がとるべき措置を規定</u>したものである。

（5）　水道水源の確保・保全等

以上の他に，水道の水質管理は，清浄な水源の確保，水源水域の水質保全，浄水施設や送配水施設の適正な運用管理といった措置等によっても果たされるべきものである。水質管理は，水道水という最終製品の品質管理であるため，水道システム全体の運用や維持管理の改善等に関連付けられるべきものである。

2・4 簡易専用水道の管理基準等

学習のポイント

1．簡易専用水道ついて学習する。
2．特に，簡易専用水道の管理基準について学習する。

簡易専用水道は，貯水槽水道のうち，水道事業者からのみ給水される水を利用し，貯水槽の有効容量が$10m^3$を超えるものをいう。法第三条の中で，簡易水道事業（第3項），水道事業（第5項），専用水道（第6項）とともに定義されている。

◀図1・1参照。

（用語の定義）

法第三条　この法律において「水道」とは，導管及びその他の工作物により，水を人の飲用に適する水として供給する施設の総体をいう。ただし，臨時に施設されたものを除く。

◀よく出る

3　この法律において「簡易水道事業」とは，給水人口が5,000人以下である水道により，水を供給する水道事業をいう。

5　この法律において「水道事業者」とは，第六条第1項の規定による認可を受けて水道事業を経営する者をいい，「水道用水供給事業者」とは，第二十六条の規定による認可を受けて水道用水供給事業を経営する者をいう。

6　この法律において「専用水道」とは，寄宿舎，社宅，療養所等における自家用の水道その他水道事業の用に供する水道以外の水道であつて，次の各号のいずれかに該当するものをいう。ただし，他の水道から供給を受ける水のみを水源とし，かつ，その水道施設のうち地中又は地表に施設されている部分の規模が政令で定める基準以下である水道を除く。

一　百人を超える者にその居住に必要な水を供給するもの

二　その水道施設の一日最大給水量（一日に給水することができる最大の水量をいう。以下同じ。）が政令で定める基準を超えるもの

7　この法律において「簡易専用水道」とは，水道事業の用に供する水道及び専用水道以外の水道であつて，水道事業の用に供する水道から供給を受ける水のみを水源とするものをいう。ただし，その用に供する施設の規模が政令で定める基準以下のものを除く。

◀水道水以外の水は供給できない（井水など）。

8　この法律において「水道施設」とは，水道のための取水施設，貯水施設，導水施設，浄水施設，送水施設及び配水施設（専用水道にあつては，給水の施設を含むものとし，建築物に設けられたものを除く。以下同じ。）で

あつて，当該水道事業者，水道用水供給事業者又は専用水道の設置者の管理に属するものをいう。

※水道事業の定義については p.6を参照のこと。

（1）　簡易専用水道の管理

（簡易専用水）

法第三十四条の二　簡易専用水道の設置者は，厚生労働省令で定める基準に従い，その水道を管理しなければならない。

2　簡易専用水道の設置者は，当該簡易専用水道の管理について，厚生労働省令の定めるところにより，定期に，地方公共団体の機関又は厚生労働大臣の登録を受けた者の検査を受けなければならない。

規則五十五条

（2）　簡易専用水道の管理基準

（管理基準）

規則第五十五条　法第三十四条の二第1項に規定する厚生労働省令で定める基準は，次に掲げるものとする。

1　水槽の掃除を毎年1回以上定期に行うこと。

2　水槽の点検等有害物，汚水等によつて水が汚染されるのを防止するために必要な措置を講ずること。

3　給水栓における水の色，濁り，臭い，味その他の状態により供給する水に異常を認めたときは，水質基準に関する省令の表の上欄に掲げる事項のうち必要なものについて検査を行うこと。

4　供給する水が人の健康を害するおそれがあることを知つたときは，直ちに給水を停止し，かつ，その水を使用することが危険である旨を関係者に周知させる措置を講ずること。

◀よく出る

（3）　簡易専用水道の検査

（検　査）

規則第五十六条　法第三十四条の二第2項の規定による検査は，毎年1回以上定期に行うものとする。

2　検査の方法その他必要な事項については，厚生労働大臣が定めるところによるものとする。

簡易専用水道の設置者は，1年以内ごとに1回定期に，その水道の管理について，地方公共団体の機関又は厚生労働大臣の登録を受けた者の検査（水槽等の外観検査，書類検査，水質検査）を受けなければならない。

（注）受水槽（貯水槽）以降の給水設備に関する管理基準は建築基準法第三十六条，建築基準法施行令第百二十九条の二の四）。

2・5 水源の汚濁防止のための要請等

1. 水源の水質を保全に対する水道事業者，水道用水供給事業者の役割について学習する。

（水源の汚濁防止のための要請等）

法第四十三条 水道事業者又は水道用水供給事業者は，水源の水質を保全するため必要があると認めるときは，関係行政機関の長又は関係地方公共団体の長に対して，水源の水質の汚濁の防止に関し，意見を述べ，又は適当な措置を講ずべきことを要請することができる。

　水道により供給する水について，その水質の安全性を確保することは，水道事業者等の基本的な責務であり，水質基準，施設基準，衛生上の措置等，法に基づくさまざまな義務が課せられている。

　水質のよい水源を利用することは，より安全で良質な水道水の供給を確保するために重要である。

　水道事業者等は通常の管理体制や浄水操作，浄水技術において対応できない程の水源汚濁が生じた際に，当該水道事業者等が，水源の汚濁に責任を有する者によって汚濁防止の取組みが行われるようにすること等について，関係行政機関等に意見を述べ，又は適当な措置を講ずべきことを要請できることとしている。

確認テスト〔正しいものには○，誤っているものには×を付けよ。〕

□□(1)　水道法の目的は，水道の基盤を強化することによって，清浄にして豊富低廉な水の供給を図り，公衆衛生の向上と生活環境の改善とに寄与することである。

□□(2)　水道事業者は，供給される水の色及び濁り並びに消毒の残留効果に関する検査を，3 日に 1 回以上行わなければならない。

□□(3)　水道事業を経営する者は市町村長の許可を受けなければならない。

□□(4)　水道事業者の業務を第三者に委託してはならない。

□□(5)　水道事業者は，3 年ごとに水質検査計画を策定し，需要者に対して情報提供を行う。

□□(6)　水道事業者は，水道水が人の健康を害するおそれのあるときは，直ちに給水を停止し，水道水の使用が危険である旨を関係者に周知させる措置を講じなければならない。

□□(7)　水質基準項目のうち，色及び濁り並びに消毒の残留効果については，1 日に 1 回以上検査を行わなければならない。

□□(8)　水道事業者の供給規程には，水道料金を定率又は定額をもって明確に定める必要はない。

□□(9)　水撃圧は流速に影響されないため，給水管における水撃作用を軽減するために，管内流速を遅くしても効果はない。

□□(10)　工場生産住宅に工場内で給水管及び給水用具を設置する作業は，給水用具の製造工程であり給水装置工事に含まれる。

□□(11)　水道事業者は，日出後日没前に限り，その職員をして，当該水道によって水の供給を受ける者の土地又は建物に立ち入り，給水装置を検査させることができる。

□□(12)　水道事業者は，事業計画に定める給水区域内の需要者から給水契約の申し込みを受けた場合には，いかなる場合であっても，これを拒んではならない。

□□(13)　水道用水供給事業者については，給水区域の概念はないので認可制度をとっていない。

□□(14)　水道事業者による指定給水装置工事事業者の指定の基準は，水道法により水道事業者ごとに定められている。

□□(15)　水道事業経営の認可制度によって，複数の水道事業者の給水区域が重複することによる不合理・不経済が回避される。

□□(16)　給水装置工事主任技術者は，給水装置工事に従事する者の技術上の指導監督を行わなければならない。

□□(17)　温水用に温泉水を利用した湯水混合栓の設置を行う場合，逆流防止装置を設置すれば水道水と温泉水（湯）の配管を湯水混合栓に直接接続しても差し支えない。

□□(18)　水道メーターは，水道事業者の所有物であり，給水装置に該当しない。

□□(19)　ビルなどで水道水を一旦受水槽に受けて給水する場合，受水槽以降の給水栓，ボールタップ，湯沸器等の給水用具は給水装置には該当しない。

□□(20)　給水管を配水管から分岐する工事を施行しようとする場合の配水管の布設位置の確認に関する水道事業者との連絡調整は，給水装置工事主任技術者の職務である。

□□(21)　水道事業者は，需要者の給水装置の構造及び材質が水道法で定める基準に適合していなくても，水を供給しなくてはならない。

□□⑵ 指定給水装置工事事業者は，給水装置工事主任技術者に工事ごとに，所要の記録を作成させ，それを1年間保存すること。

□□⑵ 配水管から分岐された給水管に直結して自動販売機を設置する工事は，給水装置工事に該当しない。

□□⑵ 供給規定には，専用水道に関し，水道事業者及び当該専用水道の設置者の責任に関する事項が，適正かつ明確に定められていなければならない。

□□⑵ 工事事業者は，水道事業者の要求があれば，水道事業者が行う給水装置の検査に給水装置工事主任技術者を立ち会わせなければならない。

□□⑵ 簡易専用水道の設置者は，1年以内ごとに1回定期に，その水道の管理について，地方公共団体，この機関又は厚生労働大臣の登録を受けた者の検査を受けなければならない。

□□⑵ 水道事業者は，浄水処理において塩素消毒を行わなければならないが，配水管網で残留塩素が減少することがあり，必ずしも給水栓において一定以上の残留塩素濃度を保持する必要はない。

□□⑵ 水道事業者が民間の事業者の場合には，供給規程に定められた供給条件を変更しようとするときは，当該給水区域の市町村長の認可を受けなければならない。

□□⑵ 水道事業者は，水道の管理について技術上の業務を担当させるため，水道技術管理者1人を置かなければならない。この場合，水道事業者自らは水道技術管理者となることはできない。

□□⑽ 水道事業者によって水の供給を受ける者は，指定給水装置工事事業者に対して，給水装置の検査及び供給を受ける水の水質検査を請求することができる。

□□⑶ 指定給水装置工事事業者は5年に一度その免許の更新を行わなければならない。

□□⑶ 水道技術管理者は，給水装置が構造及び材質規定に基づく基準に適合しているかどうかの検査に関する事務に従事するが，他の職員に代行させてはならない。

□□⑶ 水道事業者は，指定給水装置工事事業者の5年ごとの更新のときには，指定給水装置工事事業者の講習会の受講実績及び給水装置工事主任技術者等の研修会の受講状況を確認する。

□□⑶ 給水装置工事主任技術者の資格は，5年ごとに更新しなければならない。

□□⑶ 簡易専用水道にて，給水栓から供給する水に異常を認めた時は，水質基準に関する省令の表の上覧に掲げる事項のうち必要なものについて検査を行う。

確認テスト解答・解説

(1) ○

(2) ×：色，濁り，消毒の残留効果の検査は1日に1回以上行わなくてはならない。

(3) ×：水道事業の許認可は，厚生労働大臣の所管である。

(4) ×：平成30年度の改正水道法で，水道の管理に関する技術上の業務の全部又は一部を，他の水道事業者，水道用水供給事業者及び当該業務を適正かつ確実に実施することができる者に委託することができるようになった。

(5) ×：水質検査計画，定期・臨時水質検査の結果等を年1回以上定期的に又は速やかに情報提供を行う。

(6) ○

(7) ×：色・濁り・消毒の残留効果は，いずれも水道法で定める"水質基準項目"の51項目に記載がない。

(8) ×：水道法第十四条に，料金が，定率又は定額をもって明確に定められていること，とある。

(9)　×：水撃圧は流速に比例するので，管内流速は遅くしなければならない。

(10)　×：プレハブ住宅の工場設置の給水管・給水用具は，給水装置工事ではない。

(11)　○

(12)　×：水道事業者は，給水区域内で需要者からの申し込みを受けた場合でも，正当な理由があれば拒否できる。

(13)　×：水道用水供給事業を経営しようとする者は，厚生労働大臣の認可を受けなければならない。

(14)　×：平成8年の水道法改正により，全国一律の制度となった。

(15)　○

(16)　○

(17)　×：湯水混合栓に接続する湯は，接続する水を湯にしたもの以外は接続できない。

(18)　×：水道メーターは，水道事業者の所有物だが，給水装置である。

(19)　○

(20)　○

(21)　×：水道事業者は，給水装置が構造・材質基準に適合していることをもって，供給基準とする。

(22)　×：保管は3年間。

(23)　×：直結の給水管に接続する場合は，給水装置工事に該当する。

(24)　×：法第十四条第2項の五にある貯水槽水道の規定において述べられている水道事業者との責任区分の記述があり，括弧書きで専用水道は除外されている。

(25)　○

(26)　○

(27)　×：遊離残留塩素0.1mg/L 以上保持する必要がある。

(28)　×：民間の水道事業者の供給条件変更は，市町村長ではなく，厚生労働大臣の許可が必要である。

(29)　×：法第十九条第1項ただし書きに"自ら水道技術管理者となることを妨げない。"とある。

(30)　×：法第十八条第1項に，検査の請求権は"指定給水工事事業者ではなく「当該水道事業者」である。"とある。

(31)　○

(32)　×：監督下の職員であれば，その職務に従事させることができる。

(33)　○

(34)　×：給水装置工事主任技術者の資格は，更新しなくてよい。

(35)　○

第3章　給水装置工事法

学科試験1

給水装置工事法の出題傾向

　「給水装置工事法」の試験科目の主な内容は，給水装置工事の適正な施行が可能な知識を有していることである。具体的には，給水装置の施工上の留意点，給水装置の維持管理等である。

① 令和4年度も例年通り，10問（問題10から問題19）出題され，穴埋め問題（4カ所，3カ所）2問，五肢択一問題が5問，四肢の正誤問題が3問となっている。穴埋め問題，五肢択一問題，四肢の正誤問題とも，正確な知識，理解が要求され，回答に時間がかかる。

② 令和4年度も水道施行規則から，指定給水装置工事事業者の運営に関する虫食い問題（規則第三十六条第1項第二号の条文）が出題（問題10）されているので，内容を覚えておくこと。

③ 配水管からの給水管の取出しや穿孔に関して2問出題され，毎年出題されていることから確実に覚えること。（問題11，12）配水管の分岐穿孔に係わる断水・通水作業と水質検査やダクタイル鋳鉄に係わる施工方法について出題されている。

④ 土中に埋設される給水管の明示に関する内容（問題13），水道メータの設置に関する内容（問題14）が出題されており，明示の具体的な内容と水道メータを施工する際の注意点やメータバイパスの設置目的などは，しっかりと理解しておくこと。

⑤ 消防法の適用を受けるスプリンクラー設備に関して出題（問題15）されており，設置基準，設計，建物用途別での設備などをよく理解しておくこと。

⑥ 給水装置の構造及び材質の基準に関する出題（問題16）や給水管及び給水用具の選定に関する出題（問題18）で，第4章の4・3・1の耐圧に関する基準や，第6章の6・1・3(1)給水装置工事主任技術者の責務に係わる具体的な内容が取り上げられているので，必ず参照し理解する必要がある。

⑦ 給水管の配管工事（問題17），水道管の接合方法（問題19）について出題されており，配管の曲げや切断などの加工方法の注意点などを，第2編を参照し理解する必要がある。

⑧ 出題範囲は広いのが，出題対象の項目は毎年同じ内容が占めていることから，令和3年以前の問題もより多く解いて，しっかりと記憶することで正解を選択することができる。

給水装置工事の施行　規則第三十六条，サドル付き分水栓，割T字管，ダクタイル鋳鉄管，明示テープ，埋設深さ，道路の占用，浅層埋設，給水管の防護，サンドブラスト現象，水道メータのバイパスユニット，直結加圧形ポンプユニット，道路占用許可書，道路使用許可書，水道直結型スプリンクラー，消防設備士の役割，太陽熱利用給湯システム

検　査　給水装置の構造・材質基準，書類検査，現地調査，吐水口空間，クロスコネクション，性能基準適合品，水質検査，残留塩素測定，耐圧試験，逆流防止

維持管理　給水装置工事主任技術者，情報提供，漏水，給水用具，異常現象，濁り・色・臭味，水撃，異常音，出水不良，漏水

撤去工事　供給規定，給水装置工事，需要者の責任，費用負担，止水方法

3・1 給水装置工事の施行

学習のポイント

・配水管から分岐した給水装置の施行について学習する。
・埋設給水管の防護，道路の占用，水道メータの設置，直結直圧給水，水道直結型スプリンクラー，太陽熱利用給湯システム等について学習する。

3・1・1 配水管からの分岐以降水道メータまでの工事の施行

（1） 工事施行に当たっての留意事項

（事業の運営の基準）

規則第三十六条第1項

　二　配水管から分岐して給水管を設ける工事及び給水装置の配水管への取付口から水道メーターまでの工事を施行する場合において，当該配水管及び他の地下埋設物に変形，破損その他の異常を生じさせることがないよう適切に作業を行うことができる技能を有する者を従事させ，又はその者に当該工事に従事する他の者を実施に監督させること。

　三　水道事業者の給水区域において前号に掲げる工事を施行するときは，あらかじめ当該水道事業者の承認を受けた工法，工期その他の工事上の条件に適合するように当該工事を施行すること。

　「適切に作業を行うことができる技能を有する者」の解釈等は次のとおりである。

　法施行規則第三十六条第1項第二号に規定する「適切に作業を行うことができる技能を有する者」とは，配水管への分水栓の取付け，配水管の穿孔，給水管の接合等の配水管から給水管を分岐する工事に係る作業及び当該分岐部から水道メーターまでの配管工事に係る作業について，配水管その他の地下埋設物に変形，破損その他の異常を生じさせることがないよう，適切な資機材，工法，地下埋設物の防護の方法を選択し，正確な作業を実施することができる者をいう。

◀よく出る

（2）　給水装置の耐震化など

> **水道の耐震化計画等策定**（水道の耐震化計画等策定指針（平成27年 6 月））
>
> 　給水装置は，重要給水施設に給水するもの，および耐震性の低い管種・継手，液状化の可能性がある地区，盛土地区等を優先して耐震性の高いものに更新することについて検討する。

1）給水装置の耐震化

　「重要給水施設管路」とは，災害拠点病院，避難所，防災拠点などの重要給水施設に供給する管路（重要給水施設に供給する導水管，送水管，配水本管，配水支管）をいう。

　「重要給水施設基幹管路」とは，重要給水施設管路のうち，基幹管路（導水管，送水管，配水本管）をいう。

①　給水装置の所有者である需要者に対して広報等を行い，更新あるいは補強して耐震化することが望ましい。また，公道下等の給水装置は配水管更新工事に合わせ，耐震性の高いものに更新することが望ましい。　◀基本方針

②　重要給水施設に給水するもの及び耐震性の低い管種・継手（硬質ポリ塩化ビニル管，TS 継手，鉛管等）を用いた給水装置は，優先的に耐震性の高いものに更新することが望ましい。　◀優先順位

③　液状化の可能性がある地区，盛土地区等は，②の施設より優先度を高め，耐震性の高いものに更新することが望ましい。　◀液状化地区の優先

2）私道内給水管の整備

　私道に布設された給水管には，老朽化した鉛管や硬質ポリ塩化ビニル管が数多く布設されており，漏水や出水不良の要因となる場合がある。

3）鉛給水管発見時の対応について

　水道事業者は，残存する鉛給水管（分岐から水道メータまで）を計画的に取り替えてきたが，水道事業者により残存状況を把握していないところもある。分岐工事や漏水修理等で鉛製給水管を発見したときは，速やかに水道事業者に報告する。　◀鉛には毒性・催奇性がある。

3・1・2　給水管の取出し

> （給水管の取出しに係る構造材質基準事項）
>
> **令第六条**　法第十六条の規定による給水装置の構造及び材質は，次のとおりとする。

一 配水管への取付口の位置は，他の給水装置の取付口から30cm以上離れていること。

二 配水管への取付口における給水管の口径は，当該給水装置による水の使用量に比し，著しく過大でないこと。

三 配水管の水圧に影響を及ぼすおそれのあるポンプに直接連結されていないこと。

六 当該給水装置以外の水管その他の設備に直接連結されていないこと。

◀よく出る

4.2 水道法施行令第六条の規定を参照のこと。

◀p.106参照

その他給水管の取出しに係る注意点は次のとおりである。

① 適切に作業を行うことができる技能を有する者を配置する。

◀よく出る
（①～⑭）

② 水道以外の管との誤接合を行わないよう十分な調査をする（ガス管，工業用水道管等の水道以外の管から誤分岐接続しないよう，明示テープ，消火栓，仕切弁等の位置の確認及び音聴性，試験掘削等により，当該配水管であることを確認のうえ，施工する必要がある）。

③ 分岐管の口径は，原則として，配水管等の口径より小さい口径とする。

◀よく出る

④ 配水管から給水管の分岐する場合は，他の給水管の分岐位置から30cm以上離すこと。また，維持管理を考慮して配水管等の継手端面からも，30cm以上離す。

⑤ 異形管及び継手から給水管の取出しを行わない。

⑥ 給水管の分岐には，配水管の管種及び口径並びに給水管の口径に応じたサドル付分水栓，分水栓，割T字管，チーズ，T字管を用いる。

⑦ 配水管を断水して給水管を分岐する場合は，水道事業者の指示による。

⑧ 不断水工法により給水管を取り出す場合，分水栓（サドル付分水栓含む）及び割T字管の配水管への取り付けは適切かつ確実に行う。

⑨ 不断水工事の穿孔機及びドリル，カッターは，配水管（ダクタイル鋳鉄管の場合は内面ライニングの仕様）に応じた適切なものを使用し，サドル付分水栓等に確実に取り付ける。

◀ドリル・カッターと
配水管材質。

・摩耗したドリル及びカッターは管のライニング材のめくれ，はく離等が生じやすいので使用を禁止する。

・モルタルライニング管のドリルは一般的に先端角が118°のものを使用する。

◀よく出る

・エポキシ樹脂粉体塗装用のドリルは90°～100°で水道事業者の指示する角度のものを使用できる。

◀よく出る

・モルタルライニング管に使用したドリルを，エポキシ樹脂粉体塗装用に使用してはならない。

・ドリルの仕様を間違えると，エポキシ樹脂粉体塗装の場合「塗膜の

貫通不良」や「塗膜の欠け」といった不具合が発生しやすくなり配水管に支障を来すのでやってはならない。

⑩ ダクタイル鋳鉄管の穿孔は，内面ライニング等に悪影響を与えないように行う。　◀よく出る

⑪ ダクタイル鋳鉄管の配水管に分水栓を取り付け穿孔をする場合は，穿孔断面の防食のために防食コアを装着する。　◀よく出る
・図3・1参照

⑫ 割T管の配水管穿孔箇所への防食コアについては，水道事業者の指示による。

⑬ 不断水分岐作業の場合は，分岐作業終了後，水質確認を行う。　◀重要
・図3・2参照

⑭ 配水管の分岐点から水道メータまでの給水装置材料及び工法等については，水道事業者ごとに個々に指定があるので，必ず確認する。

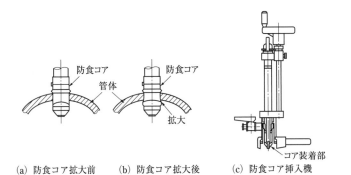

(a) 防食コア拡大前　(b) 防食コア拡大後　(c) 防食コア挿入機

図3・1　穿孔箇所の防食コア挿入

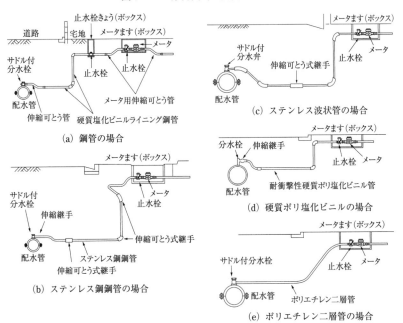

(a) 鋼管の場合

(b) ステンレス鋼鋼管の場合

(c) ステンレス波状管の場合

(d) 硬質ポリ塩化ビニルの場合

(e) ポリエチレン二層管の場合

図3・2　各種配水管からの給水管取出し施行例

3・1・3 分岐穿孔工程

（1） サドル付分水栓穿孔

1） ダクタイル鋳鉄管からの分岐穿孔（図3・3参照）

(a) 配水管の清掃手順

① 配水管のサドル付分水栓取付け位置を確認し，<u>取付け位置の土砂及び錆等を管全周にわたってウエス等できれいに除去し，配水管の管肌を清掃する。</u>

② 配水管がポリエチレンスリーブで被覆されている場合は，<u>サドル付分水栓取付け位置の中心線より20cm 程度離れた両位置を固定用ゴムバンド等により固定</u>してから，中心線に沿って切り開き，ゴムバンドの位置まで折り返し，配水管の管肌をあらわす。

◀数値

(b) サドル付分水栓の取付け

① サドル付分水栓を取り付ける前に，<u>弁体が全開状態になっているか，パッキンが正しく取り付けられているか，塗装面やねじ等に傷がないか等，サドル付分水栓が正常かどうか確認する。</u>

◀よく出る

② サドル付分水栓は，<u>配水管の管軸頂部にその中心線がくるように取り付け，給水管の取出し方向及びサドル付分水栓が管軸方向から見て傾きがないことを確認する。</u>

◀よく出る
・割T字管と異なることに注意が必要。

③ サドル付分水栓の<u>取付け位置を変えるときは，サドル取付ガスケット（サドルと配水管の水密 性を確保するためのゴム製のシール材）を保護するため，管表面を擦らないように，サドル付分水栓を持ち上げて移動させる。</u>

◀よく出る

④ サドル付分水栓のボルト・ナットの締付けは，全体に均一になるよう左右均等に行い，ダクタイル鋳鉄管の場合の標準締付トルク（ボルトの呼び径 M16は60N・m，M20は75N・m）を，トルクレンチを用いて確認する。

⑤ ステンレス製のボルト・ナットは，異物の噛み込みや無理なねじ込みによって焼き付き等不具合を起こしやすいので，十分注意する。

(c) サドル付分水栓の穿孔作業

穿孔機には手動式及び電動式があり，次の①〜⑫に注意して行う。

① <u>穿孔機は，製造者及び機種等により取扱いが異なるので，必ず取扱説明書をよく読んで器具を使用する。</u>

◀よく出る

② サドル付分水栓の<u>頂部のキャップを取外し，弁（ボール弁又はコック）の動作を確認してから弁を全開にする。</u>

◀よく出る
「全開」

③　分岐口径及び内面ライニングに応じたカッター又はドリルを穿孔機のスピンドルに取り付ける。

・角度は p.68⑨を参照

④　呼び径ごとの穿孔機アタッチメントをサドル付分水栓頂部に取り付けた後，穿孔機を静かに載せ，サドル付分水栓と一体になるように固定する。

⑤　サドル付分水栓の吐水部又は穿孔機の排水口に排水用ホースを連結し，下水溝等へ切粉を直接排水しないようにホースの先端はバケツ等排水受けに差し込む。

◀よく出る
「側溝に排水」するという出題が多用されている。

⑥　刃先が管面に接するまでハンドルを静かに回転し，接触したことを確認の上，刃先を少し戻してから穿孔を開始する。穿孔する管頂が円弧であるため，穿孔ドリルを強く押し下げるとドリル芯がずれ正常な状態の穿孔ができず，この後の防食コアの装着に支障が出るおそれがあるため，最初はドリルの芯がずれないようにゆっくりとドリルを下げる。

⑦　穿孔中はハンドルの回転が重く感じる。ドリル先端が管内面に突出し始め，穿孔が完了する過程においてハンドルが軽くなるため，特に口径50の場合にはドリルの先端が管底に接触しないよう注意しながら，完全に穿孔する。穿孔が不十分で孔の周りにばりが残っていると防食コアが挿入できないことがある。

◀ハンドルの軽・重はよく出る。

⑧　穿孔が終わったらハンドルを逆回転してスピンドルを最上部まで引き上げる。

⑨　穿孔棒又は排水ホースのコックをゆっくりと開閉し，サドル付分水栓内部の切粉を完全に排出する。

⑩　弁を閉め，穿孔機及び排水用ホースを取外す。

⑪　電動穿孔機は，使用中に整流ブラシから火花を発する。また，スイッチの ON・OFF 時にも火花を発するので，ガソリン，シンナー，ベンジン，都市ガス，LP ガス等引火性の危険物が存在する環境の場所では絶対使用しない。

⑫　電動穿孔機は，器具の使用時以外はスイッチを OFF の状態にし，使用時のみ電源プラグを電源に差し込むようにする。

(d)　サドル付分水栓のコアの取付け

①　コアの挿入機及びコアは，製造者及び機種等により取扱いが異なるので，必ず取扱説明書をよく読んで器具を使用する。

◀よく出る

②　コアは，変形しやすく傷がつきやすいので取扱いには十分注意する。

③　挿入機先端にコア取付け用ヘッドを取り付け，コアを取り付ける。取付け方法については，製造者の取扱説明書に従う。

④　呼び径ごとのアタッチメントを取り付けた後，ロッドを最上部に引き上げた状態で挿入機をサドル付分水栓に装着する。

⑤　挿入前に必ず弁が全開になっているか確認する。

◀重要
「全開」

⑥　ハンドルを手で回転しながら静かに押し込む。

⑦　挿入開始後，孔に挿入するタイミングでコアの先端をつぶしてしまうおそれがあるので，ロッドが振れないようゆっくり送り込む。

⑧　コアが穿孔した孔にセットされたことを手ごたえで確認しつつ，コアを押し込んでいく。

⑨　非密着形コアの場合は，押し込みが進むとコアのつばが管頂に当たり，ロッドが進まなくなる。その時点で挿入が完了する。密着形コアの場合は製造者によって完了工程が異なるので取扱説明書に従う。

⑩　ハンドルを回転させながら，ロッドを最上部まで引き上げる。

⑪　弁を閉止し，挿入機及びアタッチメントを取外し，キャップにパッキンが入っていることを確認して，サドル付分水栓の頂部にキャップを取り付ける。

(1) 配水管の清掃

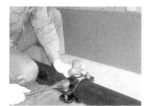
(2) サドル付分水栓の取付け

(3) 穿孔作業

(4) コアの取付け

図3・3　サドル付き分水栓の取付作業（ダクタイル鋳鉄製配水管の例）

2）水道配水用ポリエチレン管，水道給水用ポリエチレン管からの分岐穿孔

水道配水用ポリエチレン管，水道給水用ポリエチレン管に使用するサドル付分水栓は，分水 EF サドル（カッター内蔵タイプ，止水タイプ），分水栓付 EF サドル，サドル付分水栓の4種類があり，その特性により取付け方法や穿孔方法が異なる。

(a)　配水管の清掃

①　ダクタイル鋳鉄管の場合と同様に十分行う。

②　清掃の長さは 300 mm 以上の範囲を管全周にわたって行う。

◀よく出る

(b)　サドル付分水栓の取付け

①　サドル付分水栓の場合は，ダクタイル鋳鉄管の場合と同様に行う。ただし，取り付け時のサドル部分のボルト・ナットの最終の締付け強さは 40N・m とする。

・p.70参照

◀重要

② 分水EFサドル（カッター内蔵タイプ，止水タイプ），分水栓付EFサドルの場合は，以下の要領で行う。

・管を融着する箇所にサドルの長さよりひと回り大きい標線を記入し，削り残しや切削むらの確認のため，切削面にマーキングを施す。

・スクレーパを用いて，標線の範囲内の管表面を切削（スクレープ）する。

・管の切削面と取り付けるサドルの内面全体を，エタノール又はアセトン等を浸みこませたペーパータオルで清掃する（必ず素手で行う）。

◀よく出る
（ウエスは不可）

・サドルが配水管の管軸頂部にその中心線がくるように，クランプを用いて管に固定し，給水管の取出し方向及びサドル付分水栓が管軸方向から見て傾きがないか確認する。

・融着後，所定時間放置し冷却する。特に融着後すぐに水圧を加える場合には，加える水圧によって冷却時間が異なるので注意する。

・クランプは，所定の冷却時間後サドルから外す。

(c) 穿孔作業

① 穿孔機は，手動式で，カッターは押し切りタイプと切削タイプがある。

② 穿孔機は，製造者及び機種等により取扱いが異なるので，必ず取扱説明書をよく読んで穿孔機を使用する（穿孔する分水EFサドル（カッター内蔵タイプ，止水タイプ），サドル付分水栓により高さが異なるので注意する）。

③ 分水EFサドル（カッター内蔵タイプ，止水タイプ），分水栓付EFサドル，サドル付分水栓の場合には，ダクタイル鋳鉄管からの分岐穿孔とほぼ同様の手順で行う。

また，切削後，カッターからの切削片の除去方法が使用する穿孔機やカッターにより異なるので製造者の取扱説明書に従って行う。

◀よく出る

(d) 分水EFサドル取付後の通電作業の例（図3・4）

a) 分水EFサドルにケーブルを接続する。

b) 専用コントローラに電源を入れる。

c) コントローラのバーコードリーダで，EFサドルに貼付されたバーコードを読み込む（読み込むことにより，記録がコントローラに残る）。

d) 通電して融着する。

e) 分水EFサドルにインジケータが隆起していること及びコントローラが正常終了していることを確認する。

f) 5～10分冷却時間を取り，融着を終了する。

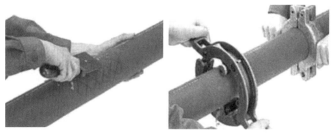

（1）配水管融着部分の表面切削

（2）分水 EF サドルにケーブルを接続

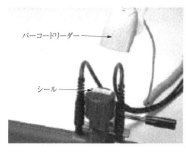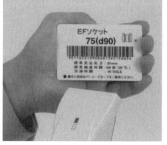

（3）分水 EF サドル貼付のバーコード読取り

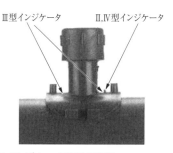

（4）分水 EF サドルのインジケータ隆起の確認
図3・4　分水 EF サドル取付後の通電作業

3）その他の配水管からの分岐穿孔

　ライニング鋼管，硬質ポリ塩化ビニル管及び水道用ポリエチレン二層管の分岐穿孔は，ダクタイル鋳鉄管からの分岐穿孔と同様に行う。ただし，サドル分水栓のボルト・ナットの締め付けトルクは下記による。

表 3・1　その他配水管にサドル付き分水栓取付時ボルト・ナット締付けの注意事項

ライニング鋼管	ボルト径 M16は60 N・m，ボルト径 M20は75 N・m
硬質ポリ塩化ビニル管	ボルト径によらず40 N・m
水道用ポリエチレン二層管	製造者の指定による

（3）　割 T 字管穿孔

1）　ダクタイル鋳鉄管からの分岐穿孔

(a)　配水管の清掃手順

① 配水管の割 T 字管取付位置を確認し，取付位置の土砂及び錆等をウエス等きれいに除去し，配水管の管肌を清掃する。

② 配水管にポリエチレンスリーブが被覆されている場合は，割 T 字管取付け位置の中心線より 割 T 字管 ＋ 100 mm 程度離れた両位置を固定用ゴムバンド等により固定してから，中心線に沿って切り開き，ゴムバンドの位置まで折り返し，配水管の管肌をあらわした後に清掃する。

(b)　割 T 字管の取付け手順

① 作業前に，仕切弁の開閉がスムーズか，パッキンが正しく取り付けられているか，塗装面等に傷がないか等，割 T 字管が正常かどうか確認する。

② 割 T 字管のパッキン及びパッキンが当たる配水管の管肌に滑材を塗布する。

③ 割 T 字管は，配水管の管軸水平部にその中心線がくるように取り付け，給水管の取出し方向及び割 T 字管が管水平方向から見て傾きがないか確認する。　◀注意：サドル付分水栓は管軸頂部。

④ 取付け時には，パッキンが剥離するおそれがあるため割 T 字管を配水管に沿って前後に移動させない。

⑤ ボルト・ナットの締付けは，割 T 字管の合わせ目の隙間が均一になるよう的確に行う。

⑥ 取り付け後，分岐部に水圧試験用治具を取り付けて加圧し，水圧試験を行う。負荷水圧は，常用圧力 ＋0.5 MPa 以下とし，最大1.25 MPa とする。

(c)　割 T 字管の穿孔作業の留意点及び手順（図3・5，3・6）

① 穿孔機は，必ず取扱説明書をよく読んだ後に使用する。　◀よく出る

② 割 T 字管の仕切弁を全開にする。

③ 分岐口径に応じたカッター及びセンタードリルを穿孔機のスピンドルに取り付ける。

④ 仕切弁に穿孔機を取り付ける。

⑤ 穿孔機とガソリンエンジンをフレキシブルシャフトで接続する。

⑥ 合フランジの吐水部へ排水用ホースを連結し，下水溝等へ切粉を直接排水しないようにホースの先端はバケツ等に差し込む。　◀よく出る

⑦　センタードリルの刃先が管面に接するまでハンドルを静かに回転し，管面に接した後，刃先を少し戻し，ガソリンエンジンを起動して穿孔を開始する。

⑧　穿孔はストローク管理を確実に行う。また，<u>穿孔中はハンドルの回転が重く感じる。</u>センタードリルの穿孔が終了するとハンドルの回転は軽くなるので，このとき排水用ホースを開く。

⑨　さらにハンドルを回転し，カッターの穿孔を行う。<u>ハンドルが軽くなると一旦，穿孔を終了してガソリンエンジンを停止する。ハンドルを回転して空送りし切れ残りがないことを確認後穿孔終了となる。</u>

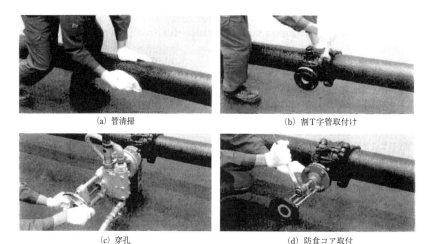

(a) 管清掃　　　　　　　　　　(b) 割T字管取付け

(c) 穿孔　　　　　　　　　　(d) 防食コア取付

図3・5　割T字管の取付作業（ダクタイル鋳鉄製配水管の例）

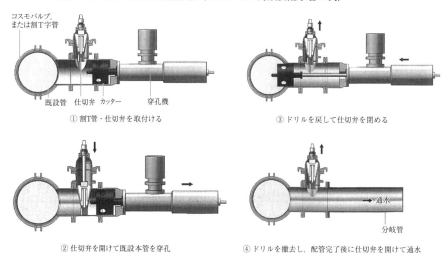

① 割T管・仕切弁を取付ける　　　　　③ ドリルを戻して仕切弁を閉める

② 仕切弁を開けて既設本管を穿孔　　　④ ドリルを撤去し，配管完了後に仕切弁を開けて通水

図3・6　割T字管の穿孔手順

(d)　割T字管の防食コアの取付け

　<u>防食コア及び防食コアの挿入機は，必ず取扱説明書をよく読んだ後に使用する。</u>

3・1・4　給水管の埋設深さ及び占用位置

学科試験1

法第三十二条第1項（抜粋）

　道路に次の各号のいずれかに掲げる工作物，物件又は施設を設け，継続して道路を使用しようとする場合においては，道路管理者の許可を受けなければならない。

2　水管，下水道管，ガス管その他これらに類する物件

◀よく出る

（水管又はガス管の占用の場所に関する基準）

道路法施行令第十一条の三

　道路法第三十二条第2項第三号に掲げる事項についての水管又はガス管に関する法第三十三条第1項の政令で定める基準は，次のとおりとする。

一　水管又はガス管を地上に設ける場合においては，道路の交差し，接続し，又は屈曲する部分以外の道路の部分であること。

二　水管又はガス管を地下に設ける場合においては，次のいずれにも適合する場所であること。

　イ　道路を横断して設ける場合及び歩道以外の部分に当該場所に代わる適当な場所がなく，かつ，公益上やむを得ない事情があると認められるときに水管又はガス管の本線を歩道以外の部分に設ける場合を除き，歩道の部分であること。

　ロ　水管又はガス管の本線の頂部と路面との距離が1.2m（工事実施上やむを得ない場合にあっては，0.6m）を超えていること。

◀よく出る

①　道路法施行令第十一条の三第二号ロでは，埋設深さについて，「水管又はガス管の本線を埋設する場合においては，その頂部と路面との距離

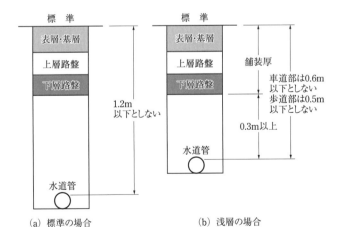

（a）標準の場合　　　　（b）浅層の場合

図3・7　埋設の深さ

は1.2m（工事実施上やむを得ない場合は0.6m）を超えていること」と
規定されている（図3・7）。しかし，土被りを標準又は規定値までと
れない場合は，必要に応じて防護措置を施す。また，宅地部分の給水管
の埋設深さは，荷重，衝撃等を考慮して0.3m以上を標準としている。

② 　埋設工事の効率化，工期の短縮及びコスト縮減等の目的のため，浅層
　　埋設の運用が開始された。

◆浅層埋設について

1）適用対象となる管種と口径

　　・鋼管（JIS G 3443）注3）　300mm以下のもの
　　・ダクタイル鋳鉄管（JIS G 5526）　300mm以下のもの
　　・硬質ポリ塩化ビニル管（JIS K 6742）　300mm以下のもの
　　・水道配水用ポリエチレン管（JWWA K 144）

2）埋設の深さ

　　車道：標準では1.2m以下としないが，浅層埋設する場合は，舗装の厚　　◀よく出る
　　　　　さに0.3mを加えた値（当該の値が0.6mに満たない場合は0.6m）
　　　　　以下としない（図3・7参照）。
　　歩道：管路の頂部と路面との距離は0.5m以下としない（切り下げ部で
　　　　　0.5m以下となるときは，十分な強度の管材を使用するか，所要
　　　　　の防護措置を講じる）。

（補足事項）

　　・「埋設の位置」については，全国的なルールはなく，各地域で独自の
　　　規定を定めている。そのため，給水管を埋設する場合は，ガス管，電
　　　話ケーブル，電気ケーブル，下水道管等他の埋設物への影響及び占用
　　　離隔に十分注意し，道路管理者が許可した占用位置に配管する。
　　・上記4管種以外であっても，これらと同等以上の強度を有し，そのこ
　　　とを道路管理者に示すことができれば，道路下における浅層埋設に適
　　　用できることとなる。

3・1・5　給水管の明示

（構造に関する基準）

道路法施行令第十二条第1項第二号（抜粋）

2 　地下に設ける場合においては，次のいずれにも適合する構造であること。
　ハ 　電線，水管，下水道管，ガス管又は石油管については，各戸に引き込
　　　むために地下に設けるものその他国土交通省令で定めるものを除き，
　　　国土交通省令で定めるところにより，当該占用物件の名称，管理者，

　　　埋設した年その他の保安上必要な事項を明示するものであること。

道路法施行規則第四条の三の二第 2 項（抜粋）

　　令第十二条第二号ハの規定により占用物件について明示すべき事項は，次の各号に掲げるものとする。

　一　名　　　称

　二　管　理　者

　三　埋設した年

道路法施行規則第四条の三の二第 3 項

　　令第十二条第二号ハの規定による明示は，次の各号に掲げるところによらなければならない。

　一　おおむね 2 m 以下の間隔で行うこと。

　二　当該占用物件又はこれに附属して設けられる物件に，ビニールその他の耐久性を有するテープを巻き付ける等の方法により行うこと。

　三　退色その他により明示に係る事項の識別が困難になるおそれがないように行うこと。

　四　当該占用物件を損傷するおそれがないように行うこと。

◀よく出る

◀明示テープ

（1）　明示テープ

　道路に埋設する水道管には道路法施行令に基づいて，その名称，管理者，埋設した年度を表示した明示テープを巻く等して明示する。道路部分に布設する口径75mm 以上（これ以下の水道管，コンクリートで堅固に防護されたもの等は除く）の給水管には，明示テープ，明示シート等により管を明示する他，宅地部分に布設する給水管の位置については，維持管理上必要がある場合，明示杭等によりその位置を明示することが望ましい。テープの色は，表 3・2，埋設の深さについては図 3・7 を参照されたい。

表 3・2　明示テープの色別

埋設管の種類	色　　別	埋設管の種類	色　　別
水道管	青色	下水道管	茶色
工業用水管	白色	電話線	赤色
ガス管	緑色	電力線	オレンジ色

（2）　明示シート及び埋設管明示杭

①　道路の掘削において埋設物の毀損事故を防止するため，道路管理者と水道事業者等の間で協議した結果に基づき，埋設の際に埋設物の頂部と路面の間に折り込み構造の明示シートを設置する場合がある（図 3・8，図 3・9 参照）。

②　宅地造成等に伴い，道路に平行に布設する水道管と同時に宅地内までの給水管を先行して布設する場合，その管末の位置が不明となるお

それがあるため，水道事業
者によっては埋設管明示杭
（見出杭）又は明示鋲等を
設置し給水管の引込み位置
を明示する場合がある。工
事完了図には用地境界杭等
を基点に，分岐位置，止水
用具，管末位置のオフセット位置等
を記録しておく。

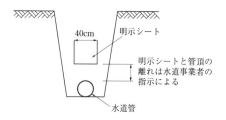

・材質　ポリエチレン
・地色　青
・文字　白

図3・8　明示シート（水道管）

図3・9　明示シートの埋設位置例

3・1・6　止水栓の設置

1　配水管等から分岐して最初に設置する止水栓の位置は，原則として宅
地内の道路境界線の近くとする。

2　止水栓は，給水装置の維持管理上支障がないよう，メーターボックス
（ます）又は専用の止水栓きょう内に収納する。

①　止水栓は，外力による損傷の防止，開閉操作の容易性，宅地内のメー
ター上流の給水管の損傷防止等を考慮し，道路境界線近くに設置するこ
とを原則とする。

②　維持管理を行うに当たって止水栓をいつでも使用することができるよ
うに，止水栓きょう等を設置する。

◀よく出る

3・1・7　給水管の防護

1　地盤沈下，振動等により破壊が生じるおそれがある場所にあっては，
伸縮性又は可とう性を有する継手や管を使用する。

2　壁等に配管された給水管の露出部分は，支持金具等により適切な間隔
で固定する。

3　水路を横断する場所にあっては，原則として水路の下に給水管を設置
する。やむを得ず水路の上に設置する場合には，高水位以上の高さに設
置し，さや管等による防護措置を講じる。

1）給水管の損傷防止は次による

①　地盤沈下や地震の際に発生する給水管と配水管又は地盤との相対変位を吸収する他，給水管に及ぼす異常な応力を開放するため，管路の適切な箇所に可とう性のある伸縮継手を取り付けることが必要である。特に，分岐部分には，できるだけ可とう性に富んだ管を使用し，分岐部分に働く荷重の緩衝を図る構造とする。

②　建物の柱や壁等に添わせて配管する場合は，外力，自重，水圧等による振動やたわみで損傷を受けやすいので，クリップ等のつかみ金具を使用し，管を1～2mの間隔で建物に固定する。

◀よく出る

③　給水管が構造物の基礎や壁を貫通する場合には，構造物の貫通部に配管スリーブ等金属製スリーブを設け，スリーブとの間隙を弾性体で充填し，管の損傷を防止する他，屋内がピットの場合，外部からの水の浸入を防ぐ。

◀よく出る
（図3・11）

④　給水管は他の埋設物（埋設管，構造物の基礎等）より原則として30cm以上の間隔を確保し配管する。やむを得ず間隔がとれず近接して配管する場合には，給水管に発泡スチロール，ポリエチレンフォーム等による防護工を施し，損傷防止を図る。

（図3・12）

⑤　給水管が水路を横断する場合は，管はなるべく水路の下に鋼管等のさや管の中に入れて設置する。これが困難なときは，水路を横断して，その高水位以上の高さに布設する。この場合も管防護のため，鋼管等のさや管に入れ，かつ，適切な防寒措置を施す。また，再頂部に空気抜き弁を設置する。

◀よく出る
（図3・13）

（①について）

可とう性に富んだ管には，架橋ポリエチレン管，ポリブテン管，波状ステンレス鋼管（図3・10）などがある。

（③について）

埋設配管が建物構造体を貫通する場合の措置例を図3・11に示した。

図3・10　波状ステンレス鋼管の例

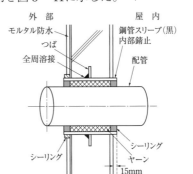

図3・11　地中埋設管の地中壁貫通処置例
（出典：http://sideedge.web.fc2.com/suri-bu.html）

（④について）

　給水管に孔が空いて水が噴出した場合，噴出水が周辺の土砂を巻き込んで他の埋設管等を損傷することがある（サンドブラスト現象，図3・12）ので，その防止措置である。

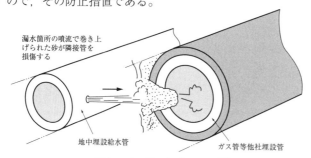

図3・12　サンドブラスト現象

（⑤について）

　給水管が水路を横断する場合の処置例を図3・13に示した。

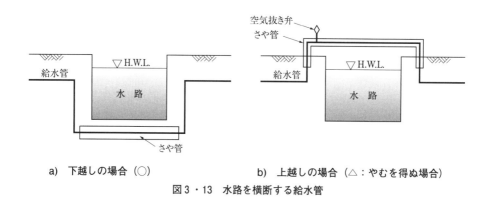

| a)　下越しの場合（○） | b)　上越しの場合（△：やむを得ぬ場合) |

図3・13　水路を横断する給水管

3・1・8　水道メータの設置

> 1　水道メータは，原則として<u>道路境界線に最も近接した宅地内</u>で，<u>メータの計量及び取替え作業が容易</u>であり，かつ，<u>メータの損傷，凍結等のおそれがない位置</u>に設置する。
>
> 2　建物内に水道メータを設置する場合は，<u>凍結防止，取替え作業スペースの確保，取付け高さ，設置場所の防水・水抜き等</u>について考慮する。
>
> 3　水道メータの遠隔指示装置は，効率的に検針でき，かつ，維持管理が容易な場所に設置する。
>
> 4　水道メータを地中に設置する場合は，金属製，プラスチック製，コンクリート製等の<u>メータボックス（ます）又はメータ室とする。</u>
>
> 5　水道メータの設置に当たっては，メータに表示されている流水方向の矢印を確認した上で水平に取付ける。

◀よく出る

◀よく出る

（1）　水道メータの設置位置と設置に係る留意点

①　水道メータは，給水管分岐部に最も近接した宅地内とし，検針及び取替え作業等が容易な場所で，かつ，汚水や雨水が流入したり，障害物が置かれたりしやすい場所を避けて選定する。

②　一般的に地中に設置されるため，維持管理について需要者の関心が薄れ，家屋の増改築等によって，検針や取替えに支障を生ずることがある。これを避けるため，場所によっては地上に設置することになる。この場合は，損傷，凍結等に対して十分配慮する必要がある。

③　寒冷地においては凍結破損しないよう，防寒措置，取付深さを凍結深度より深くすること等の対策が必要である。

④　水道メータを集合住宅の配管スペース内等，凍結するおそれがあるので発泡スチロール等の防寒対策が必要である。

（2）　水道メータを地中に設置する際の留意点

①　メータボックス（ます）又はメータ室の中に入れ，埋没や外部からの衝撃から防護し，その位置を明らかにしておく。

②　メータボックス（ます）及びメータ室は，水道メータの検針が容易にでき，かつ，水道メータ取替えが容易にできる大きさとする。メータ用止水栓等も収納できることが望ましい。

③　メータボックス（ます）の材質は次による（図3・14）。

呼び径　13～40mm の場合：金属製，プラスチック製
又はコンクリート製等

呼び径　50mm 以上の場合：コンクリートブロック，現場打ちコンクリート，金属製等で，上部に鉄蓋を設置

④　プラスチック製のものは，車両の荷重を考慮した設計を行う。メータ取外し時に給水栓側からの戻り水によりメータボックス（ます）内に水が滞留し，給水管に流れ込むおそれがあるので，それを防ぐための措置を考慮する。

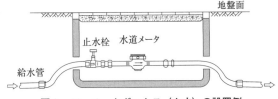

図3・14　メータボックス（ます）の設置例

（3）　水道メータの取付け

①　メータは，必ず正しい方向に取り付ける必要がある。

② 計量精度や耐久性を低下させる原因となるので，水平に取り付ける。

③ メータ前後に所定の直管部を確保する。

（4） メータバイパスユニット

集合住宅等の複数戸に直結増圧式等で給水する建物の親メータや直結給水の商業施設等においては，メータ取替え時の断水を回避するため，メータバイパスユニットを設置する（図3・15）。

◀よく出る
・メータユニットとの
　違いに注意する。

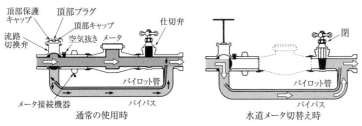

図3・15 メータバイパスユニット

（5） メータユニット

① 検定満期取替え時（計量法で8年と規定）の漏水事故防止やメータ取替え時間の短縮を図る等の目的で開発されたもので，止水栓，逆止弁，メータ脱着機能等で構成されている。メータ取替え時には，メータ接続部に伸縮機能を持たせ，手回し等で容易にメータの着脱を行うことができる（図3・16参照）。

(a) メータ取付け前

(b) メータ取付け後

図3・16 メータユニットの例

3・1・9　直結加圧形ポンプユニットの設置

1）直結加圧形ポンプユニットの設置に当たっては，製造者の設置要領に基づき施工する（5・2計画使用水量の決定を参照）。

2）ポンプユニットおよび動力盤は，設置地域のハザードマップを参照し，想定される浸水高より高い位置に設置することを考慮する。　◀重要

3）浸水高より低い位置又は地下等の雨水の流入が懸念される場所に設置する場合は，ポンプユニットが浸水しないための措置を施すことが望ましい。

（1）　直結加圧形ポンプユニット

配水管の圧力では給水できない中高層建物において，末端最高位の給水用具を使用するために必要な圧力を増圧し，給水用具への吐水圧を確保する給水装置である（図3・17）。

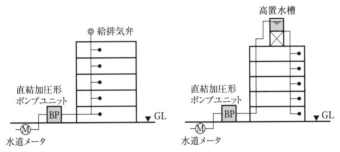

図3・17　直結加圧形ポンプユニットを使用した給水システム例
※浸水が予想される場合，ポンプユニットは1階以上に設置する。

（2）　直結加圧形ポンプユニットの設置

直結加圧形ポンプユニットの設置に当たっては，製造者の設置要領に基づき施工する。

直結加圧形ポンプユニットの設置について次の事項に留意する。

① 停滞空気が発生しない構造とし，かつ，衝撃防止のための必要な措置を講じる。

直結加圧形ポンプユニットは，ポンプ運転により配水管の圧力に影響を与えるような脈動を生じてはならない。

② 低層階等で，給水圧が過大になるおそれがある場合には，必要に応じて，各階の分岐弁以降に減圧弁を設け減圧することが望ましい。

③ 直結加圧形ポンプユニットの設置位置は，保守点検及び修理を容易に行える場所とし，これらに必要なスペースを確保する。

④　直結加圧形ポンプユニットは，給水装置に直接接続する。水道法施
行令第五条第1項第三号によると，配水管の水圧に影響を及ぼすおそ
れのあるポンプに直接連結されていないこととの規程がある。これは，
配水管の水圧低下や水撃圧の発生など，配水管の水圧に影響を及ぼす
おそれのあるポンプを直接連結することによって生じる，他の需要者
の水使用の障害を防止する趣旨である。ただし，<u>給水装置に設置し直
結増圧給水に用いられる「直結加圧形ポンプユニット」は，直接連結
できるポンプとして実証された認定品である。</u>

⑤　逆流防止装置（図3・18）は，減圧式逆流防止器等の信頼性の高い
ものであって，一般的な逆止弁とは異なる構造をもつ。一般的な逆止
弁は「逆流防止装置」に該当しないので注意する。なお，減圧式逆流
防止器を設置する場合は，その吐水口からの排水等により，<u>直結加圧
形ポンプユニットが水没することなどのないよう，排水処理や浸水防
止を考慮する。</u>

⑥　直結加圧形ポンプユニットは，吸込み側（配水管側）の水圧が異常
低下した場合に自動停止し，直結直圧給水に切り替わる構造となって
いる。配水管の圧力が異常低下して，近隣の給水圧力が確保できなく
なることへの配慮である。

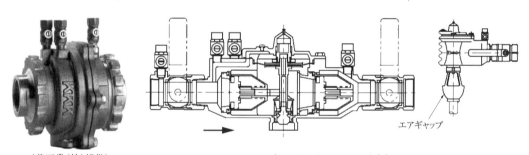

（兼工業(株)提供）　　　　　　　　（SHASE-S206-2019より）

図3・18　減圧式逆流防止器の例

3・1・10　土工事等

（1）　土工事

1　土工事は，関係法令を順守して，各工種に適した方法に従って行い，
設備の不備，不完全な施工等によって事故や障害を起こすことがないよ
うにする。

2　掘削に先立ち<u>事前の調査を行い，安全かつ確実な施工ができる掘削断
面</u>とする。

3　掘削方法の選定に当たっては，現場状況等を総合的に検討した上で決定する。

4　掘削は，周辺の環境，交通，他の埋設物等に与える影響を十分配慮し，入念に行う。

5　道路内の埋戻しに当たっては，良質な土砂を用い，施工後に不陸，沈下，陥没等が発生しないよう十分締め固める。また，埋設した給水管及び他の埋設物にも十分注意する。

※特に樹脂管，外面ライニング鋼管は外面を損傷しないようにする。

1）道路掘削等を伴う給水管布設工事において順守すべき事項

道路掘削等を伴う給水装置工事は，関係する法令を順守して適正に施行し，公衆災害や労働災害等の事故の防止に努めなければならない。順守しなければならない事項は次のとおりである。

① 事前に提出する書類（次のいずれか一方でよい）
・道路法に基づき道路管理者から取得する道路掘削・占用許可書。
・道路交通法に基づき所轄警察署長から取得する道路使用許可書。

◀よく出る

② 労働安全衛生法に基づく土止め支保工作業主任者，地山の掘削作業主任者等の有資格者による玉掛け作業等の技能講習修了者や小型掘削機の特別教育修了者等を適宜配置する。

③ 特に，土止め支保工（以下，土留工）は掘削深さに関係なく設置しなければならない。

2）掘削断面の決定

掘削工事は事前の調査を行い現場状況を把握するとともに，掘削断面の決定は次の事項に留意する。

① 掘削断面は，予定地における道路状況，地下埋設物，土質条件，周辺の環境及び埋設後の給水管の土被り等を総合的に検討し，最小で安全かつ確実な施工ができるような断面及び土止め支保工とすること。

② 掘削深さが1.5m を超える場合は，切取り面その箇所の土質に見合った勾配を保って掘削できる場合を除き土留工を施すこと。

※数値に注意

③ 掘削深さが1.5m 以内であっても水分を多く含んだ地盤や埋戻し地盤の場合，又は車両等が通る路面の近くの掘削など自立性に乏しい地山の場合は，施工の安全性を確保するため適切な勾配を定めて断面を決定する，又は土留工を施すこと。

3）掘削工事

掘削工事に当たっては次の事項に留意する。

① 舗装道路は，隣接する舗装部分に影響がないようカッター等を使用して，周りは方形に，切り口は垂直になるよう丁寧に切断した後，埋

設物に注意して所定の深さに掘削する。

② 道路を掘削する場合は，1日の作業範囲とし，掘り置きはしない（必ず復旧する）。　※重要

③ 他の埋設物近傍を掘削する場合は，必要に応じて埋設物の管理者の立会いを求める。　※重要

④ 透かし掘り（たぬき掘り，えぐり掘り）は絶対に行わないこと。

※透かし掘り：垂直に近く切り立つ面の最下部を横に掘り込むこと。"たぬき掘り"も同義

4）埋戻し

埋戻しに当たっては次の事項に留意する。

① 事前に配管及び接合の状況，バルブの開閉が確実に行われているか確認する。

② 道路内における掘削跡の埋戻しは，道路管理者の許可条件で指定された土砂を用いて，各層（層の厚さは，原則として30cm（路床部にあっては20cm）以下とする）ごとにタンピングランマその他の締固め機械又は器具で確実に締固める。

③ 道路構造物や他の埋設物周りの埋戻しに当たっては，それらの保護の観点から良質な土砂を用い，突き棒や電動式振動固め機を併用して締固めを入念に施工する。

④ 締固めは，タンピングランマ，振動ローラ等の転圧機によることを原則とする。

⑤ 道路管理者の指示によるが，配水管の上部30cm の位置に管に沿って明示シートを敷設する。給水管の上部にも布設する。

3・1・11　給水装置に設置する水道直結型スプリンクラーの設計・施行

（1）　消防法の適用を受けない住宅用スプリンクラー

消防法の適用を受けない住宅用スプリンクラーは，停滞水が生じて水質が悪化しないよう日常生活において常時使用される水洗便器や台所水栓等の末端給水栓までの配管途中に設置しなければならない（図3・19 参照）。　◀よく出る

需要者等に対してはこの設備は断水時には作動しない等と説明しておく。

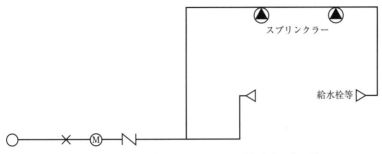

図3・19　住宅用スプリンクラーの設置（消防法の適用外）

（2）　消防法の適用を受けるスプリンクラー

1）水道直結式スプリンクラー設備の認定と取扱い

　平成19（2007）年の消防法改正により，一定規模以上のグループホーム等の小規模社会福祉施設にスプリンクラーの設置が義務付けられ，「水道直結式スプリンクラー設備」も認められることとなった。

　これらの通知では，次の解釈や運用等が示されている。

①　水道直結式スプリンクラーは水道法の適用を受ける。

②　水道直結式スプリンクラー設備の工事及び整備は，消防法の規定により必要な事項については消防設備士が責任を負うことから，指定給水装置工事事業者等が消防設備士の指導の下で行う。　◀よく出る

③　水道直結式スプリンクラー設備の設置に当たり，分岐する配水管からスプリンクラーヘッドまでの水理計算及び給水管，給水用具の選定は，消防設備士が行う。　◀よく出る（設計者・施工者）

④　水道直結式スプリンクラー設備の工事は，水道法に定める給水装置工事として指定給水装置工事事業者が施工する。

⑤　水道直結式スプリンクラー設備は，消防法令適合品を使用するとともに，基準省令に適合した給水管，給水用具であること。また，設置される設備は構造材質基準に適合していること。

⑥　停滞水及び停滞空気の発生しない構造であること。

⑦　災害その他正当な理由によって，一時的な断水や水圧低下によりその性能が十分発揮されない状況が生じても水道事業者に責任がない。　◀よく出る

2）停滞水を発生させない配管方法

　水道直結式スプリンクラー設備で停滞水を生じさせない配管方法には湿式配管と乾式配管がある。次に示す配管方法は，消防法に適合している。

　なお，配管方法は，消防設備士の指示による。

(a)　湿式配管

　末端給水栓までの配管途中にスプリンクラーを設置し，常時充水されている配管方法である。この配管の停滞水防止は，上記1.消防法の適用を

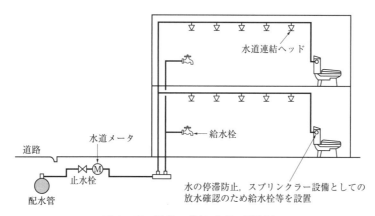

図3・20　湿式スプリンクラー配管例

受けない住宅用スプリンクラーと同じである（図3・20）。

(b)　乾式配管（火災感知器作動時のみ配管内に充水）

　スプリンクラー配管への分岐部直下流に電動弁を設置して，バルブ閉止時は自動排水，電動弁以降の配管を空にできるようにする配管方法である。火災の熱で火災感知器が反応するとその信号で電動弁が開放され下流の配管内を充水し，その後，スプリンクラーヘッドが作動すると放水が行われる（図3・21）。

　給水管の分岐部と電動弁間の停滞水をできるだけ少なくするため，給水管分岐部と電動弁との間を短くすることが望ましい。

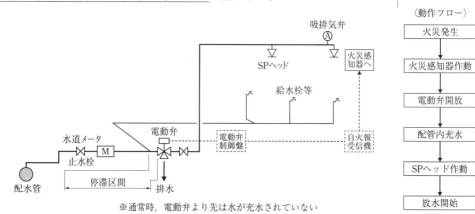

※通常時，電動弁より先は水が充水されていない

図3・21　乾式配管とスプリンクラー作動フロー

3・1・12　太陽熱利用給湯システムの取扱い

（1）　設計審査に当たっての配慮事項

　太陽熱利用給湯システムの給水装置としての設計審査に当たっては，基準省令による他，厚生労働省健康局水道課長通知「太陽熱利用給湯システムの取扱いについて」（平成26年6月）で示された以下の事項に配慮する。

① 　当該システムの一次側に，逆止弁や減圧式逆流防止器等の適切な逆流防止給水用具を備えていること。現地施工によりバイパス配管を設けるもの (**図3・22参照**) にあっては，当該バイパス配管の分岐点の一次側に設置されることを基本とする。

② 　現地施工により，当該システムの外側にバイパス配管を設けるものにあっては，当該システムの日常的な使用において貯湯タンク側とバイパス配管側の適正な流量配分を確保できる構造となっていること。

（2）　太陽熱利用給湯システムに係るその他の留意事項

① 　当該システムにおけるバイパス配管については，一般に，「水道法施行令」（昭和32年政令第336号）第五条第1項第六号において連結を禁止している「当該給水装置以外の水管その他の設備」に該当するものでないこと。

② 　当該システムにおいて，上記1.②を満たすものについては，基準省令第二条第2項において禁止されている「水が停滞する構造」に該当するものではないと考えられること。なお，上記1.②の確認は，バイパス配管等に設置する減圧弁の設定により行うこと。

③ 　当該システムにより加熱されて給水される水の水質の変化については，一般に，水道事業者の責任は免除されると考えられる。

④ 　経年劣化による機能不全等を防止するために，製造者等と連携して，需要者に対し，当該システム及び逆流防止給水用具の定期的な維持管理の必要性について周知することが望ましい。

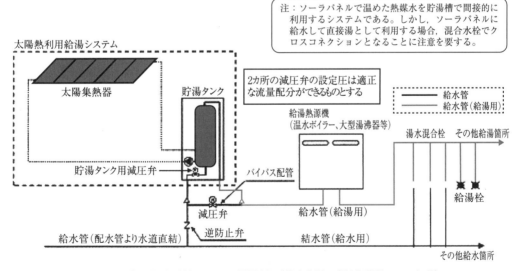

注：ソーラパネルで温めた熱媒水を貯湯槽で間接的に利用するシステムである。しかし，ソーラパネルに給水して直接湯として利用する場合，混合水栓でクロスコネクションとなることに注意を要する。

図3・22　太陽熱利用給湯システム設置例　（給水装置工事技術指針2020　転載）

3・2 検 査

・給水装置工事主任技術者が実施する工事完了後の検査について学習する。

1. 給水装置工事主任技術者は，竣工図等の書類検査又は現地検査により，給水装置が構造・材質基準に適合していることを確認すること。
2. 給水装置の使用開始前に管内を洗浄するとともに，通水試験，耐圧試験及び水質試験（残留塩素測定等）を行うこと。

（1） 工事検査において確認する内容を，表3・3及び表3・4に示す。

表3・3 書類検査

検査項目	検 査 の 内 容
位置図	・工事箇所が確認できるよう，道路及び主要な建物等が記入されていること。 ・工事箇所が明記されていること。
平面図 及び 立体図	・方位が記入されていること。 ・建物の位置，構造がわかりやすく記入されていること。 ・道路種別等付近の状況がわかりやすいこと。 ・隣接家屋の栓番号及び境界が記入されていること。 ・分岐部のオフセットが記入されていること。 ・平面図と立体図が整合していること。 ・隠ぺいされた配管部分が明記されていること。 ・各部の材料，口径及び延長が記入されており， 　　ⅰ）給水管及び給水用具は，性能基準適合品が使用されていること。 　　ⅱ）構造・材質基準に適合した適切な施工方法がとられていること。 　（水の汚染・破壊・侵食・逆流・凍結防止等対策の明記）

表3・4　現地検査

検査種別及び検査項目		検　査　の　内　容
屋外の検査	1．分岐部オフセット	・正確に測定されている。
	2．水道メータ及びメータ用止水栓	・水道メータは逆付け，偏りがなく，水平に取付けられていること。 ・検針，取り替えに支障がないこと。 ・止水栓の操作に支障のないこと。 ・止水栓は，逆付け及び傾きがないこと。
	3．埋設深さ	・所定の深さが確保されていること。
	4．管延長	・竣工図面と整合すること。
	5．きょう・ます類	・傾きがないこと，及び設置基準に適合すること。
	6．止水栓	・スピンドルの位置がボックスの中心にあること。
配管	1．配管	・延長，給水用具等の位置が竣工図面と整合すること ・配水管の水圧に影響を及ぼすおそれのあるポンプに直接連結されていないこと。 ・配管の口径，経路，構造等が適切であること。 ・水の汚染，破壊，侵食（腐食），凍結等を防止するための適切な措置がなされていること。 ・逆流防止のための給水用具の設置，吐水口空間の確保等がなされていること。 ・クロスコネクションがなされていないこと。
	2．接合	・適切な接合が行われていること。
	3．管種	・性能基準適合品の使用を確認すること。
給水用具	1．給水用具	・性能基準適合品の使用を確認すること。
	2．接続	・適切な接合が行われていること。
受水槽	1．吐水口空間の測定	・吐水口と越流面等との位置関係の確認を行うこと。
機能検査		・通水した後，各給水用具からそれぞれ放流し，メータ経由の確認及び給水用具の吐水口，作動状態などについて確認すること。
耐圧試験		・一定の水圧による耐圧試験で，漏水及び抜けなどのないことを確認すること。
水質の確認		・残留塩素の計測に加え（表3・5参照），におい，色，濁り，味も確認する。

（2）　配管工事後の耐圧試験

　　配管工事後の耐圧試験に関しては，基準省令において「給水装置の接合箇所は，十分な耐力を確保する適切な接合が行われているものでなければならない」とされており，定量的な基準はない。

◀よく出る

（3）　耐圧試験

　　水道メータから下流側の耐圧試験の手順は次のとおりである。

　　水道メータから上流側についても，同様な手順で耐圧試験を行う。

①　水道メータ接続用ソケット又はフランジにテストポンプを連結する。

②　水栓等を閉めて，テストポンプの水槽内に水を入れ給水装置内に充水を開始する。

③ 充水しながら，<u>水栓等をわずかに開いて給水装置内の空気を抜く。</u> ◀空気抜き

④ 空気が完全に抜けたら，水栓等を閉める。

⑤ <u>加圧を行い水圧が所定の水圧に達したら，テストポンプのバルブ ◀保持時間
を閉めて1分間以上その状態を保持し，水圧の低下の有無を確認す
る。</u>

⑥ 試験終了後は，適宜，水栓を開いて圧力を下げてからテストポン
プを取外す。

（4）水質確認

　工事検査時の他，<u>不断水分岐工事施行後も必ず水質確認（におい，色，
濁り，味，残留塩素）を行う。</u>水質確認は，水道水以外の水を飲料水と
して供給してしまうという重大な間違いを避けるため，<u>給水装置工事主
任技術者と水道事業者の職員の両者が実施する慎重さがあってもよい。</u>

　道路の下には配水管の他，配水管と同じ材質の工業用水管，圧力式下
水道管，下水処理水再利用水管，農業用水管，ガス管等が埋設されてい
る。この他，想定外の私設の水管が道路に埋設されていることもある。

　水質確認の項目は，表3・5による。

表3・5　水質の確認項目　　　　　　　　　　◀よく出る

項目	判定基準
残留塩素（遊離）	0.1mg/L 以上
臭気	観察により異常でないこと
味	観察により異常でないこと
色	観察により異常でないこと
濁り	観察により異常でないこと

注1）結合残留塩素の場合は0.4mg/L 以上。

3・3 維持管理

学習のポイント

・給水装置の維持管理の重要性について学習する。
・給水装置からの漏水，給水用具の故障，異常現象の内容及びそれらの対策について学習する。

給水装置は，施行後に実施する適切な維持管理がきわめて重要である。

適正に施工された給水装置であっても，その後の維持管理の適否は安全な水の安定的な供給に大きな影響を与える。給水装置は，一般的には需要者が所有・管理しているが，ほとんどの需要者が維持管理に関する知識を有していない。

給水装置工事主任技術者は，給水装置工事においてその責任者として需要者との接点にあり，その技術・知識を有していることから，給水装置の維持管理について需要者に対して適切な情報提供を行う。

◀よく出る

給水装置工事主任技術者は，給水装置の維持管理に関して，配水管からの分岐以降水道メータまでと水道メータから末端給水用具までを区分して情報提供や需要者の依頼に対応する必要がある。

3・3・1　配水管からの分岐以降水道メータまでの維持管理

配水管からの分岐以降水道メータまでの間の給水装置の漏水修繕等の維持管理に関する費用負担の範囲が水道事業者によって異なる場合がある。その例は次のとおりである。

① 配水管の分岐から第一止水栓まで

② 配水管の分岐から水道メータ

③ すべて需要者が負担する（事例としては少ない）

また，給水装置が不要になり道路内の給水装置を撤去する場合の取扱いも同様である。そのため，給水装置工事主任技術者は，水道事業者の維持管理方法に関して，都度必要情報を需要者に提供しなければならない。

◀責任区分
・維持管理（需要者）
・情報提供（給水装置工事主任技術者）

3・3・2　水道メータから末端給水用具までの維持管理

　水道メータ二次側から末端の給水用具までの維持管理は、すべて需要者の責任となる。しかし、ほとんどの需要者は維持管理に関する知識がない。そのために、給水装置工事主任技術者は、需要者から給水装置の異常を告げられたときには、表3・6に示すような情報提供をする。また、需要者から依頼があった場合は、異常の原因究明及び改善対策を実施する。

　なお、水質の異常に関しては、水道事業者が末端給水用具から供給される水道水の水質までを責任の範疇としているので、直ちに水道事業者に報告する。

　水道メータの下流側から末端の給水用具までの維持管理に関わる対策等の留意事項を次に示す。

（1）　漏水に関わる対策

　漏水に関わる対策は表3・6のとおりである。

表3・6　漏水に関わる対策

点検箇所	漏水の見つけ方	漏水の予防方法
水道メータ	すべて給水栓を閉め、使用していないのに、回転指標（パイロット）が回転している。	定期的に水道メータを見る習慣をつける
水栓	水栓からの漏水は、ポタポタからはじまる	水栓が締まりにくいときは、無理に締めずにすぐ修理する
水洗トイレ	使用していないのに水が流れている	使用前に水が流れていないか調べる習慣をつける
受水槽	使用していないのに、ポンプのモーターがたびたび動く	高置水槽のひび割れ、越流管等を時々点検する
	受水槽の水があふれている	水位計等で監視する
壁（配管部分）	配管してある壁や羽目板がぬれている	家の外側を時々見回る。
地表（配管部分）	配管してある付近の地面がぬれている	給水管の布設されているところには物を置かない
下水のます	いつもきれいな水が流れている	ますのふたを時々開けて調べる

（2）　給水用具の故障と修理

　給水用具は、構造の単純なものから、湯沸器や温水洗浄便座のように専門知識・工具・部品がないと修理ができない場合もある。給水装置工事主任技術者は、給水用具等の故障の問い合わせがあった場合は、現地調査を行い、需要者に対して次のような情報提供を行う。

　a）需要者が修繕できるもの

　b）指定給水装置工事事業者が修繕できるもの

　c）製造者しか修繕できないもの

（3）　異常現象と対策

異常現象は，次の2つに分類されている。

a）水質によるもの（濁り，色，臭味，異物等）

b）配管状態によるもの（水撃，異常音，出水不良等）

給水装置工事主任技術者は，当該給水環境を踏まえてよく調査した上で，水道事業者とは相談及び協議，需要者とは相談をしながら，適切な措置を講じる。

配管状態によるものは，配管構造及び給水用具の改善で解消されることも多いが，水質によるものは，現象をよく見極めて原因を究明する必要がある。

1）水質の異常

需要者は，水道水の濁り，着色，異臭味等が発生した場合には，水道事業者に連絡し水質検査を依頼する等直ちに原因を究明するとともに，適切な対策を講じる必要がある。

(a)　異常な臭味

水道水は，消毒のため塩素を添加しているので消毒臭（塩素臭）がある。これは，水道水に残留塩素が存在することを意味し，安全性を示す証拠である。塩素以外の臭味が感じられたときは，必要に応じ水道事業者に水質検査を依頼する。臭味の発生原因は表3・7のとおりである。

なお，クロスコネクションが疑われる場合は，直ちに飲用を中止し，水道事業者に連絡する。

表3・7　水道水の臭味と原因

給水装置由来のもの	・ビニル管の接着剤，鋼管のねじ切り等に使用される切削油，シール剤の使用が適切でない場合
合成樹脂製給水管*への浸透	・ガソリン，灯油等の油類，殺虫剤，除草剤等の漏れ・投棄・散布等
クロスコネクション	・薬液等の配管と給水管が接続された場合
シンナー臭	・投棄された塗料や有機溶剤等が，合成樹脂製給水管*に浸透し，臭味が発生する場合
かび臭・墨汁臭	・河川の水温上昇等の原因で藍藻類等の微生物の繁殖が活発となり，臭味が発生する場合があるが，多くは浄水過程の問題であり，給水装置の問題ではない
普段と異なる味（水道水は一般に無味無臭）	・工場排水，下水，薬品等の混入等はクロスコネクションの疑い（塩辛い，苦い，酸味，甘味，渋味など）。
金気味，渋味	・給水管に鉄，銅，亜鉛等の金属を使用しているときは，滞留時間が長くなる朝の使い始めの水に感じることがある。
*合成樹脂製給水管：硬質ポリ塩化ビニル管，水道用ポリエチレン二層管，水道配水用ポリエチレン管，水道給水用ポリエチレン管，架橋ポリエチレン管，ポリブテン管をさす	

(b) 異常な色

水道水が着色する原因としては，表3・8に示すものがある。なお，汚染の疑いがある場合は水道事業者に水質検査を依頼する。

表3・8　水道水の異常な色とその原因

白濁色の場合	白濁色に見え，数分間で清澄化する場合は，空気の混入（気泡）によるもので一般に問題はない
赤褐色又は黒褐色の場合	鋳鉄管，鋼管の錆が流速の変化，流水の方向変化等により鉄錆が流出したもので，一定時間排水すれば回復する。常時発生する場合は管種変更等の措置が必要である。
青い色の場合	衛生陶器が青い色に染まっているように見えるのは，銅管等から出る銅イオンが脂肪酸と結びついてできる不溶性の銅石鹸が付着して起こるものである。通常一定期間の使用で銅管の内面に亜酸化銅の皮膜が生成し起こらなくなる。

(c) 異物の流出

ア．水道水に砂，鉄粉等が混入している場合

配水管や給水装置の工事の際に混入したものであることが多く，給水用具を損傷することもあるので水道メータを取外して，管内から除去する。

イ．黒色，白色及び緑色の微細片が出る場合

止水栓，給水栓に使われているパッキンのゴムやフレキシブル管（継手）の内層部の樹脂等が劣化し，栓の開閉操作を行った際に細かく砕けて出てくるのが原因と考えられる。

2）出水不良

出水不良の原因は種々あるが，その原因を調査し，適切な措置を施す。不具合とその対策を表3・9に示した。

表3・9　水道の出水不良の現象とその対策

配水管の水圧が低い場合	周辺の家で水の出も悪くなった場合は，配水管の水圧低下が考えられる。この場合は，配水管網の整備が必要である。
給水管の口径が小さい場合	一つの給水管から当初の給水計画を上回って数多く分岐されると，既設給水管の口径が不足のために出水不良を起こす。この場合は適正な口径に改造する必要がある。
管内に錆が付着した場合	給水管が亜鉛めっき鋼管等などの場合，内部に赤錆が発生し，年月を経ると給水管断面の狭小化（さびこぶ）により出水不良を起こす。この場合は給水管の布設替えが必要である。
水道メータのストレーナにスケールが付着した場合	配水管の工事等により断水すると，通水の際の水圧によりスケール等が水道メータのストレーナに付着し出水不良となることがある。この場合はストレーナを清掃する。
その他の不具合の場合	給水管が途中でつぶれや地下漏水による出水不良又は各種給水用具の故障等による出水不良もある。これらの場合は，現場調査を綿密に行って原因を究明し，適切な対策をとる。

3・4　撤去工事

学習のポイント

・給水装置の撤去工事とその範囲について学習する。
・撤去工事における水道事業者，指定給水装置工事事業者，給水装置工事主任技術者，需要者の役割について学習する。

　給水装置の撤去工事は，条文には明記されていないが，法第三条（用語の定義）記載の「給水装置工事」に含まれている。

（用語の定義）

法第三条第 1 項

1　この法律において「給水装置工事」とは，給水装置の設置又は変更の工事をいう。

（供給規程）

法第十四条　水道事業者は，料金，給水装置工事の費用の負担区分その他の供給条件について，供給規程を定めなければならない。

2　前項の供給規程は，次に掲げる要件に適合するものでなければならない。

　三　水道事業者及び水道の需要者の責任に関する事項並びに給水装置工事の費用の負担区分及びその額の算出方法が，適正かつ明確に定められていること。

◀撤去は修繕，改修とともに「変更」に含まれる。

　給水管の撤去工事は，法第三条で定義されている給水装置の設置又は変更に含まれる。

　具体的には「給水装置の新設，改造，修繕及び撤去の工事」である。また，法第十四条の供給規定で水道事業者及び水道の需要者の責任区分について定められている。

◀p. 37　図 2・1 水道施設の区分 参照

　水道の需要者は，各水道事業者の定める給水条例等により使用されなくなった給水装置については撤去（廃止）することが定められている場合もある。この撤去工事は水道の需要者の責任で行い，工事を請け負った指定給水装置工事事業者より選任された給水装置工事主任技術者の職務となる。

　給水装置を撤去する場合の止水方法は次のとおりである。

①　分水栓等の止水機構で止水し，給水管取出し口にサドル付分水栓用キャップを取り付けた後，給水管を撤去する。

②　分岐部に T 字管，割 T 字管，メカニカルチーズ等が使用されている場合は，配水管に設置された仕切弁等で止水したのち給水管を撤去

する。

③ ②の場合，できるだけ断水しないように施工計画を立て，水道事業者と施工方法について協議すること。

④ 撤去工事であっても道路を掘削する場合，必ず，道路使用許可（所轄警察署）又は道路占用許可（道路管理者）を申請し許可を得てから工事を開始しなければならない。

確認テスト〔正しいものには○，誤っているものには×を付けよ。〕

☐☐(1) 配水管から給水管を分岐する場合，分水栓は直管部又は異形管から取り出す。

☐☐(2) ダクタイル鋳鉄管のサドル分水栓の穿孔箇所には，穿孔断面の防食のため，水道事業者が指定する防錆剤を塗布した。

☐☐(3) 宅地内の主配管は，住宅の基礎の外回りに布設することを原則とし，スペースなどの間題でやむを得ず構造物の下を通過させる場合は，さや管を設置しその中に配管する。

☐☐(4) 配水管にサドル付分水栓を取付ける前に，弁体が全閉状態になっているか確認する。

☐☐(5) サドル付分水栓は，配水管の管軸頂部にその中心線がくるように取り付け，給水管の取出し方向及びサドル付分水栓が管軸方向から見て傾きがないことを確認する。

☐☐(6) サドル付分水栓の穿孔作業に際し，サドル付分水栓の吐水部へ排水ホースを連結させ，切粉を下水溝等へ確実に排水する。

☐☐(7) サドル付分水栓の穿孔作業におけるハンドルの回転は，穿孔中は軽く，穿孔が完了前に重くなる。

☐☐(8) 給水管に用いる硬質銅管の曲げ加工は，専用パイプベンダーを用いて行う。

☐☐(9) EF継手による水道配水用ポリエチレン管の接合は，管端から200mm程度の内外面及び継手本体の受口内面やインナーコアに付着した油・砂等の異物をウェス等で取り除く。

☐☐(10) 道路を掘削する場合，工事箇所の手続きとして，所轄警察署より道路占用許可を得て適正に施工し，事故防止に努めなければならない。

☐☐(11) 25mmの給水栓でプール等水面が波立ちやすい水槽，事業活動に伴い洗剤又は薬品を入れる水槽及び容器に給水する場合は，越流面から吐水口の中心までの垂直距離は200mm未満であってはならない。

☐☐(12) 水道メーターは，原則として敷地境界線に最も近接した道路部分に設置する。

☐☐(13) 大気圧式のバキュームブレーカの設置場所は，最終の止水機構の流入側に設置し，水受け容器の越流面から150mm以上高い位置に取り付けなければならない。

☐☐(14) 浅層埋設の適用対象となる硬質ポリ塩化ビニル管は，口径200mm以下のものである。

☐☐(15) ポリブテン管のEF継手による接合は，マニュアルに従って，EFコントローラによる最適融着条件が自動制御される。

☐☐(16) 水道水は，無味無臭に近いものであるが，塩辛い味，苦い味，渋い味等が感じられる場合は，直ちに飲用を中止する。

学科試験1

□□⑰　浅層埋設が適用される場合，歩道部における水道管の埋設深さは，管路の頂部と路面との距離は0.3m以下としない。

□□⑱　給水管を構造物の基礎や壁を貫通させて設置する場合は，構造物の貫通部に配管スリーブ等を設け，スリーブとの間を弾性体で充填し，給水管の損傷を防止する。

□□⑲　道路部分に埋設する給水管などの明示テープの地色は，道路管理者ごとに定められており，その指示に従い施工する必要がある。

□□⑳　埋戻しは，道路管理者の承諾を受け，指定された土砂を用いて，原則として30cmを超えない層ごとに十分締め固め，将来，陥没，沈下等を起こさないようにすること。

□□㉑　ステンレス鋼鋼管及び波状ステンレス鋼管は，伸縮可とう継手またはTS継手を使用する。

□□㉒　給水管を他の埋設管に近接して布設する場合，他の埋設管と20cm以上の間隔を確保する。

□□㉓　硬質塩化ビニルライニング鋼管のねじ継手に外面樹脂被覆継手を使用する場合は，埋設の際，防食テープを巻く等を巻く必要はない。

□□㉔　ステンレス鋼鋼管の曲げ加工は，冷間加工とし焼き曲げ等加熱加工をしてはならない。

□□㉕　ポリエチレン二層管（第1種）の曲げ半径は，管外径の20倍以内とする。

□□㉖　水道メーターの取り付けは，必ずしも水平に取り付けなくても，正確な計量が可能な構造である。

□□㉗　直結増圧式で給水する集合住宅の親メータは，ウォータハンマを防止のため，メータバイパスユニットを設置するとよい。

□□㉘　水道直結式スプリンクラー設備の施工は，指定給水装置工事事業者が行い，一般に消火設備工事会社は行わない。

□□㉙　水道直結式スプリンクラー設備の設置に当たり，分岐する配水管からスプリンクラーヘッドまでの水理計算及び給水管，給水用具の選定は，消防設備士が行う。

□□㉚　水道直結式スプリンクラー設備の配管は，消火用水をできるだけ確保するために十分な水を貯留することのできる構造とする。

□□㉛　給水管を施工上やむを得ず曲げ加工して配管する場合，曲げ配管が可能な材料としては，ライニング鋼管，銅管，ポリエチレン二層管がある。

□□㉜　給水装置の撤去工事は，給水装置工事ではない。

□□㉝　熱交換器が給湯及び浴槽内の水等の加熱に兼用する構造の場合，加熱用の水路の耐圧性能試験は，1.75MPaの静水圧を10分間加え，水漏れ，変形，破損等がないことを確認する。

□□㉞　弁類は，耐久性能試験により30万回の開閉操作を繰り返した後，当該省令規定の性能が必要である。

□□㉟　水道メーターの下流側から末端給水用具までの間の維持管理は，すべて需要者の責任である。

□□㊱　給水管の工事が1日で完了しない場合は，終了後必ずプラグ等で汚水，ごみ等の侵入防止措置を講じる。

□□㊲　硬質塩化ビニルライニング鋼管のねじ接合において，管の切断はパイプカッタ，チップソーカッター，ガス切断などを使用して，管軸に対して直角に切断する。

確認テスト解答・解説

(1)　×：分水栓は異形管に取り付けてはならない。

(2)　×：穿孔箇所には防食コアを取り付ける。防錆剤（ぼうせいざい）は水道本管の汚染につながる。

(3)　○

(4)　×：弁体が全開状態でなければならない。

(5)　○

(6)　×：下水溝等へ直接切粉を直接排水しないようにバケツ等で受ける。

(7)　×：穿孔中は重く，完了前には軽くなる。

(8)　×：硬質銅管は曲げないのが原則。専用継手を用いる。

(9)　×：ウェスではなく，「キムワイプ」などのペーパータオルに溶剤を含浸させで清拭する。

(10)　×：道路占用許可ではなく，道路使用許可である。

(11)　○

(12)　×：宅地内である。

(13)　×：大気圧式バキュームブレーカは，流入側ではなく，流出側に設置する。

(14)　×：300 mm 以下が正しい。

(15)　○

(16)　○

(17)　×：浅層埋設の場合，歩道部は 0.1 m 以下。

(18)　○

(19)　×：明示テープの地色は，主要なものは全国一律である。

(20)　○

(21)　×：TS 継手は硬質ポリ塩化ビニル管の継手である。

(22)　×：サンドブラスト現象による他管損傷防止のため，30 cm 以上離して埋設する。

(23)　○：外面樹脂被覆継手の外側は，必要十分な防食性能がある。

(24)　○

(25)　×：管外径の 20 倍以上である。

(26)　×：水道メーターは水平に取り付けないと，メーターの性能，計量精度，耐久性低下等の原因となる。

(27)　×：メータバイパスユニットの設置は，メータ交換時に建物全体の断水回避が目的。

(28)　○

(29)　○

(30)　×：ライニング鋼管は曲げ加工ができない。

(31)　×：ライニング鋼管は曲げ加工ができない。

(32)　×：法第三ある「給水装置の設置又は変更の工事」に，給水装置工事の撤去も含まれる。

(33)　×：耐圧性能試験は，1.75 MPa の静水圧を 1 分間である。

(34)　×：10 万回である。

(35)　○

(36)　○：漏水事故防止

(37)　×：硬質塩化ビニルライニング鋼管は，ライニングされた塩化ビニル部分への局部加熱を避けるため，バンドソーを使用する。

第4章　給水装置の構造及び性能

給水装置の構造及び性能の出題傾向

　「給水装置の構造及び性能」の試験科目の主な内容は，①給水管及び給水用具が具備すべき性能基準に関する知識を有していること。②給水装置工事が適正に施行された給水装置であるか否かの判断基準（システム基準）に関する知識を有していることである。具体的には，給水管及び給水用具の性能基準，給水システム基準に関する知識，給水管の呼び径等に対応した吐水口空間の算定方法，各性能項目の適用対象給水用具に関する知識等である。

　令和4年度も例年通り10問出題され，合格に必要な正答は4問以上である。今回は性能基準に関する出題の他，クロスコネクション，水の汚染防止，給水装置に関わる規定に関する出題があった。また，択一式の問題では5択の問題が8問，4択が2問あった。

① 水道法と水道法施行令は基本法であり，覚えておく。（給水装置に関わる規定）

② 耐圧性能，浸出性能，水撃限界性能，逆流防止性能，負圧破壊性能，耐久性能もしくはこれらの組み合わせは給水装置の構造及び性能の本題であり，毎年出題されている。

水道法第十六条（給水装置の構造及び材質） 条文に関することが多く出題されている。

水道法施行令第六条 給水装置の構造及び材質の基準，配水管の水圧，配水管への取付け口の位置，荷重に対する耐力，水の逆流を防止に関することが多く出題されている。

耐圧，浸出，水撃限界，防食，逆流防止・負圧破壊，耐寒，耐久に関する基準 基準に関することが多く出題されている。

性能基準全般と給水装置の種類 省令，性能基準全般，給水装置の種類，給水管及び給水用具と性能基準の組み合わせに関することが多く出題されている。

その他 耐圧性能に関する基準，末端部の行き止まり構造，水撃限界に関する基準，逆流防止，侵食・防食，凍結防止に関することが出題されている。

4・1 水道法第十六条（給水装置の構造及び材質）

1. 水道法第十六条（給水装置の構造及び材質）を学習する。
2. 水道法第十七条（給水装置の検査）を学習する。

4・1・1　給水装置の構造及び材質

　配水管と機構的に一体をなしている給水装置は，水撃作用による管路の破損や水の逆流により汚染等が発生した場合は，他の多くの給水装置にまで悪影響を及ぼすおそれがある。このため，給水装置の構造及び材質は，給水装置からの水の汚染を防止する等の措置が講じられていることが必要であり，水道法及び同施行令に定める基準に適合しているものでなければならない。

　給水装置の構造及び材質は，水道法第十六条に規定されている。

> **法第十六条**　水道事業者は，当該水道によつて水の供給を受ける者の給水装置の構造及び材質が，政令で定める基準に適合していないときは，供給規程の定めるところにより，その者の給水契約の申込みを拒み，又はその者が給水装置をその基準に適合させるまでの間その者に対する給水を停止することができる。

◀よく出る

　厚生労働省の「給水措置の構造及び材質の基準に関する省令」では「耐圧」，「浸出」，「水撃限界」，「防食」，「逆流防止・負圧破壊」，「耐寒」，「耐久」に関する基準が定められている。

　給水装置工事は，水道法第十六条の二に規定されている。

◀よく出る

　当該給水装置が指定給水装置工事事業者に指定されていない者の施行による場合は，水道事業者は給水義務を負わない。

> **法第十六条の二**　水道事業者は，当該水道によつて水の供給を受ける者の給水装置の構造及び材質が前条の規定に基づく政令で定める基準に適合することを確保するため，当該水道事業者の給水区域において給水装置工事を適正に施行することができると認められる者の指定をすることができる。
> 2　水道事業者は，前項の指定をしたときは，供給規程の定めるところにより，当該水道によつて水の供給を受ける者の給水装置が当該水道事業者又

は当該指定を受けた者（以下「指定給水装置工事事業者」という。）の施行した給水装置工事に係るものであることを供給条件とすることができる。

3　前項の場合において，水道事業者は，当該水道によつて水の供給を受ける者の給水装置が当該水道事業者又は指定給水装置工事事業者の施行した給水装置工事に係るものでないときは，供給規程の定めるところにより，その者の給水契約の申込みを拒み，又はその者に対する給水を停止することができる。ただし，厚生労働省令で定める給水装置の軽微な変更であるとき，又は当該給水装置の構造及び材質が前条の規定に基づく政令で定める基準に適合していることが確認されたときは，この限りでない。

◀よく出る

給水装置の軽微な変更

法施行規則第十三条　法第十六条の二第三項の厚生労働省令で定める給水装置の軽微な変更は，単独水栓の取替え及び補修並びにこま，パッキン等給水装置の末端に設置される給水用具の部品の取替え（配管を伴わないものに限る。）とする。

◀よく出る

4・1・2　給水装置の検査

水道事業者は，使用中の給水装置について現場立入検査を行うことができる。

給水装置の検査については水道法第十七条に規定されている。

第十七条　水道事業者は，日出後日没前に限り，その職員をして，当該水道によつて水の供給を受ける者の土地又は建物に立ち入り，給水装置を検査させることができる。ただし，人の看守し，若しくは人の住居に使用する建物又は閉鎖された門内に立ち入るときは，その看守者，居住者又はこれらに代るべき者の同意を得なければならない。

2　前項の規定により給水装置の検査に従事する職員は，その身分を示す証明書を携帯し，関係者の請求があつたときは，これを提示しなければならない。

学科試験1

4・2 水道法施行令第六条

1．水道法施行令第六条（給水装置の構造及び材質の基準）を学習する。

4・2・1　給水装置の構造及び材質の基準

給水装置の構造及び材質の基準は，水道法施行令第六条に規定されている。

令第六条　法第十六条の規定による給水装置の構造及び材質は，次のとおりとする。

一　配水管への取付口の位置は，他の給水装置の取付口から**30 cm 以上**離れていること。

二　配水管への取付口における給水管の口径は，当該給水装置による水の使用量に比し，著しく過大でないこと。

三　配水管の水圧に影響を及ぼすおそれのあるポンプに直接連結されていないこと。

四　水圧，土圧その他の荷重に対して充分な耐力を有し，かつ，水が汚染され，又は漏れるおそれがないものであること。

五　凍結，破壊，侵食等を防止するための適当な措置が講ぜられていること。

六　当該給水装置以外の水管その他の設備に直接連結されていないこと。

七　水槽，プール，流しその他水を入れ，又は受ける器具，施設等に給水する給水装置にあつては，水の逆流を防止するための適当な措置が講ぜられていること。

2　前項各号に規定する基準を適用するについて必要な技術的細目は，厚生労働省令で定める。

◀よく出る

2018（令和元）年改正により，第五条から第六条に変更された。

4・3　耐圧に関する基準

学習のポイント

1．耐圧に関する基準を学習する。

4・3・1　耐圧に関する基準

　水道の水圧により給水装置に水漏れ，破壊等が生じることを防止するためのものであり，すべての給水管及び給水用具(最終の止水機構の流出側に設置されるものを除く。)が対象である。

　耐圧に関する基準は，給水装置の構造及び材質の基準に関する省令（以下基準省令と記す。）第一条に規定されている。

> **基準省令第一条**　給水装置（最終の止水機構の流出側に設置されている給水用具を除く。以下この条において同じ。）は，次に掲げる耐圧のための性能を有するものでなければならない。
>
> 一　給水装置（次号に規定する加圧装置及び当該加圧装置の下流側に設置されている給水用具並びに第三号に規定する熱交換器内における浴槽内の水等の加熱用の水路を除く。）は，厚生労働大臣が定める耐圧に関する試験（以下「耐圧性能試験」という。）により1.75MPaの静水圧を1分間加えたとき，水漏れ，変形，破損その他の異常を生じないこと。
>
> 二　加圧装置及び当該加圧装置の下流側に設置されている給水用具（次に掲げる要件を満たす給水用具に設置されているものに限る。）は，耐圧性能試験により当該加圧装置の最大吐出圧力の静水圧を1分間加えたとき，水漏れ，変形，破損その他の異常を生じないこと。
>
> イ　当該加圧装置を内蔵するものであること。
>
> ロ　減圧弁が設置されているものであること。
>
> ハ　ロの減圧弁の下流側に当該加圧装置が設置されているものであること。
>
> ニ　当該加圧装置の下流側に設置されている給水用具についてロの減圧弁を通さない水との接続がない構造のものであること。
>
> 三　熱交換器内における浴槽内の水等の加熱用の水路（次に掲げる要件を満たすものに限る。）については，接合箇所（溶接によるものを除く。）を有せず，耐圧性能試験により1.75MPaの静水圧を1分間加えたとき，水漏れ，変形，破損その他の異常を生じないこと。

耐圧性能基準の適用対象外の給水用具としては，シャワーヘッドなどのように，最終の止水機構の流出側に設置される給水用具が該当する。

◀よく出る

　1.75MPaという試験水圧は，通常の使用状態における水圧，ウォータハンマによる水撃圧等を考慮し，現在のわが国の水道の使用圧力において給水装置に加わり得る最大水圧として設定されている。

　試験水圧を加える時間については，1分間で変形，破損が認められなければ，それ以上試験を行っても結果はほぼ変わらず，また，水漏れが起こっている場合には，1分以内に確認できるという経験則に基づき1分間が採用されている。

貯湯湯沸器の
試験水圧 ⇨ p.236

　　　イ　当該熱交換器が給湯及び浴槽内の水等の加熱に兼用する構造のもの
　　　　であること。
　　　ロ　当該熱交換器の構造として給湯用の水路と浴槽内の水等の加熱用の
　　　　水路が接触するものであること。
　　四　パッキンを水圧で圧縮することにより水密性を確保する構造の給水用　　　｜　パッキンはOリング等
　　　具は，第一号に掲げる性能を有するとともに，耐圧性能試験により
　　　20kPaの静水圧を1分間加えたとき，水漏れ，変形，破損その他の異
　　　常を生じないこと。
　2　給水装置の接合箇所は，水圧に対する十分な耐力を確保するためにその
　　構造及び材質に応じた適切な接合が行われているものでなければならない。
　3　家屋の主配管は，配管の経路について構造物の下の通過を避けること等
　　により漏水時の修理を容易に行うことができるようにしなければならない。

　第一条において，判定基準にいう「変形」は，あくまでも異常な形状の　　　◀よく出る
変化を指すものであり，たとえば，フレキシブル継手などに水圧を加えた
ときに，その仕様の範囲内において形状が変化しても，ここでいう「変形」
には該当しない。

4・3・2　Oリング等を使用した給水用具

　Oリング等を水圧で接続部に密着させることによって水密性を保つ構造
の伸縮継手・伸縮可とう継手等については，むしろ低水圧時に密着性が低
下し，外部への漏水が生じるおそれがあることから，20kPaの静水圧に
よる低水圧試験も併せて行うことにしている。なお，Oリング等を使用す
る器具であっても，フランジのガスケットのようにねじ等でOリング等
を締め付けて水密性を確保している場合には，低水圧時に密着性が低下す
るおそれがないことから，規定の対象とはならない。

4・3・3　配管工事後の耐圧試験

　配管後の耐圧試験に関しては，基準省令第一条第2項に規定されている。

基準省令第一条第2項
　給水装置の接合箇所は，水圧に対する充分な耐力を確保するためにその構
造及び材質に応じた適切な接合が行われているものでなければならない。

　配管工事後の耐圧試験に関しては，基準省令において「給水装置の接合
箇所は，水圧に対する十分な耐力を確保する適切な接合が行われているも
のでなければならない」とされていて定量的な基準はない。したがって，

例えば当該地域内の夜間を通した 1 日の間の最大水圧に安全を考慮した圧力を加えた水圧を試験水圧にするなど，水道事業者が給水区域内の実情を考慮し，試験水圧を定めることができる。

　しかしながら，新設工事の場合は，適正な施工の確保の観点から，配管や接合部の施工が確実に行われたかを確認するため，試験水圧1.75MPaを 1 分間保持する水圧検査を実施することが望ましいとされている。

　柔軟性のある水道用ポリエチレン二層管等の樹脂管の場合，1.75MPaの水圧を加えると管が膨張して圧力が低下する特性があり，気温，水温等で圧力低下の状況が異なるため注意が必要である。

　給水管の布設後に耐圧試験を行う際には，加圧圧力や加圧時間を適切な大きさ，長さにする必要がある。過大にすると樹脂管や分水栓等の給水器具を損傷するおそれがある。

　また，止水栓や分水栓は，バルブを「開」状態にしたときの耐圧性能であって，止水性能を確認する試験ではない。

4・4　浸出に関する基準

> **学習のポイント**
>
> 1．浸出等に関する基準を学習する。
> 2．判定基準を学習する。

4・4・1　浸出等に関する基準

　給水装置から金属・化学物質等が浸出し，飲用に供される水が汚染されることを防止するもので，飲用に供する水に接触する可能性のある給水管及び給水用具が対象である。

〔適用対象の器具例〕

・給水管

・末端給水用具以外の給水用具

・継手類

・バルブ類

・貯水槽用ボールタップ

・先止め式瞬間湯沸器及び貯湯湯沸器

・末端給水用具

・台所用，洗面所用等の水栓

・元止め式瞬間湯沸器及び貯蔵湯沸器

・浄水器，自動販売機，冷水機

　浸出等に関する基準は，給水装置の構造及び材質の基準に関する省令第二条に規定されている。

> **基準省令第二条**　飲用に供する水を供給する給水装置は，厚生労働大臣が定める浸出に関する試験（以下「浸出性能試験」という。）により供試品（浸出性能試験に供される器具，その部品，又はその材料（金属以外のものに限る。）をいう。）について浸出させたとき，その浸出液は，別表第1の上欄に掲げる事項につき，水栓その他給水装置の末端に設置されている給水用具にあっては同表の中欄に掲げる基準に適合し，それ以外の給水装置にあっては同表の下欄に掲げる基準に適合しなければならない。
>
> 2　給水装置は，末端部が行き止まりとなっていること等により水が停滞する構造であってはならない。ただし，当該末端部に排水機構が設置されて

浸出性能基準適用対象外の給水器具例

　ふろ用，洗髪用，食器洗浄用等の水栓，洗浄弁，洗浄装置付き弁座，散水栓，ふろ給湯専用の給湯器及びふろがま，自動食器洗い器など。

◀よく出る

　表中の上欄，下欄は，それぞれ左欄，右欄と読み替える。

いるものにあっては，この限りでない。

3　給水装置は，シアン，六価クロムその他水を汚染するおそれのある物を貯留し，又は取り扱う施設に近接して設置されていてはならない。

4　鉱油類，有機溶剤その他の油類が浸透するおそれのある場所に設置されている給水装置は，当該油類が浸透するおそれのない材質のもの又はさや管等により適切な防護のための措置が講じられているものでなければならない。

近接して設置してはいけないものとさや管等で防護するものの違いを理解すること。

油類の場合，樹脂管は不可である。

別表第 1

事項	水栓その他給水装置の末端に設置されている給水用具の浸出液に係る基準	給水装置の末端以外に設置されている給水用具の浸出液，又は給水管の浸出液に係る基準
カドミウム及びその化合物	カドミウムの量に関して，0.0003mg/L 以下であること。	カドミウムの量に関して，0.003mg/L 以下であること。
水銀及びその化合物	水銀の量に関して，0.00005mg/L 以下であること。	水銀の量に関して，0.0005mg/L 以下であること。
セレン及びその化合物	セレンの量に関して，0.001mg/L 以下であること。	セレンの量に関して，0.01mg/L 以下であること。
鉛及びその化合物	鉛の量に関して，0.001mg/L 以下であること。	鉛の量に関して，0.01mg/L 以下であること。
ヒ素及びその化合物	ヒ素の量に関して，0.001mg/L 以下であること。	ヒ素の量に関して，0.01mg/L 以下であること。
六価クロム化合物	六価クロムの量に関して，0.002mg/L 以下であること。	六価クロムの量に関して，0.02mg/L 以下であること。
シアン化物イオン及び塩化シアン	シアンの量に関して，0.001mg/L 以下であること。	シアンの量に関して，0.01mg/L 以下であること。
硝酸態窒素及び亜硝酸態窒素	1.0mg/L 以下であること。	10mg/L 以下であること。
亜硝酸態窒素	0.004mg/L 以下であること。	0.04mg/L 以下であること。
フッ素及びその化合物	フッ素の量に関して，0.08mg/L 以下であること。	フッ素の量に関して，0.8mg/L 以下であること。
ホウ素及びその化合物	ホウ素の量に関して，0.1mg/L 以下であること。	ホウ素の量に関して，1.0mg/L 以下であること。
四塩化炭素	0.0002mg/L 以下であること。	0.002mg/L 以下であること。
一・四-ジオキサン	0.005mg/L 以下であること。	0.05mg/L 以下であること。
一・二-ジクロロエタン	0.0004mg/L 以下であること。	0.004mg/L 以下であること。
シス一・二-ジクロロエチレン及びトランス一・二-ジクロロエチレン	0.004mg/L 以下であること。	0.04mg/L 以下であること。
ジクロロメタン	0.002mg/L 以下であること。	0.02mg/L 以下であること。

（経過措置）

令和 3 年 3 月31日までの間，六価クロム化合物の項の適用については，「0.002mg/L」とあるのは，「0.005mg/L」とする。

学科試験 1

テトラクロロエチレン	0.001mg/L 以下であること。	0.01mg/L 以下であること。
トリクロロエチレン	0.001mg/L 以下であること。	0.01mg/L 以下であること。
ベンゼン	0.001mg/L 以下であること。	0.01mg/L 以下であること。
ホルムアルデヒド	0.008mg/L 以下であること。	0.08mg/L 以下であること。
亜鉛及びその化合物	亜鉛の量に関して，0.1mg/L 以下であること。	亜鉛の量に関して，1.0mg/L 以下であること。
アルミニウム及びその化合物	アルミニウムの量に関して，0.02mg/L 以下であること。	アルミニウムの量に関して，0.2mg/L 以下であること。
鉄及びその化合物	鉄の量に関して，0.03mg/L 以下であること。	鉄の量に関して，0.3mg/L 以下であること。
銅及びその化合物	銅の量に関して，0.1mg/L 以下であること。	銅の量に関して，1.0mg/L 以下であること。
ナトリウム及びその化合物	ナトリウムの量に関して，20mg/L 以下であること。	ナトリウムの量に関して，200mg/L 以下であること。
マンガン及びその化合物	マンガンの量に関して，0.005mg/L 以下であること。	マンガンの量に関して，0.05mg/L 以下であること。
塩化物イオン	20mg/L 以下であること。	200mg/L 以下であること。
蒸発残留物	50mg/L 以下であること。	500mg/L 以下であること。
陰イオン界面活性剤	0.02mg/L 以下であること。	0.2mg/L 以下であること。
非イオン界面活性剤	0.005mg/L 以下であること。	0.02mg/L 以下であること。
フェノール類	フェノールの量に換算して，0.0005mg/L 以下であること。	フェノールの量に換算して，0.005mg/L 以下であること。
有機物（全有機炭素（ＴＯＣ）の量）	0.5mg/L 以下であること。	3mg/L 以下であること。
味	異常でないこと。	異常でないこと。
臭気	異常でないこと。	異常でないこと。
色度	0.5度以下であること。	5度以下であること。
濁度	0.2度以下であること。	2度以下であること。
エピクロロヒドリン	0.01mg/L 以下であること。	0.01mg/L 以下であること。
アミン類	トリエチレンテトラミンとして，0.01mg/L 以下であること。	トリエチレンテトラミンとして，0.01mg/L 以下であること。
二・四-トルエンジアミン	0.002mg/L 以下であること。	0.002mg/L 以下であること。
二・六-トルエンジアミン	0.001mg/L 以下であること。	0.001mg/L 以下であること。
酢酸ビニル	0.01mg/L 以下であること。	0.01mg/L 以下であること。
スチレン	0.002mg/L 以下であること。	0.002mg/L 以下であること。
一・二-ブタジエン	0.001mg/L 以下であること。	0.001mg/L 以下であること。
一・三-ブタジエン	0.001mg/L 以下であること。	0.001mg/L 以下であること。

備考
　主要部品の材料として銅合金を使用している水栓その他給水装置の末端に設置
されている給水用具の浸出液に係る基準にあっては，この表の鉛及びその化合物
の項中「0.001mg/L」とあるのは「0.007mg/L」と，亜鉛及びその化合物の項
中「0.1mg/L」とあるのは「0.97mg/L」と，銅及びその化合物の項中「0.1mg/
L」とあるのは「0.98mg/L」とする。

4・4・2　浸出性能基準の根拠及び浸出液

① 浸出性能基準は，国内外の浸出性能基準・規格のうち，最も合理的か
　つ体系的と考えられる NSF（米国衛生財団）の規格（NSF 61）に準拠
　しつつ，わが国の水道水質，給水装置の使用実態，試験の簡便性等を考
　慮して必要な修正を加えたものである。
② 浸出性能試験に供される浸出液は，人工的に調製された水を使用する。　◀よく出る

4・4・3　判定基準

浸出性能試験における判定基準は，次のとおりである。　◀よく出る
① 判定基準項目は，水道水質基準の設定されている項目及び日本水道協
　会規格（JWWA の規格）で設定されている項目のうちから選定している。
② 判定基準項目のうち分析を行う必要があるのは，すべての器具に共通
　する項目である味，臭気，色度，及び濁度の他は，水と接触する部分に
　使用されている材料の成分及びその材料の原料の成分のうち，浸出する
　可能性のあるものとする。
③ 判定基準は，末端給水用具については，給水装置からの有害物質の浸
　出は極力少なくすべきこと，水道の原水，浄水処理用薬剤，水道施設及
　び給水装置の材料等の他の浸出源からの寄与が大きな割合を占める可能
　性があることから，NSF の規格の考え方に準拠し，十分な安全性を考
　慮して，滞留状態での補正値が水道水質基準の10％を超えないこととし
　ている。
④ 部品試験及び材料試験においては，その結果から器具（最終製品）の
　状態での部品又は材料ごとの接触面積当たりの浸出量を求め，これを足
　し合わせて器具として分析値に換算した後，判定基準値と比較すること
　としており，最終製品を用いた試験が困難である場合等についても浸出
　性能の評価を行うことができるようになっている。

4·5 水撃限界に関する基準

4·5·1 水撃限界に関する基準

　給水用具の止水機構が急閉止する際に生じる水撃作用により，給水装置の破壊等を防止するためのもので，水撃作用を生じるおそれのある給水用具であり，具体的には水栓，ボールタップ，電磁弁，元止め式瞬間湯沸器等がこれに該当する。

　なお，水撃作用を生じるおそれがあり，この基準を満たしていない給水用具を設置する場合は，別途，水撃防止器具を設置するなどの措置を講じなければならない。

　また，水撃限界性能基準では，湯水混合水栓などにおいて同一の仕様の止水機構が水側と湯側に付いているような場合は，いずれか一方の止水機構について試験を行えばよい。

　水撃限界に関する基準は，給水装置の構造及び材質の基準に関する省令第三条に規定されている。

基準省令第三条　水栓その他水撃作用（止水機構を急に閉止した際に管路内に生じる圧力の急激な変動作用をいう。）を生じるおそれのある給水用具は，厚生労働大臣が定める水撃限界に関する試験により当該給水用具内の流速を2m／s又は当該給水用具内の動水圧を0.15MPaとする条件において給水用具の止水機構の急閉止（閉止する動作が自動的に行われる給水用具にあっては，自動閉止）をしたとき，その水撃作用により**上昇する圧力が1.5MPa以下**である性能を有するものでなければならない。ただし，当該給水用具の上流側に近接してエアチャンバーその他の水撃防止器具を設置すること等により適切な水撃防止のための措置が講じられているものにあっては，この限りでない。

◀よく出る

4・5・2　水撃の防止

① 水撃限界性能試験において，<u>上昇する圧力とは，水撃圧の最大値と通水時の動水圧の差をいう。</u>

◀よく出る

② 水撃作用（ウォータハンマ）　<u>水栓などの止水機構を急に閉止した際に管路内に生じる圧力の急激な変動作用を水撃あるいはウォータハンマという。</u>極端な場合，水撃による圧力上昇で配管や給水用具を破損することもある（図4・1）。

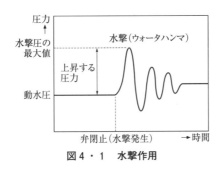

圧力

水撃圧の最大値

水撃（ウォータハンマ）

上昇する圧力

動水圧

弁閉止（水撃発生）　→時間

図4・1　水撃作用

③ <u>水撃圧は流速に比例するので，</u>給水管における水撃作用を防止するには，基本的には<u>管内流速を遅くする（管径を太くする）</u>必要がある。

一般的には
<u>1.5〜2.0m/s</u>

④ 作動状況によってはウォータハンマが生じるおそれがある給水用具

　(a) 水栓（主にシングルレバー混合水栓）

　(b) ボールタップ

　(c) 電磁弁（全自動洗濯機や食器洗い機等，電磁弁内蔵の給水用具を含む）

　(d) 元止め式瞬間湯沸器

　(e) 空気が抜けにくい鳥居配管等がある管路

⑤ ウォータハンマが生じるおそれのある場合の発生防止

　(a) 給水管の水圧が高い場合，減圧弁，定流量弁等を設置して給水圧または流速を下げる。

　(b) <u>ウォータハンマが発生するおそれのある箇所には，その手前に近接して水撃防止器を設置する。</u>

　(c) ボールタップを使用する場合はウォータハンマを比較的発生しにくい複式，親子二球式あるいは定水位弁等から，給水用途や給水管口径に適したものを選定する。

　(d) 水槽等にボールタップで給水する場合は，波立ち防止板等を必要に応じて設置する。

4·6 防食に関する基準

学習のポイント

1. 防食（侵食防止）に関する基準を学習する。

4·6·1 防食に関する基準

　防食に関する基準は，給水装置の構造及び材質の基準に関する省令第四条に規定されている。

> **基準省令第四条** 酸又はアルカリによって侵食されるおそれのある場所に設置されている給水装置は，酸又はアルカリに対する耐食性を有する材質のもの又は防食材で被覆すること等により適切な侵食の防止のための措置が講じられているものでなければならない。
>
> 2　漏えい電流により侵食されるおそれのある場所に設置されている給水装置は，非金属製の材質のもの又は絶縁材で被覆すること等により適切な電気防食のための措置が講じられているものでなければならない。

◀よく出る

　図4·2に**漏えい電流による侵食**を示す。電車は，直流の電車架線より電気の供給を受け，モーターを回して，レールに戻して動いている。このとき，すべての電流がレールを通じて変電所には戻らない。一部の漏えい電流が近くの埋設金属体に流入し，その後，流出する箇所が侵食する現象である。

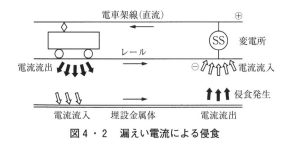

図4·2　漏えい電流による侵食

4・6・2　侵　食

（1）　埋設された給水装置の侵食（腐食）

埋設された給水装置の侵食の形態を図4・3に示す。

侵食＝腐食である。

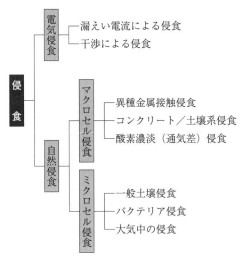

図4・3　埋設管の侵食の形態

(a)　局部侵食

(ア)　マクロセル侵食

◀よく出る

マクロセル侵食とは，埋設状態にある金属材質，土壌，乾湿，通気性，pH，溶解成分の違い等の異種環境での電池作用による侵食である。代表的なマクロセル侵食には，異種金属接触侵食，コンクリート／土壌系侵食，通気差侵食等がある。

(イ)　異種金属接触侵食

◀よく出る

金属の腐食現象は，電位の異なる2極の存在のもとで発生するイオン溶出及び電子の移動を伴う電気化学反応（電池作用）である。電位が低い金属ほど陽極的となりイオンとなって溶出し腐食しやすい。異種金属接触侵食は，異なった二つの金属の電位差が大きいほど，又は自然電位の低い金属に比べ自然電位の高い金属の表面積が大きいほど侵食が促進される。埋設された金属管が異なった金属の管や継手，ボルト等と接続されていると，自然電位の低い金属と自然電位の高い金属との間に電池が形成され，自然電位の低い金属が侵食される。

(ウ)　コンクリート／土壌系浸食

地中に埋設した鋼管が部分的にコンクリートと接触している場合，アルカリ性のコンクリートに接している部分の電位が，接していない部分より高くなって腐食電池が形成され，コンクリートに接していな

い部分（土壌部分）が浸食される。

　㈐　**酸素濃度浸食（通気差浸食）**

　　空気の通りやすい土壌と，通りにくい土壌とにまたがって金属管が配管されている場合，環境の違いによる腐食電池が形成され電位の低い方が侵食される。

　　空気の通りやすさの他，埋設深さの差，湿潤状態の差，地表の遮断物による通気差等が起因して発生するものがある。

　㈑　**漏えい電流による侵食**

　　直流軌道や直流電源装置から漏えいした電流が，埋設してある給水管等に流れ込み，再び地中に流れ出る箇所が激しく侵食される。電食ともいう。

　(b)　**全面侵食**

　㈎　**ミクロセル侵食**

　　水や土壌など電解質に接している鉄の表面には表面状態，組織，環境などのわずかな違いにより微視的な陽極部と陰極部からなる局部電池（ミクロセル）が多数形成され，これによる腐食をミクロセル侵食という。

　(c)　**自然電位**

　　金属材料が単独で水溶液中に浸漬され，単体表面でのアノード反応とカソード反応との速度がバランスしている自然浸漬状態で示す電極電位を自然電位という。アノードとは，陽極のことで電流が電極から電解質溶液に向かって流れ，酸化反応が行われる極をいう。

　　一方，カソードは，陰極のことで放電管において負電圧がかかっていて電子の飛び出す極で，電流が電解質溶液から電極に向かって流れ，還元反応が行われる極をいう。

（2）　侵食対策

①　酸又はアルカリによって侵食されるおそれのある場所にあっては，ミクロセル侵食対策として，酸又はアルカリに対する耐食性を有する材質のもの，又は防食材で被覆すること。

◀よく出る

②　漏えい電流により侵食されるおそれのある場所に設置されている給水管は，非金属製の材質のものとするか又は絶縁材で被覆すること。すなわち，金属管が鉄道，変電所等に近接して埋設されている場合は，漏えい電流により侵食を受ける。このとき侵食は，電流が金属管から流出する箇所で起こる。流入側は，結果的に電気防食されることになる。

漏えい電流：鉄道や変電所から漏えいした電流が給水管に流入する。樹脂管を使用すれば防ぐことができる。

③　侵食形態としては全面侵食と局部侵食とがある。一般的に，全面侵

食は，給水管の耐用年数を短縮させ漏水事故につながる。また，局部
侵食は，侵食が局部に集中し，短期間で漏水事故を発生させる。

4・6・3　防　食　工

（1）　サドル付分水栓等給水用具の外面防食

ポリエチレンシートを使用してサドル付分水栓全体を覆うようにして包
み込み，粘着テープ等で確実に密着及び固定し，侵食の防止を図る。

◀よく出る

（2）　管外面の防食工

管の外面の防食方法は次による。

・管の外面をポリエチレンスリーブで被覆し，粘着テープ等で確実に密
　着及び固定して侵食の防止を図る。

・金属管に，防食テープ・粘着テープ等を巻き付けて侵食の防止を図る。

・プライマー塗布をし，防食塗料（防錆剤等）を2回以上塗布する。

・金属管の外面に被覆を施した管（外面被覆管）を使用する。

（3）　管内面の防食工

・鋳鉄管及び鋼管からの取り出しでサドル付き分水栓等により分岐，穿
　孔した通水口には，防食コアを挿入する等適切な防錆措置を施す。

・鋳鉄管の切管については，切り口面にダクタイル管補修用塗料を塗布
　する。

・内面ライニング鋼管の接続には，管端防食継手を使用する。

・内面ライニング管を使用する。

（4）　電食防止措置

・電気的絶縁物による管の被覆をする。

（5）　その他の防食工

・異種金属の管相互の接続には，異種金属管用絶縁継手等を使用する。

・金属管と他の構造物と接触するおそれがある場合には，ポリエチレン
　スリーブ，防食テープ等を使用し，管が直接構造物に接触しないよう
　施工する。

4・7 逆流防止・負圧破壊に関する基準

4・7・1　逆流防止に関する基準

　給水装置からの汚水など，水道水ではない水の逆流により，水道水の汚染や公衆衛生上の問題が生じることを防止するもので，逆止弁，減圧式逆流防止器，逆流防止装置内蔵型の給水用具が対象である。

　逆流防止に関する基準は，給水装置の構造及び材質の基準に関する省令第五条第 1 項第一号イ〜ハに規定されている。

> **基準省令第五条**　水が逆流するおそれのある場所に設置されている給水装置は，次の各号のいずれかに該当しなければならない。
>
> 一　次に掲げる逆流を防止するための性能を有する給水用具が，水の逆流を防止することができる適切な位置（ニに掲げるものにあっては，水受け容器の越流面の上方150mm 以上の位置）に設置されていること。
>
> イ　減圧式逆流防止器は，厚生労働大臣が定める逆流防止に関する試験（以下「逆流防止性能試験」という。）により3kPa 及び1.5MPa の静水圧を 1 分間加えたとき，水漏れ，変形，破損その他の異常を生じないとともに，厚生労働大臣が定める負圧破壊に関する試験（以下「負圧破壊性能試験」という。）により流入側から−54kPa の圧力を加えたとき，減圧式逆流防止器に接続した透明管内の水位の上昇が3mm を超えないこと。
>
> ロ　逆止弁（減圧式逆流防止器を除く。）及び逆流防止装置を内部に備えた給水用具（ハにおいて「逆流防止給水用具」という。）は，逆流防止性能試験により3kPa 及び1.5MPa の静水圧を 1 分間加えたとき，水漏れ，変形，破損その他の異常を生じないこと。
>
> ハ　逆流防止給水用具のうち次の表の第 1 欄に掲げるものに対するロの規定の適用については，同欄に掲げる逆流防止給水用具の区分に応じ，同表の第 2 欄に掲げる字句は，それぞれ同表の第 3 欄に掲げる字句とする。

逆流の要因には，「逆圧」と「逆サイホン作用」がある。

◀よく出る

第五条は次項でもふれる。

数値は単位に注意。

水頭圧3mm＝30Pa である。

ニ，ホ，ヘは次項での学習事項

逆流防止給水用具の区分	読み替えられる字句	読み替える字句
(1)　減圧弁	1.5MPa	当該減圧弁の設定圧力
(2)　当該逆流防止装置の流出側に止水機構が設けられておらず，かつ，大気に開口されている逆流防止給水用具（(3)及び(4)に規定するものを除く。）	3kPa及び1.5MPa	3kPa
(3)　浴槽に直結し，かつ，自動給湯する給湯機及び給湯付きふろがま（(4)に規定するものを除く。）	1.5MPa	50kPa
(4)　浴槽に直結し，かつ，自動給湯する給湯機及び給湯付きふろがまであって逆流防止装置の流出側に循環ポンプを有するもの	1.5MPa	当該循環ポンプの最大吐出圧力又は50kPaのいずれかの高い圧力

4・7・2　負圧破壊に関する基準

　給水装置からの汚水の逆流を防止するもので，バキュームブレーカ，負圧破壊装置内蔵型の給水用具，吐水口空間により逆流を防止する構造の給水用具（ボールタップ付きロータンク，ウォータクーラ，自動販売機等）が対象である。

　負圧破壊性能基準は，給水装置を通じての汚水の逆流により，水道水の汚染や公衆衛生上の問題が生じることを防止するためのものである。

◀よく出る

　負圧破壊に関する基準は，給水装置の構造及び材質の基準に関する省令第五条第1項第一号ニ〜ヘ，同第二号及び第2項　に規定されている。

基準省令第五条　水が逆流するおそれのある場所に設置されている給水装置は，次の各号のいずれかに該当しなければならない。

一　次に掲げる逆流を防止するための性能を有する給水用具が，水の逆流を防止することができる適切な位置（ニに掲げるものにあっては，水受け容器の越流面の上方150mm以上の位置）に設置されていること。

　ニ　バキュームブレーカは，負圧破壊性能試験により流入側から−54kPaの圧力を加えたとき，バキュームブレーカに接続した透明管内の水位の上昇が75mmを越えないこと。

　ホ　負圧破壊装置を内部に備えた給水用具は，負圧破壊性能試験により流入側から−54kPaの圧力を加えたとき，当該給水用具に接続した透明管内の水位の上昇が，バキュームブレーカを内部に備えた給水用具にあっては逆流防止機能が働く位置から水受け部の水面までの垂直

　バキュームブレーカには圧力式と大気圧式がある。⇨p.233
　ホの給水用具には，吐水口水没型のボールタップ，大便器洗浄弁等があり，製品の仕様として負圧破壊装置の位置が一定に固定されているものをいう。

距離の1/2, バキュームブレーカ以外の負圧破壊装置を内部に備えた給水用具にあっては吸気口に接続している管と流入管の接続部分の最下端又は吸気口の最下端のうちいずれか低い点から水面までの垂直距離の1/2を超えないこと。

へ　水受け部と吐水口が一体の構造であり，かつ，水受け部の越流面と吐水口の間が分離されていることにより水の逆流を防止する構造の給水用具は，負圧破壊性能試験により流入側から−54kPaの圧力を加えたとき，吐水口から水を引き込まないこと。

二　吐水口を有する給水装置が，次に掲げる基準に適合すること。

イ　呼び径が25mm以下のものにあっては，別表第2の上欄に掲げる呼び径の区分に応じ，同表中欄に掲げる近接壁から吐水口の中心までの水平距離及び同表下欄に掲げる越流面から吐水口の中心までの垂直距離が確保されていること。

ロ　呼び径が25mmを超えるものにあっては，別表第3の上欄に掲げる区分に応じ，同表下欄に掲げる越流面から吐水口の最下端までの垂直距離が確保されていること。

2　事業活動に伴い，水を汚染するおそれのある場所に給水する給水装置は，前項第二号に規定する垂直距離及び水平距離を確保し，当該場所の水管その他の設備と当該給水装置を分離すること等により，適切な逆流の防止のための措置が講じられているものでなければならない。

別表第2

※表中の上欄，下欄は，それぞれ左欄，右欄と読み替える。

◀よく出る

呼び径の区分	近接壁から吐水口の中心までの水平距離	越流面から吐水口の最下端までの垂直距離
13mm以下のもの	25mm以上	25mm以上
13mmを超え20mm以下のもの	40mm以上	40mm以上
20mmを超え25mm以下のもの	50mm以上	50mm以上

p.124図4・4〜図4・7を参照。

備考
1　浴槽に給水する給水装置（水受け部と吐水口が一体の構造であり，かつ，水受け部の越流面と吐水口の間が分離されていることにより水の逆流を防止する構造の給水用具（この表及び次表において「吐水口一体型給水用具」という。）を除く。）にあっては，この表下欄中「25mm」とあり，又は「40mm」とあるのは，「50mm」とする。
2　プール等の水面が特に波立ちやすい水槽並びに事業活動に伴い洗剤又は薬品を入れる水槽及び容器に給水する給水装置（吐水口一体型給水用具を除く。）にあっては，この表下欄中「25mm」とあり，「40mm」とあり，又は「50mm」とあるのは，「200mm」とする。

別表第3

区分			越流面から吐水口の最下端までの垂直距離
近接壁の影響がない場合			$(1.7 \times d + 5)$mm 以上
近接壁の影響がある場合	近接壁が1面の場合	壁からの離れが$(3 \times D)$mm 以下のもの	$(3 \times d)$mm 以上
		壁からの離れが$(3 \times D)$mm を超え$(5 \times D)$mm 以下のもの	$(2 \times d + 5)$mm 以上
		壁からの離れが$(5 \times D)$mm を超えるもの	$(1.7 \times d + 5)$mm 以上
	近接壁が2面の場合	壁からの離れが$(4 \times D)$mm 以下のもの	$(3.5 \times d)$mm 以上
		壁からの離れが$(4 \times D)$mm を超え$(6 \times D)$mm 以下のもの	$(3 \times d)$mm 以上
		壁からの離れが$(6 \times D)$mm を超え$(7 \times D)$mm 以下のもの	$(2 \times d + 5)$mm 以上
		壁からの離れが$(7 \times D)$ を超えるもの	$(1.7 \times d + 5)$mm 以上

備考
1　D：吐水口の内径（単位：mm）
　　d：有効開口の内径（単位：mm）
2　吐水口の断面が長方形の場合は長辺をDとする。
3　越流面より少しでも高い壁がある場合は近接壁とみなす。
4　浴槽に給水する給水装置（吐水口一体型給水用具を除く。）において，下欄に定める式により算定された越流面から吐水口の最下端までの垂直距離が50mm 未満の場合にあっては，当該距離は50mm 以上とする。
5　プール等の水面が特に波立ちやすい水槽並びに事業活動に伴い洗剤又は薬品を入れる水槽及び容器に給水する給水装置（吐水口一体型給水用具を除く。）において，下欄に定める式により算定された越流面から吐水口の最下端までの垂直距離が200mm 未満の場合にあっては，当該距離は200mm 以上とする。

表中，下欄は右欄と読み替える。

4・7・3　吐水口空間

衛生器具，水受け容器に吐水する給水管の管端又は水栓の吐水口端と，その容器のあふれ縁との垂直距離をいう（前出の別表第2，第3）。この空間が確保できないと，逆流のおそれがあるということである。

① 浴槽に給水する場合は，越流面から吐水口の最下端までの垂直距離は50mm 未満であってはならない。

◀よく出る

別表第2の備考及び図4・5を参照。

② 　プール等の水面が特に波立ちやすい水槽並びに事業活動に伴い洗剤又は薬品を入れる水槽及び容器に給水する場合には，==越流面から吐水口の最下端までの垂直距離は200mm 未満であってはならない。==

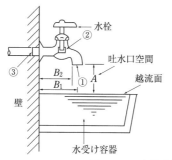

B₁ 壁からの離れ（25mm以下の場合）
B₂ 壁からの離れ（25mmを超える場合）

①吐水口の内径 d
②こま押さえ部分の内径
③給水栓の接続管の内径
　　以上三つの内径のうち，最少内径
を有効開口の内径 d' として表す。

図4・4　水受け容器の吐水口空間

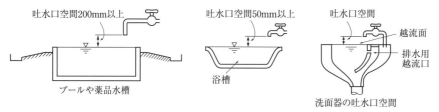

図4・5　プール，薬品水槽，浴槽，洗面器の吐水口空間

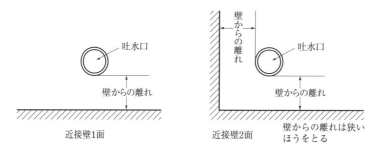

図4・6　近接壁の面数と壁からの離れ

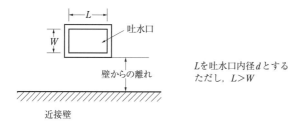

Lを吐水口内径dとする
ただし，$L>W$

図4・7　吐水口が長方形断面の場合

4·8　耐寒に関する基準

学習のポイント

1. 耐寒に関する基準を学習する。
2. 凍結事故・凍結対策について学習する。

4·8·1　耐寒に関する基準

　給水用具内の水が凍結し，給水用具に破壊等が生じることを防止するもので，凍結のおそれのある場所において設置される給水用具が対象である。

　耐寒に関する基準は，給水装置の構造及び材質の基準に関する省令第六条に規定されている。

> **基準省令第六条**　屋外で気温が著しく低下しやすい場所その他凍結のおそれのある場所に設置されている給水装置のうち減圧弁，逃し弁，逆止弁，空気弁及び電磁弁（給水用具の内部に備え付けられているものを除く。以下「弁類」という。）にあっては，厚生労働大臣が定める耐久に関する試験（以下「耐久性能試験」という。）により<u>10万回の開閉操作を繰り返し</u>，かつ，<u>厚生労働大臣が定める耐寒に関する試験（以下「耐寒性能試験」という。）</u><u>により−20℃±2℃の温度で1時間保持した後通水したとき</u>，それ以外の給水装置にあっては，耐寒性能試験により−20℃±2℃の温度で1時間保持した後通水したとき，当該給水装置に係る第一条第1項に規定する性能，第三条に規定する性能及び前条第1項第一号に規定する性能を有するものでなければならない。ただし，断熱材で被覆すること等により適切な凍結の防止のための措置が講じられているものにあっては，この限りでない。

　凍結のおそれがある場所においてこの基準を満たしていない給水用具を設置する場合については4·8·2を参照。

◀よく出る

4·8·2　耐寒性能基準の考え方

① 耐寒性能基準は寒冷地仕様の給水用具か否かの判断基準であり，凍結のおそれがある場所において，<u>設置される給水用具がすべてこの基準を満たしていなければならないわけではない</u>。なお，凍結のおそれがある場所においてこの基準を満たしていない給水用具を設置する場合は，別途，断熱材で被覆する，凍結防止ヒーターを管に巻くなどの凍結防止措置を講じなければならない。

◀よく出る

　耐久性能と耐寒性能が同時に求められる給水用具においては，耐寒性能試験に続いて，10万回の開閉操作による耐久性能試験及び低温暴露を行った後，耐

② 型式承認基準においては，適用できる凍結防止方法を最も確実な機械的な水抜きに限定してきた。しかしながら，構造が複雑で水抜きが必ずしも容易でない給水用具等においては，たとえば，通水時にヒータで加熱する等種々の凍結防止方法の選択肢が考えられることから，<mark>耐寒性能基準においては，凍結防止の方法は水抜きに限定しないこととした。</mark>

③ 低温に暴露した後確認すべき性能基準項目から浸出性能を除いたのは，低温暴露により材質等が変化することは考えられず，浸出性能に変化が生じることはないと考えられることによる。

④ 耐寒性能試験の温度−20℃±2℃は，寒冷地における冬季の最低気温を想定したものである。

圧性能，水撃限界性能，逆流防止性能,負圧破壊性能のうち当該給水用具に求められる性能を有すればよい。

◀よく出る

4・8・3　凍結事故

凍結事故は，寒冷期の低温時に発生し，その状況はその地方の気象条件等によって大きな差がある。

（1）解　氷

既設給水装置の防寒対策が不十分で，凍結被害にあった場合の解氷方法は，おおむね次のとおりである。なお，トーチランプ等で直火による解氷は火災の危険があるので，絶対に避けなければならない。

◀よく出る
　4つの方法を理解する。

　<mark>熱湯による簡便な解氷</mark>　立上がり露出配管が凍結した場合は，管の外側を布等で覆い熱湯をかける方法で，一般家庭でも解氷することができる。この方法では，急激に熱湯をかけると給水管・給水用具を破損させるので，注意しなければならない。

　<mark>蒸気による解氷</mark>　トーチランプ又は電気ヒータ等を熱源とし，携帯用の小型ボイラに水又は湯を入れて加熱し，発生した蒸気を耐熱ホースで凍結管に注入し，解氷する。

　<mark>温水による解氷</mark>　小型ボイラを利用した蒸気による解氷が一般的に行われてきたが，蒸気の代わりに温水を給水管内に耐熱ホースで噴射しながら送り込んで解氷する方法として，貯湯水槽・小型バッテリ・電動ポンプ等を組み合わせた小型の解氷器がある。

　<mark>電気による解氷</mark>　金属製の凍結した給水管に直接電流を通し，発生する熱によって解氷する方法である。しかし，異種の配管材料が混在しているユニット化装置・ステンレス鋼管・ステンレス形フレキシブル継手等においては，局部的に異常な加熱部が生じることもあり，使用方法を誤ると漏電や火災の事故を起こすおそれがあるため，電気による解氷

は避けることが望ましい。

（2） 埋設配管の凍結対策

◀よく出る

① **凍結深度**は，地中温度が0℃になる地表からの深さをいう。地域ごとに凍結深度が求められている（表4・1）。したがって，凍結のおそれのある場所の屋外配管については，凍結深度より浅く布設しない。ただし，適切な防凍措置を講じることにより，浅く布設できる。

表4・1　主要都市の凍結深度

[単位　cm]

地名	凍結深度	地名	凍結深度	地名	凍結深度
帯　広	123	旭　川	121	稚　内	105
釧　路	104	札　幌	90	日　光	88
草　津	88	軽井沢	81	函　館	81
盛　岡	69	青　森	63	高　山	63
長　野	59	松　本	55	河口湖	55
山　形	55	秋　田	48	福　島	33
新　潟	18	仙　台	18	金　沢	13

（日本道路協会：アスファルト舗装要覧より）

② 凍結のおそれがある場所の屋内配管は，必要に応じ管内の水を容易に排出できる位置に水抜き用の給水用具を設置する。

③ 水抜き用の給水用具の設置

(a) 給水装置の構造，使用状況及び維持管理を踏まえ選定する。

(b) 凍結深度より深くする。

(c) 水道メーター下流側で屋内立上り管の間に設置する。

(d) 操作・修繕等容易な場所に設置する。

(e) 汚水ます等に直接接続せず，間接排水とする。

(f) 排水口付近には，水抜き用浸透ますの設置又は切込砂利等により埋戻し，排水を容易にする。

④ 配管の構造に係る留意事項

水抜き用の給水用具以降の配管は，管内水の排出が容易な構造とする。詳細を以下に示す。

(a) 給水用具への配管は，できるだけ鳥居配管やU字形の配管を避け，水抜き栓から先上がりの配管とする。

(b) やむを得ず鳥居配管やU字形等の水の抜けない配管となる場合には，適正な位置に空気流入用又は配水用の栓類を取り付けて，水が抜けるようにする。

(c) 水抜き弁等を設置する場合は，屋内又はピット内に露出で設置する。

水抜き用の給水用具については，1・2・3（4）不凍栓類を参照のこと。⇨p.227

(d)　水栓はハンドル操作で吸気をする構造（固定こま，吊りこま等）とするか，又は吸気弁を設置する。

(e)　配管途中に設ける止水栓類は，排水に支障のない構造とする。

(f)　配管が長い場合には，万一凍結した際に，解氷作業の便を図るため，取り外し可能なユニオン，フランジ等を適切な箇所に設置する。

(g)　先上がり配管・埋設配管は1/300以上の勾配とし，露出の横走り配管は1/100以上の勾配をつける。

4・9 耐久に関する基準

学習のポイント

1．給水用具の耐久性能に関する基準を学習する。

4・9・1　給水用具の耐久性能に関する基準

　頻繁な作動を繰り返すうちに弁類が故障し，その結果，給水装置の耐圧性，逆流防止等に支障が生じることを防止するためのもので，減圧弁，逃し弁，逆止弁，空気弁，電磁弁等が対象である。

◀よく出る

　耐久に関する基準は，給水装置の構造及び材質の基準に関する省令第七条に規定されている。

> **基準省令第七条**　弁類（前条本文に規定するものを除く。）は，耐久性能試験により10万回の開閉操作を繰り返した後，当該給水装置に係る第一条第1項に規定する性能，第三条に規定する性能及び第五条第1項第一号に規定する性能を有するものでなければならない。

　第一条第1項に規定する性能は耐圧性能を，第三条は水撃限界性能を，第五条第1項第一号は逆流防止性能，負圧破壊性能をいう。

　耐久性能試験の条件は，弁類の最高使用圧力の1/2としている。ただし，安全弁（逃し弁）は，圧力が異常に上昇したときに作動して圧力を降下させる機能をもつものであることから，試験圧力を最高使用圧力の1.5倍としている。

　耐久性能基準は，制御弁類のうち機械的，自動的に頻繁に作動し，かつ通常消費者が自らの意思で選択し，又は設置・交換しないような弁類に適用することとし，開閉回数は10万回としている。この開閉回数は最低でもおおむね2～3年程度に相当するといわれている。

4·10 水道水の汚染防止

1．水道水の汚染防止（逆流（逆サイホン作用）・クロスコネクション・末端部が行き止まりの
　給水装置・一時的，季節的に使用されない給水装置等）を学習する。
2．逆流防止の方法を学習する。
3．クロスコネクションを学習する。

4·10·1　逆サイホン作用での汚染防止

　給水装置は，通常有圧で給水しているため外部から水が流入することは
ないが，断水・漏水等により，逆圧又は負圧が生じた場合，逆サイホン作
用等（図4·8）により水が逆流し，当該需要者はもちろん，他の需要者に
衛生上の危害を及ぼすおそれがある。このため水が逆流するおそれのある
箇所ごとに，

　①　吐水口空間の確保

　②　逆流防止性能を有する給水用具の設置

　③　負圧破壊性能を有する給水用具の設置

のいずれか一つの措置を行わなければならない。

　水受け容器に吐き出された水，使用された水又はそのほかの液体が給水
管内に生じた負圧による吸引作用のために，これらの水や液体が給水管内
に逆流することを，上水系統では吐水口空間（①）やバキュームブレーカ（③）
等を設置することにより必ずこれを防止しなければならない。

◀よく出る

　給水装置と受水槽以
下の配管の接続はクロ
スコネクションに該当
するので絶対にしては
ならない。

　バキュームブレーカ
の設置場所⇨p.233

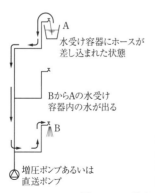

A　水受け容器にホースが
　　差し込まれた状態

BからAの水受け
容器内の水が出る

B

増圧ポンプあるいは
直送ポンプ

ポンプ故障時にBの水栓を開け
たり，ポンプ性能劣化時にBの
水栓を開けて多量の水を出すと負
圧により逆サイホン作用による逆
流が発生する可能性がある。

図4·8　逆サイホン作用の例

（1） 吐水口空間の確保

① 洗面器に設置される呼び径13mm の給水栓の吐水口空間は，近接壁から吐水口の中心までの水平距離は25mm 以上とし，越流面から吐水口の最下端までの垂直距離は25mm 以上確保しなければならない。

② 給水栓でプール等の水面が特に波立ちやすい水槽並びに事業活動に伴い洗剤又は薬品を入れる水槽及び容器に給水する場合には，越流面から吐水口の最下端までの垂直距離は200mm 以上とする。

20mm 超え25mm 以下のものについての規定⇨p.122の別表第2

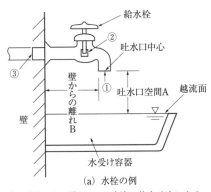

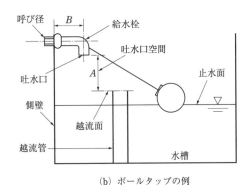

(a) 水栓の例   (b) ボールタップの例

注：“壁からの離れ *B*” の寸法の基点は次による。
口径25mm 以下では吐水口中心から
口径25mm を超える場合は吐水口の壁側の端から

図4・9 吐水口空間の例

（2） 逆流防止性能を有する給水用具の設置等

① 減圧式逆流防止器は，損失水頭は大きいが逆流防止に対する信頼性が高く，直結増圧給水ポンプユニットなどに用いられている。

② 有害物質を取り扱う工場では，逆流防止対策として受水槽式給水を採用することが原則である。

③ 工業用水，再生利用水，受水槽以下の管等を給水装置と近接して配管する場合，管の外面にその用途が識別できるよう表示する必要がある（クロスコネクションの防止）。

◀よく出る

（3） 負圧破壊性能を有する給水用具の設置

大気圧式バキュームブレーカの設置場所は，最終の止水機構の流出側（常時圧力のかからない配管部分）とし，**水受け容器の越流面から150mm 以上高い位置**に取り付けなければならない。

◀よく出る

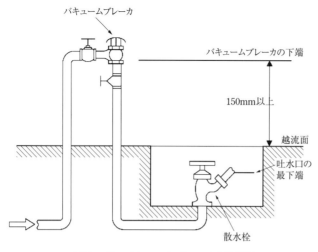

図4・10　バキュームブレーカの設置例

4・10・2　クロスコネクションの禁止

　給水装置と水道水以外の水配管が直接・間接に接続されている状態を，クロスコネクションと呼び，給水管・配水管の水が汚染されるおそれがあることから禁止されている。

　水道法施行令第五条第1項第六号には"当該給水装置以外の水管その他の設備に直接連結されていないこと"とある。

　水道水の安全・安心を確保するためにも，その防止に努める必要がある。

(1)　給水装置と他の配管の接続の禁止

　誤接続によるクロスコネクションにより，給水装置が汚染されることがある。配管の外観から識別できない場合や，水配管の種類が複数あることにより，間違いが起きている。

　具体的な例を次に示す。

　　①　井戸水・工業用水・再利用水の配管

　　②　受水槽以下の配管

　　③　プール，浴槽水等の循環配管

　　④　水道水以外の水源（温泉水など）による給湯管

　　　　（湯水混合水栓においてもクロスコネクションになる）

　　⑤　消火設備配管（消火栓配管，スプリンクラー配管等）

　　⑥　ポンプの呼び水配管

　　⑦　建物内の上水管と雑用水管

　　⑧　排水管，排水のポンプアップ配管，雨水管

　　⑨　空調用冷温水・冷却水配管

　　⑩　工場などの化学物質や薬品の配管

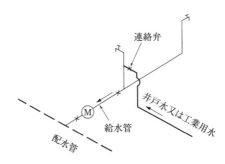

図4・11　井水等との誤接続の例（クロスコネクション）

(2)　間接的な給水装置の汚染例

　水道水以外の配管が直接接続されていない場合でも，逆流により給水装置が汚染される場合もある。既設給水管に次のような不適切な状態がある場合，逆サイホン作用による水の逆流が起こる場合がある。

　　①　水栓にホースが取付けられ，ホースの先端がバケツや浴槽などに漬かっている場合。ハンドシャワーも同じ（図4・8参照）

　　②　浴槽等への給水で，十分な吐水口空間が確保されていない場合

　　③　散水栓が汚水などに水没している場合（図4・10参照）

4・10・3　末端部が行き止まりの給水装置の汚染防止

　末端部が行き止まりの給水装置は，停滞水が生じ，水質が悪化するおそれがあるため極力避ける。ただし，やむを得ず行き止まり管となる場合は，末端部からの排水機構を設置する構造とする（図4・12）。

◀よく出る

　末端部は残留塩素がなくなって，細菌が繁殖する。

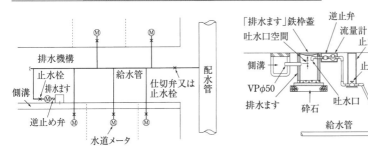

図4・12　末端部が行き止まりの給水装置に排水装置を設けた例

4・10・4　一時的，季節的に使用されない給水装置の汚染防止

　学校等の一時的，季節的に使用されない給水装置は，給水管内に長期間水が停滞することがあるため，停滞した水を容易に排除できるように排水機構を適切に設ける必要がある。

◀よく出る

　加湿給水管も同じである。

4・10・5　水道水を汚染するおそれのある有害物質等を取り扱う場所

　給水装置はシアン，六価クロムその他水を汚染するおそれのある物を貯留し，又は取り扱う施設に近接して設置してはならない。

　化学物質及びクリーニング店，写真現像所，めっき工場等水を汚染するおそれのある有毒物を取り扱う場所に給水する給水装置にあっては，一般家庭よりも厳しい逆流防止措置を講じる必要があるため，最も確実な逆流防止措置として，受水槽方式を採用する（水道直結方式としない）。

◀よく出る

4・10・6　既設の鉛製給水管の布設替え

　飲用に供する給水装置に使用される給水管及び給水用具は，浸出に関する基準に適合したものでなければならないが，既設の給水管等に鉛製給水管が使用されている場合は，給水装置の大規模な改造のときに鉛の溶出を伴わない他の管種への布設替えを行うことが必要である。

　平成15年水道法改正により，鉛の基準値が強化されている。

　青銅・黄銅鋳物も対象。

4・10・7　合成樹脂管の防護措置

　硬質塩化ビニル管，ポリエチレン二層管等の合成樹脂管は，有機溶剤等に侵されやすいので鉱油・有機溶剤等油類が浸透するおそれがある箇所における使用は避け，金属管（鋼管，ステンレス鋼管，銅管）を使用することが望ましい。合成樹脂管を使用する場合は，さや管等で適切な防護措置を施す。

4・11 性能基準全般と給水装置の種類

学習のポイント

1．給水管及び給水用具の種類により求められる各種性能基準を学習する。

4・11・1　給水管及び給水用具に求められる各種性能基準

　給水管及び給水用具の種類により求められる各種性能基準（耐圧，浸出，水撃限界，逆流防止・負圧破壊，耐寒，耐久の7基準）は，表4・2のとおりである。

表4・2　給水管及び給水用具の種類により求められる各種性能基準

	耐圧	浸出	水撃限界	逆流防止	負圧破壊	耐寒	耐久
給水管	●	●	−	−	−	−	−
バルブ	●	●	○	−	−	○	○
継手	●	●	−	−	−	−	−
逆流防止器	●	●	−	●	○	−	●
浄水器	●	●	−	○		−	−
水撃防止器	●	●	●	−	−	−	−
水栓 ボールタップ	●	●	●	○	○	○	−
湯沸器	●	●	○	○	○	−	−

ただし，水栓・ボールタップ・湯沸器は飲用の場合

　●：適用される性能基準
　○：給水用具の種類により適用される性能基準
　−：適用されない性能基準

4・11・2　各種性能基準の補足

① 耐圧性能基準

　シャワーヘッドのように，最終の止水機構の流出側に設置される給水器具や，水栓のカランのように，給水器具の流出側が大気に開口されているものは，耐圧性能基準の対象外である。

② 浸出性能基準

　適用されるのは，飲用に供する水が接触する可能性のある給水管及び給水用具である。ふろ用・洗髪用の水栓，水洗便所ロータンク用ボールタップなどは，対象外である。

◀よく出る

　耐圧試験から除外されるものの例として大気圧式バキュームブレーカがある。⇨p.233

◀よく出る

③ 水撃防止性能基準

水栓・ボールタップ・電磁弁・元止め式瞬間湯沸器など，水撃の発生するおそれのある給水用具に適用される。

④ 逆流防止性能基準

逆止弁・減圧式逆流防止器及び逆流防止装置を内部に備えた給水用具に適用され，湯水混合水栓・浄水器・自動食器洗い器なども適用対象となる。

⑤ 負圧破壊性能基準

バキュームブレーカ・吐水口水没型ボールタップ・ボールタップ付ロータンク・冷水機などに適用される。

⑥ 耐寒性能基準

凍結のおそれのある場所に取り付けられる給水用具に適用されるが，ヒータや断熱材による保温など他の凍結防止処置によってもよい。

⑦ 耐久性能基準　　　　　　　　　　　　　　　　　　　　　　◀よく出る

減圧弁・安全弁（逃し弁）・逆止弁・空気弁・電磁弁などに適用される。

⑧ 家屋の主配管は，配管の経路について構造物の下の通過を避けること等により漏水時の修理を容易に行うことができるようにしなければならない。　　　　　　　　　　　　　　　　　　　　　　　　◀よく出る

⑨ 水栓，ボールタップなどの水撃作用を生じるおそれのある給水用具の使用においては，水撃限界に関する基準を満たすものを使用する，器具の上流側に水撃防止器具を設置する等の措置を講じればよい。

⑩ 浴槽に給水する給水装置は，逆流防止に関する基準に適合していなければならない。

確認テスト〔正しいものには○，誤っているものには×を付けよ。〕

□□(1)　給水管路に近接してシアン，六価クロム等の有毒薬品置場，有害物の取扱場，汚水槽等の汚染源がある場合は，給水管をさや管などにより適切に保護する。

□□(2)　負圧破壊装置を内部に備えた給水用具とは，製品の仕様として負圧破壊装置の位置が施工時に変更可能なものをいう。

□□(3)　給水装置は，末端部が行き止まりとなっていること等により水が停滞する構造であってはならない。ただし，当該末端部に排水機構が設置されているものにあっては，この限りでない。

□□(4)　耐久性能基準は，制御弁類のうち機械的・自動的に頻繁に作動し，かつ通常消費者が自らの意思で選択し，又は設置・交換できるような弁類に適用される。

□□(5)　寒冷地における凍結防止対策として，水抜き用の給水用具以降の配管として，水抜き栓からの配管を水平に設置した。

□□(6)　水道事業者は，当該水道によって水の供給を受ける者の給水装置の構造及び材質が，政令で定める基準に適合していないときは，その基準に適合させるまでの間その者に対する給水を停止することができる。

□□(7)　給水装置の構造及び材質の基準は，水道法第16条に基づく水道事業者による給水契約の拒否や給水停止の権限を発動するか否かの判断に用いるためのものであるから，給水装置が有するべき必要最小限の要件を基準化している。

□□(8)　耐圧性能基準の適用対象は，原則としてすべての給水管及び給水用具であるが，大気圧式バキュームブレーカ，シャワーヘッド等のように最終の止水機構の流出側に設置される給水用具は，高水圧が加わらないことなどから適用対象から除外されている。

□□(9)　加圧装置は，耐圧性能試験により1.75MPaの静水圧を1分間加えたとき，水漏れ，変形，破損その他の異常を生じないこととされている。

□□(10)　パッキンを水圧で圧縮することにより水密性を確保する構造の給水用具は，耐圧性能試験により1.75MPaの静水圧を1分間加えたとき，水漏れ，変形，破損その他の異常を生じない性能を有するとともに，20kPaの静水圧を1分間加えたとき，水漏れ，変形，破損その他の異常を生じないこととされている。

□□(11)　バキュームブレーカは，負圧破壊性能試験により流出側から−54kPaの圧力を加えたとき，バキュームブレーカに接続した透明管内の水位の上昇が3mmを超えないこととされている。

□□(12)　マクロセル侵食とは，埋設状態にある金属材質，土壌，乾湿，通気性，pH，溶解成分の違い等の異種環境での電池作用による侵食をいう。

□□(13)　給水管と井戸水配管は，両管の間に逆止弁を設置し，逆流防止の措置を講じれば，直接連結することができる。

□□⑭　給水装置と当該給水装置以外の水管，その他の設備とは，一時的な仮設であればこれを直接連結することができる。

□□⑮　呼び径Φ20mmの給水管からボールタップを通して水槽に給水するとき，吐水口空間としてボールタップの吐水口端から越流管までの距離を40mm以上，近接壁から吐水口中心までの距離を40mm以上確保する。

□□⑯　水抜き用の給水用具以降の配管は，管内水の排水が容易な構造とし，できるだけ鳥居配管やU字形の配管を避ける。

□□⑰　凍結のおそれがある場所に設置されている給水装置のうち弁類にあっては，耐寒性能試験により零下20度プラスマイナス2度の温度で24時間保持したのちに通水したとき，当該給水装置に係る耐圧性能，水撃限界性能，逆流防止性能及び負圧破壊性能を有するものでなければならない。

□□⑱　水道事業者は，年末年始以外に限り，その職員をして，当該水道によって水の供給を受ける者の土地又は建物に立ち入り，給水装置を検査させることができる。ただし，人を看守し，若しくは人の住居に使用する建物又は閉鎖された門内に立ち入るときは，その看守者，居住者又は土地又は建物の所有者の同意を得なければならない。

□□⑲　金属材料の浸出性能試験は，最終製品で行う器具試験のほか，部品試験や材料試験も選択することができる。

□□⑳　吐水口を有する給水装置からプール等の波立ちやすい水槽に給水する場合は，越流面からの吐水口空間は100mm以上を確保する。

□□㉑　水抜き用の給水用具の排水口付近には，水抜き用浸透ますの設置又は切込砂利等により埋戻し，排水を容易にする。

□□㉑　水抜き用の給水用具以降の配管が長い場合には，取外し可能なユニオン，フランジ等を適切な箇所に設置する。

□□㉓　地中に埋設した鋼管が部分的にコンクリートと接触している場合，アルカリ性のコンクリートに接していない部分の電位が，コンクリートと接触している部分より高くなって腐食電池が形成され，コンクリートと接触している部分が侵食される。

□□㉔　一時的，季節的に使用されない給水装置には，長期間給水管内に水の停滞が生じることになるため，適量の水を適時飲用以外で使用することにより，その水の衛生性を確保する。

□□㉕　水撃作用が発生するおそれのある箇所には，その直後に水撃防止器具を設置する。

確認テスト解答・解説

(1)　×：給水装置は，シアン，六価クロムその他水を汚染するおそれのある物を貯留し，又は取り扱う施設に近接して設置してはならない。

(2)　×：負圧破壊装置を内部に備えた給水用具とは，製品の仕様として負圧破壊装置の位置が一定に固定されたものをいう。

(3)　○

(4)　×：耐久性能基準は通常消費者が自らの意思で選択し，交換しないようなバルブ類に適用される。

(5)　×：水抜き用の給水用具以降の配管は，管内水の排出を容易にするため，水抜き栓から先上がりの配管とする。

(6)　○

(7)　○

(8)　○

(9)　×：加圧装置は「当該加圧装置の最大吐出圧力の静水圧を 1 分間加えたとき，水漏れ，変形，破損その他の異常を生じないこと。」と規定されており，「1.75MPa」は不適当である。

(10)　○

(11)　×：バキュームブレーカに接続した透明管内の水位の上昇が75mm を超えないこととされている。

(12)　○

(13)　×：給水管と井戸水配管は，直接連結してはならない。

(14)　×：一時的な仮設であってもこれを直接連結してはならない。

(15)　○

(16)　○

(17)　×：零下20度プラスマイナス 2 度の温度で 1 時間保持したのちに通水する。

(18)　×：「年末年始以外に限り」ではなく「日出後日没前に限り」，「土地又は建物の所有者」ではなく「これらに代わるべき者」が正しい。

(19)　×：金属材料については材料試験を選択できない。

(20)　×：100mm 以上ではなく，200mm 以上である。

(21)　○

(22)　○

(23)　×：コンクリートに接触している部分といない部分の記述が逆になっており，浸食されるのはコンクリートに接触していない部分である。

(24)　○

(25)　×：水撃作用が発生するおそれのある箇所には，その手前（上流側）に近接して水撃防止器を取り付ける。

第5章 給水装置計画論

給水装置計画論の出題傾向(出題数：6問)

　「給水装置計画論」の試験科目の主な内容は，給水装置の計画策定に必要な知識及び技術を有していることである。具体的には，計画の立案に当たって，調査・検討すべき事項，給水装置の計画策定及び給水装置の図面の作成に関する知識である。

　この科目「給水装置計画論」は，毎年6問出題である。合格に必要な正答は，2問以上である。

　令和4年度の出題傾向は，

① 基本調査より，1問出題されている。

② 給水方式より，2問出題されている。

③ 損失水頭より，1問出題されている。

④ 水圧と水量より，2問出題されている。

⑤ 図面作成より，出題無し。

　計算問題が，2問で同時使用水量，圧力水頭を求める問題が出題されている。

　正誤の組み合わせを求める問題が4問出題された，注意が必要。

　図面作成が出題されていないので，注意が必要。

基本調査　現場状況，工事申込者，水道事業者，道路管理者，埋設物管理者，警察署の調査内容が出題されている。

給水方式　直結増圧・受水槽・圧力水槽方式の特徴に関することが多く出題されている。

損失水頭　流量線図と損失計算に関することが，出題されている。

水圧と水量　流量線図と流量計算に関することが，出題されている。

図面作成　アイソメ図の見方に関することが，出題されている。

5·1 給水装置の基本計画

1．給水方式の特徴を学習する。

5·1·1　基本調査

1　給水装置工事の依頼を受けた場合は，現場の状況を把握するために必要な調査を行う。

2　基本調査は，計画・施行の基礎となるものでああり，調査の結果は計画の策定，施行，さらには給水装置の機能にも影響する重要な作業である。

　基本調査は，その内容によって「工事申込者に確認するもの」，「水道事業者に確認するもの」，「現地調査により確認するもの」がある。現地調査には，道路管理者，所轄警察署，下水道，ガス，電気等の埋設物管理者への調査や協議も含まれている。標準的な調査項目，調査内容を表5・1に示す。　　　　　　　　　　　　　　　　　　　　◀よく出る

表5・1　調査項目と内容

調査項目	調査内容	調査（確認）場所			
		工 事申込者	水 道事業者	現地	その他
①工事場所	町名，丁目，番地等住居表示番号	○	－	○	
②使用水量	使用目的（事業・住居），使用人員，延床面積，取付栓数，住居戸数，計画居住人口	○	－	○	
③既設給水装置の有無	所有者，布設年月，形態（単独栓・連合栓），口径，管種，布設位置，使用水量，水道番号	○	○	○	所有者
④屋外配管	水道メーター，止水栓（仕切弁）の位置，布設位置	○	○	○	
⑤供給条件	給水条件，給水区域，3階以上の直結給水対象地区，配水管への取付口から水道メーターまでの工法，工期，その他工事上の条件等	－	○	－	
⑥屋内配管	給水栓の位置（種類と個数），給水用具	○	－	○	
⑦配水管の布設状況	口径，管種，布設位置，仕切弁，配水管の水圧，消火栓の位置	－	○	○	
⑧道路の状況	種別（公道・私道等），幅員，舗装種別，舗装年次	－	－	○	道路管理者
⑨各種埋設物の有無	種類（水道・下水道・ガス・電気・電話等），口径，布設位置	－	－	○	埋設物管理者

⑩現場の施行環境	施行時間（昼・夜），関連工事	―	○	○	埋設物管理者 所轄警察署
⑪既設給水装置から分岐する場合	所有者，給水戸数，布設年月，口径，布設位置，既設建物との関連	○	○	○	所有者
⑫受水槽式の場合	受水槽の構造，有効容量，設置位置，点検口の位置，配管ルート	○（注）	―	○	
⑬工事に関する同意承諾の取得確認	分岐の同意，私有地内に給水装置埋設の同意，その他権利の所有者の承諾	○	―	―	権利の所有者
⑭建築確認	建築確認通知（番号）	○	―	―	

（注）水道事業者の指示による。

5・1・2　給水方式の決定

給水方式には，大別して**水道直結方式**と**受水槽方式**がある（図5・1）。　　◀よく出る

　水道直結方式は，読んで字のごとく配水管と給水装置及び給水用具が直結され配水管の水圧で給水する方式である。

　一方，受水槽方式は，配水管から給水装置を通じて給水された水を，一旦受水槽に貯留して，ポンプを通じて各所に給水する方式である。

　水道直結方式より小さな口径で分岐ができるため，配水管の供給水量に対する負担が小さく，配水管の圧力変動及び流量の平準化に寄与できる特徴がある。しかし，受水槽の管理が不十分な場合，衛生上の問題が生じるおそれがある。また，受水槽方式の場合，配水管の水圧が高いときは，受水槽への流入時に給水管を流れる流量が過大となって，水道メータの性能，耐久性に支障を与えることがある。このような場合には，流量調整弁（定流量弁）又は減圧弁を設置する必要がある。

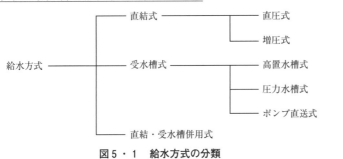

図5・1　給水方式の分類

5・1・3　各種給水方式の特徴

①　直結直圧方式（図5・2）

　直結直圧方式は，配水管から分岐した給水管に給水器具を接続して直接給水する方式である。

表5・2　給水方式の比較

給水方式	水道直結方式		受水槽方式		
項目	直結直圧方式	直結増圧方式	高置水槽方式	圧力水槽方式	ポンプ直送方式
水質劣化・汚染のおそれ	水槽による貯水がないため劣化・汚染はほとんどない		2箇所以上の開放水槽となるため，他方式に比べ高い。槽内での長時間滞留により水質劣化のおそれがある	1箇所が開放水槽となるため高置水槽方式より低い。槽内での長時間滞留により水質劣化のおそれがある	
給水圧力の変動	水道本管の水圧により変動する	ほぼ一定である	安定している	圧力水槽の出口側に圧力調整弁を設けない限り圧力変化が大きい	ほぼ一定である
断水時の給水	給水は不可能		受水槽・高置水槽の残量分のみ給水可能	受水槽の残量分のみ給水可能	
停電時の給水	給水は可能	非常用電源が生きている限り給水は可能			
設備スペース	不要	増圧給水設備のスペースが必要	受水槽・揚水ポンプ・高置水槽のスペースが必要	受水槽・給水ポンプ・圧力水槽のスペースが必要	受水槽と給水ポンプのスペースが必要
維持管理	不要	増圧給水設備の保守点検の義務がある	受水槽と高置水槽の清掃，水質管理が必要	受水槽の清掃，水質管理が必要　圧力水槽と給水ポンプの運転調整点検が必要	受水槽の清掃，水質管理が必要　給水ポンプの運転調整点検が必要
建築・構造への影響	意匠上，構造上の影響はない	意匠上，構造上の影響はほとんどない	建物の屋上に水槽を設置するため構造・意匠・日影の影響がある	意匠上・構造上の影響は少ない	
適用できる建物規模	小規模建物（5階超まで可能な水道事業者もある）	引込み口径75mm以下の中規模建物（ただし，用途や本管の状況，水道事業者により制限を受ける場合がある）	中規模建物から大規模建物に適用	中規模建物に適用	小規模建物から大規模建物に適用
省エネルギー	水道本管の保有するエネルギーを有効に利用できる		ポンプの起動回数が少ないため比較的省エネルギー効果がある	圧力水槽の有効容量を大きくとることでポンプ起動回数を削減する	ポンプ容量の回転数制御等により消費電力を削減する

② **直結増圧方式**（図5・3）

　　直結増圧方式は，給水管の途中に**直結加圧形ポンプユニットを設置**し，圧力を増して直結給水する方式である。

　　直結増圧方式は，受水槽と高置水槽を介さず，直接，住戸へ給水する方式（この方式は，各住戸に減圧弁を設け，所定の給水圧力まで減圧する必要がある。）である。

◀よく出る

①②は，水槽を持たない給水方式なので，水槽による汚染リスクが小さい方式である。

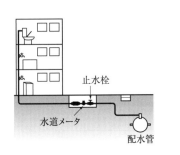

図 5・2　直結直圧方式

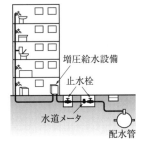

図 5・3　直結増圧方式

直結増圧式（直送式）給水の水理計算は，時間最大使用水量（単位時間当たりの給水量×1.5〜2）を用いて計算する。

「計画1日使用水量」を用いるのは，受水槽方式または高置水槽方式を用いる場合である。

③　**高置水槽方式**（図5・4）

　　高置水槽方式は，受水槽方式の一種で，受水槽に一旦貯水した後，揚水ポンプで建物の屋上等に設置した高置水槽へ汲み上げ，自然流下により下方に給水する方式である（重力式給水）。

　　一つの高置水槽から適当な水圧で給水できる高さの範囲は10階程度なので，高層建物では高置水槽や減圧弁をその高さに応じて多段に設置するゾーニングが必要となる。

◀よく出る

③④⑤は，水槽の汚染リスクがあるが，断水時にも一定時間給水を継続できるメリットがある。

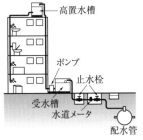

図5・4　高置水槽方式

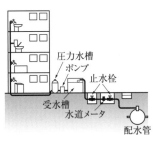

図5・5　圧力水槽方式

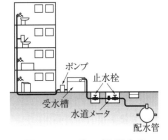

図5・6　ポンプ直送方式

④　**圧力水槽方式**（図5・5）

　　圧力水槽方式は，小規模の建築物から中・高層建築物にまで多く使用されている給水方式で，受水槽に貯水した後，ポンプで圧力水槽に貯え，その内部圧力によって給水する方式である。

◀よく出る

⑤　**ポンプ直送方式**（図5・6）

　　ポンプ直送方式は，小規模建物から大規模建物に適用される方式で，受水槽に貯水した後，直送ポンプユニットの吐水圧の設定値は，直送ポンプユニットの下流側の給水管及び給水用具の圧力損失，末端最高位の給水用具を使用するために必要な水圧及び直送ポンプユニットと末端最高位の給水用具との高低差の合計となる。

◀よく出る

5・2 計画使用水量の決定

1. 計画使用水量の求め方を学習する。
2. 管径決定方法を学習する。
3. ウエストン公式による給水管の流量図を用いた流量の求め方を学習する。

5・2・1 過去の試験問題に出た用語

① **流量・使用水量**

　流量・使用水量は，給水管内を流れる単位時間当たりの水量のことである。単位は〔L/分，L/秒〕。Lはリットル。

◀よく出る（①から⑦）

② **摩擦損失水頭**

　配管内を水が流れると，管壁で摩擦抵抗を受けエネルギーを損失する。これを摩擦損失という。したがって，出口での水圧は配管途中の摩擦損失により，入口より水圧が下がることになる。摩擦損失水頭は，配管途中の摩擦損失を水の高さ（水頭＝圧力）で表したものである。単位は〔m〕。圧力の単位。

1m＝10kpa

③ **総摩擦損失水頭**

　直管・曲がり等継手・バルブ類の損失水頭があり，給水経路にこれらのものがあったとき，その損失水頭の合計値を総摩擦損失水頭という。単位は〔m〕。圧力の単位。

④ **直管換算長（相当長さ）**

　弁類による損失水頭は，管路の壁面の摩擦だけでなく，給水栓・止水弁・水道メータあるいは曲がりなど，水の流れに変化を与えるところでは，流水の流れ方が乱されてエネルギーを損失する。これを弁類による損失水頭，曲がりによる損失水頭などという。直管換算長とは，直管以外の弁類，曲がり等継手の損失水頭を，損失水頭が等しくなる直管の長さに換算したもの。単位は〔m〕。長さの単位であることに注意する。

　直管に置き替えると何m分，という意味である。

⑤ **配水管の水圧（水頭）**

　配水管の水圧（水頭）は，配水管からの分岐箇所における水圧（水頭圧）のこと。単位は〔m〕。圧力の単位。

　水圧・水頭の換算値　$1\text{m} \fallingdotseq 0.1\text{kgf/cm}^2 \fallingdotseq 0.01\text{MPa}$（メガパスカル）

⑥　**余裕水頭**

　余裕水頭は，水栓の位置における水頭圧をいう。単位は〔m〕。圧力の単位。

> 単位長さ（1m）当たりの損失水頭のこと。

⑦　**動水勾配**

　損失水頭の変化率を（損失水頭）/（管延長）で表したものを動水勾配という。動水勾配は数値が小さいために 1,000 倍して千分率‰（パーミル）で表す。単位は（‰；1/1,000）。

> ‰（**パーミル**）は 1/1,000 を 1 とする単位。

$$動水勾配 = \frac{摩擦損失水頭〔m〕（圧力の単位）}{配管長〔m〕（長さの単位）} \times 1,000〔‰〕$$

　たとえば，管長が 10 m で損失水頭が 0.5 m であれば，0.5m/10m ＝ 0.05 であるが，千分率では 1,000 倍するので 0.05×1,000＝50‰ となる。つまり，50 ‰ は 0.05 となることをしっかり理解しないと問題が解けなくなる。

> 位取りを間違えないように気をつけること。

⑧　**動水圧と静水圧**

　動水圧というのは水が流れている状態での水圧である。配水管の中は流れる水の速さによって変化する。日中は使用水量が多くなるので，配水管の流速が早く又は大きくなり，動水圧は小さくなる。逆に夜間は使用水量が少なくなり，流速が遅くなるので動水圧は大きくなる。もし水が流れない状態があるとすれば，このとき最大の水圧（≒全圧）となる。水が停止している場合の水圧を静水圧という。水圧試験の 1.75 MPa の静水圧というのは水が停止しているからである。

> 動水圧と静水圧の和を全圧という。
> 動水圧は運動エネルギー，静水圧は位置エネルギーのことである。

⑨　**単位の接頭語**

値	1,000,000,000	1,000,000	1,000	1	1/100	1/1,000	1/1,000,000
接頭語	G（ギガ）	M（メガ）	k（キロ）	1	c（センチ）	m（ミリ）	μ（ミクロン）

【演習 1】入口 20 m，出口 15 m の圧力がある配管長 100 m の配管において，摩擦損失水頭，動水勾配はいくらか（図 5・7）。

入口
20m

配管長100m

出口
15m

図 5・7　演習 1

【解答】

摩擦損失水頭は，入口圧力 − 出口圧力で求まるので，

　　摩擦損失水頭＝20m−15m＝5m

動水勾配は，配管長での単位長さ当たりの水頭（圧力）であるので，

　　動水勾配＝（5m/100m）×1,000＝50‰

5・2・2　計画使用水量の決定

（1）　計画使用水量

◀よく出る

　給水管は，各水道事業者が定める配水管の水圧において計画使用水量を十分に供給できるもので，かつ，経済性も考慮した合理的な管径とすることが必要である。

　計画使用水量は，給水管径などの給水装置系統の主要諸元を計画する際の基礎となるものであり，建物の用途及び水の使用用途，使用人数，給水栓の個数等を考慮して決定する。

　慣例で，管の場合は「管径」弁・水栓などは「口径」といっている。意味は同じ「サイズ」のこと。

① 直結式給水における計画使用水量は，末端給水用具の同時使用の割合を十分考慮して実態にあった水量を設定しなければならない。

② 受水槽式給水における受水槽への給水量は，受水槽の容量と使用水量の時間的変化を考慮して定める。受水槽への給水量は時間最大給水量以上の補給水量とする。

　受水槽の容量は，1日の使用水量の40～60％である。

　一般に受水槽への単位時間当たり給水量は，1日当たりの計画使用水量を使用時間で除した水量とする。

　　時間最大予想給水量は，単位時間当たり給水量×1.5～2とする。
　　瞬時最大予想給水量は，時間最大予想給水量×1.5～2とする。

③ 同時使用水量とは，給水栓，給湯器等の末端給水用具が同時に使用された場合の水量の和であり，瞬時の最大使用水量に相当する。

（2）　給水管の口径の決定

◀よく出る

　給水管の口径は，給水用具の立上がり高さと計画使用水量に対する総損失水頭を加えたものが，給水管を取り出す配水管の計画最小動水圧の水頭以下となるよう計算によって求める。ただし，将来の使用水量の増加，配水管の水圧変動等を考慮して，ある程度の余裕水頭を確保しておく必要がある。

　口径決定の手順は，まず給水用具の所要水量を設定し，次に同時に使用する給水用具を設定し，管路の各区間に流れる流量を求める。次に口径を仮定し，その口径で給水装置全体の所要水量が，配水管の計画最小動水圧の水頭以下であるかどうかを確かめ，満たされている場合はその口径を採用し，不足の場合や過大と思われる場合は，口径を変えて再計算を実施する。

（3）　計画使用水量を求める方法

1）直結給水の計画使用水量

　直結給水方式における計画使用水量は，給水用具の同時使用の割合を十分考慮して実態に合った水量を設定することが必要である。この場合は，

計画使用水量は同時使用水量から求める。次に，一般的な同時使用水量の求め方を示す。

(a)　**一戸建て等における同時使用水量の算定の方法**

　給水用具の数と同時使用水量の関係についての標準値から求める方法である。給水装置内の全ての給水用具の使用水量（表5・3）を器具種類ごとに足しあわせた全使用水量を算出し，さらに給水用具の総数で割ったものに使用水量比（表5・4）を掛けて求める。

　　同時使用水量＝給水用具の全使用水量÷給水用具総数×使用水量比

(b)　**集合住宅等における同時使用水量の算定方法**

　各戸使用水量と給水戸数の同時使用率による方法

　1戸の使用水量については，表5・3及び表5・4を使用した方法で求め，全体の同時使用戸数については，給水戸数の同時使用率（表5・5）により同時使用戸数を定め同時使用水量を決定する方法である。

標準化した同時使用水量により計算する方法（表5・2～表5・4）で説明する。

表5・3　種類別吐水量と対応する給水用具の口径

用　　途	使用水量（L／min）	対応する給水用具の口径
台所流し	12～ 40	13～20
洗たく流し	12～ 40	13～20
洗　面　器	8～ 15	13
浴槽（和式）	20～ 40	13～20
〃 （洋式）	30～ 60	20～25
シャワー	8～ 15	13
小便器（洗浄タンク）	12～ 20	13
〃 （洗浄弁）	15～ 30	13
大便器（洗浄タンク）	12～ 20	13
〃 （洗浄弁）	70～130	25
手　洗　器	5～ 10	13
消火栓（小型）	130～260	40～50
散　　水	15～ 40	13～20
洗　　車	35～ 65	20～25

表5・4　給水用具数と使用水量比

総給水用具数	使用水量比
1	1
2	1.4
3	1.7
4	2.0
5	2.2
6	2.4
7	2.6
8	2.8
9	2.9
10	3.0
15	3.5
20	4.0
30	5.0

表5・5　給水戸数と同時使用率

戸　　数	同時使用戸数率（%）
1～3	100
4～10	90
11～20	80
21～30	70
31～40	65
41～60	60
61～80	55
81～100	50

(c)　**一定規模以上の給水用具を有する事務所ビル等における同時使用水量の算定方法**

　給水用具給水負荷単位による方法

　給水用具給水負荷単位とは，給水用具の種類による使用頻度，使用時間及び多数の給水用具の同時使用を考慮した負荷率を見込んで，給水流量を単位化したものである。同時使用水量の算出は，表5・6の各種給

表5・6　給水用具給水負荷単位表

給　水　用　具		給水用具給水負荷単位	
		個 人 用	公共用及び事 業 用
大便器	FV	6	10
大便器	FT	3	5
小便器	FV	－	5
小便器	FT	－	3
洗面器	水栓	1	2
手洗器	水栓	0.5	1
浴槽	水栓	2	4
シャワー	混合弁	2	4
台所流し	水栓	3	－
料理場流し	水栓	2	4
食器洗流し	水栓	－	5
掃除用流し	水栓	3	4

備考　FV：洗浄弁　　　FT：洗浄タンク

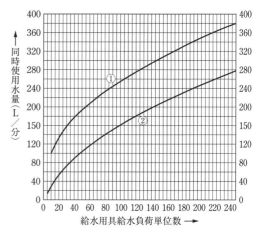

（注）　この図の曲線①は大便器洗浄弁の多い場合，曲線②は大便器洗浄タンク（ロータンク方式大便器等）の多い場合に用いる。

図5・8　給水用具給水負荷単位による同時使用水量図

水用具の給水用具給水負荷単位に給水用具数を乗じたものを累計し，図5・8の同時使用水量図を利用して同時使用水量を求める方法である。

5・2・3　水　圧

配水管は所定の水圧があり，その水圧は水頭（最小動水圧）で表すことができる。1MPaの水圧は，おおむね水頭100mに相当する。配水管の水圧は，一般に0.2MPa程度であり，水頭にして20mである。

$\fallingdotseq 101.97$m

いま，図5・9のような場合は，動水勾配線を描いて，末端給水栓の余裕水頭 h〔m〕を求める）。

配水管圧力　0.2MPa（水頭20m）

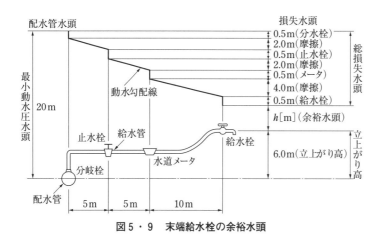

図5・9　末端給水栓の余裕水頭

給水管１m当たりの損失水頭0.4mで，給水管全長20m，分水栓・止水栓・水道メータの各損失水頭を0.5mとすると，動水勾配線は次のようになる。ここでは，曲がりによる損失は考えないものとする。

【演習２】　流量を求める演習

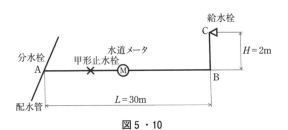

図5・10

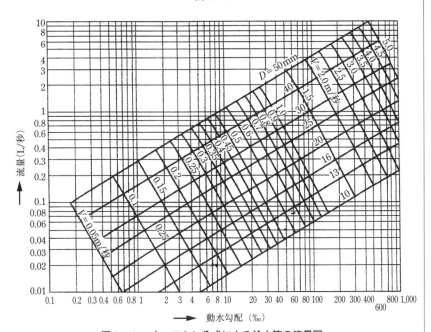

図5・11　ウエストン公式による給水管の流量図

図5・10に示す給水装置におけるC点の吐水量は，何L/分になるか。なお，計算に用いる数値条件は次のとおりとし，給水管の流量と動水勾配の関係は，図5・11を用いて求めるものとする。

① 給水管の管径　20mm

② A－B間の水平距離　30m

③ B－C間の鉛直距離　2m

④ 水道メータ，給水用具類による損失水頭の直管換算長　6m

⑤ A地点における配水管の水圧　水頭として25m

【解答】

① 管延長を求める。

管延長は，30m＋2m＝32m

② 直管換算長を加味した配管長を求める。

　水道メータ，給水用具類による摩擦損失水頭の直管換算長が6m なので，

　　配管長は，32m＋6m＝38m

③ C点の水圧水頭（静水頭）を求める。

　A地点における配水管の水圧水頭として25m，B点よりC点は立上がりなので，C点の水頭は，立上がり分マイナスとなる。

　　したがって，25m－2m＝23m

④ 動水勾配を求める。

　動水勾配は，（23m÷38m）×1,000＝605 ‰≒600‰

⑤ 流量を求める。

　図5・11より，横軸の動水勾配600 ‰を立ち上げ，管径20 mm の交点での縦軸の流量を読み取ると，おおよそ1 L/秒と読み取ることができる（図5・12）。したがって，毎秒を毎分に換算すると，1 L/秒×60秒＝60L/分

　読取り値を細かくみる必要はない。

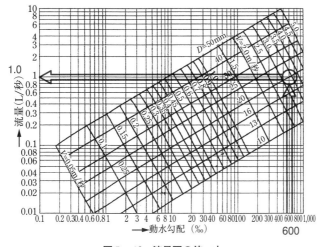

図5・12　流量図の使い方

5・2・4　ウエストン公式による給水管の流量線図の使い方

　ウエストン公式による給水管の流量線図（図5・13）は，動水勾配，流量及び管径のうち，2つがわかれば他の一つが導き出せる簡易計算図である（図5・13）。

　・動水勾配　　横軸。単位は‰。
　・流　量　　縦軸。単位は，L/秒。
　・管　径　　右肩上がりの斜め直線。
　・使い方（他の一つを導き出す方法）　　たとえば，動水勾配と流量の二つが分かれば，他の一つである管径が導き出せる。

学科試験1

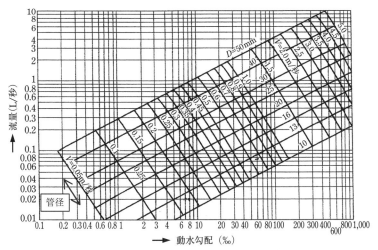

図 5・13　ウエストン公式による給水管の流量図

※図は，両対数グラフ（目盛りが対数）となっているので注意が必要である。

【演習3】　管径20 mm の配管に18L/分の流量を流した。動水勾配はいくらになるか。

【解答】　図5・14による。

① 縦軸の流量 18 L/分＝0.3 L/秒より水平に右に線を引く。

② ①の線と管径 20 mm の線との交点を求める。

③ ②の交点より，下に垂直に線を引き，横軸の動水勾配を読み取る。

答えは　70‰

細かく数字を読み取る必要はない。10刻みで必要十分である。

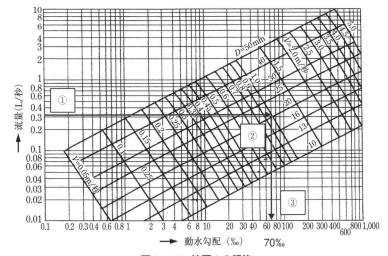

図 5・14　演習3の解答

【演習4】　動水勾配を100‰，流量1.5 L/秒としたい。最小の管径はいくらになるか。

【解答】　図5・15による。

① 横軸の動水勾配 100 ‰ より垂直に上方へ線を引く。

② 縦軸の流量1.5L/秒より水平に右に線を引く。

③ ①と②の交点を求める。口径を求める場合は，交点を超える口径を読み取る。

答えは　40mm

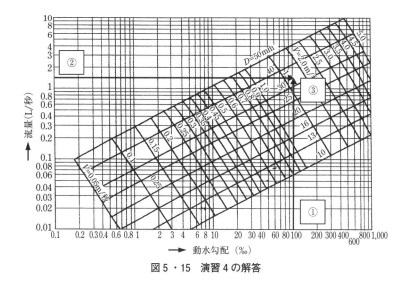

図5・15　演習4の解答

5・2・5　余裕水頭を求める演習

【演習5】

図5・16のAにおいて確保できる水頭は，何メートルになるか。ただし，計算にあたって各区間の給水管の摩擦損失水頭は考慮するが，分水栓・甲形止水栓・水道メータ・給水栓及び曲がりによる損失水頭は考慮しないものとする。また，損失水頭は図5・17を使用して求めるものとし，計算に用いる数値条件は次のとおりとする。

① E点における配水管水圧水頭として30m

② 給水栓の使用水量0.5L/秒

③ E～Cの給水管の口径25mm，A～C及びB～Dの給水管の管径20mm

④ 給水栓A及びBは同時に使用する。

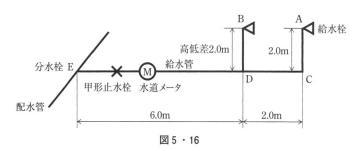

図5・16

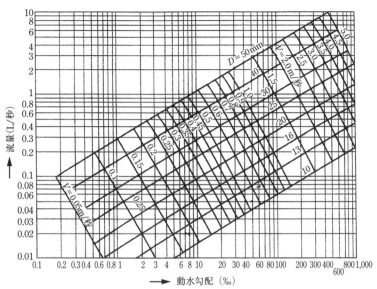

図 5・17　ウエストン公式による給水管の流量図

【解答】　摩擦損失水頭の計算をする。

① 　A～E 間の流量を求める。

　　　　　　　　　　　　　　 B の水栓　　　 A の水栓

　　E－D 間 25 mm の流量は　　0.5 L/秒＋0.5 L/秒＝1.0 L/秒

　　D－C 間 25 mm の流量は　　　　　　　0.5 L/秒＝0.5 L/秒

　　C－A 間 20 mm の流量は　　　　　　　0.5 L/秒＝0.5 L/秒

② 　A 点の静水圧を求める。静水圧は，水が流れていないときの圧力。

　　E 点の配水管水圧は 30 m で，A 点は 2 m の立上がりがあるので，A 点
の水圧は，30 m－2 m＝28 m である。（水栓立上がり水圧を差し引く。）

③ 　A－E 間の摩擦損失水頭を求める。

　　図 5・17 より，E－D 間 25 mm の流量 1.0 L/秒の水平方向へ，図 5・
18 の 25 mm との交点の下方動水勾配 250 ‰ を選ぶ。

　　　　6 m ×250/1,000＝1.5 m（摩擦損失水頭）

　　同じ要領で D－C 間 25 mm の流量 0.5 L/秒の水平方向へ，図 5・18 の
25 mm との交点の下方動水勾配 75 ‰ を選ぶ。

　　　　2 m×75/1,000 ＝ 0.15 m（摩擦損失水頭）

　　同じ要領で A－C 間 20 mm の流量 0.5 L/秒の水平方向へ図 5・18 の
20 mm との交点の下方動水勾配 190 ‰ を選ぶ。

　　　　2 m×190/1,000 ＝ 0.38 m（摩擦損失水頭）

④ 　総摩擦損失水頭を求める。

　　したがって，総摩擦損失水頭は，1.5 m＋0.15 m＋0.38 m＝2.03 m

⑤ 　A 点での余裕水頭（動水圧）を求める。動水圧は，水が流れていると
きの水圧。**A 点での水頭は，28 m－2.03 m≒26 m**

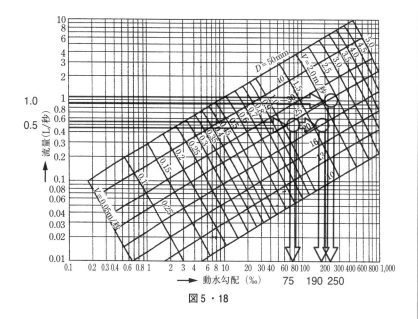

図5・18

読取り値を細かくみる必要はない。

水理計算で最も全体に効くのは，高さによる水頭で，それに比べると，摩擦損失水頭は1桁小さいことを知っておくとよい。

【演習6】

　図5・19に示す給水装置におけるB点の余裕水頭は，何メートルになるか。ただし，計算にあたってA～B間の給水管の摩擦損失水頭，分水栓・甲形止水栓・水道メータ及び給水栓の損失水頭は考慮するが，曲がりによる損失水頭は考慮しないものとする。また，損失水頭等は図5・20～図5・22を使用して求めるものとし，計算に用いる数値条件は次のとおりとする。

①　A点における配水管の水圧水頭として30m

②　給水管の使用水量0.6L/秒

③　A～B間の給水管，分水栓・甲形止水栓・水道メータ及び給水栓の口径25mm

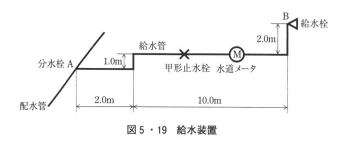

図5・19　給水装置

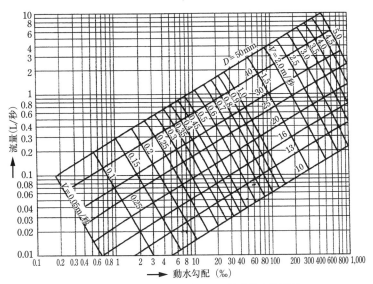

図 5・20　ウエストン公式による給水管の流量図

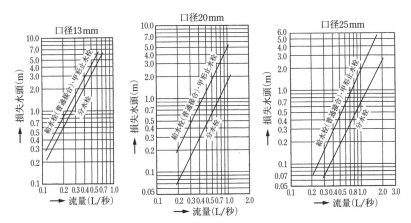

図 5・21　水栓類の損失水頭（給水栓・甲形止水栓・分水栓）

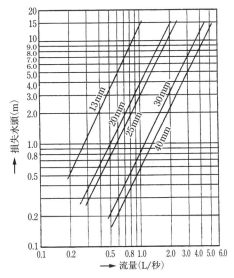

図 5・22　メータの損失水頭

【解答】

① 給水栓Bの静水頭を求める。

分水栓Aから給水栓Bまでの立上げの水圧水頭

水圧水頭＝30m－(1m＋2m)＝27m

② A－B間の摩擦損失水頭を求める。

図5・20より，A－B間の配管の摩擦損失水頭を求める。

使用水量0.6L/秒で口径25mmより，95‰の動水勾配が読み取れる（図5・23）。

したがって，摩擦損失水頭は，配管延長15m×95‰＝1.4m

また，図5・21より口径25mmの分水栓・給水栓・甲形止水栓の摩擦損失水頭を求める。使用水量0.6L/秒で口径25mmより，分水栓は0.25m，甲形止水栓と給水栓は0.65mが読み取れる（図5・24）。

したがって，摩擦損失水頭は，0.65m×2＋0.25m＝1.55m

さらに，図5・22より，メータの摩擦損失水頭を求める。使用水量0.6L/秒で口径25mmより，1.1mが読み取れる（図5・25）。

したがって，損失水頭は1.1m

③ 給水栓Bの余裕水頭を求める。

余裕水頭は　　27m－(1.4m＋1.55m＋1.1m)＝22.95m

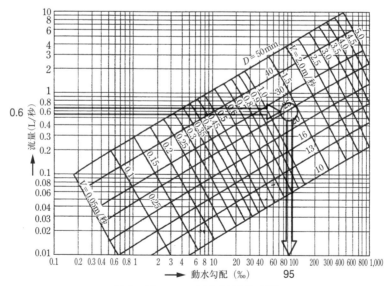

図5・23　A－B間の摩擦損失水頭

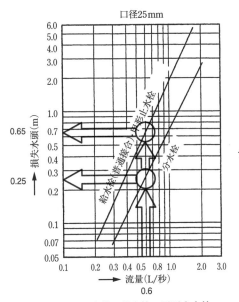

図 5・24　分水栓・給水栓・甲形止水栓
　　　　　の摩擦損失水頭

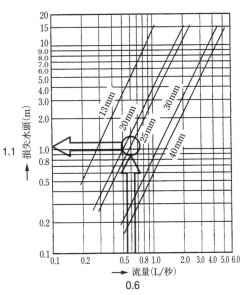

図 5・25　メータの摩擦損失水頭

5・3　図面作成

1．アイソメ図を読めるように学習する。

5・3・1　図面作成

　アイソメ図は，立体を斜めから見た図を表示する方法のひとつで，二等角投影図法(3D)のことである。X，Y，Z軸がそれぞれ等しい角度で立体を投影する。図5・26の平面図を，アイソメ図にすると図5・27になる。

アイソメトリック図の略。

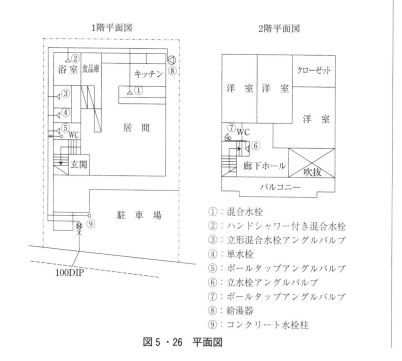

1階平面図　　　　　　2階平面図

①：混合水栓
②：ハンドシャワー付き混合水栓
③：立形混合水栓アングルバルブ
④：単水栓
⑤：ボールタップアングルバルブ
⑥：立水栓アングルバルブ
⑦：ボールタップアングルバルブ
⑧：給湯器
⑨：コンクリート水栓柱

図5・26　平面図

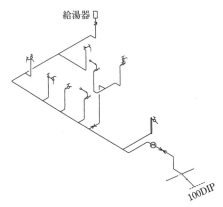

図 5・27　アイソメ図

5・3・2　表示記号

アイソメ図で用いる表示記号を表 5・7〜表 5・10 に示す。

表 5・7　給水栓類の記号例（断面図）

種　別	記　号	種　別	記　号	種　別	記　号
給水栓類		シャワーヘッド		フラッシュバルブ	
ボールタップ		特殊器具		湯水混合水栓	

注．ここで，特殊器具とは，特別な目的に使用されるもので，たとえば湯沸器・ウォータークーラ・電子式自動給水栓などをいう。

表 5・8　給水栓類の記号例（平面図）

種　別	記　号	種　別	記　号
給水栓類		特殊器具	

注．ここで，特殊器具とは，特別な目的に使用されるもので，たとえば湯沸器・ウォータークーラ・電子式自動給水栓などをいう。

表 5・9　弁栓類その他の表示記号例

名　称	記　号	名　称	記　号	名　称	記　号
仕切弁		私設消火栓		管の交差	
止水栓		防護管（さや管）		メータ	
逆止弁		口径変更		ヘッダ	

表5・10　給水管の管種の表示記号例

管　種	表示記号	管　種	表示記号	管　種	表示記号
硬質塩化ビニルライニング鋼管	SGP-V	硬質ポリ塩化ビニル管	VP	ポリブテン管	PBP
耐熱性硬質塩化ビニルライニング鋼管	SGP-HV	耐衝撃性硬質ポリ塩化ビニル管	HIVP	ダクタイル鋳鉄管	DIP
ポリエチレン紛体ライニング鋼管	SGP-P	耐熱性硬質ポリ塩化ビニル管	HTVP	鋳鉄管	CIP
塗覆装鋼管	STWP	水道用ポリエチレン二層管	PP（PEP）	鉛管	LP
ステンレス鋼鋼管	SSP	水道配水用ポリエチレン管	HPPE	亜鉛めっき鋼管	GP
波状ステンレス鋼鋼管	CSSP	水道給水用ポリエチレン管	HPP		
銅管	CP	架橋ポリエチレン管	XPEP		

確認テスト〔正しいものには○，誤っているものには×を付けよ。〕

□□(1)　一般に，直結・受水槽併用式においては，受水槽以降の配管に直結式の配管を接続する。

□□(2)　水道事業者ごとに，水圧状況，配水管整備状況等により給水方式の取扱いが異なるため，その決定に当たっては，設計に先立ち，水道事業者に確認する必要がある。

□□(3)　受水槽式給水は，配水管から分岐し受水槽に受け，この受水槽から給水する方式であり，受水槽出口で配水系統と縁が切れる。

□□(4)　直結増圧式は，配水管が断水したときに給水装置からの逆圧が大きいことから直結加圧形ポンプユニットに近接して有効な減圧弁を設置する。

□□(5)　受水槽の容量は，1 日の使用水量の40%〜60%である。

□□(6)　配水管の水圧が0.2MPaで，給水管の配水管からの立上り高さが 1 m の場合，有効水頭は21m となる。

□□(7)　有毒薬品を使用する工場等事業活動に伴い，水を汚染するおそれのある場所に給水する場合は受水槽式とする。

□□(8)　直結増圧式給水を行うに当たっては，一日当たりの計画使用水量を適正に設定することが，適切な配管口径の決定及び直結加圧形ポンプユニットの適正容量の決定に不可欠である。

□□(9)　直結給水方式は，配水管から需要者の設置した給水装置の末端まで有圧で直接給水する方式で，水質管理がなされた安全な水を需要者に直接供給することができる。

□□(10)　配水管の水圧が高いときは，受水槽への流入時に給水管を流れる流量が過大となるため，定水位弁，逆止弁を設置することが必要である。

□□(11)　管種及び口径の表示は，平面図・立面図とも給水管及び給湯管について，それぞれ一口径，一管種に限り省略することができる。この場合，省略した口径，管種を凡例表示する。

確認テスト解答・解説

(1)　×：受水槽以降の配管に直結式の配管を接続<u>してはならない</u>。クロスコネクションになるため。

(2)　○

(3)　×：受水槽<u>入口</u>で配水系統と縁が切れる。

(4)　×：有効な「減圧弁」は誤りで，<u>減圧式逆流防止器</u>が適当である。

(5)　○

(6)　×：1 MPa ≒ 100m なので，20m − 1 m =<u>19m</u>である。

(7)　○：受水槽入口で配水系統と縁が切れるので，安全性が高い。

(8)　×：一日当たりの計画使用水量は誤りで，<u>瞬時最大使用水量</u>である。

(9)　○

(10)　×：定水位弁，逆止弁ではなく，<u>定流量弁</u>，<u>減圧弁</u>を設置すること。

(11)　○

第6章　給水装置工事事務論

学科試験1

給水装置工事事務論の出題傾向（出題数：5問）

　「給水装置工事事務論」の試験科目の主な内容は，①工事従業者を指導，監督するために必要な知識を有していること。②建設業法及び労働安全衛生法等に関する知識を有していることである。具体的には，給水装置工事主任技術者の役割，指定給水装置工事事業者の任務，建設業法，労働安全衛生法等関係法令に関する知識である。

　この科目「給水装置工事事務論」は，毎年5問の出題である。合格に必要な正答は2問以上である。

　令和4年度は，

① 　給水装置工事主任技術者の職務は，1問出題されている。

② 　給水装置工事の記録は，毎年1問題出題されている。

③ 　過去に指定給水装置工事事業者は，令和2年度からは，第1編第2章水道行政からの出題となる。

④ 　給水装置の構造及び材質の基準に係る認証制度は，毎年2問出題されている。

⑤ 　過去に建設業法，労働安全衛生法，建築基準法等の関係法令の概要は，第2編第2章給水装置施工管理法からの出題で3問であったが，令和2年度からは，この章からの出題となった。令和4年度は1問出題されている。

全体として　給水装置の構造及び材質の基準に係る認証制度と給水装置工事主任技術者の職務に関することが多く出題されている。

給水装置工事主任技術者の職務　職務の内容，調査業務に関することが出題されている。

給水装置工事の記録　工事記録作成，竣工検査記録，保存期間に関することが出題されている。

建設業法，労働安全衛生法，建築基準法等の関係法令の概要　建築業法，労働安全衛生法，建築基準法に関することが出題されている。

給水装置の構造及び材質の基準に係る認証制度　構造及び材質の基準適合品，第三者認証に関することが出題されている。

6·1 工事事務論

【学習のポイント】

1．給水装置工事主任技術者の職務を学習する。
2．給水装置工事主任技術者の役割を学習する。
3．給水装置工事主任技術者の知識と技能を学習する。
4．給水装置工事に従事する者及び指定給水装置工事事業者の責務等を学習する。
5．給水装置工事の必要な報告又は資料の提出を学習する。
6．給水装置工事記録の作成・保存を学習する。

6·1·1　給水装置工事主任技術者の職務と役割

（1）職務

　給水装置工事主任技術者に関しては，水道法第二十五条の四第1項及び水道法第二十五条の四第3項に規定されている。

> **法第二十五条の四第1項**　指定給水装置工事事業者は，事業所ごとに，第3項各号に掲げる職務をさせるため，厚生労働省令（水道法施行規則）で定めるところにより，給水装置工事主任技術者免状の交付を受けている者のうちから，給水装置工事主任技術者を選任しなければならない。
> **法第二十五条の四第3項**　給水装置工事主任技術者は，次に掲げる職務を誠実に行わなければならない。
> 　一　給水装置工事に関する技術上の管理
> 　二　給水装置工事に従事する者の技術上の指導監督
> 　三　給水装置工事に係る給水装置の構造及び材質が法第十六条の規定に基づく政令（水道法施行令第六条給水装置の構造及び材質の基準）で定める基準に適合していることの確認
> 　四　その他厚生労働省令（水道法施行規則）で定める職務

　給水装置工事主任技術者の職務は，水道法施行規則第二十三条に規定されている。

> **規則第二十三条**　法第二十五条の四第3項第四号の厚生労働省令で定める給水装置工事主任技術者の職務は，水道事業者の給水区域において施行する給水装置工事に関し，当該水道事業者と次の各号に掲げる連絡又は調整を行うこととする。
> 　一　配水管から分岐して給水管を設ける工事を施行しようとする場合にお

◀よく出る

　主任技術者自ら工事の施工に従事してもよい。

　ける配水管の位置の確認に関する連絡調整

二　第三十六条第 1 項第二号に掲げる工事に係る工法，工期その他の工事
　上の条件に関する連絡調整

三　給水装置工事（第十三条に規定する給水装置の軽微な変更を除く。）
　を完了した旨の連絡

（2）役割

◀よく出る

　給水装置工事主任技術者は，修得した給水装置工事に関する知識及び技能をもって，指定給水装置工事事業者の事業活動の本拠である事業所に選任され，指名を受けた給水装置工事の調査，計画，施工，検査の一連の業務からなる工事全体の管理や，給水装置工事の工事従事者に対する指導監督を行うなど，給水装置工事を適正に施行するための技術の要としての役割を果たさなければならない。

① 給水装置工事主任技術者は，施主が望む給水装置工事を完成させるために，構造材質基準及び基準省令はもとより，工事現場の状況，工事内容，工事内容に応じて必要となる工種及びその技術的な難易度を熟知していなければならない。さらに関係行政機関等との間の調整と手続きを遅滞なく行わなければならない。

② 給水装置工事主任技術者は，配管技能者等，給水装置工事に従事する者に給水装置工事に関する技術的な指導監督を十分に行うとともに，それらの関係者間のチームワークと相互信頼関係の要とならなければならない。

6・1・2　給水装置工事主任技術者に求められる知識と技能

（1）基本事項

　給水装置工事主任技術者に求められる知識と技能は，現場の事前調査，施工計画の策定，施工段階の工程管理・品質管理，工事後の竣工検査等の各段階において必要となる技術的な知識，技能はもとより，水道事業者が定めている供給規程に基づき工事着手に至るまでの手続き，工事後の竣工検査の手続き等多岐にわたる。

　また，新技術・新材料に関する知識，関係法令，条例等の制定，改廃についての知識を常日頃から，修得するための努力を行うことが求められる。

1）求められる知識と技術

　給水装置工事は，工事の内容が人の健康や生活環境に直結した給水装置の設置又は変更の工事であることから，設計や施工が不良であれば，その給水装置によって水道水の供給を受ける需要者のみならず，配水管への汚水の逆流の発生等により公衆衛生上大きな被害を生じさ

せるおそれがある。

　給水装置工事は，布設される給水管や弁類等が地中や盛土に隠れてしまうので，施工の不良を発見することも，それが発見された場合の是正も容易ではないということから，適切な品質管理が求められる。

2）更新に合わせた確認事項

　給水装置工事主任技術者は，常に，水道が国民の日常生活に直結し，その健康を守るために欠くことができないものであるという基本認識を忘れずに業務に携わることが必要であり，基準省令や給水装置工事技術等について専門的な知識と経験を有していることが求められる。

　また，その維持・向上を図る必要があり，指定給水装置工事事業者の5年ごとの更新時に水道事業者が①指定給水装置工事事業者の講習会の受講実績，②指定給水装置工事事業者の業務内容，③給水装置工事主任技術者等の研修会の受講状況，④適切に作業を行うことができる技能を有する者の従事状況等を確認することが望ましいとされている。

3）現場や工種に適切対応

　給水装置工事は，現場ごとに目標品質が定められる受注生産であり，また現場施工であること等，建設工事としての特殊性があり，個々の現場の状況や必要となる工種に応じた工事計画の立案や品質管理等を適切に行わなければならない。

（2）　各段階で求められる知識と技術

　主任技術者には，調査段階から検査段階に至るまでのそれぞれの段階に応じて，次のような職務を確実に実施できる専門的な知識及び技術が求められる。

(a)　調　査

(ア)　事前調査　　　　　　　　　　　　　　　　　　　◀よく出る

　①　給水装置工事の現場について十分な事前調査を行い，現場の状況に応じて適正な施工計画等を策定し，工事の難易度にあわせて熟練した配管技能者等を配置・指導し，工程管理・品質管理・安全管理等を確実に行わなければならない。

　②　地形・地質はもとより既存の地下埋設物の状況等について事前調査を十分に行い，それによって得られた情報を施工計画書に記載するなどして給水装置工事の施行に確実に反映させなければならない。

　③　事前調査においては，必要となる官公庁等の手続きを漏れなく確実に行うことができるように，関係する水道事業者の供給規程のほか，関係法令等を調べたり，基準省令に定められた油

類の浸透防止，酸・アルカリに対する防食，凍結防止等の工事
の必要性の有無を調べることも必要である。

(イ)　**水道事業者等との調整**

①　水道事業者は，法第十四条に基づき，給水条例等の供給規程
を定めている。この供給規程には，給水装置工事に関わる事項
として，適切な工事施行ができる者の指定，水道メータの設置
位置，指定給水装置工事事業者が給水装置工事を施行する際に
行わなければならない手続き等が定められているので，給水装
置工事主任技術者はその内容を熟知し，それらについて調整を
行う必要がある。

②　給水装置工事を施行しようとするときは，水道事業者と給水
装置工事の施行の内容，計画等について，あらかじめ打合せを
行うことが必要である。

③　道路下の配管工事については，工事の時期，時間帯，工事方
法等について，あらかじめ水道事業者から確認を受けるほか，
道路管理者からの道路掘削・占用の許可や所轄警察署長からの
道路使用の許可等を受けることが必要である。

(b)　**計　画**

(ア)　**給水装置工事の資機材の選定**　　　　　◀よく出る

①　給水装置工事には，基準省令の性能基準に適合している給水
管や給水用具を使用しなければならない。

②　給水装置工事主任技術者は基準省令を熟知し，適合する給水
管や給水用具の中から，現場の状況にあったものを選択しなけ
ればならない。

③　施主等から，工事に使用する給水管や給水用具を指定された
場合，それらが基準省令に適合しないものであれば，使用でき
ない理由を明確にして施主等に説明しなければならない。

④　水道事業者の施設である配水管に給水管を接続する工事につ
いて，使用機材・工法は水道事業者の指示に従わなければなら
ない。

⑤　水道事業者が供給規程等において配水管からの分岐以降止水
栓又は水道メータまでの給水管や給水用具を指定している場合
は，指定されたものを用いなければならない。

(イ)　**工事方法の決定**

給水装置工事は，給水管や給水用具からの汚水の吸引や逆流，外
部からの圧力による破壊，酸・アルカリによる侵食や電食，凍結等
が生ずることがないように，基準省令に定められた給水装置のシス

テム基準に適合するように施工しなければならない。特に，弁類や継手，給水管の末端に設ける給水用具は，現場に適したものを，それぞれの仕様や性能，施工上の留意事項を熟知したうえで給水装置工事に用いなければならない。

㈦ **必要な機械器具の手配**

給水装置工事には，配水管と給水管との接続，管の切断・接合，給水用具の給水管への取付け等のさまざまな工程がある。使用する材料にも金属製品や樹脂製品等があり，さらにその製品の種類によって施工方法は一様ではない。そのため，工種や使用材料に応じた適正な機械器具を判断し，施工計画の立案に反映し，現場の施工に用いることができるように手配を行わなければならない。

㈢ **施工計図書，施工図の作成**

① 給水装置工事は，建築物の工程と調整しつつ行うことになるため，事前調査の際に得られた情報等に基づき，無駄や無理のない工程によって施行する。また，工事の品質を確保するうえで必要な給水装置工事の工程に制約が生じるようであれば，それを建築工程に反映するように協議調整する。

② 給水装置工事を予定の期間内で，迅速かつ確実に行うため，現場作業にかかる前にあらかじめ詳細な施工計画をたて，施工図(設計図)を作成しておく。

㈣ **給水装置工事の設計審査**

給水装置の設計内容が，構造材質基準に適合していることや，給水管の取出し方法等について当該水道事業者の審査を受ける。

審査の主な内容は次のとおりである。

・給水管取出し箇所　取出し箇所及び取出し口径の適否，分岐から水道メータまでの工法等の適否等

・使用状況　所要水量，使用形態，受水槽容量等

・止水栓及び水道メータの設置位置

・給水管，給水用具　管種，口径，配管位置，配管構造，管防護等の適否，給水管，給水用具の基準省令適合の確認

・逆流防止　逆流防止装置の設置位置，吐水口空間の確保

・直結加圧形ポンプユニットの口径，揚程，出力，逆流防止措置及び設置場所等

・集合住宅における水道メータの設置位置

・受水槽の設置場所

◀よく出る

指定給水装置工事事業者は，給水装置工事の申込みにあたり，給水装置工事の設計内容が法令等に適合していることの確認を行う。

(c)　施　工

(ア)　**工事従事者に対する技術上の指導監督**

①　給水装置工事は，さまざまな単位工程の組合わせであり，それらの単位工程の中には難度の高い熟練した技術力を必要とするものも多い。そのため，給水装置工事主任技術者は，行おうとする工種と現場の状況に応じて，工事品質を確保するために必要な能力を有する配管技能者等の配置計画をたてるとともに，それぞれの工事従事者の役割分担と責任範囲を明確にしておき，品質目標に適合した工事が行われるよう，随時工事従事者に対する適切な技術的指導を行わなければならない。なお，工事従事者の技術的能力の評価の職務はない。

②　特に，配水管と給水管の接続工事や道路下の配管工事においては，適正に工事が行われないと水道施設の損傷，汚水の流入による水質汚染事故，漏水による道路の陥没等の事故を引き起こす。これを未然に防止するために，適切に作業を行うことができる技能を有する者に工事を行わせるか又は実施に監督させるようにしなければならない。自ら作業に従事しても構わない。

(イ)　**工程管理・品質管理・安全管理**

①　給水装置工事主任技術者は，調査段階，計画段階に得られた情報に基づき，また，計画段階で関係者と調整して作成した施工計画書に基づき，最適な工程を定めそれを管理しなければならない。

②　給水装置工事の品質管理は，工事の施主に対して，契約書等で約束した給水装置を提供するために必要不可欠なものである。

③　給水装置工事主任技術者は，工事に使用する給水管及び給水用具が基準省令に適合していることを確認しなければならない。そのためには，竣工時の検査の実施のみならず，自ら，又は信頼できる現場の工事従事者に指示することにより，工程ごとに工事品質の確認を励行しなければならない。

④　工事に当たっては，施工後では確認することが難しい工事目的物の品質を，施工の過程においてチェックするといった品質管理を行わなければならない。

⑤　安全管理には，工事従事者の安全の確保(労働災害の防止)と，工事の実施に伴う公衆に対する安全の確保(公衆災害の防止)がある。後者のうち，特に道路下の配管工事については，通行者及び通行車両の安全の確保並びにガス管，電力線及び電話線等

◀よく出る

学科試験1

　水道事業者が行った配水系統の切替えにより一部地域の配水圧が急変し，給水を受けている需要者の一部で給水用具の不具合が発生したような場合，設置時には適正な給水装置工事の施行が確保されていたのであれば瑕疵担保期間内の事故であっても工事事業者の責任とはならない。

　この場合，水道事業者の責任となる。

◀よく出る

の保安について万全を期す必要がある。

(ウ) **工事従事者の健康管理**

給水装置工事主任技術者は，工事従事者の健康状態を管理し，水系感染症に注意して，どのような給水装置工事においても水道水を汚染しないよう管理しなければならない。

(d) **検　査**

① 給水装置工事主任技術者は，自ら又はその責任のもと信頼できる現場の従事者に指示することにより，適正な竣工検査を確実に実施しなければならない。

② 竣工検査は，新設・改造等の工事を行った後の給水装置が，基準省令に適合していることを確認し，施主に当該給水装置を引き渡すための最終的な工事品質確認である。

③ 指定給水装置工事事業者は，施主の信頼を確保できてこそ業務を発展させられるものであり，適正な竣工検査の実施は，そのためにも重要な工程である。

④ 指定給水装置工事事業者は，(d)の検査終了後，水道事業者に竣工図等を添えて工事完了の届出を行い，水道事業者の検査を受けなければならない。

(e) **水道事業者による検査**

① 水道事業者は，法第十九条第2項(水道技術管理者の職務)第三号(給水装置が基準省令に適合しているかどうかの検査)の規定に基づき，工事竣工後に給水装置の検査をしなければならない。 ◀よく出る

② 給水装置工事主任技術者の立ち合い

給水装置工事主任技術者の立ち合いに関しては，法第二十五条の九に規定されている。

> **法第二十五条の九**　水道事業者は，給水装置工事を施行した指定給水装置工事事業者に対し，その工事を施行した給水装置工事主任技術者を検査に立ち会わせることを求めることができる。

要請があった場合，給水装置工事主任技術者は立ち合わなければならない。

6・1・3　給水装置工事に従事する者及び指定給水装置工事事業者の責務等

（1）　給水装置工事主任技術者

給水装置工事主任技術者は，法第二十五条の四第4項に規定されている。

> **法第二十五条の四第4項**　給水装置工事に従事する者は，給水装置工事主任技術者がその職務として行う指導に従わなければならない。

① 給水装置工事を適正に行い，構造材質基準に適合した給水装置を施主（需要者等）に提供するために指定給水装置工事事業者は，給水装置工事の現場ごとに指名した給水装置工事主任技術者がその職務を十分に遂行できるようにその支援を行うとともに，職務遂行上支障を生じさせないようにする。

② 指定給水装置工事事業者は給水装置工事主任技術者の職務が円滑に遂行できるように支援する。一方，給水装置工事主任技術者は常に技術の研鑽に務め，技術の向上を図る。

③ 多くの水道事業者においては，配水管からの分岐以降止水栓又は水道メータまでの給水管等の材料を指定している。これは，構造材質基準に基づく給水装置の使用規制とは異なり，漏水時や災害時等の緊急工事を円滑かつ効率的に行うために，水道水の供給を受ける者との契約内容として供給規程に位置付けられるものである。したがって，指定給水装置工事事業者は，事業経営上の観点等であっても，給水装置工事主任技術者に対して，指定された給水管等以外の材料の使用を強制しないこと。

（2）　事業の運営の基準

事業の運営の基準は，法施行規則第三十六条第1項第四号に規定されている。

> **規則第三十六条第1項第四号**　給水装置工事主任技術者及びその他の給水装置工事に従事する者の給水装置工事の施行技術の向上のために，研修の機会を確保するよう努めること。

① 指定給水装置工事事業者は，給水装置工事主任技術者及びその他の技術者や技能者の技術力向上を図るため，給水装置工事に関する知識や経験を伝達することを目的に，現場の仕事を通じてのOJT（On the Job Training: 現場研修）や事務所等におけるOffJT（Off the Job Training: 現場外研修）等，社内研修の場を設ける等の努力が求められる。

6・1・4　給水装置工事の記録

（1）　報告又は資料の提出

給水装置工事の報告又は資料の提出は，水道法第二十五条の十に規定されている。　◀よく出る

> **法第二十五条の十**　水道事業者は，指定給水装置工事事業者に対し，<u>当該指定給水装置工事事業者が給水区域において施行した給水装置工事に関し必要な報告又は資料の提出を求めることができる。</u>

（2）　給水装置工事の記録の作成

　事業の運営の基準による給水装置工事の記録の作成は，水道法施行規則第三十六条第1項第六号に規定されている。

> **規則第三十六条**
> <u>六　施行した給水装置工事（第十三条に規定する給水装置の軽微な変更を除く。）ごとに，第一号の規定により指名した給水装置工事主任技術者に次の各号に掲げる事項に関する記録を作成させ，当該記録をその作成の日から3年間保存すること。</u>
> 　イ　施主の氏名又は名称
> 　ロ　施行の場所
> 　ハ　施行完了年月日
> 　ニ　給水装置工事主任技術者の氏名
> 　ホ　竣工図
> 　ヘ　給水装置工事に使用した給水管及び給水用具に関する事項
> 　ト　法第二十五条の四第3項第三号の確認の方法及びその結果

◀よく出る

（3）　給水装置工事記録の保存

1)　指定給水装置工事事業者は，<u>給水装置工事の施主の氏名又は名称，施行場所，施行完了年月日，その工事の技術上の管理を行った給水装置工事主任技術者の氏名，竣工図，使用した材料のリストと数量，工程ごとの構造材質基準への適合性確認の方法及びその結果，品質管理の項目とその結果，竣工検査の結果についての記録を作成し，3年間保存しなければならない。</u>

◀よく出る

記録には途中経過も記載する。

2)　<u>この記録については特に様式が定められているものではない。したがって，水道事業者に給水装置工事の施行を申請したときに用いた申請書に記録として残すべき事項が記載されていれば，その写しを記録として保存することもできる。また，電子記録を活用することもできるので，事務の遂行に最も都合がよい方法で記録を作成して保存すればよい。</u>

3)　<u>この記録は，指名された給水装置工事主任技術者が作成することになるが，給水装置工事主任技術者の指導監督のもとで他の従業員が行ってもよい。</u>

4)　給水装置工事主任技術者は，上記以外に，<u>個別の給水装置工事ごと</u>

に，その調査段階で得られた技術的情報，施工計画書の作成に当たって特に留意した点，配管上特に工夫したこと，工事を実施した配管技能者等の氏名，工程ごとの構造材質基準への適合に関して講じた確認，改善作業の概要等を記録にとどめておくことが望ましい。そのような日常的な努力が技術力の向上につながることになる。

5)　その工事の記録は，完成したのち速やかに水道事業者に提出することが義務付けられている。

6・1・5　給水装置工事主任技術者試験

（1）　試験

給水装置工事主任技術者試験は，水道法第二十五条の六に規定されている。

> **法第二十五条の六**　給水装置工事主任技術者試験は，給水装置工事主任技術者として必要な知識及び技能について，厚生労働大臣が行う。
> 2　給水装置工事主任技術者試験は，給水装置工事に関して3年以上の実務の経験を有する者でなければ，受けることができない。
> 3　給水装置工事主任技術者試験の試験科目，受験手続その他給水装置工事主任技術者試験の実施細目は，厚生労働省令で定める。

（2）　給水装置工事に関する実務の経験

給水装置工事に関する実務の経験に関しては，平成9年6月30日 厚生労働省生活衛生局水道環境部水道整備課長通知により規定されている。

法第二十五条の六第 2 項でいう「給水装置工事に関する実務の経験」とは給水装置工事に関する技術上のすべての職務経験をいう。技術上の職務経験とは，給水装置の工事計画の立案，給水装置工事の現場における監督に従事した経験，その他給水装置工事の施工を計画，調整，指揮監督又は管理した経験及び給水管の配管，給水用具の設置等の給水装置工事の施行の技術的な実務に携わった経験をいい，これらの技術を習得するためにした見習い中の技術的な経験も含まれる。なお，工事現場への物品の搬送等の単なる雑務及び給与計算等の単なる庶務的な仕事に関する経験は，同条でいう実務の経験には含まれないことに留意されたい。

◀実務経験に含まれない業務

6·2 建設業法, 労働安全衛生法, 建築基準法等の関係法令の概要

6·2·1　建設業法の概要

（1）　建設業法と給水装置工事主任技術者

建設業法は, 建設業を営む者の資質の向上, 建設工事の請負契約の適正化等を図ることによって, 建設工事の適正な施行を確保し, 発注者を保護するとともに, 建設業の健全な発達を促進し, もって公共の福祉の増進に寄与することを目的としている。

◀建設業法第一条

建設業を営む場合には, 建設業の許可が必要であり, 許可要件として, 建設業を営もうとするすべての営業所ごとに, 一定の資格又は実務経験を持つ専任の技術者を置かなければならないと規定されている。

給水装置工事主任技術者は, 水道法による給水装置工事主任技術者免状の交付を受けた後, 管工事に関し1年以上の実務経験を有する者が, 管工事業に係る営業所専任技術者となりうる者である。また, 公共性のある施設又は工作物に関する建設工事を発注者から直接請け負おうとする建設業者は, その経営に関する客観的事項について, その許可を受けた国土交通大臣又は都道府県知事の経営事項審査を受けなければならないとも規定されている。給水装置工事主任技術者は, 管工事業における経営事項審査の評価の対象（評価の加点は1人につき1点）である。

給水装置工事主任技術者は, 管工事業の営業所専任技術者として, 建設業法に基づき, 適正な工事を実施するために, 工事の施工計画書の作成,

工程管理，品質管理，技術上の管理や工事の施行に従事する者の技術上の指導監督を行う者である。

　工事1件の請負代金の額が建築一式工事にあっては1,500万円に満たない工事又は延べ面積が150m²に満たない木造住宅工事，建築一式工事以外の建設工事にあっては500万円未満の軽微な工事のみを請け負うことを営業とする者は，建設業の許可は必要なく，営業所に専任技術者を置く規定からも外れる。しかしながら，軽微な工事のみを請け負うことを営業とする者においても，適切な施工をせず公衆に危害を及ぼした時又は危害を及ぼすおそれが大である時及び請負契約に不誠実な行為をした場合には，都道府県知事から必要な指示を受けることになる。これらのこと等から，<u>小規模な工事のみに携わる給水装置工事主任技術者においても，工事の適正な施行を確保するために建設業法の知識が必要な所以である</u>。

（2）　建設業の許可

　1）建設業の許可に関しては，建設業法第三条，第四条に規定されている（表6・1）。

◀よく出る

> **建設業法第三条**
> 　建設業を営もうとする者は，次に掲げる区分により，この章で定めるところにより，<u>二つ以上の都道府県の区域内に営業所を設けて営業をしようとする場合にあっては国土交通大臣の許可（特定建設業という），一つの都道府県の区域内にのみ営業所を設けて営業をしようとする場合にあっては当該営業所の所在地を管轄する都道府県知事の許可（一般建設業という）</u>を受けなければならない。ただし，政令で定める軽微な建設工事のみを請け負うことを営業とする者は，この限りでない。
> 　一　建設業を営もうとする者であって，次号に掲げる者以外の者
> 　二　建設業を営もうとする者であって，その営業にあたって，その者が発注者から直接請け負う1件の建設工事につき，その工事の全部又は一部を，下請代金の額（その工事に係る下請契約が二つ以上あるときは，下請代金の額の総額）が政令で定める金額（4,000万円）以上となる下請契約を締結して施工しようとする者
> 　※一つの都道府県の区域内にのみ営業所を設けて営業をしようとする場合には，当該都道府県知事の許可を受ける（一般建設）ことになるが，この許可は営業の地域的制限ではなく，都道府県知事の許可であっても全国で営業活動が可能である。営業所とは，本店や支店，常時建設工事の請負契約を締結する事務所を指し，常時建設工事の請負契約を締結する事務所は，請負契約の見積り，入札，狭義の契約締結等請負契約の締結に係る実体的な行為を行う事務所を指し，契約書の名義人が当該営業所を代表する者であるか否かを問わない。

2　前項の許可は，別表第一の上欄に掲げる建設工事の種類ごとに，それぞれ同表の下欄に掲げる建設業に分けて与えるものとする（表6・1）。

3　<u>第1項の許可は，5年ごとにその更新を受けなければ，その期間の経過によって，その効力を失う。</u>

4　前項の更新の申請があつた場合において，同項の期間（以下「許可の有効期間」という。）の満了の日までにその申請に対する処分がされないときは，従前の許可は，許可の有効期間の満了後もその処分がされるまでの間は，なおその効力を有する。

5　前項の場合において，許可の更新がされたときは，その許可の有効期間は，従前の許可の有効期間の満了の日の翌日から起算するものとする。

6　第1項第一号に掲げる者に係る同項の許可（「一般建設業の許可」という。）を受けた者が，当該許可に係る建設業について，第1項第二号に掲げる者に係る同項の許可（「特定建設業の許可」という。）を受けたときは，その者に対する当該建設業に係る一般建設業の許可は，その効力を失う。

表6・1　別表第1（第二条，第三条，第四十条関係）（抄）

土木一式工事	土木工事業
建築一式工事	建築工事業
大工工事	大工工事業
電気工事	電気工事業
管工事	管工事業
塗装工事	塗装工事業
機械器具設置工事	機械器具設置工事業
熱絶縁工事	熱絶縁工事業
電気通信工事	電気通信工事業
造園工事	造園工事業
さく井工事	さく井工事業
水道施設工事	水道施設工事業
消防施設工事	消防施設工事業
清掃施設工事	清掃施設工事業
解体工事	解体工事業

2）付帯工事の請負に関しては，建設業法第四条に規定されている。

建設業法第四条
　<u>建設業者は，許可を受けた建設業に係る建設工事を請け負う場合においては，当該建設工事に附帯する他の建設業に係る建設工事を請け負うことができる。</u>

3）建設業法以外の解体工事業者の登録に関しては，建設工事に係る資材の再資源化等に関する法律第二十一条に規定されている。

表 6・2　建設業の許可

許可する行政庁	許可業者		許可を受ける必要のない業者（無許可業者）（法第三条第 1 項）
本社・営業所の所在地状況による区分（法第三条第 1 項）	国土交通大臣の許可。二つ以上の都道府県に営業所を設けて営業する場合（特定建設業）	都道府県知事の許可。一つの都道府県に営業所を設けて営業する場合（一般建設業）	軽微な工場のみ請け負う建設業者 例：管工事業500万円未満 建築工事業1,500万円未満 延べ面積が150㎡に満たない木造住宅工事
下請負業者に発注する下請負代金額による区分	発注者から直接請け負う 1 件の建設工事につき，その工事の全部又は一部を，下請代金の額が，4,000万円以上となる下請契約を締結して施工をしようとする者。ただし，建築工事は6,000万円以上。	特定建設業以外の者	－
許可の有効期限	5 年ごとに更新（法第三条第 3 項）		－
建設工事の区分（法第三条第 1 項第四号）	建設工事の種類ごとに許可を受ける。（例：建築工事のみの許可を受けている業者は，管工事を独立して請け負うことができない。）		－
附帯工事（法第四条）	請け負っている建設工事に附帯する建設工事も請け負うことができる。		－
営業活動の区域	全国どこでも営業（受注活動）することができる。		
（注）この法でいう営業所は，常時建設工事の請負契約を締結できる事務所をいう。			

建設工事に係る資材の再資源化等に関する法律第二十一条　　　　　略称：建設リサイクル法

　解体工事業を営もうとする者（建設業法に掲げる土木工事業，建築工事業又は解体工事業に係る同法第三条第 1 項の許可を受けた者を除く。）は，当該業を行おうとする区域を管轄する都道府県知事の登録を受けなければならない。

2　前項の登録は，5 年ごとにその更新を受けなければ，その期間の経過によって，その効力を失う。

3　前項の更新の申請があった場合において，同項の期間（以下「登録の有効期間」という。）の満了の日までにその申請に対する処分がされないときは，従前の登録は，登録の有効期間の満了後もその処分がされるまでの間は，なおその効力を有する。

4　前項の場合において，登録の更新がされたときは，その登録の有効期間は，従前の登録の有効期間の満了の日の翌日から起算するものとする。

5　第1項の登録（第2項の登録の更新を含む。以下「解体工事業者の登録」という。）を受けた者が，第1項に規定する建設業法の許可を受けたときは，その登録は，その効力を失う。

（3）　主任技術者及び監理技術者の設置等

1）建設業の許可の基準

建設業の許可の基準は，建設業法第七条に規定されている。

建設業法第七条

国土交通大臣又は都道府県知事は，許可を受けようとする者が次に掲げる基準に適合していると認めるときでなければ，許可をしてはならない。

一　建設業に係る経営業務の管理を適正に行うに足りる能力を有するものとして国土交通省令で定める基準に適合する者であること。

二　その営業所ごとに，次のいずれかに該当する者で専任のものを置く者であること。

イ　許可を受けようとする建設業に係る建設工事に関し学校教育法による高等学校若しくは中等教育学校を卒業した後，5年以上又は同法による大学若しくは高等専門学校を卒業した後，3年以上実務の経験を有する者で在学中に国土交通省令で定める学科を修めた者

ロ　許可を受けようとする建設業に係る建設工事に関し，10年以上実務の経験を有する者

ハ　国土交通大臣がイ又はロに掲げる者と同等以上の知識及び技術又は技能を有するものと認定した者

三　法人である場合においては当該法人又はその役員等若しくは政令で定める使用人が，個人である場合においてはその者又は政令で定める使用人が，請負契約に関して不正又は不誠実な行為をするおそれが明らかな者でないこと。

四　請負契約（第三条第1項ただし書の政令で定める軽微な建設工事に係るものを除く。）を履行するに足りる財産的基礎又は金銭的信用を有しないことが明らかな者でないこと。

建設業の許可における実務経験と認定される資格等（一般建設業での営業所専任技術者）

管工事業では，建設業法施行規則第七条の三で，次がイ又はロと同等以上と認定されている。

①　1級，2級管工事施工管理技士

②　技術士の2次試験のうち一定の部門（選択科目を熱工学か流体工学とした機械部門，上下水道部門，衛生工学部門等）に合格した者

③　一定の職種（建築板金，選択科目を建築配管作業とした冷凍空気調和機器施工・配管）の 1 級技能士又は一定の職種における 2 級技能士で合格後 3 年以上の実務経験を有する者

④　建築設備士の資格を取得した後，1 年以上の実務経験を有する者

⑤　給水装置工事主任技術者免状の交付を受けた後，1 年以上の実務経験を有する者

⑥　登録計装試験に合格した後，1 年以上の実務経験を有する者

また，国土交通省令で定める学科は，建設業法施行規則第一条により建設業の種別に応じて定められている。管工事業，水道施設工事業，清掃施設工事業は，土木工学，建築学，機械工学，都市工学又は衛生工学に関する学科としている。また，技術検定受検資格の指定学科は，施工技術検定規則第二条により検定種目に応じて定められている。検定種目が管工事施工管理の学科は，土木工学，都市工学，衛生工学，電気工学，電気通信工学，機械工学又は建築学に関する学科としている。

2）特定建設業の許可の基準

特定建設業の許可の基準は，建設業法第十五条に規定されている。

建設業法第十五条

国土交通大臣又は都道府県知事は，特定建設業の許可を受けようとする者が次に掲げる基準に合していると認めるときでなければ，許可をしてはならない。

一　第七条第一号及び第三号に該当する者であること。

二　その営業所ごとに次のいずれかに該当する者で専任のものを置く者であること。ただし，施工技術（設計図書に従って建設工事を適正に実施するために必要な専門の知識及びその応用能力をいう。以下同じ。）の総合性，施工技術の普及状況その他の事情を考慮して政令で定める建設業（以下「指定建設業」という。）の許可を受けようとする者にあっては，その営業所ごとに置くべき専任の者は，イに該当する者又はハの規定により国土交通大臣がイに掲げる者と同等以上の能力を有するものと認定した者でなければならない。

イ　第二十七条第 1 項の規定による技術検定その他の法令の規定による試験で許可を受けようとする建設業の種類に応じ国土交通大臣が定めるものに合格した者又は他の法令の規定による免許で許可を受けようとする建設業の種類に応じ国土交通大臣が定めるものを受けた者

ロ　第七条第二号イ，ロ又はハに該当する者のうち，許可を受けようとする建設業に係る建設工事で，発注者から直接請け負い，その請負代金の額が政令で定める金額以上であるものに関し 2 年以上指導監督的な実務の経験を有する者

　　ハ　国土交通大臣がイ又はロに掲げる者と同等以上の能力を有するもの
　　　と認定した者
　三　発注者との間の請負契約で，その請負代金の額が政令で定める金額以
　　上であるものを履行するに足りる財産的基礎を有すること。

① 特定建設業（指定建設業以外）の営業所専任技術者

　特定建設業のうち指定建設業以外の業種は，法第十五条第二号で，次の
いずれかに該当する一定の資格や実務経験を有する者を営業所ごとに専任
で置かなければならないとしている。

　イ　国土交通大臣が定める試験に合格した者又は免許を受けた者
　　①　1級施工管理技士
　　②　技術士の第2次試験のうち一定の部門に合格した者
　ロ　次の資格者又は実務経験者で，許可を受けようとする建設業の建設
　　工事に関し，発注者から直接請け負った工事で請負代金が4,500万円
　　以上のものに関し2年以上の指導監督的経験を有する者（指導監督的
　　経験は，建設工事の設計又は施工の全般で，現場主任や現場監督のよ
　　うな資格で工事の技術面を総合的に指導監督した経験）
　　①　2級施工管理技士
　　②　一定の職種の1級技能士又は一定の職種における2級技能士で合
　　　格後3年以上の実務経験を有する者
　　③　高等学校もしくは中等教育学校の指定学科を卒業後5年以上の実
　　　務経験を有する者
　　④　大学又は高等専門学校の指定学科を卒業後3年以上の実務経験を
　　　有する者
　　⑤　10年以上の実務経験を有する者
　ハ　国土交通大臣がイ又はロと同等以上の能力を有するものと認定した者
② 特定建設業（指定建設業）の営業所専任技術者

　特定建設業のうち指定建設業は，「建設業法第十五条第二号イの国土
交通大臣が定める試験及び免許を定める件」で，該当する一定の資格を
有する者等を営業所ごとに専任で置かなければならないとしている。指
定建設業は，現在，土木工事業，建築工事業，電気工事業，管工事業，
鋼構造物工事業，舗装工事業，造園工事業の7業種が指定されている。
指定建設業は，特定建設業の許可の取得や更新の際，営業所の専任技術
者や特定建設業者が設置しなければならない監理技術者が1級の国家
資格者等（管工事業の場合，1級管工事施工技士か，技術士の二次試験

のうち一定の部門（選択科目を熱工学か流体工学とした機械部門，上下水道部門，衛生工学部門等）に合格した者）に限られるなど厳しい基準が適応される。

3）主任技術者及び監理技術者の設置等

主任技術者及び監理技術者の設置等に関しては，建設業法第二十六条，第二十六条の二に規定されている。

◀よく出る

> **建設業法第二十六条**
>
> 　建設業者は，その請け負った建設工事を施工するときは，当該建設工事に関し第七条第二号イ，ロ又はハに該当する者で当該工事現場における建設工事の施工の技術上の管理をつかさどるもの（以下，「主任技術者」という。）を置かなければならない。
>
> 2　発注者から直接建設工事を請け負った特定建設業者は，当該建設工事を施工するために締結した下請契約の請負代金の額が第三条第1項第二号の政令で定める金額（4,000万円，建築工事の場合は，6,000万円）以上になる場合においては，前項の規定にかかわらず，当該建設工事に関し第十五条第二号イ，ロ又はハに該当する者で当該工事現場における建設工事の施工の技術上の管理をつかさどるもの（以下「監理技術者」という。）を置かなければならない。
>
> 3　公共性のある施設若しくは工作物又は多数の者が利用する施設若しくは工作物に関する重要な建設工事で政令で定めるものについては，前2項の規定により置かなければならない主任技術者又は監理技術者は，工事現場ごとに，専任の者でなければならない。ただし，監理技術者にあっては，発注者から直接当該建設工事を請け負った特定建設業者が，当該監理技術者の行うべき第二十六条の四第1項に規定する職務を補佐する者として，当該建設工事に関し，第十五条第二号イ，ロ又はハに該当する者に準ずる者として政令で定める者を当該工事現場に専任で置くときは，この限りでない。
>
> 4　前項ただし書の規定は，同項ただし書の工事現場の数が，同一の特例監理技術者がその行うべき各工事現場に係る第二十六条の四第1項に規定する職務を行ったとしてもその適切な実施に支障を生ずるおそれがないものとして政令で定める数を超えるときは，適用しない。
>
> 5　第3項の規定により専任の者でなければならない監理技術者（特例監理技術者を含む。）は，第二十七条の十八第1項の規定による監理技術者資格者証の交付を受けている者であって，第二十六条の五から七までの規定により国土交通大臣の登録を受けた講習を受講した者のうちから，これを選任しなければならない。
>
> 6　前項の規定により選任された監理技術者は，発注者から請求があったときは，監理技術者資格者証を提示しなければならない。

建設業法第二十六条の二

　土木工事業又は建築工事業を営む者は，土木一式工事又は建築一式工事を施工する場合において，土木一式工事又は建築一式工事以外の建設工事（第三条第 1 項ただし書の政令で定める軽微な建設工事を除く。）を施工するときは，当該建設工事に関し第七条第二号イ，ロ又はハに該当する者で当該工事現場における当該建設工事の施工の技術上の管理をつかさどるものを置いて自ら施工する場合のほか，当該建設工事に係る建設業の許可を受けた建設業者に当該建設工事を施工させなければならない。

2　建設業者は，許可を受けた建設業に係る建設工事に附帯する他の建設工事（第三条第 1 項ただし書の政令で定める軽微な建設工事を除く。）を施工する場合においては，当該建設工事に関し第七条第二号イ，ロ又はハに該当する者で当該工事現場における当該建設工事の施工の技術上の管理をつかさどる者を置いて自ら施工する場合の他，当該建設工事に係る建設業の許可を受けた建設業者に当該建設工事を施工させなければならない。

　建設業者は，その請け負った建設工事を施工するとき，建設業法第二十六条第 1 項，第 2 項で，当該工事現場に技術上の管理をつかさどる主任技術者や監理技術者を置かなければならないとしている。

　なお，発注者から直接建設工事を請け負った特定建設業者は，下請契約の請負代金の額が4,000万円以上（建築工事業は6,000万円以上）になる場合は，主任技術者に代えて一定の指導監督的な実務経験等を有する監理技術者を置かなければならない。

　建設業者は，建設業法第二十六条第 3 項で，公共性のある施設や工作物，多数の者が利用する施設や工作物に関する重要な建設工事の要件に該当する工事のうち，工事 1 件の請負代金が4,000万円以上（建築一式工事で8,000万円以上）を施工するときは，元請，下請に関わらず工事現場ごとに専任の主任技術者又は監理技術者を置かなければならないとしている。さらに，監理技術者を専任で置く工事で直接請け負い，下請代金が4,000万円以上（建築工事業は6,000万円以上）となる下請契約を締結して施工する場合は，監理技術者資格者証の交付を受け講習を受講した監理技術者を専任で置く。

4）主任技術者及び監理技術者の職務等

　主任技術者及び監理技術者の職務等は，建設業法第二十六条の四に規定されている。

建設業法第二十六条の四

　主任技術者及び監理技術者は，工事現場における建設工事を適正に実施するため，当該建設工事の施工計画の作成，工程管理，品質管理その他の技術

上の管理及び当該建設工事の施工に従事する者の技術上の指導監督の職務を
誠実に行わなければならない。
　2　工事現場における建設工事の施工に従事する者は，主任技術者又は監理
　技術者がその職務として行う指導に従わなければならない。

6・2・2　労働安全衛生法の概要

（1）　労働安全衛生法と給水装置工事主任技術者

　労働安全衛生法は，労働基準法と相まって，労働災害の防止のための危
害防止基準の確立，責任体制の明確化及び自主的活動の促進の措置を講ず
る等その防止に関する総合的計画的な対策を推進することにより，職場に
おける労働者の安全と健康を確保するとともに，快適な職場環境の形成を
促進することを目的としている。

　給水装置工事主任技術者は，営業所専任技術者として，適正な工事の施
工のための技術上の管理の他，工事施行に伴う公衆災害，労働災害等の発
生を防止するための安全管理の一端を担う立場にある。

（2）　事業者等の責務

　労働安全衛生法に定める事業者は，単にこの法律で定める労働災害の防
止のための最低基準を守るだけでなく，快適な職場環境の実現と労働条件
の改善を通じて職場における労働者の安全と健康を確保するようにしなけ
ればならない。また，事業者は，国が実施する労働災害の防止に関する施
策に協力するようにしなければならない。

（3）　安全衛生管理体制

　事業者は，労働安全衛生法施行令又は労働安全衛生規則で定める業種や
規模の事業場ごとに，総括安全衛生管理者，安全管理者，衛生管理者，産
業医，統括安全衛生責任者，元方安全衛生管理者，安全衛生責任者，安全
衛生推進者及び作業主任者等を選任し，その者に安全又は衛生に係る技術
的事項等について統括，指揮，管理等をさせなければならない。

　また，建設業のような重層下請関係において事業が実施される場合の管
理体制や協議組織である安全委員会，衛生委員会，安全衛生委員会等の設
置についても定めている。

（4）　作業主任者

1）作業主任者の選任と業務内容

　事業者は，労働災害を防止するための管理を必要とする政令で定める
作業については，都道府県労働局長の免許を受けた者又は都道府県労働
局長あるいは都道府県労働局長の指定する者が行う技能講習を修了した

◀よく出る

者のうちから，厚生労働省令で定めるところにより，作業の区分に応じて，作業主任者を選任し，その者に当該作業に従事する労働者の指揮その他の厚生労働省令で定める事項を行わせなければならない。各作業に共通する作業主任者の主な職務は次のとおりである。

① 作業の方法及び労働者の配置を決定し，作業を直接指揮する。

② 器具，工具，保護具等の機能を点検し，不良品を取り除く。

③ 保護具（保護帽，安全靴等）の使用状況を監視する。

なお，作業主任者が作業現場に立会い，作業の進行状況を監視しなければ，当該作業を施行させてはならない。

2）選任する必要がある管工事業に係る作業

政令で定める作業主任者を選任する必要がある管工事業に係る作業を表6・3に示す。

表6・3　選任する必要がある管工事業に係る作業 ◀よく出る

作業の区分	資格を有する者	名　称
掘削面の高さが2m以上となる地山の掘削（ずい道及びたて坑以外の坑の掘削を除く）の作業	地山の掘削及び土止め支保工作業主任者，技能講習を修了した者	地山の掘削作業主任者
土止め支保工の切りばり又は腹おこしの取付け又は取外しの作業	地山の掘削及び土止め支保工作業主任者，技能講習を修了した者	土止め支保工作業主任者
酸素欠乏危険場所の作業のうち，次の項に掲げる作業以外の作業	酸素欠乏危険作業主任者技能講習又は酸素欠乏・硫化水素危険作業主任者，技能講習を修了した者	酸素欠乏危険作業主任者
酸素欠乏危険場所の作業のうち，労働安全衛生法施行令別表第6第三号の三，第九号又は第十二号に掲げる場所にあっては，酸素欠乏症にかかるおそれ及び硫化水素中毒にかかるおそれのある場所として厚生労働大臣が定める場所に限る）における作業	酸素欠乏・硫化水素危険作業主任者，技能講習を修了した者	
つり足場，張出し足場又は高さが5m以上の構造の足場の組立て，解体又は変更の作業 （ゴンドラのつり足場を除く）	足場の組立て等作業主任者，技能講習を修了した者	足場の組立て等作業主任者
制限荷重が1t以上の揚貨装置又はつり上げ荷重が1t以上のクレーン，移動式クレーン若しくはデリックの玉掛けの業務	玉掛け技能講習を修了した者	
車両系建設機械（整地，掘削等）の運転業務	①小型車両系建設機械（整地，掘削等）機体重量3t未満の運転特別教育修了者	

	②3t以上は車両系建設機械（整地，掘削等）運転技能講習会修了者	
移動式クレーンの運転業務	①0.5t以上1t未満移動式クレーン特別教育修了者 ②1t以上5t未満小型移動式クレーン運転技能講習会修了者	

3）作業主任者の氏名等の掲示

　作業主任者を選任したときは，その氏名及びその者に行わせる事項を作業場の見やすい箇所に掲示する等により関係労働者に周知させる。

4）酸素欠乏症等の防止について

　酸素欠乏症等の防止については，酸素欠乏症等防止規則に規定されている。

酸素欠乏症等防止規則

　第三条（作業環境測定等）　事業者は，令第二十一条第九号に掲げる作業場について，その日の作業を開始する前に，当該作業場における空気中の酸素（第二種酸素欠乏危険作業に係る作業場にあつては，酸素及び硫化水素）の濃度を測定しなければならない。

　2　事業者は，前項の規定による測定を行つたときは，そのつど，次の事項を記録して，これを三年間保存しなければならない。

　第五条（換気）　事業者は，酸素欠乏危険作業に労働者を従事させる場合は，当該作業を行う場所の空気中の酸素の濃度を18％以上（第二種酸素欠乏危険作業に係る場所にあつては，空気中の酸素の濃度を18％以上，かつ，硫化水素の濃度を10／1,000,000以下）に保つように換気しなければならない。ただし，爆発，酸化等を防止するため換気することができない場合又は作業の性質上換気することが著しく困難な場合は，この限りでない。

　2　事業者は，前項の規定により換気するときは，純酸素を使用してはならない。

　第五条の二（保護具の使用等）　事業者は，前条第1項ただし書の場合においては，同時に就業する労働者の人数と同数以上の空気呼吸器等を備え，労働者にこれを使用させなければならない。

　2　労働者は，前項の場合において，空気呼吸器等の使用を命じられたときは，これを使用しなければならない。

　第八条（人員の点検）　事業者は，酸素欠乏危険作業に労働者を従事させるときは，労働者を当該作業を行う場所に入場させ，及び退場させるときに，人員を点検しなければならない。

　第九条（立入禁止）　事業者は，酸素欠乏危険場所又はこれに隣接する場所で作業を行うときは，酸素欠乏危険作業に従事する労働者以外の労働者が当該酸素欠乏危険場所に立ち入ることを禁止し，かつ，その旨を見やすい箇所に表示しなければならない。

２　酸素欠乏危険作業に従事する労働者以外の労働者は，前項の規定により立入りを禁止された場所には，みだりに立ち入つてはならない。

　第十条（連絡）　事業者は，酸素欠乏危険作業に労働者を従事させる場合で，近接する作業場で行われる作業による酸素欠乏等のおそれがあるときは，当該作業場との間の連絡を保たなければならない。

　第十一条（作業主任者）　事業者は，酸素欠乏危険作業については，第一種酸素欠乏危険作業にあつては酸素欠乏危険作業主任者技能講習又は酸素欠乏・硫化水素危険作業主任者技能講習を修了した者のうちから，第二種酸素欠乏危険作業にあつては酸素欠乏・硫化水素危険作業主任者技能講習を修了した者のうちから，酸素欠乏危険作業主任者を選任しなければならない。

　第十三条（監視人等）　事業者は，酸素欠乏危険作業に労働者を従事させるときは，常時作業の状況を監視し，異常があつたときに直ちにその旨を酸素欠乏危険作業主任者及びその他の関係者に通報する者を置く等異常を早期に把握するために必要な措置を講じなければならない。

　第十四条（退避）　事業者は，酸素欠乏危険作業に労働者を従事させる場合で，当該作業を行う場所において酸素欠乏等のおそれが生じたときは，直ちに作業を中止し，労働者をその場所から退避させなければならない。

　第十七条（診察及び処置）　事業者は，酸素欠乏症等にかかつた労働者に，直ちに医師の診察又は処置を受けさせなければならない。

　酸素欠乏症等防止規則の作業対象と選任する作業主任者は次のとおりである。

　　①　第一種酸素欠乏危険作業

　　酸素欠乏症となるおそれはあるが硫化水素中毒となるおそれはない場所での作業をいう。作業に当たっては酸素欠乏危険作業主任者技能講習修了者を選任しなければならない。

　　②　第二種酸素欠乏危険作業

　　酸素欠乏症かつ硫化水素中毒となるおそれのある場所での作業をいう。作業に当たっては酸素欠乏・硫化水素危険作業主任者技能講習修了者を選任しなければならない。

　　建設業者が作業する場所で，これらの事故が発生するおそれのあるのは，地下室，地下ピット，下水道管きょ，マンホール，暗きょ，井戸等が考えられる

（5）　事業者の講ずべき措置等

　事業者は，現場における労働災害防止のため必要な次の措置を講ずる等その防止に関する総合的計画的な対策を行う。

①　掘削等の業務における作業方法から生ずる危険を防止するため必要な措置（安衛法第二十一条第1項）

②　労働者が墜落するおそれのある場所，土砂等が崩壊するおそれのある場所等に係る危険を防止するため必要な措置（安衛法第二十一条第2項）

③　労働者の作業行動から生ずる労働災害を防止するため必要な措置（安衛法第二十三条）

④　労働災害発生の急迫した危険があるときは，直ちに作業を中止し，　◀よく出る
労働者を作業場から退避させる等必要な措置（安衛法第二十五条）

（6）　労働安全衛生関係法令における給水装置工事主任技術者の役割

　給水装置工事主任技術者は，安全委員会の委員等として，作業場を巡視し，設備，作業方法に危険のおそれがあるときは，直ちにその危険を防止するため必要な措置を講じることに留意するよう努める。また，就業制限のある業務においては，当該業務に係る免許を受けた者，技能講習を修了した者，厚生労働省令で定める資格を有する者でなければ当該業務に従事させてはならない。なお，当該業務に従事する者は，これに係る免許証その他資格を証する書面を携帯していなければならないことから，これらの携帯確認も行わなければならないことに留意するよう努める。

（7）　建築設備の給水装置工事における給水装置工事主任技術者の取扱い

　建築設備を計画・設計する段階では，建築設備士や設備設計一級建築士が主管となるために，給水装置工事主任技術者が直接関与する可能性は低い。施工段階では，管工事施工管理技士（1級，2級）が，機械設備工事（給排水衛生設備工事・空気調和設備工事）を総括する立場になる。機械設備工事や給排水衛生設備工事の一部として，給水装置工事の範囲を指定給水装置工事事業者が請負工事として施工する。このため，給水装置工事主任技術者は，給排水衛生設備の一部であっても水道法等に基づいた給水装置の施工を行わなければならない。

　したがって，給水装置工事主任技術者は，組織体系や責任の所在を理解し，給水管・給水用具の性能基準と給水装置のシステム基準を組み合わせ，構造材質基準に適合させた給水装置工事を施工する必要がある（水道法第十六条）。

6・2・3　建築基準法の概要

（1）　法の目的

建築基準法の目的は，建築基準法第一条に規定されている。

> **建築基準法第一条**
>
> 　この法律は，建築物の敷地，構造，設備及び用途に関する最低の基準を定めて，国民の生命，健康及び財産の保護を図り，もつて公共の福祉の増進に資することを目的とする。

◀よく出る

（2）　給水，排水その他配管設備の設置及び構造

給水，排水その他配管設備の設置及び構造は，建築基準法施行令第百二十九条の二の四に規定されている。

> **建築基準法施行令第百二十九条の二の四**
>
> 　建築物に設ける給水，排水その他の配管設備の設置及び構造は，次に定めるところによらなければならない。
>
> 一　コンクリートへの埋設等により腐食するおそれのある部分には，その材質に応じ有効な腐食防止のための措置を講ずること。
>
> 二　構造耐力上主要な部分を貫通して配管する場合においては，建築物の構造耐力上支障を生じないようにすること。
>
> 三　第百二十九条の三第1項第一号又は第三号に掲げる昇降機の昇降路内に設けないこと。ただし，地震時においても昇降機の籠の昇降，籠及び出入口の戸の開閉その他の昇降機の機能並びに配管設備の機能に支障が生じないものとして，国土交通大臣が定めた構造方法を用いるもの及び国土交通大臣の認定を受けたものは，この限りでない。
>
> 四　圧力タンク及び給湯設備には，有効な安全装置を設けること。
>
> 五　水質，温度その他の特性に応じて安全上，防火上及び衛生上支障のない構造とすること。
>
> 六　地階を除く階数が3以上である建築物，地階に居室を有する建築物又は延べ面積が3,000m²を超える建築物に設ける換気，暖房又は冷房の設備の風道及びダストシュート，メールシュート，リネンシュートその他これらに類するもの（屋外に面する部分その他防火上支障がないものとして国土交通大臣が定める部分を除く。）は，不燃材料で造ること。
>
> 七　給水管，配電管その他の管が，第百十二条第19項の準耐火構造の防火区画，第百十三条第1項の防火壁若しくは防火床，第百十四条第1項の界壁，同条第2項の間仕切壁又は同条第3項若しくは第4項の隔壁（ハにおいて「防火区画等」という。）を貫通する場合においては，これらの管の構造は，次のイからハまでのいずれかに適合するものとすること。ただし，1時間準耐火基準に適合する準耐火構造の床若しくは壁又は特定防火設

◀よく出る

備で建築物の他の部分と区画されたパイプシャフト，パイプダクトその他これらに類するものの中にある部分については，この限りでない。

　　イ　給水管，配電管その他の管の貫通する部分及び当該貫通する部分からそれぞれ両側に1m以内の距離にある部分を不燃材料で造ること。

　　ロ　給水管，配電管その他の管の外径が，当該管の用途，材質その他の事項に応じて国土交通大臣が定める数値未満であること。

　　ハ　防火区画等を貫通する管に通常の火災による火熱が加えられた場合に，加熱開始後20分間，防火区画等の加熱側の反対側に火炎を出す原因となる亀裂その他の損傷を生じないものとして，国土交通大臣の認定を受けたものであること。

　八　3階以上の階を共同住宅の用途に供する建築物の住戸に設けるガスの配管設備は，国土交通大臣が安全を確保するために必要があると認めて定める基準によること。

2　建築物に設ける飲料水の配管設備（水道法第三条第9項に規定する給水装置に該当する配管設備を除く。）の設置及び構造は，前項の規定によるほか，次に定めるところによらなければならない。

　一　飲料水の配管設備（これと給水系統を同じくする配管設備を含む。以下この項において同じ。）その他の配管設備とは，直接連結させないこと。

　二　水槽，流しその他水を入れ，又は受ける設備に給水する飲料水の配管設備の水栓の開口部にあつては，これらの設備のあふれ面と水栓の開口部との垂直距離を適当に保つことその他の有効な水の逆流防止のための措置を講ずること。

　三　飲料水の配管設備の構造は，次に掲げる基準に適合するものとして，国土交通大臣が定めた構造方法を用いるもの又は国土交通大臣の認定を受けたものであること。

　　イ　当該配管設備から漏水しないものであること。

　　ロ　当該配管設備から溶出する物質によつて汚染されないものであること。

　四　給水管の凍結による破壊のおそれのある部分には，有効な防凍のための措置を講ずること。

　五　給水タンク及び貯水タンクは，ほこりその他衛生上有害なものが入らない構造とし，金属性のものにあつては，衛生上支障のないように有効なさび止めのための措置を講ずること。

　六　前各号に定めるもののほか，安全上及び衛生上支障のないものとして国土交通大臣が定めた構造方法を用いるものであること。

3　建築物に設ける排水のための配管設備の設置及び構造は，第1項の規定によるほか，次に定めるところによらなければならない。

　一　排出すべき雨水又は汚水の量及び水質に応じ有効な容量，傾斜及び材質を有すること。

　二　配管設備には，排水トラップ，通気管等を設置する等衛生上必要な措

置を講ずること。

　　三　配管設備の末端は，公共下水道，都市下水路その他の排水施設に排水
　　　上有効に連結すること。

　　四　汚水に接する部分は，不浸透質の耐水材料で造ること。

　　五　前各号に定めるもののほか，安全上及び衛生上支障のないものとして
　　　国土交通大臣が定めた構造方法を用いるものであること。

（3）　建築物に設ける飲料水の配管設備及び排水のための配管設備を安全上及び衛生上支障のない構造方法を定める件（昭和50年12月20日建設省告示第1597号）

第1飲料水の配管設備の構造は，次に定めるところによらなければならない。　◀よく出る

1）　給水管

　イ　ウォータハンマが生ずるおそれがある場合においては，エアチヤンバを設ける等有効なウォータハンマ防止のための措置を講ずること。

　ロ　給水立て主管からの各階への分岐管等主要な分岐管には，分岐点に近接した部分で，かつ，操作を容易に行うことができる部分に止水弁を設けること。

2）　給水タンク及び貯水タンク

　イ　建築物の内部，屋上又は最下階の床下に設ける場合においては，次に定めるところによること。

　　(1)　外部から給水タンク又は貯水タンク（以下，「給水タンク等」という。）の天井，底又は周壁の保守点検を容易かつ安全に行うことができるように設けること。　　　　　　　六面点検の規定

　　(2)　給水タンク等の天井，底又は周壁は，建築物の他の部分と兼用しないこと。　　　　　　　躯体利用の禁止

　　(3)　内部には，飲料水の配管設備以外の配管設備を設けないこと。

　　(4)　内部の保守点検を容易かつ安全に行うことができる位置に，次に定める構造としたマンホールを設けること。ただし，給水タンク等の天井がふたを兼ねる場合においては，この限りでない。

　　　(い)　内部が常時加圧される構造の給水タンク等（以下，「圧力タンク等」という。）に設ける場合を除き，ほこりその他衛生上有害なものが入らないように有効に立ち上げること。

　　　(ろ)　直径60cm 以上の円が内接することができるものとすること。ただし，外部から内部の保守点検を容易かつ安全に行うことができる小規模な給水タンク等にあっては，この限りでない。

　　(5)　(4)のほか，水抜管を設ける等内部の保守点検を容易に行うことができる構造とすること。

(6)　圧力タンク等を除き，ほこりその他衛生上有害なものが入らない構造のオーバフロー管を有効に設けること。

(7)　最下階の床下その他浸水によりオーバフロー管から水が逆流するおそれのある場所に給水タンク等を設置する場合にあっては，浸水を容易に感知することができるよう浸水を検知し警報する装置の設置その他の措置を講ずること。

(8)　圧力タンク等を除き，ほこりその他衛生上有害なものが入らない構造の通気のための装置を有効に設けること。ただし，有効容量が2 m³未満の給水タンク等については，この限りでない。

(9)　給水タンク等の上にポンプ，ボイラー，空気調和機等の機器を設ける場合においては，飲料水を汚染することのないように衛生上必要な措置を講ずること。

ロ　イの場所以外の場所に設ける場合においては，次に定めるところによること。

(1)　給水タンク等の底が地盤面下にあり，かつ，当該給水タンク等からくみ取便所の便槽，し尿浄化槽，排水管（給水タンク等の水抜管又はオーバフロー管に接続する排水管を除く。），ガソリンタンクその他衛生上有害な物の貯溜又は処理に供する施設までの水平距離が5 m未満である場合においては，イの(1)及び(3)から(8)までに定めるところによること。

(2)　(1)の場合以外の場合においては，イの(3)から(7)までに定めるところによること。

6・2・4　建築物衛生法（建築物における衛生的環境の確保に関する法律）の概要

（1）　法の目的
法の目的は，建築物衛生法第一条に規定されている。

> **建築物衛生法第一条**
> この法律は，多数の者が使用し又は利用する建築物の維持管理に関し環境衛生上必要な事項等を定めることにより，その建築物における衛生的な環境の確保を図り，もつて公共衛生の向上及び増進に資することを目的とする。

（2）　法の定義
1）法の定義は，建築物衛生法第二条に規定されている。

> **建築物衛生法第二条**
>
> 　この法律において「特定建築物」とは，興行場，百貨店，店舗，事務所，学校等の用に供される相当程度の規模を有する建築物で，多数の者が使用し又は利用し，かつその維持管理について，環境衛生上特に配慮が必要なものとして政令で定めるものをいう。
>
> 2　前項の政令においては，建築物の用途，延べ面積等により特定建築物を定めるものとする。

　2）特定建築物の定義に関しては，建築物衛生法施行令第一条に規定されている。

> **建築物衛生法施行令第一条**
>
> 　建築物衛生法第二条第1項の政令で定める建築物は，次に掲げる用途に供される部分の延べ面積が3,000m^{2}以上の建築物及び専ら学校教育法の用途に供される建築物で延べ面積が8,000m^{2}以上のものとする。
>
> 　一　興行場，百貨店，集会場，図書館，博物館，美術館又は遊技場
> 　二　店舗又は事務所
> 　三　第一条学校等以外の学校（研修所を含む。）
> 　四　旅館

（3）　給水及び排水の管理

　建築物環境衛生管理基準は，建築物衛生法第四条及び建築物衛生法施行令第二条に規定されている。

> **建築物衛生法第四条**
>
> 　特定建築物の所有者，占有者その他の者で当該特定建築物の維持管理について権原を有する者は，政令で定める基準（以下「建築物環境衛生管理基準」という。）に従つて当該特定建築物の維持管理をしなければならない。
>
> 2　建築物環境衛生管理基準は，空気環境の調整，給水及び排水の管理，清掃，ねずみ，昆虫等の防除その他環境衛生上良好な状態を維持するのに必要な措置について定めるものとする。

> **建築物衛生法施行令第二条**
>
> 　法第四条第1項の政令で定める基準は，次のとおりとする。
> 　二　給水及び排水の管理は，次に掲げるところによること。
> 　　イ　給水に関する設備（水道法第三条第9項に規定する給水装置を除く。ロにおいて同じ。）を設けて人の飲用その他の厚生労働省令で定める目的のために水を供給する場合は，厚生労働省令で定めるところにより，同法第四条の規定による水質基準に適合する水を供給すること。
> 　　ロ　給水に関する設備を設けてイに規定する目的以外の目的のために水

を供給する場合は，厚生労働省令で定めるところにより，人の健康に
係る被害が生ずることを防止するための措置を講ずること。

ハ　排水に関する設備の正常な機能が阻害されることにより汚水の漏出
等が生じないように，当該設備の補修及び掃除を行うこと。

（4）　飲料水に関する衛生上必要な措置等

飲料水に関する衛生上必要な措置等は，建築物衛生法施行規則第四条に
規定されている

建築物衛生法施行規則第四条

令第二条第二号イに規定する水の供給は，次の各号の定めるところによる。

一　給水栓における水に含まれる遊離残留塩素の含有率を100万分の0.1
（結合残留塩素の場合は，100万分の0.4）以上に保持するようにする
こと。ただし，供給する水が病原生物に著しく汚染されるおそれがある
場合又は病原生物に汚染されたことを疑わせるような生物若しくは物質
を多量に含むおそれがある場合の給水栓における水に含まれる遊離残留
塩素の含有率は，100万分の0.2（結合残留塩素の場合は，100万分の1.5）
以上とすること。

二　貯水槽の点検等有害物，汚水等によつて，水が汚染されるのを防止す
るため必要な措置

三　水道法第三条第2項に規定する水道事業の用に供する水道又は同条第
6項に規定する専用水道から供給を受ける水のみを水源として前条に規
定する目的のための水（以下「飲料水」という。）を供給する場合は，
当該飲料水の水質検査を次に掲げるところにより行うこと。

イ　水質基準に関する省令の表中1の項，2の項，6の項，9の項，11
の項，32の項，34の項，35の項，38の項，40の項及び46の項から51の
項までの項の上欄に掲げる事項について，6月以内ごとに1回，定期
に，行うこと。

ロ　水質基準省令の表中10の項，21の項から31の項までの項の上欄に掲
げる事項について，毎年，測定期間中に1回，行うこと。

四　地下水その他の前号に掲げる水以外の水を水源の全部又は一部として
飲料水を供給する場合は，当該飲料水の水質検査を次に掲げるところに
より行うこと。

イ　給水を開始する前に，水質基準省令の表の上欄に掲げるすべての事
項について行うこと。

ロ　水質基準省令の表中1の項，2の項，6の項，9の項，11の項，32
の項，34の項，35の項，38の項，40の項及び46の項から51の項までの
項の上欄に掲げる事項について，6月以内ごとに1回，定期に，行う
こと。

　　ハ　水質基準省令の表中10の項，21の項から31の項までの項の上欄に掲
　　　　げる事項について，毎年，測定期間中に1回，行うこと。

　　ニ　水質基準省令の表中14の項，16の項から20の項までの項及び45の項
　　　　の上欄に掲げる事項について，3年以内ごとに1回，定期に，行うこ
　　　　と。

　五　給水栓における水の色，濁り，臭い，味その他の状態により供給する
　　　水に異常を認めたときは，水質基準省令の表の上欄に掲げる事項のうち
　　　必要なものについて検査を行うこと。

　六　第四号に掲げる場合においては，特定建築物の周辺の井戸等における
　　　水質の変化その他の事情から判断して，当該飲料水について水質基準省
　　　令の表の上欄に掲げる事項が同表の下欄に掲げる基準に適合しないおそ
　　　れがあるときは，同表の上欄に掲げる事項のうち必要なものについて検
　　　査を行うこと。

　七　遊離残留塩素の検査及び貯水槽の清掃を，それぞれ7日以内，1年以
　　　内ごとに1回，定期に，行うこと。

　八　供給する水が人の健康を害するおそれがあることを知つたときは，直
　　　ちに給水を停止し，かつ，その水を使用することが危険である旨を関係
　　　者に周知させること。

2　令第二条第二号イの規定により給水に関する設備を設けて飲料水を供給
する場合は，同号イに定める基準に適合する水を供給するため，厚生労働大
臣が別に定める技術上の基準に従い，これらの設備の維持管理に努めなけれ
ばならない。

（5）　雑用水に関する衛生上必要な措置等

　雑用水に関する衛生上必要な措置は，建築物衛生法施行規則第四条の二
に規定されている。

建築物衛生法施行規則第四条の二

　令第二条第二号ロに規定する措置は，次の各号に掲げるものとする。ただ
し，旅館における浴用に供する水を供給する場合又は第三条の十九に規定す
る目的以外の目的のための水（旅館における浴用に供する水を除く。以下「雑
用水」という。）を水道法第三条第2項に規定する水道事業の用に供する水
道若しくは同条第6項に規定する専用水道から供給を受ける水のみを水源
として供給する場合は，この限りでない。

　一　給水栓における水に含まれる遊離残留塩素の含有率を100万分の0.1
　　　（結合残留塩素の場合は，100万分の0.4）以上に保持するようにする
　　　こと。ただし，供給する水が病原生物に著しく汚染されるおそれがある
　　　場合又は病原生物に汚染されたことを疑わせるような生物若しくは物質
　　　を多量に含むおそれがある場合の給水栓における水に含まれる遊離残留

塩素の含有率は，100万分の0.2(結合残留塩素の場合は，100万分の1.5)以上とすること。

二　雑用水の水槽の点検等有害物，汚水等によつて水が汚染されるのを防止するため必要な措置

三　散水，修景又は清掃の用に供する水にあつては，次に掲げるところにより維持管理を行うこと（表6・4）。

　　イ　し尿を含む水を原水として用いないこと。

　　ロ　次の表の各号の左欄に掲げる事項が当該各号の右欄に掲げる基準に適合するものであること。

表6・4　散水，修景又は清掃の用に供する水の水質基準

各号に掲げる事項		各号に掲げる基準
第一号	pH値	5.8以上8.6以下であること。
第二号	臭気	異常でないこと。
第三号	外観	ほとんど無色透明であること
第四号	大腸菌	検出されないこと。
第五号	濁度	2度以下であること。

　　ハ　ロの表の第一号から第三号までの左欄に掲げる事項の検査を7日以内ごとに1回，第四号及び第五号の左欄に掲げる事項の検査を2月以内ごとに1回，定期に，行うこと。

四　水洗便所の用に供する水にあつては，次に掲げるところにより維持管理を行うこと。

　　イ　前号ロの表の第一号から第四号までの左欄に掲げる事項が当該各号の右欄に掲げる基準に適合するものであること。

　　ロ　前号ロの表の第一号から第三号の左欄に掲げる事項の検査を7日以内ごとに1回，第四号の左欄に掲げる事項の検査を2月以内ごとに1回，定期に，行うこと。

五　遊離残留塩素の検査を，7日以内ごとに1回，定期に，行うこと。　◀よく出る

六　供給する水が人の健康を害するおそれがあることを知つたときは，直ちに供給を停止し，かつ，その水を使用することが危険である旨を使用者又は利用者に周知すること。　◀よく出る

2　令第二条第二号ロの規定により給水に関する設備を設けて雑用水を供給する場合は，人の健康に係る被害が生ずることを防止するため，厚生労働大臣が別に定める技術上の基準に従い，これらの設備の維持管理に努めなければならない。ただし，旅館における浴用に供する水を供給する場合又は雑用水を水道法第三条第2項に規定する水道事業の用に供する水道若しくは同条第6項に規定する専用水道から供給を受ける水のみを水源として供給する場合は，この限りでない。

温泉地で，湯水混合水栓の湯側に温泉水，水側に上水（水道水）を供給した場合，クロスコネクションとなる。

6·3 給水装置の構造及び材質の基準に係る認証制度

学習のポイント

1．給水装置の構造及び材質の基準 7 項目を学習する。
2．基準適合品の使用等（自己認証・第三者認証・JIS 等）を学習する。

6・3・1　給水装置の構造及び材質の基準

（1）　給水装置の構造及び材質の基準

　給水装置の構造及び材質の基準は，水道法施行令第六条に規定されている。

◀よく出る

> **令第六条**　法第十六条の規定による給水装置の構造及び材質は，次のとおりとする。
> 　一　配水管への取付口の位置は，他の給水装置の取付口から30cm 以上離れていること。
> 　二　配水管への取付口における給水管の口径は，当該給水装置による水の使用量に比し，著しく過大でないこと。
> 　三　配水管の水圧に影響を及ぼすおそれのあるポンプに直接連結されていないこと。
> 　四　水圧，土圧その他の荷重に対して充分な耐力を有し，かつ，水が汚染され，又は漏れるおそれがないものであること。
> 　五　凍結，破壊，侵食等を防止するための適当な措置が講ぜられていること。
> 　六　当該給水装置以外の水管その他の設備に直接連結されていないこと。
> 　七　水槽，プール，流しその他水を入れ，又は受ける器具，施設等に給水する給水装置にあつては，水の逆流を防止するための適当な措置が講ぜられていること。
> 　2　前項各号に規定する基準を適用するについて必要な技術的細目は，厚生労働省令で定める。

（2）　事業の運営の基準

　事業の運営の基準は，水道法施行規則第三十六条に規定されている。

◀よく出る

> **規則第三十六条**
> 　三　水道事業者の給水区域において前号に掲げる工事を施行するときは，

あらかじめ当該水道事業者の承認を受けた工法，工期その他の工事上の条件に適合するように当該工事を施行すること。

　五　次に掲げる行為を行わないこと。

　　イ　令第五条に規定する基準に適合しない給水装置を設置すること。

　　ロ　給水管及び給水用具の切断，加工，接合等に適さない機械器具を使用すること。

（3）　給水装置の構造及び材質の基準に関する省令（基準省令）　◀よく出る

　給水装置の構造及び材質の基準に関する省令は，個々の給水管及び給水用具が満たすべき性能及びその定量的判断基準（性能基準）及び給水装置工事が適正に施行された給水装置であるか否かの判断基準を明確にしたもので，耐圧，浸出等，水撃限界，防食，逆流防止，耐寒，耐久の7項目の性能に係る基準が定められている（表6・5）。

表6・5　基準省令に示す基準及び基準省令に定める性能基準

A 基準省令に示す基準	B 基準省令に定める性能基準
第一条 耐圧に関する基準	耐圧性能基準
第二条 浸出等に関する基準	浸出性能基準
第三条 水撃限界に関する基準	水撃限界性能基準
第四条 防食に関する基準	－
第五条 逆流防止に関する基準	逆流防止性能基準
	負圧破壊性能基準
第六条 耐寒に関する基準	耐寒性能基準
第七条 耐久に関する基準	耐久性能基準

6・3・2　基準適合品の使用等　◀よく出る

　給水装置工事主任技術者は，基準省令の性能基準に適合した給水管や給水用具を用いて給水装置工事を施行しなければならない。また，工事に適した機械器具等を用いて給水装置工事を行わなければならない。

1)　給水装置に用いる給水管や給水用具の製造者等は，自ら製造過程の品質管理や製造検査を適正に行い，構造材質基準に適合する製品（以下「基準適合品」という。）であることを自らの責任において認証すること（以下「自己認証」という。）が基本となっている。したがって，主任技術者は，給水装置工事に使用する給水管や給水用具について，その製品の製造者等に対して構造材質基準に適合していることが判断できる資料の提出を求めること等により，基準適合品であることを確認したうえで，使用しなければならない。

2)　給水装置に用いる製品は，構造材質基準に適合していることを自己

認証により証明された製品，第三者認証機関によって認証(以下「**第三者認証**」という。)され，当該認証機関が品質確認を行った証しである認証済マークが表示されている製品，又は次の４）に示す製品のいずれかに該当したものでなければならない。

3) 第三者認証機関としては，公益社団法人日本水道協会，一般財団法人日本燃焼機器検査協会，一般財団法人日本ガス機器検査協会，一般財団法人電気安全環境研究所の4機関がある。

4) **日本産業規格(JIS)**，日本水道協会規格(JWWA)等の団体の規格，海外認証機関の規格等の製品規格のうち，基準省令を包含する JIS 規格，JWWA 規格等の団体規格，その性能基準項目の全部に係る性能条件が基準省令の性能基準と同等以上の基準に適合していることが表示されている製品については，性能基準に適合しているものと判断して使用することができる。

5) 給水管及び給水用具の性能基準適合の証明表示方法を表６・６に示す。また，第三者認証機関の認証マークを図６・２に示す。

6) 給水装置は，基準適合給水用具を使用するだけでなく，給水装置システム全体として，逆流防止，水撃防止，凍結防止，防食などの機能を有する必要がある。

7) 給水装置工事主任技術者は，施主が使用を希望する給水管及び給水用具であっても基準に適合しないものであれば，使用できないことについて施主に説明して理解を得なければならない。

JISマークの表示は，国の登録を受けた民間の第三者機関が JIS 適合試験を行い，適合した製品にマークの表示を認める制度である。

6・3・3　基準適合品であることを証明する方法 (認証制度)

基準適合品であることを証明する方法としては，
① 製造者等が，給水管及び給水用具が基準適合品であることを自らの責任で証明する「自己認証」。
② 製造者等が，第三者機関に依頼して，当該の給水管及び給水用具が基準適合品であることを証明してもらう「第三者認証」によることとなった。
③ このほか，基準適合品の使用等に示す製品規格(J1S規格等)に適合している製品も基準適合品である。

(1)　**自己認証**

給水管，給水用具の製造者等は，自らの責任のもとで性能基準適合品を製造し，あるいは輸入することのみならず，性能基準適合品であることを証明できなければ，消費者や指定給水装置工事事業者，水道事業者等の理

表6・6　給水管及び給水用具の性能基準適合の証明表示方法

性能基準適合証明方法	規格等	基準適合証明方法の概要
自己認証	JIS 規格	自己認証(自己適合宣言)で性能基準適合を証明
	JWWA 規格等の団体規格	
	規格品でない製品	
第三者認証	JIS 規格(JISマークを表示しない場合)	第三者認証機関(日水協等4団体)が性能基準適合を証明
	JWWA 規格等の団体規格	
	規格品でない製品	
JIS 認証	JIS 規格(JIS 表示品で性能基準が規定されているもの)	JIS 規格について登録認証機関が性能基準適合を証明
日水協検査	JIS 規格(JIS 表示品で,性能基準が規定されていない規格の製品を給水用具として使用)	日水協検査部が性能基準適合を証明
	JWWA 規格等の団体規格	

名称	主な認証マーク	名称	主な認証マーク
JWWA (公社)日本水道協会	JWWA / ＊	JHIA (一財)日本燃焼機器検査協会	JHIA 水道法基準適合
JET (一財)電気安全環境研究所	JET 水道法基準適合	JIA (一財)日本ガス機器検査協会	JIA 水道法基準適合

図6・2　第三者認証機関の認証マーク

解を得て販売することは困難となる。この証明を,製造者等が自ら又は製品試験機関等に委託して得たデータや作成した資料等によって行うことを自己認証という。

自己認証のための基準適合の証明は,各製品が設計段階で基準省令に定める性能基準に適合していることの証明と当該製品が製造段階で品質の安定性が確保されていることの証明が必要となる。

設計段階での基準適合性は,自らが得た検査データや資料によって証明しでもよく,また,第三者の製品検査機関に依頼して証明してもよい。

一方,設計段階での基準適合性が証明されたからといってすべての製品が安全と直ちにいえるものではなく,製品品質の安定性の証明が重要となる。製品品質の安定性は,ISO(国際標準化機構)9000シリーズの認証取得や活用等によって,品質管理が確実に行われている工場で製造された製品であることによって証明される。

製品の基準適合性や品質の安定性を示す証明書等は,製品の種類ごとに,

消費者や指定給水装置工事事業者，水道事業者等に提出されることになる。

（2）　第三者認証

◀よく出る

中立的な第三者機関が製品試験や工場検査等を行い，基準に適合しているものについては基準適合品として登録して認証製品であることを示すマークの表示を認める方法である。

第三者認証を行う機関の要件及び業務実施方法については，国際整合化等の観点から，ISO のガイドライン（ISO/IEC ガイド65：製品認証機関のための一般的要求事項）に準拠したものであることが望ましい。なお，厚生労働省では，「給水装置に係る第三者認証機関の業務等の指針」を定めている。

第三者認証は，自己認証が困難な製造者や第三者認証の客観性に着目して第三者による証明を望む製造者等が活用する制度である。この場合，第三者認証機関は，製品サンプル試験を行い，性能基準に適合しているか否かを判定するとともに，基準適合製品が安定・継続して製造されているか否か等の検査を行って基準適合性を認証したうえで，当該認証機関の認証マークを製品に表示することを認めている。

6・3・4　基準適合品の確認方法

◀よく出る

給水装置用材料が使用可能か否かについては，基準省令に適合しているか否かであり，これを消費者，指定給水装置工事事業者，水道事業者等が判断することとなる。この判断のための資料として，また，制度の円滑な実施のために，厚生労働省では製品ごとの性能基準への適合性に関する情報を全国的に利用できる給水装置データベースを構築している。なお，第三者認証機関のホームページにおいても情報サービスが行われている。

給水装置データベースの概要は，次のとおりである。

① 基準に適合した製品名，製造者名，基準適合の内容，基準適合性の証明方法及び基準適合性を証明したものに関する情報を集積。
② 製品類型別，製造者別等に検索を行える機能を具備。
③ インターネットを介して接続可能。
④ データベースに掲載されている情報は，製造者等の自主情報に基づくものであり，内容についてはその情報提供者が一切の責任を負うことになっている。

確認テスト〔正しいものには○，誤っているものには×を付けよ。〕

□□(1)　給水装置工事主任技術者は，給水装置工事の事前調査において，酸・アルカリに対する防食，凍結防止等の工事の必要性の有無を調べる必要がある。

□□(2)　給水装置工事主任技術者は，施主から使用を指定された給水管や給水用具等の資機材が，給水装置の構造及び材質の基準に関する省令の性能基準に適合していない場合でも，現場の状況から給水装置工事主任技術者の判断により，その資機材を使用することができる。

□□(3)　給水装置工事主任技術者は，工事従事者の安全を確保し，労働災害の防止に努めるとともに，工事従事者の健康状態を管理し，水系感染症に注意して水道水を汚染しないよう管理しなければならない。

□□(4)　給水装置工事主任技術者は，道路下の配管工事について，通行者及び通行車両の安全確保のほか，水道以外のガス管，電力線及び電話線等の保安について万全を期す必要がある。

□□(5)　給水装置工事主任技術者は，配水管と給水管の接続工事や道路下の配管工事については，水道施設の損傷，汚水の流入による水質汚染事故・漏水による道路の陥没等の事故を未然に防止するため，必ず現場に立ち会って施行上の指導監督を行わなければならない。

□□(6)　給水装置工事主任技術者は，給水装置工事における適正な竣工検査を確実に実施するため，自らそれにあたらなければならず，現場の従事者を代理としてあたらせることはできない。

□□(7)　水道事業者は，検査の厳正を期するため，給水装置工事主任技術者の立会いを求めなければならず，給水装置工事主任技術者はこれに応じなければならない。

□□(8)　給水装置工事主任技術者は，水道法に違反した場合，水道事業者から給水装置工事主任技術者免状の返納を命じられることがある。

□□(9)　給水装置工事の記録作成は，指名された給水装置工事主任技術者が作成することになるが，給水装置工事主任技術者の指導・監督のもとで他の従業員が行ってもよい。

□□(10)　指定給水装置工事事業者は，給水装置工事の施主の氏名又は名称，施行場所，竣工図，品質管理の項目とその結果等についての記録を作成しなければならない。

□□(11)　指定給水装置工事事業者は，給水装置工事に係る記録を3年間保存しなければならない。

□□(12)　給水装置工事の記録については，定められた様式に従い書面で作成し，保存しなければならない。

□□(13)　給水タンク等の天井は，建築物の他の部分と兼用できる。

□□(14)　給水タンク等の上にポンプ，ボイラー，空気調和機等の機器を設ける場合においては，飲料水を汚染することのないように衛生上必要な措置を講ずる。

□□(15)　発注者から直接建設工事を請け負った特定建設業者は，下請契約の請負代金の額（当該下請契約が二つ以上あるときは，それらの請負代金の総額）が4,000万円以上になる場合においては，監理技術者を置かなければならない。

□□(16)　建設業の許可に有効期限の定めはなく，廃業の届出をしない限り有効である。

□□(17)　一定以上の規模の工事を請け負うことを営もうとする者は，建設工事の種類ごとに国土交通大臣又は都道府県知事の許可を受けなければならない。

⑱ 建設業の許可を受けようとする者で，2以上の都道府県の区域内に営業所を設けて営業しようとする場合にあっては，それぞれの都道府県知事の許可を受けなければならない。

⑲ 事業者は，労働災害を防止するための管理を必要とする政令で定める作業については，都道府県労働局長の免許を受けた者又は都道府県労働局長あるいは都道府県労働局長の指定する者が行う技能講習に修了した者のうちから，厚生労働省令で定めるところにより，作業の区分に応じて，作業主任者を選任しなければならない。

⑳ 労働安全衛生法で定める事業者は，掘削面の幅が2m以上となる地山の掘削（ずい道及びたて坑以外の坑の掘削を除く）には，地山の掘削作業主任者を選任しなければならない。

㉑ 給水タンクの内部には，飲料水及び空調用冷温水の配管設備以外の配管設備は設けてはならない。

㉒ 建設工事を請け負うことを営業とする者は，工事1件の請負代金の額に関わらず建設業の許可が必要である。

㉓ 施工に当たっては，施工計画書に基づき適正な施工管理を行う。具体的には，施工計画に基づく工程，作業時間，作業手順，交通規制等に沿って工事を施行し，必要の都度工事目的物の品質管理を実施する。

㉔ 労働安全衛生法で定める事業者は，作業主任者が作業現場に立会い，作業の進行状況を監視しなければ，土止め支保工の切りばり又は腹起しの取付け又は取外しの作業を施行させてはならない。

㉕ 基準省令に定められている性能基準は，給水管及び給水用具ごとのその性能と使用場所に応じて適用される。例えば，給水管は，耐圧性能と浸出性能及び耐久性能が必要であり，飲用に用いる給水栓は，耐圧性能，浸出性能，耐久性能及び水撃限界性能が必要である。

㉖ 給水装置に使用する給水管で，構造・材質基準に関する省令を包含する日本産業規格（JIS規格）や日本水道協会規格（JWWA規格）等の団体規格の製品であっても，第三者認証あるいは自己認証を別途必要とする。

㉗ 自己認証とは，製造者が自ら試験して得たデータのみによって証明することをいう。自己認証のための基準適合性の証明は，各製品が設計段階で基準省令に定める性能基準に適合していることの証明と当該製品が製造段階で品質の安定性が確保されていることの証明が必要となる。

㉘ 自己認証は，給水管，給水用具の製造業者等が自ら又は製品試験機関などに委託して得たデータや作成した資料等に基づいて，性能基準適合品であることを証明するものである。

㉙ 第三者認証とは，中立的な第三者機関が製品試験や工場検査等を行い，基準に適合しているものについては基準適合品として登録して認証製品であることを示すマークの表示を認める方法である。

㉚ 「給水装置データベース」では，基準に適合した製品名，製造業者名，基準適合の内容等に関する情報を集積しているが，基準適合性の証明方法に関する情報はない。

学科試験1

確認テスト解答・解説

(1) ○

(2) ×：給水装置工事主任技術者は，基準省令の性能基準に適合した給水管や給水用具を用いて給水装置工事を施行しなければならない。したがって，給水装置工事主任技術者は，<u>施主が使用を希望する給水管及び給水用具であっても基準に適合しないものであれば，使用できないことについて施主に説明して理解を得なければならない</u>。

(3) ○

(4) ○

(5) ×：給水装置工事主任技術者は，道路の陥没等の事故を未然に防止するため，<u>適切に作業を行うことができる技能を有する者に工事を行わせるか又は実施に監督させるようにしなければならない。</u>また，自ら作業に従事してもかまわないが，必ず，現場に立ち会って施行上の指導監督を行わなければならないという規定はない。

(6) ×：給水装置工事主任技術者は，<u>自ら又はその責任のもと信頼できる現場の従事者に指示することにより</u>，適正な竣工検査を確実に実施しなければならない。

(7) ×：水道事業者は，給水装置工事を施行した指定給水装置工事事業者に対し，その工事を施行した<u>給水装置工事主任技術者を検査に立ち会わせることを求めることができるとの規定であり，要請がなければ給水装置工事主任技術者は必ずしも立ち会う必要はない。</u>ただし，立会いを求められれば，これを拒むことはできない。

(8) ×：給水装置工事主任技術者は，給水装置工事を適切に行わず，水道法に違反したときは，<u>厚生労働大臣</u>から給水装置工事主任技術者の免状の返納を命じられることがある。

(9) ○

(10) ○

(11) ○

(12) ×：給水装置工事の記録については，<u>特に様式が定められているものではない。</u>したがって，水道事業者に給水装置工事の施行を申請したときに用いた申請書に記録として残すべき事項が記載されていれば，その写しを記録として保存することもできる。また，電子記録を活用することもできるので，事務の遂行に最も都合がよい方法で記録を作成して保存すればよい。

(13) ×：給水タンク等の天井は，建築物の他の部分と兼用でき<u>ない</u>。

(14) ○

(15) ○

(16) ×：<u>5年ごと</u>にその更新を受けなければ，その期間の経過によって，その効力を失う。

(17) ○

(18) ×：<u>国土交通大臣</u>の許可を受けなければならない。

(19) ○

(20) ×：掘削面の<u>高さが2m以上</u>となる地山の掘削

(21) ×：給水タンクの内部には，<u>飲料水の配管設備以外の配管設備は設けてはならない</u>。

(22)　×：建設工事を請け負うことを営業とする者は，工事1件の請負代金の額が建築一式工事にあっては1,500万未満，建築一式工事以外の建設工事にあっては500万未満の軽微な工事のみを請け負う者は，建設業の許可は，必要はない。

(23)　○

(24)　○

(25)　×：給水管は，耐圧性能と浸出性能が必要で，耐久性能は不要である。飲用に用いる給水栓は，耐圧性能，浸出性能び水撃限界性能が必要で，耐久性能は不要で，逆流・負圧破壊，耐寒が必要である。

(26)　×：日本産業規格（JIS），日本水道協会規格（JWWA）等の団体の規格，海外認証機関の規格等の製品規格のうち，基準省令を包含するJIS規格，JWWA規格等の団体規格，その性能基準項目の全部に係る性能条件が基準省令の性能基準と同等以上の基準に適合していることが表示されている製品については，性能基準に適合しているものと判断して使用することができる。

(27)　×：給水管，給水用具の製造者等は，自らの責任のもとで性能基準適合品を製造し，あるいは輸入することのみならず，性能基準適合品であることを証明できなければ，消費者や指定給水装置工事事業者，水道事業者等の理解を得て販売することはできない。この証明を，製造者等が自ら又は製品試験機関等に委託して得たデータや作成した資料等によって行うことを自己認証という。自己認証のための基準適合の証明は，各製品が設計段階で基準省令に定める性能基準に適合していることの証明と，当該製品が製造段階で品質の安定性が確保されていることの証明が必要となる。

(28)　○

(29)　○

(30)　×：給水装置データベースは，基準に適合した製品名，製造者名，基準適合の内容，基準適合性の証明方法及び基準適合性を証明したものに関する情報を集積してある。

第2編　学科試験2

第1章 給水装置の概要

給水装置の概要の出題傾向（出題数：15問）

　「給水装置の概要」の試験科目の主な内容は，給水管及び給水用具並びに給水装置の工事方法に関する知識を有していることである。具体的には，給水管，給水用具の種類及び使用目的，給水用具の故障と対策等である。

　この科目「給水装置の概要」は，過去10問の出題であったが，令和2年度から15問となった。合格に必要な正答は5問以上である。

令和4年度の出題傾向は，令和3年度とほぼ同じ。
① 給水管と継手は，2問出題されている。
② 給水用具は，9問出題されている。
　（内訳）水栓・バルブ類；6，湯沸器；1，浄水器；1，増圧給水装置；1
③ 水道メータは，平成30年度を除き，2問出題されている。
④ 給水用具の故障と対策は，平成30年度を除き，2問出題されている。

全体として，給水用具，給水管と継手，水道メータ及び給水用具の故障と対策に関することが多く出題されている。
給水管と継手　各種給水管の特徴，接合と継手に関することが出題されている。最近は，樹脂管の出題が多い。
給水用具　給水用具の機構（止水栓，分水栓，玉形弁，逆止弁，減圧弁，定流量弁，バキュームブレーカ，空気弁，ウォータクーラ，安全弁，吸排気弁，ボールタップ，湯水混合水栓）に関することが出題されている。
湯沸器　湯沸器の構造又は種類に関することが出題されている。
浄水器　浄水器の機構，ろ過材の種類に関することが出題されている。
増圧給水装置　直結加圧形ポンプユニットの構造又は機能に関することが出題されている。
水道メータ　種類，計量の機構に関することが出題されている。
給水用具の故障と対策　水栓，ボールタップなど給水用具の故障と対策に関することが出題されている。

1・1　給水管と継手

学習のポイント

1. 各種給水管及び継手の種類，その特徴（耐溶剤性・使用温度など）を学習する。
2. 特に表1・1（継手と接合方法）は確実に学習する。

給水装置のうち，給水管以外は給水用具である。したがって，給水管の接合に用いられる継手も給水用具であるが，わりやくするため，給水管と継手をまとめて記載した。

1・1・1　給水管及び継手の種類

給水管及び継手は，基準省令の性能基準に適合していなければならない。また，工事施行に当たっては，基準省令のシステム基準に適合するとともに，布設場所の環境，地質，管が受ける外力，気候，管の特性及び通水後の維持管理などを考慮し，最も適切な管種及びそれに適合した継手を選定する（表1・1）。

◀よく出る

給水管及び継手は，基準省令の耐圧及び浸出などに関する基準に定める性能基準に適合していなければならない。これらの給水装置に使用される給水管には，ライニング鋼管，ステンレス鋼鋼管，硬質ポリ塩化ビニル管，銅管，ポリエチレン二層管，ダクタイル鋳鉄管，ポリブテン管，架橋ポリエチレン管などがある。これらの管種の選定にあたっては，布設場所の環境条件，埋設部の地質，管の受ける外力，気候，管の特性，通水後の維持管理などを考慮するとともに，それに適合した継手を選定する。施行に当たっては基準省令の耐圧，浸出など及び防食に関する基準のシステム基準の定めに適合させなければならない。

1・1・2　給水管及び継手の特徴

主な給水管及び継手管の特徴，接合の留意点などを示す。

（1）　硬質塩化ビニルライニング鋼管（図1・1，図1・2）

① 硬質塩化ビニルライニング鋼管は，鋼管の内面に硬質ポリ塩化ビニルをライニングした管で，機械的強度が大きく，耐食性に優れている。

② 屋内及び埋設用に対応できる管には外面仕様の異なるものがある。

表1・1　継手と接合方法

管　種	継　手	接合方法
硬質塩化ビニルライニング鋼管（耐熱性硬質塩化ビニルライニング鋼管）	管端防食継手（埋設は外面被覆継手）	ねじ込み接合
ポリエチレン粉体ライニング鋼管	管端防食継手（埋設は外面被覆継手）	ねじ込み接合
ステンレス鋼鋼管	プレス式・伸縮可とう式継手	プレス式接合・圧縮継手接合
銅管	ろう付け・はんだ付け用継手・機械式継手	ろう付け・はんだ付け・機械式接合
ダクタイル鋳鉄管	メカニカル継手（K形・SⅡ形）・プッシュオン継手（T形・NS形）・フランジ継手	メカニカル接合・挿入接合・フランジ接合
硬質ポリ塩化ビニル管，耐衝撃性硬質ポリ塩化ビニル管	硬質ポリ塩化ビニル製（TS継手・ゴム輪RR継手）・鋳鉄製（ゴム輪継手）	（接着剤による）TS接合・ゴム輪接合，ドレッサー型接合
耐熱性硬質ポリ塩化ビニル管	TS継手	接着剤によるTS接合
水道用ポリエチレン二層管	金属継手	冷間工法
水道配水用ポリエチレン管	EF継手，金属継手，メカニカル継手	EF（電気融着）式接合，金属継手接合，メカニカル接合
水道給水用ポリエチレン管	EF継手，金属継手，メカニカル継手	EF（電気融着）式接合，金属継手接合，メカニカル接合
架橋ポリエチレン管	EF継手・メカニカル継手	EF（電気融着）式接合・メカニカル接合
ポリブテン管	メカニカル継手・熱融着式継手・EF継手	メカニカル接合・熱融着式接合・EF（電気融着）式接合

◀よく出る

管種と継手及び接合方法については，確実に学習すること。

 一次防錆塗装(茶色)／鋼管／硬質塩化ビニル管　SGP-VA

 亜鉛めっき／鋼管／硬質塩化ビニル管　SGP-VB

 硬質塩化ビニル(青色)／鋼管／硬質塩化ビニル管　SGP-VD

図1・1　硬質塩化ビニルライニング鋼管

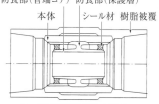

（a）管端防食継手　　（b）外面被覆管端防食継手

図1・2　管端防食継手

管の選定に当たっては，環境条件を十分考慮する必要があるが，一般的に屋内配管はSGP-VA（外面は一次防錆塗装（茶色）），屋内配管及び屋外露出配管にはSGP-VB（外面は亜鉛めっき），また，地中埋設配管及び屋外露出配管にはSGP-VD（外面は硬質塩化ビニル（青色））が使用される。SGP-VD以外の管を地中埋設する場合は，防食対策(防食テープ，ポリエチレンスリーブ（ポリエチレンチューブで覆う工法）などの被覆)を講じる必要がある。

③　鋼管の切断及びねじ切りに当たっては，ライニングされた塩化ビニル部分への局部加熱を避けることや内面にかえりが出ないようにする。また，SGP-VD管を使用する場合は，外面の被覆樹脂部の取扱いを慎重に行うことなどの配慮が必要である。

④　ねじ管端部の腐食を防止するため，管端防食継手を使用しなければならない。一体型と組込型の2種類がある。

（2）　耐熱性硬質塩化ビニルライニング鋼管　◀よく出る

①　耐熱性硬質塩化ビニルライニング鋼管は，鋼管の内面に耐熱性硬質ポリ塩化ビニル管（赤褐色）をライニングした管である。この管の用途は，給湯・冷温水などであり，連続使用許容温度は85℃以下である。

外面は一時防錆塗装（茶色）の1種類のみである。

②　管取扱いの注意事項は硬質塩化ビニルライニング鋼管と同じである。

（3）　ポリエチレン粉体ライニング鋼管

①　ポリエチレン粉体ライニング鋼管は，鋼管内面に前処理を施した後，ポリエチレン粉体を熱融着によりライニングした管である。

②　管及び継手の種類，接合方法などについては，硬質塩化ビニルライニング鋼管に準じる。

（4）　ステンレス鋼鋼管　◀よく出る

①　ステンレス鋼鋼管は，ステンレス鋼帯から自動造管機により製造される管で，鋼管と比べると特に耐食性に優れている。また，強度的に優れ，軽量化しているので取扱いが容易である。管の保管，加工に際しては，かき傷やすり傷を付けないよう取扱いに注意する必要がある。

②　ステンレス鋼鋼管を加工した波状ステンレス鋼管（図1・3）は，変位吸収性を有しているため，耐震性に富むとともに，波状部において任意の角度を形成でき，継手が少なくてすむなどの配管施工の容易さを備えている。

図1・3　波状ステンレス鋼管

（5）銅　管

◀よく出る

① 銅管の特性は，アルカリに侵されず，スケールの発生も少ない。しかし，「青い水」の原因となる遊離炭酸が多い水には適さない。また，耐食性に優れているため薄肉化しているので，軽量で取扱いが容易である。引張強さが比較的大きく，耐寒性能があり，軟質銅管は4～5回の凍結では破裂しない。

② 銅管には，硬質銅管と軟質銅管とがあり，軟質銅管は現場での手曲げ配管が適している。

③ 配管現場では，管の保管，運搬に際しては凹みなどをつけないよう注意する必要がある。

④ 銅管の外傷防止と土壌腐食（侵食）防止を考慮した被覆銅管がある。

⑤ 銅管の継手としては，ろう付け・はんだ付け継手及びプレス式継手・機械式継手がある。

※はんだ付け接合は，銅管・継手を260～320℃に加熱して，パイプと継手のすき間にはんだ（錫–銀の合金）を毛管現象で流入させる工法。一方，ろう付け接合は，銅管・継手を約760～850℃に加熱して，管と継手のすき間に硬ろう（銀ろう，りん銅ろう）を毛管現象で流入させる工法。

　はんだ付け接合は軟ろう接合，ろう付け接合は硬ろう接合ともいわれる。

（6）ダクタイル鋳鉄管（ダクタイル鋳鉄異形管含む）

◀よく出る

① ダクタイル鋳鉄管にはダクタイル鋳鉄異形管も含まれる。ダクタイル鋳鉄管は，鋳鉄組織中の黒鉛が球状のため，じん性に富み衝撃に強く，強度が大であり，耐久性がある。管の接合形式には，伸縮・可とう性があり，管が地盤の変動に適応できるものもあるなど種類が豊富である。

② ダクタイル鋳鉄管の内面防食は，直管はモルタルライニングとエポキシ樹脂粉体塗装があり，異形管はエポキシ樹脂粉体塗装である。

③ ダクタイル鋳鉄管の接合形式は，GX形，NS形，K形，T形，フランジ形など多種類あるが，一般に，給水装置では，メカニカル継手(GX形異形管，K形)，プッシュオン継手(GX形直管，NS形，T形)及びフランジ継手の3種類がある。K形，T形の異形管の接合箇所には，原則として管防護を必要とする。

④ 異形管の管防護

　曲管，T字管，片落管などの異形管は，水平，鉛直ともに管内の水圧による不平均力を受けるが，不平均力の大きさは，水圧，管径及び角度が大きいほど大きくなる。この不平均力の作用によって異形管が外側へ押し出され，継手が離脱するおそれがあるので，異形管の防護をする必要がある。

 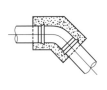 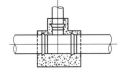

(a) 90°曲管部　　　(b) 45°曲管部　　　(c) T管部

図1・4　異形管の防護

※異形管の防護は，これまで防護コンクリートを打設する方法と異形管前後
のある範囲を離脱防止金具（特殊押輪）で一体化する方法が多用されてきた。
ところが，防護コンクリートは，管路を含む地中埋設物が輻輳（ふくそう）してくるに
つれて次第に打設が困難になってきている。耐震継手管（耐震形ダクタイ
ル鋳鉄管，銅管，ステンレス鋼鋼管，普通ダクタイル鋳鉄管＋特殊押輪に
よる一体化）を使用する場合は，防護コンクリートの打設を省略できる（図
1・4）。

（7）　硬質ポリ塩化ビニル管，耐衝撃性硬質ポリ塩化ビニル管　◀よく出る

① 硬質ポリ塩化ビニル管は，耐食性，特に耐電食性が大きく，他の樹
脂管に比べると引張強さが比較的大きい。また，直射日光による劣化
や温度の変化による伸縮性があるので配管において注意を要する。難
燃性であるが，熱及び衝撃には比較的弱く，寒冷地などでは，給水管
の立上がりで地上に露出する部分は，凍結防止のため管に保温材を巻
く必要がある。また，管に傷がつくと破損しやすくなるため，外傷を
受けないよう取り扱う。

② 有機溶剤，ガソリン，灯油，油性塗料，クレオソート（木材用防腐
剤），シロアリ駆除剤などに接すると材質的に侵され，管の亀裂や膨
潤軟化により漏水事故や水質事故を起こすことがあるので，これらの
物質と接触させてはならない。

③ 耐衝撃性硬質ポリ塩化ビニル管は，硬質ポリ塩化ビニル管の耐衝撃
強度を高めるように改良されたものである。長期間，直射日光に当た
ると，耐衝撃強度が低下することがある。なお，その他の特徴及び取
扱い並びに基準省令に適合する管，継手及び接着剤の規格は，硬質ポ
リ塩化ビニル管に同じである。

※硬質ポリ塩化ビニル管の接着剤接続工法は，TS接合（Taper Sizedの頭文
字をとった）で，冷間接合ともいう（図1・5）。

④ 接続時にはパイプ端面をしっかりと面取りし，継手だけでなくパイ
プ表面にも適量の接着剤を塗布し，接合後は一定時間，接合部の抜出

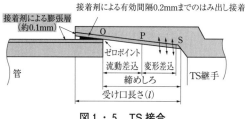

接着剤による有効間隔0.2mmまでのはみ出し接着

接着剤による膨張層
（約0.1mm）

ゼロポイント
流動差込　変形差込
締めしろ
受け口長さ(l)
管
TS継手

図1・5　TS接合

しが発生しないよう保持する。

⑤　接続後は管路を密閉せず，十分に通気を行う。

⑥　接続は次に示す接続方法によるものとし，過去に一部で実施された「あぶり」等による接続は事故の原因となる可能性があるため，行わない。

⑦　接着接合後，通水又は水圧試験を実施する場合，使用する接着剤の施工要領を厳守して，接着後，24時間経過した後に行う。

下記の※プラスチック管の耐熱・耐圧特性を参照。

（8）　耐熱性硬質ポリ塩化ビニル管

◀よく出る

①　耐熱性硬質ポリ塩化ビニル管は，硬質ポリ塩化ビニル管を耐熱用に改良したものである。

②　90℃以下の給湯配管に使用できる。JISでは，水温に応じ設計圧力（使用時に管に加わる最大圧力)が規定されており，その上限を超えないように，減圧弁を設置するなど配管には注意が必要である。

③　この管は，金属管と比べ温度による伸縮量が大きいため，配管方法によってその伸縮を吸収する必要がある。具体的な対応は，製造者のカタログなどによる設計上及び施工上の注意事項を順守する。瞬間湯沸器には，機器作動に異常があった場合，管の使用温度を超えることもあるため使用してはならない。

④　硬質ポリ塩化ビニル管と同様に有機溶剤などとの接触は避けなければならない。

※プラスチック管の耐熱・耐圧特性

　　プラスチック管は，常温でも荷重のかかった状態で放置すると，時間の経過とともに管の変形が進行するクリープ特性がある。また，高温で使用するとさらに劣化が進行することになる。樹脂管を瞬間湯沸器系など高温の湯が流れる系に使用する場合は，温度と圧力の許容値を確認する（図1・6）。

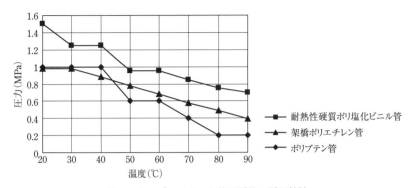

図 1・6　プラスチック管の耐熱・耐圧特性

（9）　水道用ポリエチレン二層管　　　　　　　　　　　　◀よく出る

① 水道用ポリエチレン二層管は，軽量で柔軟性があり現場での生曲げ 配管が可能であり，長尺物のため，少ない継手で施工できる。また， 低温での耐衝撃性に優れ，耐寒性があることから寒冷地の配管に多く 使われている。

② 管の保管は，直射日光を避け，保管や運搬及び施工に際しては管に 傷がつかないよう取扱いに注意する。

③ 有機溶剤，ガソリン，灯油，油性塗料，クレオソート（木材用防腐 剤），シロアリ駆除剤などに接すると，管に浸透し，管の軟化・劣化 や水質事故を起こすことがあるので，これらの物質と接触させてはな らない。

（10）　水道配水用ポリエチレン管　　　　　　　　　　　　◀よく出る

① 水道配水用ポリエチレン管は，高密度ポリエチレン樹脂を主材料と した管で，耐久性，耐食性，衛生性に優れる。管の柔軟性に加え，電 気融着などにより管と継手が一体化し，地震，地盤変動などに適応で きる。また，軽量で取扱いが容易である。

② 管の保管は直射日光を避けるとともに，管に傷がつかないよう，保 管や運搬及び施工に際しては取扱いに注意が必要である。

③ 電気融着式接合は，ポリエチレン管と継手の互いの接合表面を電気 ヒータで溶かし，管と継手の樹脂を一体化させる接続工法である。

④ 有機溶剤，ガソリン，灯油，油性塗料，クレオソート(木材用防腐 剤)，シロアリ駆除剤などに接すると，管に浸透し，管の軟化・劣化 や水質事故を起こすことがあるので，これらの物質と接触させてはな らない。

（11）　水道給水用ポリエチレン管

① 水道給水用ポリエチレン管は，高密度ポリエチレン樹脂を主材料と した管で，耐久性，耐食性，衛生的に優れる。また，現場での手曲げ

配管も可能であり，長尺物では少ない継手で施工できる。管の柔軟性に加え，災害現場や泥ねい地においても施工可能なメカニカル継手や電気融着等により管と継手が一体化し，地震，地盤変動等に適応できる。また，軽量で取扱いが容易である。

②　管の保管は直射日光を避けるとともに，管に傷がつかないよう，保管や運搬及び施工に際しては取扱いに注意が必要である。

③　有機溶剤，ガソリン，灯油，油性塗料，クレオソート（木材用防腐剤）シロアリ駆除剤などに接すると，管に浸透し，管の軟化・劣化や水質事故を起こすことがあるので，これらの物質と接触させてはならない。

(12)　架橋ポリエチレン管　◀よく出る

①　架橋ポリエチレン管は，耐熱性，耐寒性及び耐食性に優れ，軽量で，柔軟性に富んでおり，管内にスケールがつきにくく，流体抵抗が小さいなどの特長を備えている。管は長尺物のため，中間での接続が不要になり，施工も容易である。その特性から集合住宅の世帯ごとの配管や戸建て住宅の屋内の配管において採用されているさや管ヘッダ工法や先分岐工法において使用されている。

②　架橋ポリエチレン管は，90℃以下の給湯配管に使用できるが，水温に応じ設計圧力（使用時に管に加わる最大圧力）が規定されており，その上限を超えないように，減圧弁を設置するなど配管には注意が必要である。

③　架橋ポリエチレン管及び水道用架橋ポリエチレン管は，乳白色のM種（単層），ライトグリーンなどの非架橋層をもつ電気融着接合が可能なE種（二層）がある。

④　管の保管は直射日光を避けるとともに，管に傷がつかないよう，保管や運搬及び施工に際しては取扱いに注意が必要である。

⑤　有機溶剤，ガソリン・灯油，油性塗料，クレオソート（木材用防腐剤），シロアリ駆除剤などに接すると，管に浸透し，管の軟化・劣化や水質事故を起こすことがあるので，これらの物質と接触させてはならない。

④は前項水道配水用ポリエチレン管②と同じ。

※ポリエチレン管・ポリブテン管は，接着が効かないので，「溶着」や「金属継手」となる。

⑤は硬質ポリ塩化ビニル管②・ポリエチレン二層管③と同じ。

(13)　ポリブテン管　◀よく出る

①　ポリブテン管は，高温時でも高い強度を持ち，しかも金属管に起こりやすい侵食もないので温水用配管に適している。この管も架橋ポリエチレン管と同様の特性から，集合住宅の世帯ごとの配管や戸建て住宅の屋内配管において採用されているさや管ヘッダ工法や先分岐工法において使用されている。

② 管の保管は直射日光を避けるとともに，管に傷がつかないよう，保管や運搬及び施工に際しては取扱いに注意が必要である。

③ ポリブテン管は，90℃以下の給湯配管に使用できる。JIS では，水温に応じ設計圧力(使用時に管に加わる最大圧力)が規定されており，その上限を超えないように，減圧弁を設置するなど配管には注意が必要である。

④ 有機溶剤，ガソリン・灯油，油性塗料，クレオソート(木材用防腐剤)，シロアリ駆除剤などに接すると，管に浸透し，管の軟化・劣化や水質事故を起こすことがあるので，これらの物質と接触させてはならない。

②は前項架橋ポリエチレン④と同じ。

④は前項架橋ポリエチレン⑤と同じ。

接合方法としては，メカニカル式接合，電気融着式接合，熱融着式接合がある。

学科試験2

1・2 給水用具

1．給水用具（分水栓，止水栓，逆止弁，空気弁など）の種類，機構・構造，特徴を学習する。
2．瞬間湯沸器，貯湯湯沸器，貯蔵湯沸器の構造及び先止め式・元止め式の機構を学習する。
3．太陽熱利用貯湯湯沸器，ヒートポンプの種類，構造を学習する。
4．浄水器の種類（先止め式・元止め式浄水器，ビルトイン型又はアンダーシンク型）を学習する。
5．浄水器のろ過材の種類，ろ過材の交換頻度及び品質表示を学習する。
6．増圧給水設備の機構，構造を学習する。

給水装置のうち，給水管以外は給水用具である。水道法で定義している直結する給水用具は，給水管に容易に取り外しのできない構造として接続し，有圧のまま給水できる給水栓等の給水器具をいい，ホース等で容易に取り外しの可能な状態で接続される器具は含まない。一般に使用されている給水用具は次のとおりである。

1・2・1　分　水　栓

分水栓は，配水管から給水管を取り出すための給水用具であり，水道用分水栓のほか，配水管に取り付けるサドル機構と止水機構を一体化した構造のサドル付分水栓，割T字管などがある。

◀よく出る

（1）　分水栓

分水栓は，主として鋳鉄管からの分岐に用いるもので，不断水穿孔機により配水管にめねじを切り，取り付ける。分岐口径は13〜25mmである。

（2）　サドル付分水栓

サドル付分水栓は，配水管に取り付けるサドル機構と不断水分岐を行う止水機構を一体化した分水栓で，ライニング鋼管，ダクタイル鋳鉄管，硬質ポリ塩化ビニル管，水道用ポリエチレン二層管，水道配水用ポリエチレン管，水道用ポリエチレン管からの分岐に用いる。

　①　金属製分水栓

　　サドル付分水栓は，サドル，分水栓及びハンドルが金属製でボルトナットによって配水管に固定する（図1・7）。

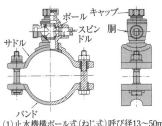
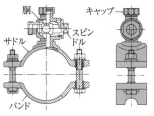

(1)止水機構ボール式(ねじ式)呼び径13〜50mm　　(2)止水機構コック式(ねじ式)

図1・7　サドル付分水栓

②　樹脂製分水栓

　配水管が水道配水用ポリエチレン管の場合は，サドル付分水栓が管と同じ材質であり，これを電気融着によって管に固定する方式である。分岐口径配水は13〜50mmである。

（3）　割T字管

　割T字管は，分水栓と同様の機構を有するもので，ダクタイル鋳鉄製の割T字形の分岐帯に仕切弁を組み込み，一体として配水管にボルトを用いて取り付ける構造である（図1・8）。

図1・8　割T字管

（4）　防食コア

　サドル付分水栓，割T字管による配水管から分岐工事において，配水管の穿孔断面の錆を抑制又は防止するための筒状のコアである。錆コブにより穿孔孔が塞がるのを防ぐ非密着形と穿孔断面に密着して錆の発生を抑える密着形がある。材質は銅，ステンレス，樹脂がある（図1・9）。

(a)非密着形(樹脂)　　　　　(b)密着形(銅)

図1・9　サドル付分水栓用防食コアの例

1・2・2　止　水　栓

止水栓は，給水の開始，中止及び装置の修理その他の目的で給水を制限又は停止するために使用する給水用具であり，甲形止水栓，ボール止水栓，仕切弁，玉形弁などがある。

◀よく出る

（1）　甲形止水栓

甲形止水栓は，止水部が落しコマ構造であり，水平に設置すると逆流防止機能があり，損失水頭が大きい（図1・10）。

（2）　ボール止水栓

ａ．ボール止水栓

ボール止水栓は，弁体が球状のため90°回転で全開・全閉することのできる構造であり，フルボアの形であるので損失水頭が極めて小さい。ボールバルブともいう（図1・11）。

◀よく出る

フルボア：弁体の開口面積が弁箱の開口面積と等しい構造のもの。

ｂ．逆止弁内蔵形

①　逆止弁付ボール式伸縮止水栓

水道メータ上流側に設置する止水栓で，止水機構が上流側（下部)と下流側（下部）の2重構造になっており，上流側には90°開閉式のボール弁を備え，下流側には流量調整が可能なばねリフト式逆止弁を内蔵した止水栓である。

通常通水時は流水により弁体が上昇するが，停水時はばねにより弁体は常時弁座へ密着し逆流を防ぐ構造となっている。

②　リフト式逆流防止弁内蔵ボール止水栓

球状等に加工された逆止弁体で構成するリフト式逆止弁を内蔵したボール止水栓である。

③　ばね式逆止弁内蔵ボール止水栓

弁体をばねによって押しつける逆止弁を内蔵したボール止水栓であり，全開時の損失水頭は極めて少ない。

 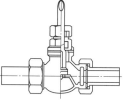

図1・10　甲形止水栓

 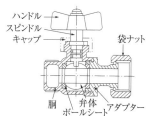

図1・11　ボール止水栓

（3）　仕切弁

仕切弁は，弁体が鉛直方向に上下し，全開・全閉する構造でゲート弁ともいう。全開時はフルボア形となるので損失水頭が小さい（図1・12）。

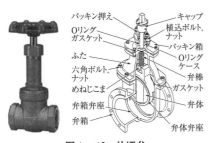

図1・12　仕切弁

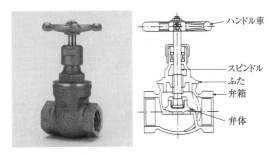

図1・13　玉形弁

（4）　玉形弁

◀よく出る

　玉形弁は，止水部が吊りこま構造であり，逆流防止機能がなく，弁部の構造から流れがS字形となるため損失水頭も大きい（図1・13）。

（5）　不断水簡易仕切弁

　硬質塩化ビニルライニング鋼管に不断水で設置できる簡易仕切弁。管路修繕を最小限の範囲にとどめて短時間で行うことができる。

図1・14　不断水簡易仕切弁

1・2・3　給　水　栓

　給水栓は，給水装置において給水管の末端に取り付けられ，バルブの開閉により流量又は湯水の温度の調整等を行う給水用具の総称である。

（1）　水　栓

◀よく出る

　水栓は，需要者に直接水を供給するための給水用具である。ハンドルを回してバルブの開閉を行う水栓，レバーハンドルを上下してバルブの開閉を行うシングルレバー式の水栓，電気を利用して自動的にバルブの開間を行う電子式自動水栓等，用途によって多種多様のものがあるので，使用目的に最も適した水栓を選ぶ必要がある。

1）　単水栓

　バルブの開閉により，水又は温水のみを1つの水栓から吐水する水栓である。横水栓，立水栓，自在水栓等がある。

2）　湯水混合水栓

　湯水混合水栓は，水と湯を混合し，設定温度，設定量の湯を吐出する給水用具である（図1・15）。

(a)　ミキシングバルブ湯水混合水栓

ミキシングバルブ湯水混合水栓は，二つのハンドル操作によって吐水温度・吐水量の調整ができる。配管途中に設けるミキシングバルブとは異なる。

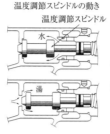
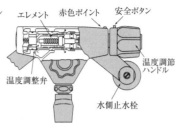

（a）ミキシングバルブ湯水混合水栓　　　（b）サーモスタット湯水混合水栓

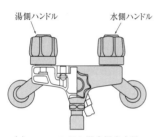
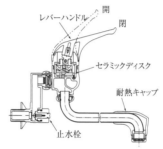

（c）ツーハンドル湯水混合水栓　　　（d）シングルレバー湯水混合水栓

図1・15　湯水混合水栓

(b)　サーモスタット湯水混合水栓

サーモスタット湯水混合水栓は，あらかじめ吐水温度を設定しておけば，湯水の圧力変動及び温度変化があった場合でも，湯水混合量を自動的に調整し，設定温度の混合水を供給する。吐水・止水・吐水量の調整は別途止水部で行う。

(c)　ツーハンドル湯水混合水栓

ツーハンドル湯水混合水栓は，湯側，水側の二つのハンドルを操作することにより，止水と吐水及び吐水温度・吐水量の調整を行う。

(d)　シングルレバー湯水混合水栓

シングルレバー湯水混合水栓は，レバーハンドルの操作で止水と吐水及び吐水温度・量の調整を行う。

3）　ホース接続型水栓

ホース接続型水栓には，散水栓，カップリング付水栓等がある。ホース接続が可能な形状となっており，ホース接続した場合に吐水口空間が確保されない可能性があるため，水栓本体内にばね等の有効な逆流防止機能を持つ逆止弁を内蔵したものになっている。

4）　寒冷地用水抜水栓

　寒冷地用として湯水混合水栓の本体や取付脚に水抜栓を設け，必要に応じて水栓本体内や取付脚本体内の水を排出することにより，給水用具の凍結破損を防止するタイプもある。

（2）　ボールタップ

◀よく出る

　ボールタップは，水位調整のため，フロートの上下によって自動的に弁を開閉する構造のもので，水洗便所のロータンクや受水槽タンクに給水する給水用具である。一般形ボールタップはテコの構造によって単式と複式とに区分され，さらにタンクへの給水方式によりそれぞれ横形，立形の2形式がある。ボールタップの種類は次のとおりである（図1・16）。

(a)　**一般形ボールタップ**（単式と複式）

(b)　**副弁付定水位弁**

　ウォータハンマを軽減できるもので，小口径のボールタップを副弁とし，副弁の動きで主弁を動かす構造である。大容量の受水槽タンクの水位調整弁として使用される。

(c)　**ダイヤフラム式ボールタップ**

　フロートの上下に連動して圧力室内部に設けられたダイヤフラムを動かすことにより吐水・止水を行うものである。

　主な特徴は，次のとおりである。

・給水圧力による止水位の変動が極めて少ない。

・開閉が圧力室内の圧力変化を利用していないため，止水間際にチョロチョロと水が流れたり絞り音を生じることはない。

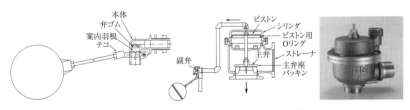

(a) 一般形ボールタップ（単式）　　　　(b) 副弁付低水位弁

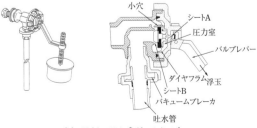

(c) ダイヤフラム式ボールタップ

図1・16　ボールタップの種類

・止水するためには，パイロット孔をフロートの浮力で止めればよく，フロートがコンパクトに設計できる。

（3）　洗浄弁

①　大便器洗浄弁

大便器洗浄弁は，大便器の洗浄に用いる給水用具で，バキュームブレーカを付帯するなど逆流を防止する構造となっている。JIS B 2061（給水栓）又はそれに準じた構造のものは，瞬間的に多量の水を必要とするので配管は口径25mm 以上としなければならない。

手動等でハンドル等を操作し水を吐水させる手動式，センサで感知し自動的に水を吐出させる自動式がある（図1・17）。

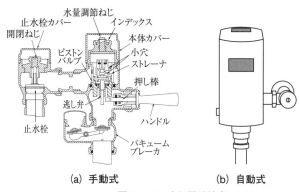

(a) 手動式　　　(b) 自動式

図1・17　大便器洗浄弁

②　小便器洗浄弁

小便器洗浄弁は，小便器の洗浄に用いる給水用具，センサで感知し自動的に水を吐出させる自動式と押しボタン等を操作し水を吐出させる手動式の2種類があり，手動式にはピストン式，ダイヤフラム式の2つのタイプの弁構造がある（図1・18）。

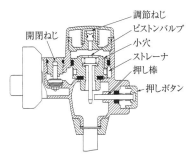

図1・18　手動式小便器洗浄弁

③　小便器専用洗浄弁

小便器と洗浄弁が一体となっている小便器用の専用洗浄弁である。センサで感知し，コントローラで電磁弁の開閉を制御して水の吐出と閉止を行う。

④　**専用洗浄弁式大便器**

　ロータンクや洗浄弁ではなく，専用の洗浄弁（電動弁）を内蔵し，水道の給水圧力・ポンプ等によって直接便器へ給水する方式である。洗浄弁と使器が一体化した構造であり，汚水の逆流を防止するため，内部に負圧破壊装置を具備する。

　洗浄操作により，バルブユニット等の給水装置から便器上部（ボウル面）及び下部（トラップ）へ洗浄水が吐出される。必要作動水圧の条件下で設置する必要があるため，計画・設計の時には配水管の水圧を確認しておく必要がある（図1・19）。

図1・19　専用洗浄弁式大便器

（4）　**不凍栓類**

　不凍栓類は，配管の途中に設置し，流出側配管の水を地中に排出して凍結を防止する給水用具である。不凍給水栓，不凍水抜栓，不凍水栓柱，不凍バルブ等がある。

1）　不凍給水栓

　外とう管が揚水管（立上り管）を兼ね，閉止時に揚水管及び地上配管内の水を排水弁から凍結深度以上（凍結深度を越える深さ）の地中に排水する構造の不凍栓である。したがって，排水口が凍結深度以上の深さとなるよう埋設深さを考慮する必要がある。排水口は逆止機能を有しており，排水弁からの逆流を防止する。土質により排水口周辺に砂利等を充てんする等，排水が浸透しやすい施工とする（図1・20）。

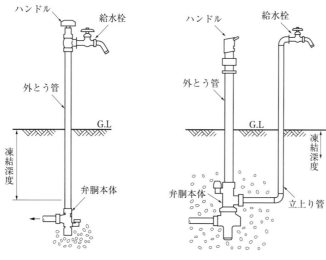

図1・20　不凍給水栓　　　　図1・21　不凍水抜栓

2）　不凍水抜栓

　外とう管と揚水管（立上り管）が分離され，閉止時に揚水管及び地上配管内の水を排水弁から地中に排水する構造の不凍栓である。不凍給水栓同様，排水口が凍結深度以上の深さとなるよう埋設深さを考慮する。流入側流入口より高い位置に排水口を持つ製品もあるので，特に注意が必要である（図1・21）。

①　屋内設置

　不凍水抜栓本体を屋内（床下）に設置して，直接水抜き操作を行う例を示す。遠隔操作装置を用いる場合もある。特に北海道等極寒冷地や積雪の多い地域では，水抜栓本体の維持管理上，あるいは立ち上がり管の損傷防止のため，この方式を採用している場合が多い。ハンドル部を床上に突き出させ直接操作を行う他，遠隔操作装置を用いることもある。

②　屋外設置

　不凍水抜栓本体を屋外に設置し，直接屋外にて操作を行う場合と遠隔装置を用いて屋内から操作を行う場合がある。遠隔操作には，手動式と電動式の2種類がある。

3）　不凍水栓柱

　角柱や丸柱等の化粧管の中を揚水管が立ち上がり末端に給水栓を取り付け使用する。主として屋外の散水用として使用され，揚水管内の水を凍結深度以上の地中に排出する構造の不凍栓である。比較的目立つ場所に設置されることから，景観との調和を意識したデザインのものもある。

４）　不凍バルブ

　流出側配管内の水を凍結深度以上の地中で排出する構造を持ち，屋外に設置する不凍栓である。ボックスを用いて，器具全体を凍結しない地下に設置する。メータボックス（ます）内に設置される場合と，専用のボックスを設けた中に設置される場合がある。

（5）　水道用コンセント（ホース接続型横水栓）

　水道用コンセントは，洗濯機，自動食器洗い機との組合せに最適な水栓で，通常の水栓のように壁から出っ張らないので邪魔にならず，使用するときだけホースをつなげばよいので空間を有効に利用することができる。また，ホースの着脱はワンタッチで行うことができる。水だけのものと湯水混合のものがある（図1・22）。

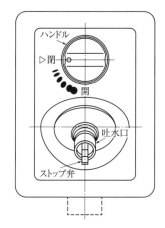

図1・22　水道用コンセント

1・2・4　バルブ類

（1）　逆止弁

１）　ばね式逆止弁

◀よく出る

　ばね式逆止弁は，通常の一次側の水圧が高いときは，ばねを水圧で押して，水は二次側に流れる。逆に二次側の水圧が高くなると，ばねの力でバルブを閉じる機構の逆止弁で，一般的には単式逆止弁である。

①　単式逆止弁

　1個の弁体をばねによって弁座に押し付ける構造のもので，点検孔を備えたⅠ型と点検孔のないⅡ型がある（図1・23）。

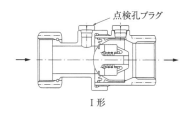

点検孔プラグ

Ｉ形

図１・23　ばね式逆止弁

② 複式逆止弁　　　　　　　　　　　　　　　　　　　　　◀よく出る

　複式逆止弁は，逆流防止を完全に行うため，ばね式逆止弁を二つ連続して設けて第１逆止弁，第２逆止弁とし，万一，第２逆止弁が故障しても，第１逆止弁で逆流を防止する（図１・24）。

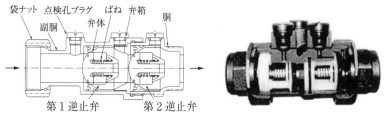

袋ナット　点検孔プラグ　ばね　弁箱
副胴　　弁体　　　　　　胴
第１逆止弁　　　第２逆止弁

図１・24　複式逆流防止弁

③ 二重式逆流防止器

　二重式逆流防止器は，各弁体のテストコックによる性能チェック及び作動不良時の弁体の交換が，配管に取り付けたままできる構造である（図1・25）。

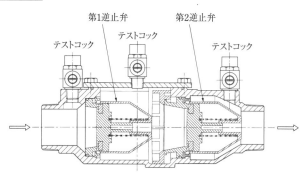

第1逆止弁　　　第2逆止弁
テストコック　テストコック　　テストコック

図１・25　二重式逆流防止器

④ 減圧式逆流防止器

　減圧式逆流防止器は，逆流を完全に阻止するため，第１逆止弁と第２逆止弁の間に中間室を設け，中間室に流入室との差圧で作動する逃し弁を取り付けてある。第１逆止弁が故障したら，中間室の水を逃がし弁から排水させる。主に増圧給水設備において，水道メータと圧力タンクの間に設け，配水管への逆流を完全防止のために取付けが義務化されている（図１・26）。

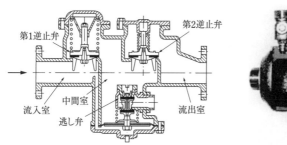

図1・26　減圧式逆流防止器

2）　リフト式逆止弁

◀よく出る

　リフト式逆止弁は，弁体が弁箱又はふたに設けられたガイドによって，弁座に対して垂直に作動し，自重で閉止に戻る。主に湯沸器の上側に設ける（図1・27）。弁体が垂直に作動できる方向にしか取り付けられない。損失水頭は大きい。

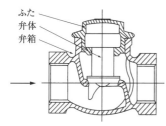

図1・27　リフト式逆止弁

3）　自重式逆流防止弁

　自重式逆流防止弁は，一次側の流水圧で逆止弁体を押し上げて通水し，停水又は逆圧時は逆止弁体が自重と逆圧で弁座を閉じる構造である。

4）　スイング式逆止弁

　スイング式逆止弁は，弁を針の方向にピンで止め，一次側の水圧が二次側の水圧より高いときは，水は弁を押して流れ，逆に二次側の水圧が高いと，弁が自動的に重力で閉じる形式の逆止弁である。リフト式に比較して鉛直・水平に取り付けられることから利用範囲も広く，損失水頭も小さいが，機能低下すると異常音を生じやすい（図1・28）。

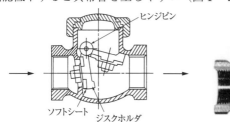

図1・28　スイング式逆止弁

5）　中間室大気開放型逆流防止器

　中間室大気開放型逆流防止器は，第1逆止弁と第1逆止弁の間に通気口

を備え，逆流が派生すると通気口から排水し，低圧や汚染の危険度が低い
ものでの逆流・負圧による逆流を防止する逆流防止器である（図1・29）。

図1・29　中間室大気開放型逆流防止器

6）　逆止弁付メータパッキン

　逆止弁付メータパッキンは，配管接合部をシールするメータ用パッキン
にスプリング式の逆流防止弁を兼ね備えた構造である。逆流防止器が必要
な既設配管内の内部に新たに設置することができる。水道メータ交換時に
は必ず交換する。

（2）　減圧弁

　減圧弁は，調整ばね，ダイヤフラム，弁体など
の圧力調整機構によって，一次側の圧力が変動し
ても，二次側を一次側より低い圧力に保持する給
水用具である（図1・30）。

図1・30　減圧弁

◀よく出る
※一般に，集合住宅な
　どの給水圧力は0.2
　～0.25MPaとする
　ので，分岐した枝管
　に減圧弁を設ける。

（3）　空気弁，吸排気弁，安全弁，定流量弁，バキュームブレーカ，吸気弁

　①　空気弁

　空気弁は，管頂部に設置し，フロートの作用により管内に停滞した空
気を自動的に排出する機能を持つ給水用具である。なお，工事などで配
管の水を排水する時に自動的に吸気する機能を併せ持つが，吸気量は少
量で負圧解消には難がある（図1・31）。

◀よく出る

　②　吸排気弁

　空気弁と同じような機構を持つ吸排気弁は，一定圧力以上の空気圧と
なったとき排気する機能と，管内が負圧になったとき自動的に吸気する
2種類の機能を持ち，増圧給水設備の最上端末給水用具として用いる
（図1・32）。

◀よく出る

　③　安全弁

　安全弁は，設置した給水管路や貯湯湯沸器等の圧力が，設定圧力より
も上昇すると，給水管路の給水用具を保護するために弁体が自動的に開
いて過剰圧力を逃がし，圧力が所定の値に降下すると自動で閉じる機能
を持つ給水用具である（図1・33）。

◀よく出る

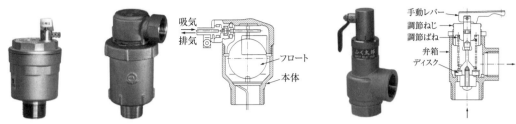

図1・31　空気弁　　　　　図1・32　吸排気弁　　　　　図1・33　安全弁（逃し弁）

④　定流量弁

　定流量弁は，一次側の圧力にかかわらず，ばね，オリフィス，ニードルなどによる流量調整機構によって，流量が一定になるよう調整する給水用具である（図1・34）。

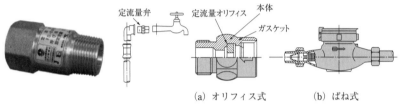

(a) オリフィス式　　　(b) ばね式

図1・34　定流量弁

⑤　バキュームブレーカ

　バキュームブレーカは，給水管に負圧が生じ，逆サイホン作用により水が逆流するのを防止するため，負圧部分に自動的に空気を送り込む機能をもち，大便器などの端末給水栓の流出側に付ける。常時圧力が加わらない大気圧式と，常時圧力が加わる給湯設備などの安全を確保するため用いる圧力式とがある。圧力式は，耐圧性能を有さなければならないが，大気圧式は耐圧性能を求められていない（図1・35）。

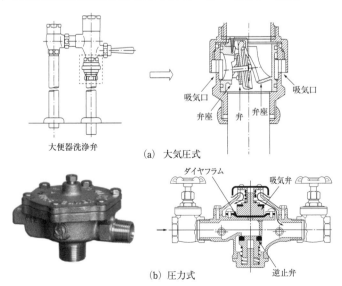

(a) 大気圧式

(b) 圧力式

図1・35　バキュームブレーカ

◀よく出る

◀よく出る

　バキュームブレーカは，逆サイフォン作用により使用済みの水その他の物質が逆流し水が汚染されることを防止する機能を持つ給水用具である。

　圧力式は，常時圧力はかかるが逆圧（背圧）のかからない配管に設ける。

⑥　吸気弁

　吸気弁は，寒冷地などの水抜き配管で，不凍栓を使用して二次側配管内の水を排水し凍結を防ぐ配管において，排水時に同配管内に空気を導入して水抜きを円滑にする自動弁である。

⑦　ミキシングバルブ

　配管途中に組み込んで，水と湯を混合し，サーモスタットで所定の温度の湯を供給するバルブ（図1・36）。流量は調節できない。ミキシングバルブ湯水混合水栓とは異なる。

図1・36　ミキシングバルブ

1・2・5　湯沸器

（1）　ガス瞬間湯沸器

◀よく出る

　ガス瞬間湯沸器は，給水栓を回して水が流れると，流れを利用したダイヤフラム弁によってガス栓を開けてガスを点火し，コイル状の給水管を通過中の水を加熱する構造となっている。給湯に連動してガス通路を開閉する機構を備え，最高85℃程度まで上げることができるが，通常は40℃前後で使用される。

　給湯栓が1箇所だけの元止め式と，給湯栓が2箇所以上ある離れた場所で使用できる先止め式がある。

　※能力表示で，16号，24号などの表示があるが，号数とは，給湯器の能力を表すもので，水温＋25℃の湯を1分間に何リットル（L）出すことができるかを表している。たとえば，16号であれば，水温15℃の水を40℃の給湯に昇温した場合，1分間に16L出せる性能を有している。

1）　先止め式湯沸器

　先止め式は，離れた所や複数の場所に給湯することが可能で，通常，一つの建物を一つの熱源で給湯する場合の給湯器は先止め式ということになる。水栓も市販の様々なものが使用可能で，先止め式湯沸器は給湯器より先で水を止めるので，給湯器に水圧がかかることになる。膨張水が発生するため，排水ホッパーや逃し弁も必要で，配管も複雑になる（図1・37）。

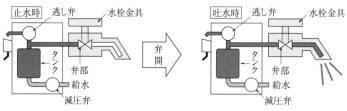

図1・37　先止め式湯沸器の構造

2)　元止め式湯沸器

元止め式湯沸器は，給湯器には水圧がかからないので，構造が単純で配管も単純にすることが可能である。しかし，離れた所への給湯や複数の場所への給湯はできないので，キッチンの前に取り付ける5号のガスの湯沸器，洗面台下やミニキッチン下の小型電気温水器ぐらいでしか利用されていない（図1・38）。

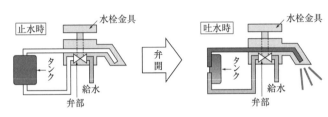

図1・38　元止め式湯沸器の構造

（2）　ガス給湯付ふろがま

給湯機能を備えたガスふろがま。家庭用では給湯部が瞬間湯沸器構造の給湯付ふろがまの表示ガス消費量は91kW以下（ふろ部は21kW以下，給湯部は70kW以下）のものを扱う。

（3）　潜熱回収型給湯器(通称 ガス：エコジョーズ，石油：エコフイール)

潜熱回収型給湯器は，今まで利用せずに排気していた高温(約200℃)の燃焼ガスを再利用し，水を潜熱で温めた後に従来の一次熱交換器で加温して温水を作り出す，従来の非潜熱回収型給湯器より高い熱効率を実現した給湯器である（図1・39）。

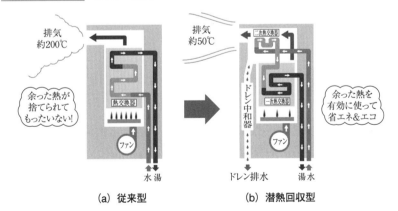

(a)　従来型　　**(b)　潜熱回収型**

図1・39　潜熱回収型給湯器

（4）　電気温水器

電気によりヒータ部を加熱し，タンク内の水を温め，貯蔵する湯沸器である。

（5）　貯湯湯沸器

　貯湯湯沸器は，貯湯槽内に貯えた水を加熱する構造で，湯温に連動して自動的に燃料通路を開閉，又は電源を切り替え（ON／OFF）する機能を有している。

　貯湯湯沸器は，貯湯部が密閉されており，貯湯部にかかる圧力が100kPa以下で，かつ，伝熱面積が4 m² 以下及び100kPa を超え200kPa以下で，かつ伝熱面積が2 m² 以下の構造のもので，労働安全衛生法令に規定するボイラー及び小型ボイラーに該当しない。給水管に直結するので，減圧弁，安全弁（逃し弁）及び逆止弁などを必ず設ける（図1・40）。

　なお，湯圧が不足して給湯設備が満足に使用できない場合，貯湯湯沸器の二次側に設置し湯圧を加圧する給湯用加圧装置を用いる。

（6）　貯蔵湯沸器

　貯蔵湯沸器は，ボールタップを備えた器内の容器に，貯えた水を一定温度に加熱して給湯する給水用具である。水圧がかからないため湯沸器設置場所でしか湯を使うことができない。事務所・病院などの湯沸室に設置される給茶用の湯沸器として用いられることが多い（図1・41）。

図1・40　貯湯湯沸器　　　図1・41　貯蔵湯沸器

（7）　循環式自動湯張り型ふろがま

　自動給湯回路とふろ追い炊き回路を併せ持つ給湯器である。自動給湯回路とふろ追い炊き回路は吸気排水機能付逆流防止器で接続され，一次側への逆流を防止する。

（8）　太陽熱利用貯湯湯沸器

　太陽熱利用貯湯湯沸器は，太陽集熱装置系と上水道系が蓄熱槽内で別系統となっている2回路式（間接加熱式），太陽集熱装置内に上水道が循環する水道直結式（直接加熱式）及びシスターンによって水道管と縁の切れているシスターン式などがある（図1・42）。

　太陽熱利用貯湯湯沸器の2回路式（間接加熱式）は，給水管に直結した貯湯タンク内で太陽集熱器から送られる熱源を利用し，水を加熱する。

◀よく出る

　貯湯湯沸器は，一缶二水路型貯湯湯沸器の一部を除いて試験水圧は0.3MPaである。

※伝熱面積とは，熱交換装置の伝熱に寄与している表面の面積。ボイラーなどで伝熱量を計算するのに必要な値。

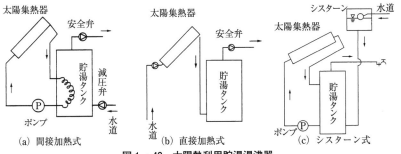

図1・42　太陽熱利用貯湯湯沸器

（9）　自然冷媒ヒートポンプ給湯機（通称　エコキュート）

　自然冷媒ヒートポンプ給湯機は，熱源に大気を利用しているため，消費電力が少ない給湯機である。

　熱交換の仕組みは，ヒートポンプユニットで空気の熱で吸収した冷媒（炭酸ガス：CO_2）が，圧縮機で圧縮されることによりさらに高温となり，給湯タンク内の水を熱交換器内に引き込み，冷媒の熱を伝えることにより，お湯を沸かしている。

　この給湯機は，基本的な機能・構造は貯湯湯沸器と同じであるが，水の加熱が貯湯槽外で行われるため，労働安全衛生法施行令に定めるボイラーとならない（図1・43）。

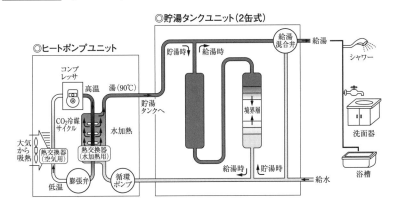

(a) ヒートポンプユニット　　(b) 貯湯タンク　　(c) 熱交換の仕組み

図1・43　自然冷媒ヒートポンプ給湯機

（10）　地中熱ヒートポンプ給湯機

　地表面から約10m以深の温度は，年間を通して一定であり，その安定した温度の熱を利用するのが地中熱ヒートポンプ給湯機である。地中熱は日本中どこでも利用でき，しかも天候等に左右されない再生可能エネルギーである。

　地中熱利用ヒートポンプシステムの利用方法には，地中の熱を間接的に利用するクローズドループ式と，地下水の熱を直接的に利用するオープン

ループ式がある。クローズドループ式には、地中熱交換器（採熱管とも呼ぶ）の埋設方法によって、垂直型と水平型がある（図1・44）。

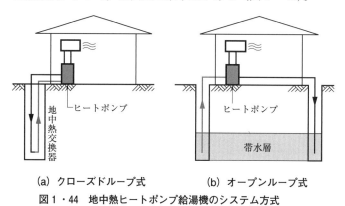

(a) クローズドループ式　　(b) オープンループ式

図1・44　地中熱ヒートポンプ給湯機のシステム方式

1・2・6　浄水器

（1）　浄水器の役割と種類

◀よく出る

浄水器は、水道水中の残留塩素や濁度などの溶存物質、トリハロメタンなどの微量有機物や鉛、臭気などを減少させるため、活性炭や中空系膜を用いて減少することを目的とする給水用具で、給水管に直結し、水栓の流入側に取り付けられ常時圧力が作用する先止め式浄水器（図1・45）と端末給水栓の流出側に設け常時水圧を受けない元止め式浄水器（図1・46）がある。ただし、元止め式で、浄水器と水栓が一体として製造・販売されているもの（ビルトイン型又はアンダーシンク型）は給水装置に該当するが、浄水器単独で製造・販売され、消費者が取り付けを行うものは該当しない。

先止め式、元止め式については1・2・5「湯沸器」を参照されたい。

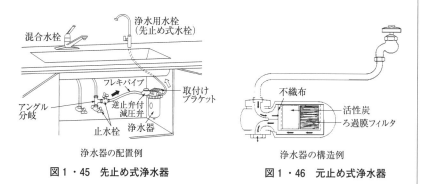

浄水器の配置例

図1・45　先止め式浄水器

浄水器の構造例

図1・46　元止め式浄水器

※トリハロメタン　　浄水場で消毒に使用される塩素と原水中の有機物が反応して生成される物質を消毒副生成物という。トリハロメタンは、その消毒副生成物の一種で、一部発がん性の疑いがあるいわれている。発生量は、塩素投入量や原水中の有機物量に比例する。水道水でいうトリハロメタン

には、クロロホルム、ジブロモクロロメタン、ブロモジクロロメタン、ブロモホルムの4種類があり、その合計量を総トリハロメタンという。

※濁度　水の濁りの度合いを表す単位で、1Lの水に粒径62〜74μmの白陶土1mgを含ませたときの濁度を1度として、これが基準となっている。純粋な水に濁りはなく、粘土のような水に溶けない細かい物質があると濁りを生じる。濁度を測定するには、各濁度の標準液をつくり、測定しようとする水と比較する方法及び光学的な方法がある。水道水質基準では2度以下と定められている。

1）アンダーシンク形浄水器

アンダーシンク形浄水器は、一般的に流し台（シンク）の内部に設置される。

この浄水器は、水栓の流入側に取り付けられ常時水圧が加わる先止め式（I形）と水栓の流出側に取り付けられる元止め式（II形）の2種類があるが、どちらも給水用具として分類される。特にアンダーシンク形浄水器（I形）は常時水圧が作用しているため、堅牢な作りのものが一般的である。

なお、アンダーシンク形浄水器（II形）は、専用の分岐栓を使用して設置することから、給水用具として分類される。いずれも給水用具として逆流防止性能を有することが求められている（図1・47）。

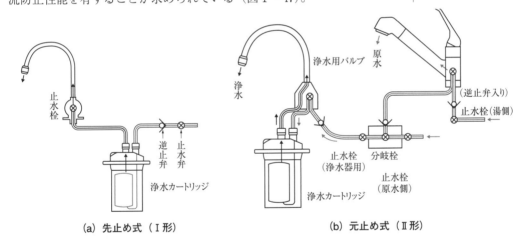

(a) 先止め式（I形）　　　　　(b) 元止め式（II形）

図1・47　アンダーシンク形浄水器

2）据置形浄水器

据置形浄水器は浄水器の中では最も古い形の一つである。

給水栓の先に分岐栓とフレキシブルなホースによって取り付けられる一般的な据置形浄水器はII形浄水器に分類されており、給水用具ではない。また、一部には給水栓上流側の分岐栓を介して取り付けられるものもあり、これはI形浄水器として給水用具となる。

据置形浄水器の中には内容量500ml以上の大型のものが多く、この場合、逆流防止性能を有する必要がある（図1・48）。

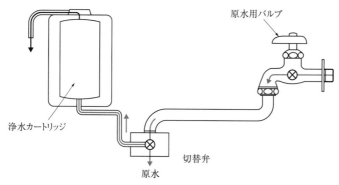

図1・48　据置形浄水器（元止め式　Ⅱ形）

3）　水栓一体形浄水器

　水栓一体形浄水器は，給水栓内部に浄水能力のあるろ材（カートリッジ）が内蔵されているもので給水用具に分類される。

　初期のタイプのものは，水栓にカートリッジが取り付けられて水栓と別の機能として浄水していたもの）が多かったが，<u>近年は水栓のスパウト部に小型のカートリッジを内蔵したものが主流となっており，いずれのタイプも給水用具として分類されている。</u>

　なお，水栓一体形浄水器は，浄水部分以外は給水栓として分類してある（図1・49）。

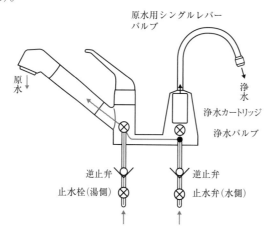

図1・49　水栓一体形浄水器

（2）　浄水器のろ過材

◀よく出る

　浄水器のろ過材には

①　<u>活性炭</u>

②　<u>ポリエチレン，ポリスルホン，ポリプロピレンなどからできた中空糸膜を中心としたろ過膜</u>

③　<u>その他セラミックス，ゼオライト，不織布，天然サンゴ，イオン交換樹脂など</u>があり，ほとんどがカートリッジ式となっている。

※活性炭　　活性炭は，次亜塩素酸と反応してわずかずつ失われながら，次亜塩素酸の分解触媒として作用する。また同時に，活性炭表面の無数の細かい孔が水中のトリハロメタンやジオスミンをはじめとする様々な不純物を吸着していく。このため，その寿命は通水した量や時間には必ずしも関係なく，活性炭が不純物を吸着し終わった時点である。また，長期間使用しているとその細かい孔の中で微生物が増殖するため，製造段階で殺菌のための銀などを蒸着または噴霧しておくが，それでも時間が経つと微生物が発生してくることは避けられない。このため，活性炭の寿命はこれらを総合的に考え合わせて製造者ごとに決められている。

※ろ過膜　　精密ろ過膜やフィルタは，水道管又はタンクの劣化などによる不純物の除去，また孔径がおおむね $1\mu m$ 以下であればクリプトスポリジウムなどの原虫の除去に有効である。水道水には給水栓の時点で次亜塩素酸が残留するように添加されているため，$1\mu m$ 以下の大きさの物質が阻止されていなくても，少なくとも衛生上の問題が生じることはない。

（3）　ろ過材の交換頻度　　◀よく出る

浄水器は，水から残留塩素などを取り除き，器具内に残留した水で雑菌の繁殖の温床となるので，ろ過材のカートリッジは有効期限を確認し，適切に交換することが必要である。

（4）　品質の表示　　◀よく出る

浄水器については，家庭用品品質表示法施行令により，ろ過材の種類，浄水能力などの品質を表示することが義務付けられている。

1・2・7　増圧給水装置（直結加圧形ポンプユニット）

（1）　増圧給水装置

直結加圧形ポンプユニットは，中高層建物の末端給水栓に必要な水圧を確保するために，配水管より分岐した給水管に直接連結する直結増圧給水方式に用いる（図1・50）。一般には，末端での圧力を一定とする制御となっている。

1）　製品規格　　◀よく出る
製品規格としては，JWWA B 130：2005（水道用直結加圧形ポンプユニット）であり，対象口径は20〜75mm である。

2）　直結加圧形ポンプユニットは，給水装置に直接接続してもよい。　　◀よく出る
水道法施行令第五条第1項第三号によると，「配水管の水圧に影響を及ぼすおそれのあるポンプに直接連結されていないこと」との規程があるが，これは配水管の水圧に影響を及ぼすおそれのあるポンプに直接連結されていないことの規程で，配水管の水圧低下や水撃圧の発

生など，配水管の水圧に影響を及ぼすおそれのあるポンプを直接連結することによって生じる，他の需要者の水使用の障害を防止する趣旨である。

① 始動・停止による給水管の圧力変動が微小であり，ポンプ運転による配水管の圧力に脈動がないこと。

② 吸込側の水圧が異常低下した場合には自動停止し，復帰した場合には自動復帰すること。

③ 配水管の水圧の変化及び使用水量に対応でき，安定給水できること。

④ 使用水量が少ない場合（10L/min 程度）に自動停止すること。

⑤ 吸込側の水圧が異常上昇した場合には自動停止し，バイパスにより直結直圧給水ができること。

⑥ 安全性を十分確保していること。

３）直結加圧形ポンプユニットは，保守メンテナンスが必要な機器であるので，その設置位置は，保守点検及び修理を容易に行うことができる場所とし，これに要するスペースを確保する必要がある。　◀よく出る

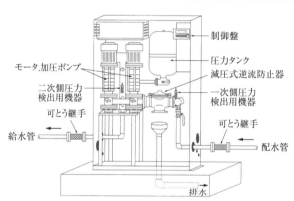

図1・50　直結加圧形ポンプユニット（直結増圧給水設備）

（2）直結加圧形ポンプユニットの構成　◀よく出る

直結加圧形ポンプユニットは，通常，加圧ポンプ制御盤（インバータを含む），バイパス管（逆止め弁を含む），流水スイッチ，圧力発信器，圧力タンク及び減圧式逆流防止器（ユニット構成外）等をあらかじめ組み込んだユニット形式となっている場合が多い。

1）加圧ポンプ　◀よく出る

加圧ポンプは，遠心（うず巻き）ポンプ・多段遠心ポンプなどに直結した交流誘導電動機が用いられる。一般に，ポンプは，故障時を考慮して複数台を自動交互運転させて利用する。

また，使用水量が少なく自動停止する時の吐水量は，10L/min 程度である。

2）　制御盤

制御盤は，制御用マイコン，インバータ，継電器類，表示器などを内蔵し，各検出用機器から得た情報をもとに，加圧ポンプの制御，電流・電圧・故障などの状態表示，設備の入・切，並びに自動・手動の切替えなど，制御に関することのすべてを行うものである。

3）　圧力タンク

◀よく出る

圧力タンクは，一般に容量は20L程度で，水の使用が停止すると，圧力タンク内の圧力を高めて停止前の状態を保ち，ポンプで停止後の少量の水の使用には，圧力タンク内の水を供給することで，加圧形ポンプのスイッチの開閉数を少なくする目的で用いられる。停電によりポンプが停止したときの蓄圧機能は有していない。

一般に圧力タンクは，ゴム膜を用いて空気室に封入された空気圧で圧力を調節し，水圧を一定に保つ機構をもっている。ポンプの開閉を少なくすることで，配水管の水圧の影響を少なくできる。

この規格（JWWA B 130）に定める性能に支障が生じなければ，圧力タンクを設置しなくてもよいとされている。

4）　減圧式逆流防止器

減圧式逆流防止器は，増圧給水設備の逆流を防止し，中間室の逃し弁から排出する水の排水路を完全に下水道に流せるようにしなければならない。

なお，減圧式逆流防止器は，構成機器外であり，メータバイパスユニット，減圧式逆流防止器，増圧給水ユニットの順に取り付けユニットの吸込側に設置するが，吸込圧力を十分確保できない場合は，ユニットの吐出側に設置してもよい。

1・2・8　その他の給水用具等

（1）　冷水機

冷水機は，冷却槽で給水管路内の水を任意の一定温度に冷却し，押しボタン式又は足踏み式の開閉弁を操作して，冷水を射出する給水用具である。

（2）　自動販売機

自動販売機は，水道水を冷却又は加熱し，清涼飲料水，茶，コーヒー等を販売する器具である。水道水は，器具内給水配管，電磁弁を通して，水受けセンサにより自動的に供給される。タンク内の水は，目的に応じてポンプにより加工機構に供給される。

水道一次側との縁切りは，水受けタンク内の吐水口とオーバフロー管との吐水口空間により行われる。

（3）　製氷機

製氷機は，水道水を冷却機構で冷却し，氷を製造する機器である。

（4）　温水洗浄装置付便座

洗浄装置付便座は，その製品の性能等の規格をJISで定めており，温水発生装置で得られた温水をノズルから射出し，おしり等を洗浄する装置を具備した便座である。フィルタの詰まりに注意する必要がある。

（5）　食器洗い機

食器洗い機は，洗浄槽に配置した食器を自動的に洗浄する器具である。据え置き型とビルトイン型がある。

（6）　ディスポーザ用給水装置

ディスポーザ用給水装置は，台所の排水口部に取り付けて生ごみを粉砕するディスポーザとセットして使用する器具である。排水口部で粉砕された生ごみを水で排出するために使用する。

（7）　非常時用貯水槽

非常時用貯水槽は，非常時に備えて，天井部，床下部に給水管路に直結した貯水槽を設ける給水用具である（図1・51）。天井設置用は，重力を利用して簡単に水を取り出すことができ，床下設置用は，加圧用コンセントにフットポンプ及びホースを接続し・加圧し，水を取り出すことができる。

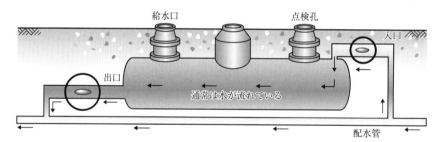

給水口　点検孔　入口

出口　通常は水が流れている　配水管

図1・51　非常時用貯水槽(床下設置用の例)

（8）　ユニット化装置

ユニット化装置には，器具ユニット，配管ユニット，設備ユニット等がある。

（9）　水栓柱

水栓柱（立て水栓）は，屋外に設置され，外筒に立ち上がり菅を内蔵している器具である。外筒の材質は，従来からあるレジンコンクリートや硬質ポリ塩化ビニルの他，ステンレスやアルミニウム，木調や石材等多種に及んでいる。

(10)　その他の給水用具

①　スプリンクラーヘッド

　スプリンクラーヘッドは，水系統の消火設備であるスプリンクラーの末端に取り付ける給水用具である。

②　水撃防止器

　水撃防止器は，給水装置の管路途中又は末端の器具等から発生する水撃作用を軽減又は緩和するため，封入空気をゴム等により圧縮し，水撃を緩衝する給水器具である。ベローズ形，エアバック形，ダイヤフラム式，ピストン式等がある（図1・52）。

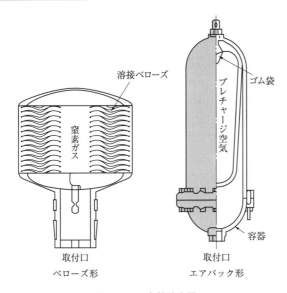

溶接ベローズ　　　　　　ゴム袋

窒素ガス　　　プレチャージ空気

取付口　　　　　　　容器

ベローズ形　　　　　取付口

エアバック形

図1・52　水撃防止器

③　シャワーヘッド

④　給湯用加圧装置

　Y型ストレーナは，流体中の異物などをろ過するスクリーンを内蔵し，ストレーナ本体が配管に接続されたままの状態でも清掃できる。

1・3 水道メータ

1．給水装置としての水道メータの設置位置，口径決定，検定有効期間を学習する。
2．水道メータの分類とその機構を学習する。

1・3・1 水道メータの基準

1）水道メータの設置位置は，水道事業者が指定できる。　◀よく出る
2）水道メータは，水道事業者の所有であるが，給水装置である。
3）水道メータは，各水道事業者により使用する型式が異なるため，設計にあたっては，あらかじめこれらを確認する必要がある。
4）水道メータの口径決定に際しては，水道メータの許容流量範囲を超えて水が使用されると，正しい計量ができなくなるおそれがあるため，適正使用流量範囲，瞬間使用の許容流量などに十分留意する。
5）水道の使用量は，料金算定の基礎となるもので適正な計量が求められることから，水道メータは，計量法に定める検定検査に合格したものでなければならない。水道メータの検定有効期間は 8 年である。検定有効期間前に変換しなければならない。
6）水道メータの技術進歩への迅速な対応及び国際整合化の推進を図るため，日本産業規格（JIS）が制定されている。

1・3・2 水道メータの分類

　水道メータは，羽根車の回転数と通過水量が比例することに着目して計量する羽根車式が主に使用されている。　◀よく出る

　水道メータの計量方法は，流れている水の流速を測定して流量に換算する流速式（推測式）と水の体積を測定する容積式（実測式）に分類される（図1・53）。わが国で使用されている水道メータは，ほとんどが流速式である。

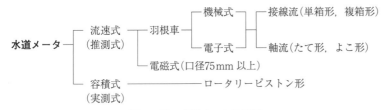

図1・53　水道メータの分類

1・3・3　羽根車式の指示部の形態

（1）　接線流羽根車式水道メータ（図1・54）

　接線流羽根車式水道メータは，計量室内に設置された羽根車に噴射水流を当て，羽根車を回転させて通過流量を積算表示する構造である。

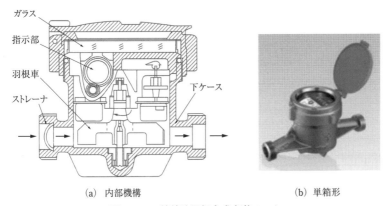

（a）　内部機構　　　　　　　　　　　（b）　単箱形

図1・54　接線流羽根車式水道メータ

（2）　軸流羽根車式水道メータ（図1・55）

◀よく出る

①　たて形軸流羽根車式

　たて形軸流羽根車式は，メータケースに流入した水流が，整流器を通って，垂直に設置されたらせん状羽根車に沿って下方から上方に流れ，羽根車を回転させる構造となっているもので，口径40～350mmの給水管に用いられ，少流量から多流量用まで使用範囲は広いが，水の流れが水道メータ内で迂流するので，やや圧力損失が大きいという欠点がある。

②　よこ型軸流羽根車式

　よこ形軸流羽根車式は，メータケースに流入した水流が，整流器を通って，水平に設置された螺旋状羽根車に沿って流れ，羽根車を回転させる構造のものである。給水管とメータ内の流れが直流であるため損失水頭が小さいが，羽根車の回転負荷がやや大きく，微小流量での性能が若干劣る。現在はほとんど製造されていない。

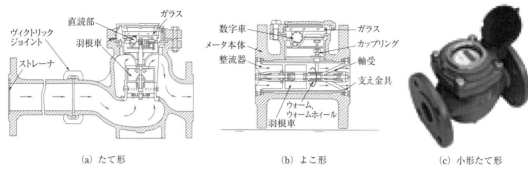

(a) たて形　　　　　　　(b) よこ形　　　　　　　(c) 小形たて形

図1・55　軸流羽根車式水道メータ

1・3・4　電磁式水道メータ（図1・56）

　電磁式水道メータは，水の流れと垂直に磁界をかけ，電磁誘導作用（フレミングの右手の法則）により，流れと磁界に垂直な方向に誘起された起電力により流量を測定する器具である。少流量から大流量まで，圧力損失水頭もなく，精度よく求められる。

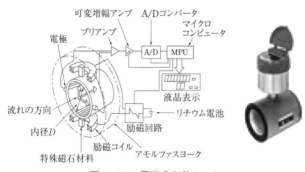

図1・56　電磁式水道メータ

1・3・5　水道メータ

（1）　計量部

1）　構造

① 　単箱式

　単箱式はメータケース内に流入した水流を羽根車に直接与える構造のものである。

② 　複箱式

　複箱式は，メータケースの中に別の計量室をもち，複数のノズルから羽根車に噴流水流を与えるものである。

2）　計量方式

① 　正流式

正方向に限り計量する計量室をもったメータをいう。

② 可逆式

正方向と逆方向からの通過水量を計量する計量室をもったメータで，正方向は加算，逆方向は減算する構造となっている。

（2）　表示機構部

1）　構造

① 機械式

機械式は，羽根車の回転を歯車装置により減速し機械的に表示機構に伝達して，通過水量を積算表示する方式である。

② 電子式

電子式は，羽根車に永久磁石を取付けて，羽根車の回転を磁気センサで電気信号として検出し，集積回路により演算処理して，通過水量を液晶表示する方法である。

2）　表示方式

① 直読式

直読式は，計量値を数字（デジタル）で表示するもので，表示部が不鮮明になるのを防止するため，目盛板及び表示機構部が流水部と隔離されており，羽根車の回転は，マグネットカップリングによって表示機構部に伝達される乾式となっている。

② 円読式

円読式は，計量値を回転指針（アナログ）で目盛版に表示するもので，目盛板等表示機構全体が水に浸かっている湿式となっている（図1・57）。

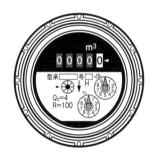

(a)　直読式　　　　　　　(b)　円読式

図1・57　水道メータの表示方法

1・3・6　水道メータの遠隔表示装置

　メータの遠隔表示装置は，設置したメータの表示水量をメータから離れた場所で能率よく検針するために設けるものである。中高層集合住宅や地下街等における検針の効率化，また積雪によって検針が困難な場合，あるいは大口径メータ室の鉄蓋開閉が困難な場合等に有効である。

　また，使用水量を伝送するものであるため，正確で故障が少なく維持管理が容易なものであることが必要である。

　発信装置（又は記憶装置），信号伝送部（ケーブル）及び受信器から構成され，次のようなものがある（1・58）。

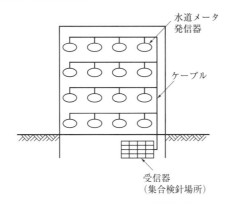

図1・58　メータの遠隔表示方法

（1）　パルス発信方式

　パルス発進方式は，メータが一定量を計量したとき，磁石の回転によってリードスイッチ又はラッチングリレーの切換作動を起こさせ，その切換信号を集積回路によって演算処理して，表示水量を液晶表示する方式である。中には電文出力及びパルス出力機能を有するものもある。なお，検針方法は，個別検針と集中検針による方式がある。

（2）　エンコーダ方式

　エンコーダ方式は，羽根車の回転をマグネットカップリングを介してエンコーダユニットに導く方式である。エンコーダユニットは，単位水量ごとに羽根車の回転により蓄積されたエネルギーを放出する間欠早送り機構によって，桁別（1,000 m^3，100 m^3，10 m^3，1 m^3等）のロータリスイッチを動かし，計量値が保持，記憶される構造となっている。

　遠隔表示する場合は，保持，記憶される計量値を変換器により電気信号化し，集中検針盤等で受信して表示する。

（3）　電子式表示方式

　羽根車中心先端に永久磁石を取り付けて，羽根車の回転を磁気センサで

電気信号として検出し，集積回路によって演算処理して，通過水量を液晶表示する方式である。電気通信手段と多機能型の電子式水道メータによって，遠隔自動検針の実用化が図られている他，ハンデイターミナル（携帯用検針端末機）による検針や，検針業務を必要としないプリペイド方式（料金前払制）もある。

1・3・7　メータユニット

（1）　メータバイパスユニット

メータバイパスユニットは，主に直結給水方式の配管に設置され，不断水でメータの設置，交換が行うことができるものである。通水・停水と通常流路からバイパスに流路を切換える流路切換弁，メータをねじ接合又は圧着接合するメータ接続機器，仕切弁又は流路切換弁，一次側と二次側を繋ぐバイパス管を備えた構造となっている。さらにメータボックス（ます）と一体化したユニットになっており，バイパス管の中にはパイロット管が内蔵され，水が循環して停滞水とならない機構となっている。逆上弁を内蔵したタイプもある（図1・59）。

図1・59　メータバイパスユニット　　図1・60　メータユニット

（2）　メータユニット（図1・60）

1）　中高層建物用

中高層建物用メータユニットは，主に中高層建物のパイプシャフト内に設置されるメータ回りの給水用具を一体化したものである。止水栓，減圧弁，逆流防止弁等を台座に取り付けて一体化した構造となっている。ねじ接合又は圧着接合によってメータの着脱を行うことができる。

2）　埋設用

埋設用メータユニットは，戸建て住宅のメータ回りの給水用具を一体化したものである。止水栓，逆流防止弁がメータボックス（ます）と一体化した構造となっている。ねじ接合又は圧着接合によってメータの着脱を行うことができる。

３）　地上式複式メータユニット（集合住宅用）

　集合住宅等の小規模集合住宅では，ボックスが地面に複数個並び，広い面積を占有している。地上式複式メータユニットは，こうした現状を踏まえ，検針の効率化と敷地の有効利用のため，縦型でメータボックス（ます）内に複数台のメータ回りの給水用具を一体化したものである。

　メータ交換時に土砂に触れることがないので衛生面で有効である他，景観面にも寄与する。

４）　埋設式複式メータユニット（集合住宅用）

　埋設式複式メータユニットは一つのメータボックス（ます）内で複数系統のメータと上水栓，逆流防止弁等とを組み合わせて，台座等に取り付けて一体化したものである。ねじ接合又は圧着接合によって，メータの着脱を行うことができる。

５）　メータカートリッジ

　メータカートリッジは，メータの接続ねじ部にスプリングを内蔵したアダプタを取り付け，配管に直接接続させるフレーム部に圧着方式で固定するメータユニットである。

　専用の着脱工具を用いるため適応できる埋設深度は幅広く，余裕をもって手の届く程度から2mを越えるような場合に至るまで対応が可能であり，埋設深度の深い地域においても採用される例がある。

1·4 給水用具の故障と対策

学習のポイント

1. 給水用具の故障と対策を学習する。

給水用具の故障と対策を表1・2～表1・8に示す。

1·4·1 水　栓

水栓の故障原因と修理などの対策を表1・2に示す。

表1・2　水栓の故障と対策　　　　　　　　◀よく出る

故　障	原　因	修　理
漏水	こま・パッキンの摩耗損傷	こま・パッキンを取り替える
	弁座の摩耗，損傷	軽度の摩耗，損傷ならば，パッキンを取り替える。その他の場合は水栓を取り替える
水撃	こまとパッキンの外径の不揃い	正規のものに取り替える
	パッキンが柔らかいときキャップナットの締めすぎ	パッキンの材料を変えるか，キャップナットを緩める
	こまの裏側の仕上げ不良	こまを取り替える
	パッキンの硬度が柔らかすぎる	適当な硬度のパッキンに取り替える
	水圧が異常に高いとき	減圧弁などを設置する
不快音	スピンドルの穴とこま軸の外径が合わなく，がたつきがあるとき	摩耗したこまを取り替える
グランドから浸水	スピンドル又はグランドパッキンの摩耗，損傷	スピンドル又はグランドパッキンを取り替える
スピンドルのがたつき	スピンドルのねじ山の摩耗	スピンドル又は水栓を取り替える
水の出が悪い	水栓のストレーナにごみが詰まった場合	水栓を取りはずし，ストレーナのごみを除去する

1・4・2　ボールタップ

ボールタップの故障原因と修理などの対策を表1・3に示す。

表1・3　ボールタップの故障と対策

◀よく出る

故　障	原　因	修　理
水が止まらない	弁座に異物が詰まる	弁座の異物を除去する
	パッキンの摩耗・劣化	パッキンを取り替える
	水面の波立がある	波立防止板を設置する
	弁座が損傷又は摩耗	ボールタップを取り替える
水が出ない	スピンドル（主弁のピストン）の固着	分解掃除するか，スピンドルを取り替える
水が出ない（ダイヤフラム式）	流量調節棒が締め切った状態	ハンドルを回して所定の位置にした

1・4・3　副弁付定水位弁

副弁付定水位弁の故障原因と修理などの対策を表1・4に示す（図1・61）。

表1・4　副弁付定水位弁の故障と対策

◀よく出る

故　障	原　因	修　理
水が止まらない	副弁の故障	一般形ボールタップの修理と同じ
	主弁座に異物をかんでいる	シリンダをはずし，弁座を清掃する
	主弁座パッキンの摩耗	新品と取り替える
水が出ない	ストレーナに異物の詰まり	分解して清掃する
	ピストンのOリングが摩耗して作動しない	Oリングを取り替える

1・4・4　ロータンク

ロータンクの故障原因と修理などの対策を表1・5に示す（図1・62）。

表1・5　ロータンクの故障と対策

◀よく出る

故　障	原　因	修　理
水が止まらない	フロートにつながる鎖がからまっている	鎖をたるませる
	フロート弁の摩耗，損傷のためすき間から水が流れ込んでいる	フロート弁を取り替える
	フロート弁座に異物が詰まる	弁座の異物を除去する
	オーバーフロー管から流出	ボールタップの水位調整を行い，損傷しているものは取り替える

	フロート弁（排水弁）のパッキン が摩耗	パッキンを取り替える
水が出ない	ストレーナの詰まり	ストレーナを清掃する

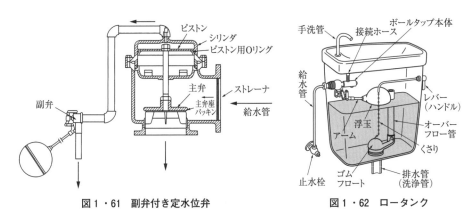

図1・61　副弁付き定水位弁　　　　　　図1・62　ロータンク

1・4・5　小便器洗浄弁

　小便器洗浄弁の故障原因と修理などの対策を表1・6に示す（図1・63）。

表1・6　小便器洗浄弁の故障と対策

故　障	原　因	修　理
吐水量が少ない	調節ねじの閉めすぎ	調整ねじを左に回す
吐水量が多い	調節ねじの開けすぎ	調整ねじを右に回す
水勢が弱く洗浄が不十分	開閉ねじの閉めすぎ	開閉ねじを左に回す
水勢が強く洗浄が強く水 が飛び散る	開閉ねじの開けすぎ	開閉ねじを右に回す
少量の水が流れ放し	ピストン弁と弁座の間への 異物のかみ込み	ピストン弁を取りはずし， 異物を取り除く
多量の水が流れ放し	ピストン弁の小穴の詰まり	ピストン弁を取りはずし， 小穴を掃除する

◀よく出る

　開閉ねじは一般の水栓等と同じ開閉で，調節ねじはその逆である。

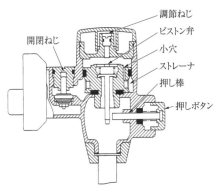

図1・63　小便器洗浄弁

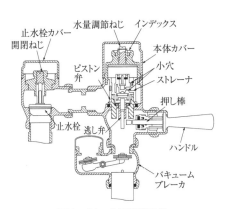

図1・64　大便器洗浄弁

1・4・6　大便器洗浄弁

大便器洗浄弁の故障原因と修理などの対策を表1・7に示す（図1・64）。

表1・7　大便器洗浄弁の故障と対策

◀よく出る

故　障	原　因	修　理
常に少量の水が流出している	ピストン弁と弁座の間に異物がかんでいる	ピストン弁を取りはずし異物を取り除く
	弁座又は弁座パッキンの傷	損傷部分を取り替える
常に多量の水が流出している	ピストン弁の小穴の詰まり	ピストン弁を取りはずし，小穴を清掃する
	ピストン弁のストレーナの異物の詰まり	ピストン弁を取り出しブラシなどで軽く清掃する
	押し棒と逃し弁との間にすき間がなく常に押棒が逃し弁を押している	ハンドルを取り替えた場合すき間がなくなることがある。やすりなどで押し棒の先端を削り1.5mm くらいのすき間になるようにする
	逃し弁のゴムパッキンが傷んでいる	ピストン弁を取り出しパッキンを取り替える
吐水量が少ない	水量調節ねじを閉めすぎている	水量調節ねじを左に回して吐水量を増やす
	ピストン弁のUパッキンが摩耗している	ピストン弁を取り出しUパッキンを取り替える
吐水量が多い	水量調節ねじを開けすぎている	水量調節ねじを右に回して吐水量を減す
水勢が弱くて汚物が流れない	開閉ねじを閉めすぎている	開閉ねじを左に回して水勢を強める
水勢が強くて水が飛び散る	開閉ねじを開けすぎている	開閉ねじを右に回して水勢を弱める
水撃が生じる	ピストンゴムパッキンを押しているビスが緩んでいる	ビスが緩んだ場合，圧力室に多量の水が流入してピストン弁が急閉止して音を発する。ビスの締め直しをする
	非常に水圧が高く，かつ，開閉ねじが開きすぎている	開閉ねじをねじ込み，水の水路を絞る
	ピストンゴムパッキンの変形（ピストン弁が急閉止する）	ピストン弁を取り出してよく広げるか，又は取り替える
ハンドルから漏水する	ハンドル部のOリングの傷み	Oリングを取り替える

1・4・7　湯　沸　器

　湯沸器の故障原因と修理などの対策を表1・8に示す。なお，湯沸器は，需要者が修理することは困難かつ危険であり，簡易なもの以外は，製造者に修理を依頼する。 ◀よく出る

表1・8　湯沸器の故障と対策（簡易なもの） ◀よく出る

故　障	原　因	修　理
湯栓を開いてもバーナに点火しない	ダイヤフラムのゴムの破損	ダイヤフラムのゴムを取り替える
	水フィルタにごみの詰まり	フィルタを清掃する
使用時に燃焼が悪い	ごみ・さび・すすなどによる炎の孔の詰まり	柔らかいブラシでバーナを清掃する
	熱交換器吸熱板（フィン）部分にすす燃焼生成物が詰まって炎が浮きだち不安定	吸熱板部分を清掃する
炎の長さが大きくなったり，小さくなったりする	水圧が低く不安定	給水装置に起因する場合は他の使用中の給水栓を止めるか，又は給水管の口径を太くして水圧低下を防ぐ
湯栓のハンドルを締めても止まらない	湯栓のパッキンの不良	パッキンを取り替える
口火に点火しない	火口の詰まり	火口を細い針金で清掃する

学科試験2

確認テスト〔正しいものには○，誤っているものには×を付けよ。〕

□□(1)　水道法で定義している「直結する給水用具」とは，給水管に容易に取外しのできない構造として接続し，有圧のまま給水できる給水栓などの給水用具をいい，ホースなど，容易に取外しの可能な状態で接続される器具は含まれない。

□□(2)　硬質塩化ビニルライニング鋼管のねじ接合には，管端防食継手を使用しなければならない。

□□(3)　ポリブテン管は，高温時でも高い強度を持ち，しかも金属管に起こりやすい浸食もないので温水用配管に適している。なお，この管は，架橋ポリエチレン管に比べ，管に傷がつきにくく，運搬や施工に際しての取扱いは容易である。

□□(4)　架橋ポリエレン管の継手の種類としては，メカニカル継手と電気融着式継手がある。

□□(5)　ステンレス鋼鋼管の継手の種類としては，伸縮可とう式継手とプレス式継手がある。

□□(6)　耐衝撃性硬質ポリ塩化ビニル管は，硬質ポリ塩化ビニル管の耐衝撃強度を高めるように改良されたものであるが，長期間，直射日光に当たると耐衝撃強度が低下することがある。

□□(7)　二重式逆流防止器は，各弁体のテストコックによる性能チェック及び作動不良時の弁体の交換が，配管に取付けたままできる構造である。

□□(8)　スイング式逆止弁は，弁体が弁箱又は蓋に設けられたガイドによって弁座に対し垂直に作動し，弁体の自重で閉止の位置に戻る構造のものである。

□□(9)　減圧弁は，調整ばね，ダイヤフラム，弁体等の圧力調整機構によって，二次側の圧力が変動しても，一次側を二次側より低い一定圧力に保持する給水用具である。

□□(10)　バキュームブレーカは，給水管内に負圧が生じたとき，サイホン作用により使用済の水等が逆流し水が汚染されることを防止するため，逆止弁により逆流を防止するとともに逆止弁より二次側（流出側）の負圧部分へ自動的に空気を取り入れ，負圧を破壊する機能を持つ給水用具である。

□□(11)　管内に負圧が生じた場合に自動的に多量の空気を吸気して給水管内の負圧を解消する機能を持った給水用具を吸排気弁という。なお，管内に停滞した空気を自動的に排出する機能を併せ持っている。

□□(12)　ボールタップは，フロートの上下によって自動的にバルブを開閉する構造のもので，一般形ボールタップはテコの構造によって単式と複式とに区分される。

□□(13)　ウォータクーラは，冷却槽で給水管路内の水を任意の一定温度に冷却し，押ボタン式又は足踏式の開閉弁を操作して，冷水を射出する給水用具である。

□□(14)　給水装置として取扱われる貯湯湯沸器は，そのほとんどが貯湯部にかかる圧力が100Pa以下で，かつ伝熱面積が４m²以下の構造のもので，労働安全衛生法令に規定するボイラー及び小型ボイラーに該当しない簡易ボイラーといわれるものである。貯湯湯沸器は，給水管に直結するので減圧弁及び安全弁（逃し弁）の設置が必須である。

□□(15)　浄水器のうち，浄水器単独で製造・販売され，消費者が取付けを行うものは給水用具に該当する。

□□⒃　電子式自動水栓の機構は，手が赤外線ビーム等を遮断すると電子制御装置が働いて，吐水，止水が自動的に制御できるものである。

□□⒄　直結加圧形ポンプユニットは，通常，加圧ポンプ，制御盤，圧力タンク，副弁付定水位弁をあらかじめ組み込んだユニット形式となっている場合が多い。

□□⒅　直結加圧形ポンプユニットは，ポンプを複数台設置し，1台が故障しても自動切替えにより給水する機能や運転の偏りがないように自動的に交互運転する機能等を有している。

□□⒆　水道メータは，各水道事業者により，使用する形式が異なるため，設計に当たっては，あらかじめこれらを確認する必要がある。

□□⒇　水道メータの計量方法は，流れている水の流速を測定して流量に換算する流速式（推測式）と，水の体積を測定する容積式（実測式）に分類され，わが国で使用されている水道メータは，ほとんどが容積式である。

□□(21)　水道メータの構造で，複箱式とは，メータケースの中に別の計量室（インナーケース）をもち，複数のノズルから羽根車に噴射水流を与える構造のものである。

□□(22)　たて形軸流羽根車式水道メータは，メータケースに流入した水流が整流器を通って，垂直に設置された螺旋状羽根車に沿って上方から下方に流れ，羽根車を回転させる構造である。

□□(23)　水道メータの指示部の形態は，計量値をアナログ表示する直読式と，計量値をデジタル表示する円読式がある。

□□(24)　水道メータの検定有効期間は，8年であるため，その期間内に検定に合格したメータと交換しなければならない。

□□(25)　水栓を使用すると水撃作用（ウォータハンマ）が生じていたので原因を調査した。その結果，こまとパッキンの外径が不ぞろいであったので，正規なものに取り替えた。

□□(26)　受水槽のボールタップからの補給水が止まらないので原因を調査した。その結果，ボールタップの弁座が損傷していたので，ボールタップのパッキンを取り替えた。

□□(27)　大便器洗浄弁から常に大量の水が流出していたので原因を調査した。その結果，ピストンバルブのストレーナに異物が詰まっていたので，ピストンバルブを取出しブラシで軽く清掃した。

□□(28)　小便器洗浄弁から多量の水が流れっぱなしとなるのは，開閉ねじの開け過ぎが原因の一つと考えられる。

□□(29)　副弁付定水位弁の故障で水が出なくなった。調査したところ，ストレーナに異物が詰まっていたので，取り外して副弁付定水位弁を使用した。

確認テスト解答・解説

(1)　○

(2)　○

(3)　×：ポリブテン管は，架橋ポリエチレン管と同様，管に傷がつきやすく，運搬や施工に際しての取り扱いは注意を要する。

(4)　○

(5)　○

(6)　○

(7)　○

(8)　×：リフト式逆止弁の記述である。一方，設問のスイング式逆止弁は，ジスクホルダ（弁体）が弁箱内部のヒンジピンを支点とするアームにより円弧作動し，一次側の水圧が二次側の水圧より高いときは，水はジスクホルダを押して流れ，逆に二次側の水圧が高いと，ジスクホルダが自動的に重力で閉じる形式の逆止弁である。リフト式に比較して鉛直，水平に取り付けられることから利用範囲も広く，損失水頭も小さいが，機能低下で異常音を生じやすい。

(9)　×：一次側の圧力が変動しても，二次側を一次側より低い一定圧に保持する給水用具である。

(10)　○

(11)　○

(12)　○

(13)　○

(14)　○

(15)　×：浄水器単独で製造・販売され，消費者が取付けを行うものは給水装置に該当しない。

(16)　○

(17)　×：加圧ポンプ，制御盤，圧力タンク，逆止弁をあらかじめ組み込んだユニット形式となっている場合が多い。

(18)　○

(19)　○

(20)　×：一般に，わが国では流速式が使用されている。

(21)　○

(22)　×：たて形軸流羽根車式水道メータは，メータケースに流入した水流が，整流器を通って，垂直に設置された螺旋状羽根車に沿って下方から上方に流れ，羽根車を回転させる構造となっているものである。

(23)　×：アナログ表示する円読式と，デジタル表示する直読式がある。

(24)　○

(25)　○

(26)　×：ボールタップの弁座が損傷していたので，ボールタップを取り替える。

(27)　○

(28)　×：ピストンバルブの小穴の詰まりが原因である。

(29)　×：分解して清掃する。

第2章 給水装置施工管理法

給水装置施工管理法の出題傾向（出題数：5問）

「給水装置施工管理法」の試験科目の主な内容は，給水装置工事の工程管理，品質管理及び安全管理に関する知識を有していることである。具体的には，工程管理（最適な工程の選定），品質管理（給水装置工事における品質管理），安全管理（工事従事者の安全管理，安全作業の方法）等である。

この科目「給水装置施工管理法」は，5問出題である。合格に必要な正答は，2問以上である。

令和4年度の出題傾向は，

① 施工管理・施工関連，2問出題されている。
② 施工管理・工程関連，出題無し。
③ 施工管理・品質関連，1問出題されている。
④ 安全管理・安全関連，出題無し。
⑤ 安全管理・公衆災害関連，2問出題されている。

施工管理3問，安全管理2問出題されている。

組み合わせを求める問題が3問出題された，注意が必要。

施工管理の工程関連，安全管理の安全関連が出題されていないので，注意が必要。

施工管理 公道部分の工事での関係官公庁，インフラ企業の対応に関することが出題されている。
品質管理 信頼の確保，無駄な作業・検査の手数の減少に関することが出題されている。
工程管理 工程管理の手順に関することが出題されている。
安全管理 建設工事公衆災害防止対策要綱に関することが多く出題されている。

2・1 給水装置工事の施工管理

学習のポイント

1．施工管理に関する事項を学習する。
2．給水装置工事の流れを学習する。

2・1・1　施工管理とは

　施工管理は，施主(発注者)の要求を満たしつつ，品質の良い建築物(目的物)を提供するため，工事全体の管理・監督を行うことである。具体的には，技術者，技能者等工事従事者を選任し，工事に使用する材料，工事方法，建設機械などを選定し，施工計画をたて，発注者が求める工期内に，適切な品質目的物を，適切な価格で安全に建設するために，品質管理（Q），原価管理（C），工程管理（D），安全管理（S）及び環境管理（E）等を行うことである。

　施工管理の責任者は，事前に当該工事の施工内容を把握し，それに沿った施工計画書(実施工程表，施工体制，施工方法，品質管理方法，安全対策等)を作成し，工事従事者に周知を図っておく。また，工事施行に当たっては，施工計画に基づく工程管理，工程に応じた工事品質の確認並びに工事進捗に合わせて公衆災害及び労働災害を防止するための安全対策を行うなど施工管理にあたるものとする。

　当該工事に従事する者が配管工事を施行するときには，水道法施行規則に基づき，適切に作業を行うことができる技能を有する者を工事に従事させ，又はその者に当該工事に従事する他の者を実地に監督することとなっている。給水装置工事における施工管理の責任者は，給水装置工事主任技術者である。　◀よく出る

2・1・2　給水装置工事の施工管理の概要

（1）　道路上での給水装置工事の施工管理

　給水装置工事は，配水管の取付口から末端の給水用具までの設置又は変更の工事である。そのうち，配水管からの分岐以降水道メータまでの区間の工事は，道路上での工事を伴うことから，施工計画書を作成するとともに

に，それに基づき適切な品質管理，工程管理，安全管理等を行う必要がある。また，給水装置工事主任技術者は，基準省令や当該水道事業者の供給規程等を十分理解し，水道事業者の指導のもとで，適切に作業を行うことができる技能を有する者を工事に従事させ，又はその者の監督のもとで当該工事に従事する者に実施させる。　　　　　◀よく出る

　公道上の工事については，道路管理者が道路管理の観点から規制をする場合があるので，工事等の範囲について事前に水道事業者に確認する。

　一般的な給水装置工事での留意点を次に示す。

(a)　**施工計画書の作成と周知**

　給水装置工事主任技術者は，現地調査，水道事業者等との協議等に基づき，作業の責任を明確にした施工計画を作成し，工事従事者に周知する。また，工事の過程において，作業従事者，使用機器，施工手順，工事日程，安全対策等に変更が生じたときは，その都度施工計画書を修正し，工事従事者に周知する。

　施工計画書は，緊急時等も含め作業従事者等が常に見ることができるよう，付近住民への情報提供も考慮し，たとえば，工事現場内に設置してある「工事中看板」に吊るしておく等の措置を講じる。ただし，この場合は，施工計画書に発注者等の個人情報は記載しない等個人情報保護への配慮が必要である。なお，責任者が不在でも電話連絡が図れるようにしておくことも重要である。　　　　　◀よく出る

施工計画書の記載項目例

1）工事概要

　工事場所，管種，口径，延長，工期等

2）現場組織表及び有資格者一覧表

　安全，確実な施工を行うため，工事の労働安全管理体制を明確にする。

　小型掘削機を用いて道路内工事を施工する場合は，小型車両系建設機械の特別教育修了者及び土止め支保工作業主任者を必ず配置する。その他，必要に応じて，地山の掘削作業主任者，移動式クレーン運転者，玉掛作業者等を配置する。

3）使用機械

　掘削機械，締固め機械，ダンプトラック等

4）使用材料

　給水管，給水用具は，基準省令の性能基準に適合しているものを使用する。

5）施工方法

　施工手順書等

6）施工管理計画

　品質管理項目と品質確認方法等

学科試験2

7）緊急時の連絡体制

　工事受注者，水道事業者，警察署，消防署，道路管理者，緊急病院，電力やガス等の埋設物管理者，労働基準監督署等

8）交通管理

　保安施設及び工事案内標識の配置，歩道確保の方法等，交通整理員，保安委員の配置

9）安全管理

　工事安全管理対策並びに地下埋設物等の第三者施設への安全管理対策

10）建設副産物の処理計画

　工事現場から発生する建設副産物（建設発生土及び廃棄物）の処理方法

11）工程表

12）その他

工事施工の管理に必要な事項を記載する。

　(b)　**施工管理**

　　①　施行に当たっては，施工計画書に基づき適正な施工管理を行う。具体的には，施工計画に基づく工程，作業時間，作業手順，交通規制等に沿って工事を施行し，必要の都度工事目的物の品質確認を実施する。

　　②　断水連絡，布設替え，その他特に施工時間が定められた箇所における給水装置工事については，水道事業者や関連する事業者と事前に打合せを行い，指定時間内において円滑な工程の進行を図る。

　(c)　**品質管理**

　施工計画書に品質管理項目と管理方法，管理担当者を定め実施する。その結果を記録にとどめるほか，実施状況を写真撮影し，工事記録としてとどめておく。

　(d)　**施工の確認**　　　　　　　　　　　　　　　　　　　◀よく出る

　　①　水道事業者，発注者等が常に施工状況の確認ができるよう必要な資料，写真の取りまとめを行っておく。

　　②　水道事業者によっては，工事完了時に配水管の分岐から水道メータまでの工事の品質管理の結果とその状況写真の提出を義務付けているところがある。

　　　品質管理記録は，施工管理の結果であり適正な工事を証明する証しとなるので，給水装置工事主任技術者は品質管理の実施とその記録の作成を怠ってはならない。この品質管理は，宅地内の給水装置工事も同様である。

(e) **現場付近住民への説明等** ◀よく出る

工事着手に先立ち，現場付近住民に対し，工事の施工について協力が得られるよう，工事内容の具体的な説明を行う。なお，工事内容を現場付近住民や通行人に周知させるため，広報板等を使用し，必要な広報措置を行う。

(f) **障害物の取扱い** ◀よく出る

工事の施工中に他の者の所管に属する地下埋設物，地下施設その他工作物の移設，防護，切り廻し等を必要とするときは，速やかに水道事業者や埋設管等の管理者に申し出て，その指示を受ける。

(g) **労働災害，公衆災害の防止**

① 労働安全衛生法において，労働災害とは，「労働者の就業に係る建設物，設備，原材料，ガス，蒸気，粉じん等により，又は作業行動その他業務に起因して，労働者が負傷し，疾病にかかり，又は死亡することをいう。」と定義されている。

労働災害で最も避けなければならないのは人命に係る重大事故である。建設工事の三大災害は，①墜落・転落，②建設機械・クレーン等による事故，③倒壊・崩壊といわれていたが，上下水道工事では今でもこの三大災害事故が上位を占めている。また，4番目の自動車等は，上水道工事が道路の交通を規制して施工することもあり，交通整理員等が交通事故に巻き込まれ被災したものが加わったものと思われる。

給水装置工事主任技術者は，これらを参考に，工事従事者の身の安全を図るための努力を怠ってはならない。

② 建設工事公衆災害防止対策要綱において，公衆災害とは，「当該工事の関係者以外の第三者（公衆）に対する生命，身体及び財産に関する危害並びに迷惑をいう」と定義されている。ここでの迷惑には，騒音，振動，ほこり，臭いなどのほか，水道・電気等の施設の段損による断水や停電も入る。

公衆災害防止のため，工事の施工に際し，騒音規制法，振動規制法，公害防止条例等関係法令等を順守し，住民等の安全を確保する。また，建設物，道路等の施設，地下埋設物等に障害を及ぼさないよう十分に注意するとともに，沿道住民から騒音，振動，ほこり，臭い等による苦情が起こらないように適切な措置を講じる必要がある。特に住宅地や夜間施工時においては，低騒音型機械等の使用により騒音を軽減させる。 ◀よく出る

また，工事に伴う交通処理及び交通対策について保安施設及び工

事案内標識の配置図，交通誘導員等の配置並びに歩行者通路の確保等を施工計画書に記載し，工事従事者に周知する。

③　過去の災害の尊い教訓等をもとに，労働安全衛生法令及び建設工事公衆災害防止対策要綱が制定されている。給水装置工事主任技術者はこのことを重く受け止め，工事現場はチームプレーであることを念頭において，現場で働く工事従事者全員で安全行動の徹底を図るよう努めなければならない。

(h)　**応急措置**

工事の施工に当たり，事故が発生し，又は発生するおそれがある場合は，直ちに必要な措置を講じたうえ，事故の状況及び措置内容を水道事業者や関係官公署に報告する。　　　　　　　　　　　◀よく出る

なお，緊急時の連絡先(工事受注者，水道事業者，警察署，消防署，道路管理者，緊急病院，電力やガス等の地下埋設企業，労働基準監督署等の電話番号等)を施工計画書に明記しておく。

(2)　宅地内での給水装置工事の施工管理

宅地内での給水装置工事は，一般に水道メータ以降末端給水用具までの工事である。施主の依頼に応じて実施されるものであり，工事の内容によっては，建築業者等との調整が必要となる。宅地内での給水装置工事は，これらに留意するとともに，道路上での給水装置工事と同様に施工計図書の作成と，それに基づく品質管理・工程管理・安全管理等を行う必要がある。

工法及び工期については，水道事業者の承認を受けた工法，工期，その　　◀よく出る
他の工事上の条件に適合するように施工しなければならない。

(3)　配水管への取付け口から水道メータまでの使用材料

水道事業者は，災害等による給水装置の損傷を防止するとともに，給水装置の損傷の復旧を迅速かつ適切に行えるようにするために，配水管への　　◀よく出る
取付け口から水道メータまでの間の給水装置に用いる給水管及び給水用具について，その構造及び材質等を指定する場合がある。したがって，給水装置工事を受注した場合は，配水管への取付け口から水道メータまでの使用材料について水道事業者に確認する必要がある。

2・1・3　給水装置工事の流れ

　給水装置工事を受注してから工事完了(引渡し)までの一般的な工程の例を図2・1に示す。

◀よく出る

学科試験2

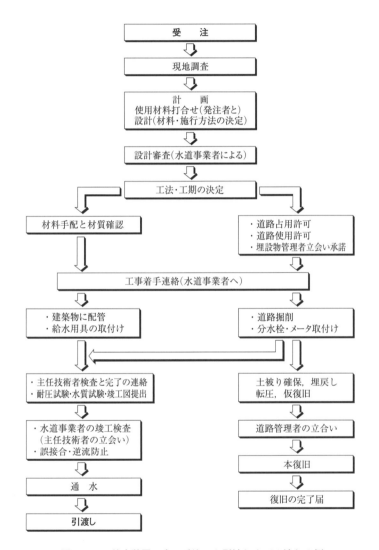

図2・1　給水装置工事の受注から引渡しまでの流れの例

2・1・4　道路占用許可申請

　道路占用許可申請は，道路法第三十二条第1項で，道路に一定の物件を設置して，継続して道路を使用しようとする場合は，道路管理者の許可を受けなければならないと規定されている。

　道路法（昭和27年6月10日法律第180号）第三十二条（道路の占用の許可），第三十三条（道路の占用の許可基準），第三十四条（工事の調整のための条件），第三十五条（国の行う道路の占用の特例），第三十六条（水道，電気，ガス事業等のための道路の占用の特例），第三十八条（道路管理者の道路の占用に関する工事の施行）及び第四十条（原状回復）を次に示す。

（1）　道路の占用の許可

> **道路法第三十二条**　道路に次の各号のいずれかに掲げる工作物，物件又は施設を設け，継続して道路を使用しようとする場合においては，道路管理者の許可を受けなければならない。
> 　一　電柱，電線，変圧塔，郵便差出箱，公衆電話所，広告塔その他これらに類する工作物
> 　二　水管，下水道管，ガス管その他これらに類する物件
> 　三　鉄道，軌道その他これらに類する施設
> 　四　歩廊，雪よけその他これらに類する施設
> 　五　地下街，地下室，通路，浄化槽その他これらに類する施設
> 　六　露店，商品置場その他これらに類する施設
> 　七　前各号に掲げるものを除く外，道路の構造又は交通に支障を及ぼす虞のある工作物，物件又は施設で政令で定めるもの
> 2　前項の許可を受けようとする者は，左の各号に掲げる事項を記載した申請書を道路管理者に提出しなければならない。
> 　一　道路の占用（道路に前項各号の1に掲げる工作物，物件又は施設を設け，継続して道路を使用することをいう。以下同じ。）の目的
> 　二　道路の占用の期間
> 　三　道路の占用の場所
> 　四　工作物，物件又は施設の構造
> 　五　工事実施の方法
> 　六　工事の時期
> 　七　道路の復旧方法
> 3　第1項の規定による許可を受けた者（以下「道路占用者」という。）は，前項各号に掲げる事項を変更しようとする場合においては，その変更が道路の構造又は交通に支障を及ぼす虞のないと認められる軽易なもので政令で定めるものである場合を除く外，あらかじめ道路管理者の許可を受けなければならない。

◀よく出る

　「道路占用」と「道路使用」の目的・区別をよく理解しておく。

注：「左の各号」は「次の各号」と読み替える。

4　第1項又は前項の規定による許可に係る行為が道路交通法第七十七条第
　1項の規定の適用を受けるものである場合においては，第2項の規定によ
　る申請書の提出は，当該地域を管轄する警察署長を経由して行なうことが
　できる。この場合において，当該警察署長は，すみやかに当該申請書を道
　路管理者に送付しなければならない。

5　道路管理者は，第1項又は第3項の規定による許可を与えようとする場
　合において，当該許可に係る行為が道路交通法第七十七条第1項の規定の
　適用を受けるものであるときは，あらかじめ当該地域を管轄する警察署長
　に協議しなければならない。

（2）　道路の占用の許可基準

道路法第三十三条　道路管理者は，道路の占用が前条第1項各号のいずれか
に該当するものであつて道路の敷地外に余地がないためにやむを得ないも
のであり，かつ，同条第2項第二号から第七号までに掲げる事項について
政令で定める基準に適合する場合に限り，同条第1項又は第3項の許可を
与えることができる。

2　次に掲げる工作物又は施設で前項の規定に基づく政令で定める基準に適
　合するもののための道路の占用については，同項の規定にかかわらず，前
　条第1項又は第3項の許可を与えることができる。

一　前条第1項第五号から第七号までに掲げる工作物，物件又は施設のう
　ち，高速自動車国道又は第四十八条の四に規定する自動車専用道路の連
　結路附属地に設けられるこれらの道路の通行者の利便の増進に資する施
　設で，当該連結路附属地をその合理的な利用の観点から継続して使用す
　るにふさわしいと認められるもの

四　前条第1項第一号，第四号又は第七号に掲げる工作物，物件又は施設
　のうち，並木，街灯その他道路の管理上当該道路の区域内に設けること
　が必要なものとして政令で定める工作物又は施設で，道路交通環境の向
　上を図る活動を行うことを目的とする特定非営利活動促進法第二条第2
　項に規定する特定非営利活動法人その他の営利を目的としない法人又は
　これに準ずるものとして国土交通省令で定める者が設けるもの

（3）　工事の調整のための条件

道路法第三十四条　道路管理者は，第三十二条第1項又は第3項の規定によ
る許可を与えようとする場合において，道路を不経済に損傷し，又は道路
の交通に著しい支障を及ぼさないために必要があると認めるときは，当該
申請に係る道路の占用に関する工事と他の申請に係る道路の占用に関する
工事若しくは他の道路占用者の道路の占用又は道路に関する工事とを相互
に調整するために当該許可に対して必要な条件を附することができる。こ
の場合において，道路管理者は，あらかじめ当該申請に係る道路の占用に

関する工事を行おうとする者又は他の道路占用者の意見を聞かなければならない。

（4）　国の行う道路の占用の特例

道路法第三十五条　国の行う事業のための道路の占用については，第三十二条第 1 項及び第 3 項の規定にかかわらず，国が道路管理者に協議し，その同意を得れば足りる。この場合において，同条第 2 項各号に掲げる事項及び第三十九条に規定する占用料に関する事項については，政令でその基準を定めることができる。

（5）　水道，電気，ガス事業等のための道路の占用の特例

道路法第三十六条　水道法，工業用水道事業法，下水道法，鉄道事業法若しくは全国新幹線鉄道整備法，ガス事業法，電気事業法又は電気通信事業法の規定に基づき，水管（水道事業，水道用水供給事業又は工業用水道事業の用に供するものに限る。），下水道管，公衆の用に供する鉄道，ガス管又は電柱，電線若しくは公衆電話所を道路に設けようとする者は，第三十二条第 1 項又は第 3 項の規定による許可を受けようとする場合においては，これらの工事を実施しようとする日の 1 月前までに，あらかじめ当該工事の計画書を道路管理者に提出しておかなければならない。ただし，災害による復旧工事その他緊急を要する工事又は政令で定める軽易な工事を行う必要が生じた場合においては，この限りでない。
2　道路管理者は，前項の計画書に基づく工事のための道路の占用の許可の申請があつた場合において，当該申請に係る道路の占用が第三十三条第 1 項の規定に基づく政令で定める基準に適合するときは，第三十二条第 1 項又は第 3 項の規定による許可を与えなければならない。

（6）　道路管理者の道路の占用に関する工事の施行

道路法第三十八条　道路管理者は，道路の構造を保全するために必要があると認める場合又は道路占用者の委託があつた場合においては，道路の占用に関する工事で道路の構造に関係のあるものを自ら行うことができる。
2　前項の場合において，道路の構造を保全するために必要があると認めて道路管理者が自ら工事を行おうとするときは，当該道路管理者は，道路占用者に対して，あらかじめ自ら当該工事を行うべき旨及び当該工事を行うべき時期を通知しなければならない。

（7）　原状回復

道路法第四十条　道路占用者は，道路の占用の期間が満了した場合又は道路の占用を廃止した場合においては，道路の占用をしている工作物，物件又は施設（以下これらを「占用物件」という。）を除却し，道路を原状に回

◀よく出る

復しなければならない。但し，原状に回復することが不適当な場合においては，この限りでない。

2　道路管理者は，道路占用者に対して，前項の規定による原状の回復又は原状に回復することが不適当な場合の措置について必要な指示をすることができる。

2・1・5　道路掘削許可申請

道路掘削許可申請は，道路法第三十二条に基づくものであり，道路占用許可申請を簡素化したものである。主に水道管，下水管，ガス管等引込み工事や占用物件の補修工事をするときに必要である。

2・1・6　道路使用許可申請

◀よく出る

道路使用許可申請は，道路交通法（以下道交法と略す。）第七十七条（道路の使用の許可）の規定により工事等で道路の使用をするときに警察署に申請する。

道路交通法（昭和35年6月25日法律第105号）第七十七条（道路使用許可申請），第七十八条(許可の手続)及び第七十九条(道路の管理者との協議)を次に示す。

（1）　道路使用許可申請

道交法第七十七条　次の各号のいずれかに該当する者は，それぞれ当該各号に掲げる行為について当該行為に係る場所を管轄する警察署長（以下この節において「所轄警察署長」という。）の許可（当該行為に係る場所が同一の公安委員会の管理に属する二以上の警察署長の管轄にわたるときは，そのいずれかの所轄警察署長の許可。以下この節において同じ。）を受けなければならない。

一　道路において工事若しくは作業をしようとする者又は当該工事若しくは作業の請負人

二　道路に石碑，銅像，広告板，アーチその他これらに類する工作物を設けようとする者

三　場所を移動しないで，道路に露店，屋台店その他これらに類する店を出そうとする者

四　前各号に掲げるもののほか，道路において祭礼行事をし，又はロケーションをする等一般交通に著しい影響を及ぼすような通行の形態若しく

は方法により道路を使用する行為又は道路に人が集まり一般交通に著しい影響を及ぼすような行為で，公安委員会が，その土地の道路又は交通の状況により，道路における危険を防止し，その他交通の安全と円滑を図るため必要と認めて定めたものをしようとする者

2　前項の許可の申請があつた場合において，当該申請に係る行為が次の各号のいずれかに該当するときは，所轄警察署長は，許可をしなければならない。

一　当該申請に係る行為が現に交通の妨害となるおそれがないと認められるとき。

二　当該申請に係る行為が許可に付された条件に従つて行なわれることにより交通の妨害となるおそれがなくなると認められるとき。

三　当該申請に係る行為が現に交通の妨害となるおそれはあるが公益上又は社会の慣習上やむを得ないものであると認められるとき。

3　第1項の規定による許可をする場合において，必要があると認めるときは，所轄警察署長は，当該許可に係る行為が前項第1号に該当する場合を除き，当該許可に道路における危険を防止し，その他交通の安全と円滑を図るため必要な条件を付することができる。

4　所轄警察署長は，道路における危険を防止し，その他交通の安全と円滑を図るため特別の必要が生じたときは，前項の規定により付した条件を変更し，又は新たに条件を付することができる。

5　所轄警察署長は，第1項の規定による許可を受けた者が前2項の規定による条件に違反したとき，又は道路における危険を防止し，その他交通の安全と円滑を図るため特別の必要が生じたときは，その許可を取り消し，又はその許可の効力を停止することができる。

6　所轄警察署長は，第3項又は第4項の規定による条件に違反した者について前項の規定による処分をしようとするときは，当該処分に係る者に対し，あらかじめ，弁明をなすべき日時，場所及び当該処分をしようとする理由を通知して，当該事案について弁明及び有利な証拠の提出の機会を与えなければならない。ただし，交通の危険を防止するため緊急やむを得ないときは，この限りでない。

7　第1項の規定による許可を受けた者は，当該許可の期間が満了したとき，又は第5項の規定により当該許可が取り消されたときは，すみやかに当該工作物の除去その他道路を原状に回復する措置を講じなければならない。

（2）　許可の手続

道交法第七十八条　前条第1項の規定による許可を受けようとする者は，内閣府令で定める事項を記載した申請書を所轄警察署長に提出しなければならない。

2　前条第1項の規定による許可に係る行為が道路法第三十二条第1項又は

第3項の規定の適用を受けるものであるときは，前項の規定による申請書の提出は，当該道路の管理者を経由して行なうことができる。この場合において，道路の管理者は，すみやかに当該申請書を所轄警察署長に送付しなければならない。

3　所轄警察署長は，前条第1項の規定による許可をしたときは，許可証を交付しなければならない。

4　前項の規定による許可証の交付を受けた者は，当該許可証の記載事項に変更を生じたときは，所轄警察署長に届け出て，許可証に変更に係る事項の記載を受けなければならない。

5　第3項の規定による許可証の交付を受けた者は，当該許可証を亡失し，滅失し，汚損し，又は破損したときは，所轄警察署長に許可証の再交付を申請することができる。

（3）　道路の管理者との協議

道交法第七十九条　所轄警察署長は，第七十七条第1項の規定による許可をしようとする場合において，当該許可に係る行為が道路法第三十二条第1項又は第3項の規定の適用を受けるものであるときは，あらかじめ，当該道路の管理者に協議しなければならない。

2・1・7　工程管理

工程管理における留意事項を記す。

① 工程管理するための工程表には，バーチャート，ネットワーク等があるが，給水装置工事の工事規模の場合は，横軸に工期を，縦軸に工

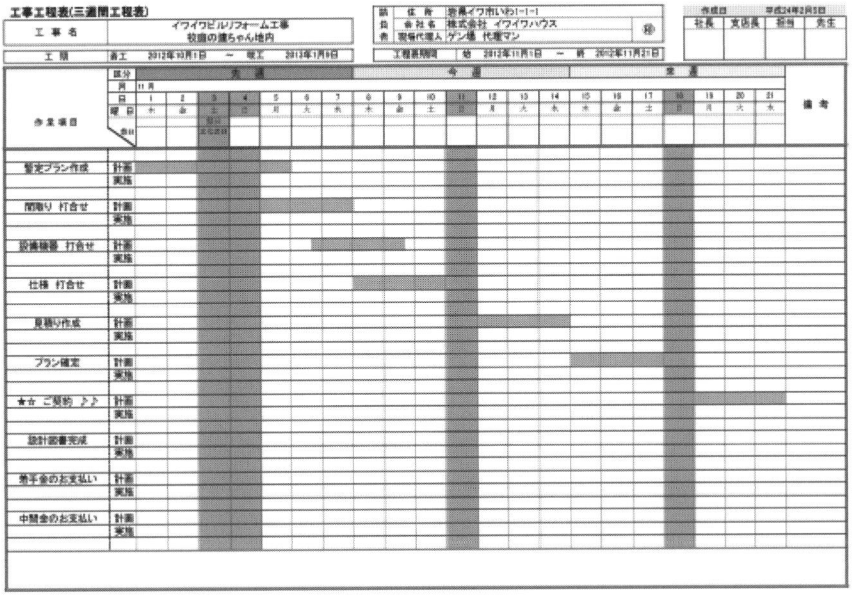

図2・2　バーチャート工程表の例

種・作業を施工順序に列記した横線式のバーチャート工程表が一般的である（図2・2）。

② 工程管理は，契約書に定めた工期内に工事を完了するため，事前準備の現地調査や水道事業者，建設業者，道路管理者，警察署等との調整に基づき工程管理計画を作成し，これに沿って，効率的かつ経済的に工事を進めていくことである。　◀よく出る

③ 工程管理とは，着工から竣工まで一連の工程の単なる時間的管理ではない。そのため，他の場所での工事の工程に合わせた時間の管理を行いながら，労働力の確保と適正な配置を最優先しなければならない。なお，時間的管理の観点にとどまらず，機械器具の選定，労働力・技術力の確保，給水管及び給水用具等の工事使用材料・機械器具・検査機器等を効果的に活用することを可能とするものでなければならない。常に工事の進行状況について把握し，施工計画時に作成した工程表と実績とを比較して工事の円滑な進行を図る。そのため，他の場所での工事の工程に合わせた時間の管理を行いながら，労働力の確保と適正な配置を最優先しなければならない。　◀よく出る

④ 工程計画をたてるときには，作業の順序，並行してできる作業，作業ごとの相互関係，それぞれの作業に要する日数，工期と作業日数の関係などの考慮すべき基本事項がある。　◀よく出る

⑤ 工程管理は，計画や図面に基づき，決められた工期の他，給水装置に求められる品質及び工事の施工精度等を満たすよう，効率的かつ経済的に工事を仕上げていくことである。　◀よく出る

　工程管理は，一般的に計画・実施・管理の各段階に分けることができる。計画の段階では，施工の順序や方法，建築工事などとの日程調整，機械器具などの手配や技術者・配管技能者を含む作業従事者の手配について計画をたてる。実施の段階では，給水装置工事主任技術者による指導監督等を行い，管理の段階では，工事進捗度や資材等の手配状況を把握し，必要に応じて工程の修正や再計画を行う。

計画・実施の段階で，他の工事業者の進捗を妨げない配慮をする。

⑥ 配水管を断水して給水管を分岐する工事の場合は，水道事業者との協議に基づいて，断水広報等を考慮した断水工事日が設定されるので，それを基準日として天候等を考慮した工程を組む必要がある。

2・1・8　給水装置工事の工程管理

　給水装置工事の工程管理について，計画，実施及び管理を整理したものを図2・3に示す。

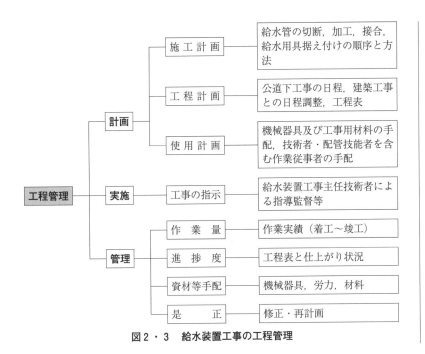

図 2・3　給水装置工事の工程管理

2・1・9　品質管理

品質管理の項目を次に示す。　　　　　　　　　　　　　　◀よく出る

① 品質管理は，調査から計画・施工・検査のすべての段階を通して要求される品質・性能を有する給水装置を完成させるために，種々の手段を講ずることをいう。各工程における品質管理は，調査・計画・施工・検査の各段階で，給水装置の構造及び材質の基準に関する省令，施主の求める給水装置の性能，配水管から給水管を取り出す工事等で求められる水道事業者の工事上の条件を満足しているかどうかを確認する必要がある。

② 品質管理を的確に行うためには，施工に関わる新技術の習得や開発，また現場の従事者に対する教育なども必要となる。さらに，給水装置工事主任技術者の指導監督のもと，現場に従事する作業従事者が適切な作業を行う必要がある。

③ 品質管理による効果は，給水装置全体の品質の向上，給水装置工事事業者としての信頼の確保，工事原価の低減，無駄な作業の減少，検査の手数の減少等である。

④ 品質管理を的確に行うためには，指定給水装置工事事業者，給水装置工事主任技術者及び配管技能者を含む作業従事者等の関係者の積極的な参加が必要とされる。

⑤　給水装置工事主任技術者は，水道事業者の指導監督のもと給水装置工事における適正な品質管理を行い，検査の手数を減少させ，品質確保に努める必要がある。

⑥　給水装置工事は，一品受注のものであって現場で実施されるものであるから，給水装置工事主任技術者の指導監督のもと現場に従事する配管技能者を含む作業従事者等が工事ごとに適切な作業を行う必要がある。

⑦　給水装置工事の多くは，その品質が施工後では確認できないか，又は，確認できたとしてもその是正に多大の時間や費用を要し，関係者に多大な迷惑を及ぼすおそれがある。

品質管理はこのような工事目的物の品質を，工事施工の過程において確認するために行うものである。

2・1・10　構造材質基準等水道法令適合に関する項目

配水管から分岐して設けられる給水装置工事では，品質管理項目として次のようなものがあげられる。　◀よく出る

①　配水管への取付け口の位置は，他の給水装置の取付け口と30cm以上の離隔を保つ。

②　給水管及び給水用具が基準省令の性能基準に適合したもので，かつ検査等により品質確認がされたものを使用する。

③　ねじ切り鋼管の継手は②に適合した**管端防食継手**とする。

④　サドル付分水栓の取付けボルト，給水管及び給水用具の継手等で締付けトルクが設されているものは，その締付け状況を確認する。

⑤　サドル付分水栓を鋳鉄管に取り付ける場合，鋳鉄管の内面ライニングに適した穿孔ドリルを使用する。

⑥　配水管が鋳鉄管の場合，穿孔端面の腐食を防止する防食コアを装着する。

⑦　穿孔後における水質確認(残留塩素，臭い，濁り，色，味等)を行う。このうち，特に残留塩素の確認は，穿孔した管が水道管であることの証しとなることから実施する。

⑧　施工した給水装置の耐圧試験を実施する。

2・1・11　品質管理が必要な項目

1）給水管の占用位置として，土被り及び道路に並行に布設する場合の道路境界からの離れを確認する。

2）明示テープ，明示シートを設置した場合の設置位置を確認する（表2・1）。通常，埋設物により30〜60cmのところに敷設するが，埋設物の種類・管径により2〜3枚を並行または，深さを替えて敷設する方法もある。

3）ポリエチレンスリーブを設置した場合の設置状況を確認する。

4）路床締固め厚さ，寸法を確認する。

5）路盤材厚さ，寸法を確認する。

6）路面本復旧の場合の舗装厚さ，寸法を確認する。

表2・1　明示テープ，明示シート

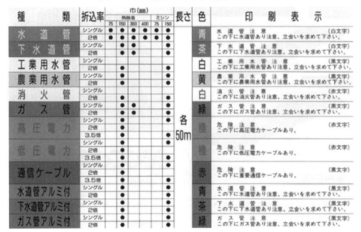

2・1・12　品質管理の記録

品質管理の記録は，チェックシート，写真(黒板に管理項目，寸法，試験結果数値等を記載)，図面等により行う。また，品質管理を行った項目は，すべて写真を撮影し工事記録として保管する。なお，<u>水道事業者によっては，上記の項目を写真に撮り工事完了図書として提出することを条件付けているところがある</u>ので，当該水道事業者の給水装置工事に関わる技術基準等を確認する。

◀よく出る

2・2 給水装置工事の安全管理

学習のポイント

1. 給水装置工事の安全管理の内容を学習する。
2. 建設工事公衆災害防止対策要綱を学習する。

2・2・1 給水装置工事の安全管理

給水装置工事主任技術者は給水装置工事の施行に当たり，公衆災害や労働災害の防止のため現場状況の把握，関係諸法令の順守及び安全性の確保に十分配慮した工法を選定する。

◀よく出る

また，事故を防止するために適正な工事施行，交通保安対策の実施，現場の整理整頓等に努めなければならない。

（1）　事故防止の基本事項

◀よく出る

① 工事は各工種に適した工法に従って施行し，設備の不備，不完全な施工等によって事故を起こすことがないよう十分注意する。

② 工事の施行に当たっては，地下埋設物の有無を十分に調査するとともに，近接する埋設物がある場合はその管理者に立会いを求める等によってその位置を確認し，埋設物に損傷を与えないよう注意する。

③ 埋設物に接近して掘削する場合は，周囲地盤のゆるみ，沈下等に十分注意して施工し，必要に応じて当該埋設物管理者と協議のうえ，防護措置等を講ずる。また，掘削部分に各種埋設物が露出する場合には，防護協定等を順守して措置し，当該管理者と協議のうえで適切な表示を行う。

④ 工事中，火気に弱い埋設物又は可燃性物質の輸送管等の埋設物に接近する場合は，溶接機，切断機等火気を伴う機械器具を使用しない。ただし，やむを得ない場合は，当該埋設物管理者と協議し，保安上必要な措置を講じてから使用する。

⑤ 工事中，内容に応じた適切な人材を配置するとともに，関係者に工事用機械器具の特徴等の留意点を十分周知し，操作を誤らないように使用する。

⑥ 材料等には荷くずれのないよう十分な処置を講じ，運搬，積みおろしの際に，衝撃を与えないよう丁寧に扱い，歩行者や車両の通行に危

険のないよう十分注意する。

⑦　工事用電力設備については，関係法規等に基づき次の措置を講ずる。

・電力設備には，感電防止用漏電遮断器を設置し，感電事故防止に努める。

・高圧配線，変電設備には危険表示を行い，接触の危険のあるものには必ず杭囲い，覆い等感電防止措置を行う。

・仮設の電気工事は，電気事業法に基づく「電気設備に関する技術基準を定める省令」等により電気技術者が行う。

・水中ポンプその他の電気関係器材は，常に点検と補修を行い正常な状態で作動させる。

⑧　工事中，その箇所が酸素欠乏あるいは有毒ガスが発生するおそれがあると判断したとき，又は関係機関から指示されたときは，「酸素欠乏症等防止規則」等により酸素欠乏危険作業主任者を配置するとともに，換気設備，酸素濃度測定器，有毒ガス検知器，救助用具等を配備するなど万全の対策を講じる。

（2）　交通保安対策

工事施行中の交通保安対策については，当該道路管理者及び所轄警察署長の許可条件及び指示に基づき，道路管理者の定める道路工事保安施設設置基準等に準じた適切な保安施設を設置し，通行車両や通行者等の事故防止と円滑な通行の確保を図らなければならない。

交通保安対策は，道路管理者の定める道路工事保安施設設置基準等及び建設工事公衆災害防止対策要綱土木工事編(抄)による。

工事現場保安施設設置例を図2・2に示す。また，歩行者通路確保要領，保安施設図を図2・4，図2・5〜6に示す。

（3）　現場の整理整頓

工事現場の掘削土砂，工事用機械器具及び材料，不用土砂等の集積が交通の妨害，付近住民の迷惑又は事故発生の原因とならないように，それらを整理又は現場外に搬出し，現場付近は常に整理整頓し，また，工事現場付近の道路側溝の詰まり，塀への泥はね等がある場合は，速やかに清掃する。

（4）　跡片付け

工事完了時は工事現場の跡片付けを行うとともに，速やかに機械類，不用材料等を整理し，交通の妨害や付近住民への迷惑にならないようにする。

（5）　騒音防止

住宅地において騒音を発する機械類(タンピングランマ，カッター，ブレーカ等)を使用する際は，付近住民の了解を得ることが望ましく，低騒

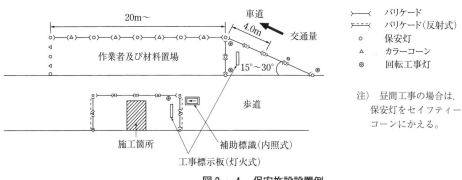

図2・4　保安施設設置例

(1) 歩道上に歩行者通路を確保する場合

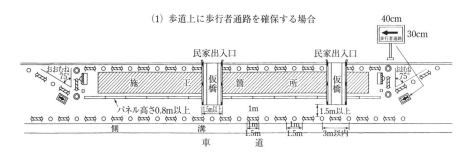

(2) 歩道を全面掘削し，車道上に歩行者通路を確保する場合

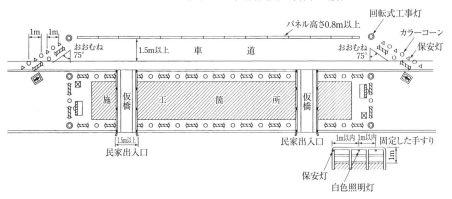

図2・5　歩行者通路確保要領

音型機械等の使用により，できるだけ騒音を軽減させる。

（6）その他

　工事の責任者は，作業中は作業現場を離れることのないよう注意する。

2・2・2　建設工事公衆災害防止対策要綱土木工事編（抄）

第1　目的　　　　　　　　　　　　　　　　　　　　　◀よく出る

　この要綱は，土木工事の施工に当たって，当該工事の関係者以外の
第三者（以下「公衆」という。）の生命，身体及び財産に関する危害

様式 10　移動柵（標準図）　　　　　　　　　　単位：mm

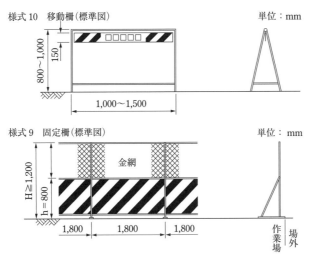

様式 9　固定柵（標準図）　　　　　　　　　　　単位：mm

様式11　保安灯（標準図）

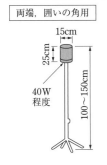

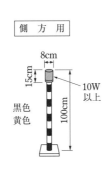

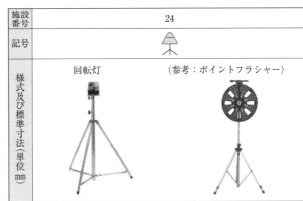

施設番号	24
記号	
様式及び標準寸法（単位mm）	回転灯　　　　　　　（参考：ポイントフラシャー）

図 2・6　保安施設図

並びに迷惑（以下「公衆災害」という。）を防止するために必要な計画，設計及び施工の基準を示し，もって土木工事の安全な施工の確保に寄与することを目的とする。

第15　作業場の区分

◀よく出る

1．施工者は，土木工事を施工するに当たって作業し，材料を集積し，又は建設機械を置く等工事のために使用する区域（以下「作業場」という。）を周囲から明確に区分し，この区域以外の場所を使用してはならない。

2．施工者は，公衆が誤って作業場に立ち入ることのないよう，固定さく又はこれに類する工作物を設置しなければならない。ただし，その工作物に代わる既設のへい，さく等があり，そのへい，さく等が境界を明らかにして，公衆が誤って立ち入ることを防止する目的にかなうものである場合には，そのへい，さく等をもって代えるこ

とができるものとする。また，移動を伴う道路維持修繕工事，除草
工事，軽易な埋設工事等において，移動さく，道路標識，標示板，
保安灯，セイフティコーン等で十分安全が確保される場合には，こ
れをもって代えることができるものとする。但し，その場合には飛
散等によって周辺に危害を及ぼさないよう，必要な防護措置を講じ
なければならない。

3．前項のさく等は，その作業場を周囲から明確に区分し，公衆の安
全を図るものであって，作業環境と使用目的によって構造及び設置
方法を決定すべきものであるが，公衆の通行が禁止されていること
が明らかにわかるものであることや，通行者（自動車等を含む。）
の視界が確保されていること，風等により転倒しないものでなけれ
ばならない。

第22　作業場への工事車両の出入り等　　　　　　　◀よく出る

1．施工者は，道路上に作業場を設ける場合は，原則として，交通流
に対する背面から車両を出入りさせなければならない。ただし，周
囲の状況等によりやむを得ない場合においては，交通流に平行する
部分から車両を出入りさせることができる。この場合においては，
原則，交通誘導警備員を配置し，一般車両の通行を優先するととも
に公衆の通行に支障がないようにしなければならない。

2．施工者は，第16（作業場の出入口）の規定により作業場に出入り
する車両等が，道路構造物及び交通安全施設等に損傷を与えること
のないよう注意しなければならない。損傷させた場合には，直ちに
当該管理者に報告し，その指示により復旧しなければならない。

第23　道路敷（近傍）工事における措置　　　　　　　◀よく出る

1．発注者及び施工者は，道路敷において又は道路敷に接して作業場
を設けて土木工事を施工する場合には，工事による一般交通への危
険及び渋滞の防止，歩行者の安全等を図るため，事前に道路状況を
把握し，交通の処理方法について検討の上，道路管理者及び所轄警
察署長の指示するところに従い，道路標識，区画線及び道路標示に
関する命令（昭和35年総理府・建設省令第3号）及び道路作業場に
おける標示施設等の設置基準（昭和37年建設省道発第372号）によ
る道路標識，標示板等で必要なものを設置しなければならない。

2．施工者は工事用の諸施設を設置する必要がある場合に当たっては，
周囲の地盤面から高さ0.8メートル以上2メートル以下の部分につ
いては，通行者の視界を妨げることのないよう必要な措置を講じな

ければならない。

3．施工者は，特に地下掘進工事を行うときは，路面及び掘進部周辺を道路管理者との協議等に基づき常時監視するとともに，周辺地域の地表面及び構造物の変状，地下水位及び水質の変化等を定期的に測定し，これらの異常の有無を監視しなければならない。この場合において，異常が認められ，周辺に危害を及ぼすおそれが生じたときは，施工者は，直ちに作業を中止し，発注者と協議の上，その原因を調査し，措置を講じなければならない。

第24　道路上（近接）工事における措置

◀よく出る

1．施工者は，道路上において又は道路に接して土木工事を夜間施工する場合には，道路上又は道路に接する部分に設置したさく等に沿って，高さ1メートル程度のもので夜間150メートル前方から視認できる光度を有する保安灯を設置しなければならない。

2．施工者は，道路上において又は道路に近接して杭打機その他の高さの高い工事用建設機械若しくは構造物を設置しておく場合又は工事のため一般の交通にとって危険が予想される箇所がある場合においては，それらを白色照明灯で照明し，それらの所在が容易に確認できるようにしなければならない。

3．施工者は，道路上において又は道路に接して土木工事を施工する場合には，工事を予告する道路標識，標示板等を，工事箇所の前方50メートルから500メートルの間の路側又は中央帯のうち視認しやすい箇所に設置しなければならない。また，交通量の特に多い道路上においては，遠方からでも工事箇所が確認でき，安全な走行が確保されるよう，道路標識及び保安灯の設置に加えて，作業場の交通流に対面する場所に工事中であることを示す標示板（原則として内部照明式）を設置し，必要に応じて夜間200メートル前方から視認できる光度を有する回転式か点滅式の黄色又は赤色の注意灯を，当該標示板に近接した位置に設置しなければならない（なお，当該標示板等を設置する箇所に近接して，高い工事用構造物等があるときは，これに標示板等を設置することができる）。

4．施工者は，道路上において土木工事を施工する場合には，道路管理者及び所轄警察署長の指示を受け，作業場出入口等に原則，交通誘導警備員を配置し，道路標識，保安灯，セイフティコーン又は矢印板を設置する等，常に交通の流れを阻害しないよう努めなければならない。

第25　一般交通を制限する場合の措置

◀よく出る

1．発注者及び施工者は，やむを得ず通行を制限する必要のある場合においては，道路管理者及び所轄警察署長の指示に従うものとし，特に指示のない場合は，次の各号に掲げるところを標準とする。

一　制限した後の道路の車線が1車線となる場合にあっては，その車道幅員は3メートル以上とし，2車線となる場合にあっては，その車道幅員は5.5メートル以上とする。

二　制限した後の道路の車線が1車線となる場合で，それを往復の交互交通の用に供する場合においては，その制限区間はできる限り短くし，その前後で交通が渋滞することのないよう原則，交通誘導警備員を配置しなければならない。

2．発注者及び施工者は，土木工事のために，一般の交通を迂回させる必要がある場合においては，道路管理者及び所轄警察署長の指示するところに従い，まわり道の入口及び要所に運転者又は通行者に見やすい案内用標示板等を設置し，運転者又は通行者が容易にまわり道を通過し得るようにしなければならない。

3．発注者及び施工者は，土木工事の車両が交通に支障を起こすおそれがある場合には，関係機関と協議を行い，必要な措置を講じなければならない。

第26　仮復旧期間における車両交通のための路面維持

◀よく出る

1．施工者は，道路を掘削した箇所を車両の交通の用に供しようとするときは，埋め戻したのち，原則として，仮舗装を行い，又は覆工を行う等の措置を講じなければならない。この場合，周囲の路面との段差を生じないようにしなければならない。やむを得ない理由で段差が生じた場合は，5パーセント以内の勾配ですりつけなければならない。

2．前項において，覆工板に鋼製のものを使用する場合においては，滑止めのついたものでなければならない。

3．施工者は，覆工板の取付けに当たっては，通行車両によるはね上がりや車両の制動に伴う水平方向等の移動を生じないよう，各覆工板の間にすき間を生じないようにしなければならない。また，覆工部と道路部とが接する取付け部については，アスファルト・コンクリート等でそのすき間を充填しなければならない。また，覆工部の端部は，路面の維持を十分行わなければならない。

4．施工者は，布掘り，つぼ掘り等で極めて小部分を一昼夜程度の短

期間で掘削する場合においては，原則として埋戻しを行い，交通量に応じた仮復旧を行わなければならない。なお，橋面等の小規模工事で，やむを得ず鉄板により覆工を行う場合は，滑止めのついた鉄板を用いることとし，鉄板のすりつけに留意するとともに，鉄板の移動が生じないようにしなければならない。

第27　歩行者用通路の確保
◀よく出る

1．発注者及び施工者は，やむを得ず通行を制限する必要がある場合，歩行者が安全に通行できるよう車道とは別に，幅0.90メートル以上（高齢者や車椅子使用者等の通行が想定されない場合は幅0.75メートル以上），有効高さは2.1メートル以上の歩行者用通路を確保しなければならない。特に歩行者の多い箇所においては幅1.5メートル以上，有効高さは，2.1メートル以上の歩行者用通路を確保し，交通誘導警備員を配置する等の措置を講じ，適切に歩行者を誘導しなければならない。

2．施工者は，歩行者用通路とそれに接する車両の交通の用に供する部分との境及び歩行者用通路と作業場との境は，必要に応じて移動さくを間隔をあけないように設置し，又は移動さくの間に安全ロープ等をはってすき間ができないよう設置する等明確に区分する。

3．施工者は，歩行者用通路には，必要な標識等を掲げ，夜間には，適切な照明等を設けなければならない。また，歩行に危険のないよう段差や路面の凹凸をなくすとともに，滑りにくい状態を保ち，必要に応じてスロープ，手すり及び視覚障害者誘導用ブロック等を設けなければならない。

4．施工者は上記の措置がやむを得ず確保できない場合には，施工計画の変更等について発注者と協議しなければならない。

第28　通路の排水
◀よく出る

1．施工者は，土木工事の施工に当たり，一般の交通の用に供する部分について，雨天等の場合でも通行に支障がないよう，排水を良好にしておかなければならない。

第29　仮囲い
◀よく出る

1．施工者は，地上4メートル以上の高さを有する構造物を建設する場合においては，工事期間中作業場の周囲にその地盤面（その地盤面が作業場の周辺の地盤面より低い場合においては，作業場周辺の

地盤面）から高さが**1.8メートル以上の仮囲いを設けなければならない**。ただし，これらと同等以上の効力を有する他の囲いがある場合又は作業場の周辺の状況若しくは工事状況により危害防止上支障がない場合においてはこの限りでない。

2．施工者は，前項の場合において，仮囲いを設けることにより交通に支障をきたす等のおそれがあるときは，**金網等透視し得るものを用いた仮囲いにしなければならない。**

3．施工者は，高架橋，橋梁上部工，特殊壁構造等の工事で仮囲いを設置することが不可能な場合は，第31（落下物による危害の防止）の規定により落下物が公衆に危害を及ぼさないように安全な防護施設を設けなければならない。

第30　材料の集積等

◀よく出る

1．施工者は，高所作業において必要な材料等については，原則として，地面上に集積しなければならない。ただし，やむを得ず既設の構造物等の上に集積する場合においては，置場を設置するとともに，次の各号の定めるところによるものとする。

一　既設構造物の端から原則として**2メートル以内のところには集積しないこと。**

二　既設構造物が許容する荷重を超えた材料等を集積しないこと。また，床面からの積み高さは**2メートル未満**とすること。

三　材料等は安定した状態で置き，長ものの立て掛け等は行わないこと。

四　風等で動かされる可能性のある型枠板等は，既設構造物の堅固な部分に縛りつける等の措置を講ずること。

五　転がるおそれのあるものは，まとめて縛る等の措置を講ずること。

六　ボルト，ナット等細かい材料は，必ず袋等に入れて集積すること。

第31　落下物による危害の防止

1．施工者は，地上**4メートル以上の場所で作業する場合において，作業する場所からふ角75度以上のところに一般の交通その他の用に供せられている場所があるとき**は，道路管理者へ安全対策を協議するとともに，作業する場所の周囲その他危害防止上必要な部分を落下の可能性のある資材等に対し，十分な強度を有する板材等をもって覆わなければならない。さらに，資材の搬出入など落下の危険を伴う場合においては，原則，**交通誘導警備員を配置し一般交通等の**

規制を行う等落下物による危害を防止するための必要な措置をとらなければならない。なお，地上 4 メートル以下の場所で作業する場合においても明らかに危害を生ずるおそれが無いと判断される場合を除き，必要な施設を設けなければならない。

第32　道路の上方空間の安全確保 ◀よく出る

1．施工者は，第31（落下物による危害の防止）の規定による施設を道路の上空に設ける場合においては，地上から道路構造令（昭和45年政令第320号）第12条に定める高さを確保しなければならない。

2．施工者は，前項の規定によりがたい場合には，道路管理者及び所轄警察署長の許可を受け，その指示によって必要な標識等を掲げなければならない。また，当該標識等を夜間も引き続いて設置しておく場合は，通行車両から視認できるよう適切な照明等を施さなければならない。

3．施工者は，歩道及び自転車道上に設ける工作物については，路面からの高さ2.5メートル以上を確保し，雨水や工事用の油類，塵埃等の落下を防ぐ構造としなければならない。

第40　鉄道事業者との事前協議 ◀よく出る

1．発注者は，軌道敷内又は軌道敷に近接した場所で土木工事を施工する場合においては，あらかじめ鉄道事業者と協議して，工事中における軌道の保全方法につき，次の各号に掲げる事項について決定しなければならない。

第42　埋設物の事前確認 ◀よく出る

1．発注者は，作業場，工事用の通路及び作業場に近接した地域にある埋設物について，埋設物の管理者の協力を得て，位置，規格，構造及び埋設年次を調査し，その結果に基づき埋設物の管理者及び関係機関と協議確認の上，設計図書にその埋設物の保安に必要な措置を記載して施工者に明示するよう努めなければならない。

2．発注者又は施工者は，土木工事を施工しようとするときは，施工に先立ち，埋設物の管理者等が保管する台帳と設計図面を照らし合わせて位置（平面・深さ）を確認した上で，細心の注意のもとで試掘等を行い，その埋設物の種類，位置（平面・深さ），規格，構造等を原則として目視により確認しなければならない。ただし，埋設物管理者の保有する情報により当該項目の情報があらかじめ特定で

きる場合や，学会その他で技術的に認められた方法及び基準に基づ
く探査によって確認した場合はこの限りではない。

3．発注者又は施工者は，試掘等によって埋設物を確認した場合にお
　いては，その位置（平面・深さ）や周辺地質の状況等の情報を道路
　管理者及び埋設物の管理者に報告しなければならない。この場合，
　深さについては，原則として標高によって表示しておくものとする。

4．施工者は，工事施工中において，管理者の不明な埋設物を発見し
　た場合，必要に応じて専門家の立ち会いを求め埋設物に関する調査
　を再度行い，安全を確認した後に措置しなければならない。

第43　布掘り及びつぼ掘り

1．施工者は，道路上において土木工事のために杭，矢板等を打設し，
　又は穿（せん）孔等を行う必要がある場合においては，学会その他
　で技術的に認められた方法及び基準に基づく探査によって確認した
　場合など，埋設物のないことがあらかじめ明確である場合を除き，
　埋設物の予想される位置を深さ2メートル程度まで試掘を行い，埋
　設物の存在が確認されたときは，布掘り又はつぼ掘りを行ってこれ
　を露出させなければならない。

第44　埋設物の保安維持等

◀よく出る

1．発注者又は施工者は，埋設物に近接して土木工事を施工する場合
　には，あらかじめその埋設物の管理者及び関係機関と協議し，関係
　法令等に従い，埋設物の防護方法，立会の有無，緊急時の連絡先及
　びその方法，保安上の措置の実施区分等を決定するものとする。ま
　た，埋設物の位置（平面・深さ），物件の名称，保安上の必要事項，
　管理者の連絡先等を記載した標示板を取り付ける等により明確に認
　識できるように工夫するとともに，工事関係者等に確実に伝達しな
　ければならない。

2．施工者は，露出した埋設物がすでに破損していた場合においては，
　直ちに発注者及びその埋設物の管理者に連絡し，修理等の措置を求
　めなければならない。

3．施工者は，露出した埋設物が埋め戻した後において破損するおそ
　れのある場合には，発注者及び埋設物の管理者と協議の上，適切な
　措置を行うことを求め，工事終了後の事故防止について十分注意し
　なければならない。

4．施工者は，第1項の規定に基づく点検等の措置を行う場合におい
　て，埋設物の位置が掘削床付け面より高い等通常の作業位置からの
　点検等が困難な場合には，あらかじめ発注者及びその埋設物管理者
　と協議の上，点検等のための通路を設置しなければならない。ただ
　し，作業のための通路が点検のための通路として十分利用可能な場
　合にはこの限りではない。

第45　近接位置の掘削　　　　　　　　　　　　　　◀よく出る

1．施工者は，埋設物に近接して掘削を行う場合には，周囲の地盤の
　ゆるみ，沈下等に十分注意するとともに，必要に応じて埋設物の補
　強，移設，掘削後の埋戻方法等について，発注者及びその埋設物の
　管理者とあらかじめ協議し，埋設物の保安に必要な措置を講じなけ
　ればならない。

第46　火気　　　　　　　　　　　　　　　　　　◀よく出る

1．施工者は，可燃性物質の輸送管等の埋設物の付近において，溶接
　機，切断機等火気を伴う機械器具を使用してはならない。ただし，
　やむを得ない場合において，その埋設物の管理者と協議の上，周囲
　に可燃性ガス等の存在しないことを検知器等によって確認し，熱遮
　へい装置など埋設物の保安上必要な措置を講じたときにはこの限り
　ではない。

第47　掘削方法の選定等　　　　　　　　　　　　◀よく出る

1．施工者は，地盤の掘削においては，掘削の深さ，掘削を行う期間，
　地盤性状，敷地及び周辺地域の環境条件等を総合的に勘案した上で，
　関係法令等の定めるところにより，土留めの必要性の有無並びにそ
　の形式及び掘削方法を決定し，安全かつ確実に工事が施工できるよ
　うにしなければならない。なお，土留工の要否については，建築基
　準法における山留めの基準に準じるものとする。また，土留めを採
　用する場合には，日本建築学会「山留め設計指針」「山留め設計施
　工指針」，日本道路協会「道路土工仮設構造物工指針」，土木学会「ト
　ンネル標準示方書」に従い，施工期間中における降雨等による条件
　の悪化を考慮して設計及び施工を行わなければならない。
2．施工者は，地盤が不安定で掘削に際して施工が困難であり，又は
　掘削が周辺地盤及び構造物に影響を及ぼすおそれのある場合には，
　発注者と協議の上，薬液注入工法，地下水位低下工法，地盤改良工

法等の適切な補助工法を用い，地盤の安定を図らなければならない。

第69 防火 ◀よく出る

1．施工者は，火気を使用する場合には，次の各号に掲げる措置を講じなければならない。

一 火気の使用は，工事の目的に直接必要な最小限度にとどめ，工事以外の目的のために使用しようとする場合には，あらかじめ火災のおそれのない箇所を指定し，その場所以外では使用しないこと。

二 工事の規模に見合った消火器及び消火用具を準備しておくこと。

三 火のつき易いものの近くで使用しないこと。

四 溶接，切断等で火花がとび散るおそれのある場合においては，必要に応じて監視人を配置するとともに，火花のとび散る範囲を限定するための措置を講ずること。

第70 酸素欠乏症の防止 ◀よく出る

1．発注者又は施工者は，地下掘削工事において，上層に不透水層を含む砂層若しくは含水，湧水が少ない砂れき層又は第一鉄塩類，第一マンガン塩類等還元作用のある物質を含んでいる地層に接して潜函工法，圧気シールド工法等の圧気工法を用いる場合においては，次の各号に掲げる措置等を講じて，酸素欠乏症の防止に努めなければならない。また，発注者は，次の各号について施工者に周知徹底し，施工者においては，関係法令とともに，これを遵守しなければならない。

一 圧気に際しては，できるだけ低い気圧を用いること。

二 工事に近接する地域において，空気の漏出するおそれのある建物の井戸，地下室等について，空気の漏出の有無，その程度及び空気中の酸素の濃度を定期的に測定すること。

三 調査の結果，酸素欠乏の空気が他の場所に流出していると認められたときは，関係行政機関及び影響を及ぼすおそれのある建物の管理者に報告し，関係者にその旨を周知させるとともに，事故防止のための必要な措置を講ずること。

四 前2号の調査及び作業に当たっては，作業員及び関係者の酸素欠乏症の防止について十分配慮すること。

確認テスト〔正しいものには○，誤っているものには×を付けよ。〕

□□(1)　作業場における固定さくの高さは0.8m以上とし，通行者の視界を妨げないようにする必要がある場合は，さく上の部分を金網等で張り，見通しをよくする。

□□(2)　配水管からの分岐以降水道メータまでの工事は，道路上での工事を伴うことから，施工計画書を作成して適切に管理を行う必要があるが，水道メータ以降の工事は，宅地内での工事であることから，施工計画書を作成する必要がない。

□□(3)　常に工事の進捗状況について把握し，施工計画時に作成した工程表と実績とを比較して工事の円滑な進行を図る。

□□(4)　施工計画書には，現地調査，水道事業者等との協議に基づき作業の責任を明確にした施工体制，有資格者名簿，施工方法，品質管理項目及び方法，安全対策，緊急時の連絡体制と電話番号，実施工程表等を記載する。

□□(5)　工事着手後速やかに，現場付近住民に対し，工事の施行について協力が得られるよう，工事内容の具体的な説明を行う。

□□(6)　工事の施行に当たり，事故が発生し，又は発生するおそれがある場合は，直ちに必要な措置を講じたうえ，事故の状況及び措置内容を水道事業者や関係官公署に報告する。

□□(7)　工事内容を現場付近住民や通行人に周知するため，広報板などを使用し，必要な広報措置を行う。

□□(8)　配水管が水道配水用ポリエチレン管でサドル付分水栓を取付けて穿孔する場合，防食コアを装着する。

□□(9)　サドル付分水栓の取付けボルト，給水管及び給水用具の継手等で締付けトルクが設定されているものは，その締付け状況を確認する。

□□(10)　給水管及び給水用具は，給水装置の構造及び材質の基準に関する省令の性能基準に適合したもので，かつ検査等により品質確認がされたものを使用する。

□□(11)　サドル付分水栓を鋳鉄管に取付ける場合，鋳鉄管の外面防食塗装に適した穿孔ドリルを使用する。

□□(12)　穿孔後における水質確認として，残留塩素，におい，濁り，色，味の確認を行う。このうち，特に濁りの確認は穿孔した管が水道管の証となることから必ず実施する。

□□(13)　工程管理は，契約書に定めた工期内に工事を完了するため，事前準備の現地調査や水道事業者，建設業者，道路管理者，警察署等との調整に基づき工程管理計画を作成し，これに沿って，効率的かつ経済的に工事を進めて行くことである。

　　工程管理するための工程表には，バーチャート，ネットワーク等があるが，給水装置工事の工事規模の場合は，バーチャート工程表が一般的である。

□□(14)　施工管理の責任者は，施工内容に沿った施工計画書を作成し，工事従事者に周知を図っておく。また，工事施工に当たっては，工程管理を行うとともに，労働災害等を防止するための安全対策を行う。

学科試験2

　　　　給水装置工事の施工管理の責任者は，給水装置主任技術者である。

□□(15)　施工に当たっては，施工計画書に基づき適正な施工管理を行う。具体的には，施工計画に
　　　　基づく工程，作業時間，作業手順，交通規制等に沿って工事を施行し，必要の都度工事目的
　　　　物の品質管理を実施する。

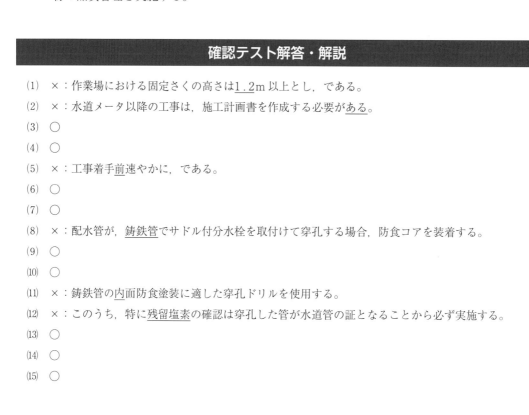

確認テスト解答・解説

(1)　×：作業場における固定さくの高さは1.2m以上とし，である。

(2)　×：水道メータ以降の工事は，施工計画書を作成する必要がある。

(3)　○

(4)　○

(5)　×：工事着手前速やかに，である。

(6)　○

(7)　○

(8)　×：配水管が，鋳鉄管でサドル付分水栓を取付けて穿孔する場合，防食コアを装着する。

(9)　○

(10)　○

(11)　×：鋳鉄管の内面防食塗装に適した穿孔ドリルを使用する。

(12)　×：このうち，特に残留塩素の確認は穿孔した管が水道管の証となることから必ず実施する。

(13)　○

(14)　○

(15)　○

資 料 編

資料1. 法律の体系と関連法規

（1）法律・政令・省令・条例の関係

人間が相互に守るべき約束には，道義的に守るべき道徳と，強制的に国家権力によって守るべき法規がある。したがって，法規は守るべき最低の基準であり，それ以上のものを求めている。たとえば，給水用具は，1.75MPaの耐圧性能を有さなければならないことが，水道法施行規則（省令）に定められているが，1.75MPa未満のものは，省令により使用できない。耐圧性能を有しない部品によって事故が生じた場合は，国家権力により罰せられ，指定給水装置工事事業者の指定が取り消されることになる。

法規の構成は重層構造となっていて，上位の法規内に限り，下位の法規内容が定められる。たとえば，水道法を例にとると，次のような構成をしている。

<u>法律の内容が</u>，**憲法**に違反するものは無効
<u>政令の内容が</u>，**法律**に違反するものは無効
<u>省令の内容が</u>，**政令**に違反するものは無効
<u>条例の内容が</u>，**省令**に違反するものは無効
のような関係にあり，法全体を法規という。

（2）給水装置工事に関係する法律

給水装置の構造及び材質に関する法規
① 水道法（法律）：水道施設，水質，運営
② 水道法施行令（政令）：規制項目
③ 水道法施行規則（省令）：規制基準値
④ 給水装置の構造及び材質の基準に関する省令（省令）：規制基準値
⑤ 水道条例（条例）：料金，工事費用の負担方法

（3）条・項・号の細分

法律は，まず，箇条書きにすることが必要とされている。その箇条書きの1項目が「**条**」ということになる。そして，1つの条を規定の内容に従って更に区分する必要がある場合に，行を改めて書き始められた段落のことを，「**項**」と呼んでいる。

こうした条や項の使い方や書き方には，最近の法律は，口語体・平仮名書きになっており，行の初めの字を一字下げて項をはっきりさせることになり，さらに，昭和23年頃からは，第1項は，「1」を省略して，第2項以下の項には「2，3，…」と算用数字で「項番号」と呼ばれる番号を付けて，第何項かがすぐにわかるようにしてある。

次に，「**号**」は，条又は項の中でいくつかの事項を列記する必要がある場合に「一，二，三，…」と漢数字の番号を付けて列記したものである。号の中で更に細かくいくつかの列記事項を設ける必要がある場合には，「**イ，ロ，ハ，…**」を用いることになっている。

資料２．水道法（抄）

（昭和32年 6 月15日法律第177号）
（最終改正：令和元年 6 月14日法律第37号）

第 1 章　総則

（この法律の目的）

第一条　この法律は，水道の布設及び管理を適正かつ合理的ならしめるとともに，水道の基盤を強化することによつて，清浄にして豊富低廉な水の供給を図り，もつて公衆衛生の向上と生活環境の改善とに寄与することを目的とする。

（責務）

第二条　国及び地方公共団体は，水道が国民の日常生活に直結し，その健康を守るために欠くことのできないものであり，かつ，水が貴重な資源であることにかんがみ，水源及び水道施設並びにこれらの周辺の清潔保持並びに水の適正かつ合理的な使用に関し必要な施策を講じなければならない。

2　国民は，前項の国及び地方公共団体の施策に協力するとともに，自らも，水源及び水道施設並びにこれらの周辺の清潔保持並びに水の適正かつ合理的な使用に努めなければならない。

（用語の定義）

第二条の二　国は，水道の基盤の強化に関する基本的かつ総合的な施策を策定し，及びこれを推進するとともに，都道府県及び市町村並びに水道事業者及び水道用水供給事業者（以下「水道事業者等」という。）に対し，必要な技術的及び財政的な援助を行うよう努めなければならない。

2　都道府県は，その区域の自然的社会的諸条件に応じて，その区域内における市町村の区域を超えた広域的な水道事業者等の間の連携等（水道事業者等の間の連携及び二以上の水道事業又は水道用水供給事業の一体的な経営をいう。以下同じ。）の推進その他の水道の基盤の強化に関する施策を策定し，及びこれを実施するよう努めなければならない。

3　市町村は，その区域の自然的社会的諸条件に応じて，その区域内における水道事業者等の間の連携等の推進その他の水道の基盤の強化に関する施策を策定し，及びこれを実施するよう努めなければならない。

4　水道事業者等は，その経営する事業を適正かつ能率的に運営するとともに，その事業の基盤の強化に努めなければならない。

第三条　この法律において「水道」とは，導管及びその他の工作物により，水を人の飲用に適する水として供給する施設の総体をいう。ただし，臨時に施設されたものを除く。

2　この法律において「水道事業」とは，一般の需要に応じて，水道により水を供給する事業をいう。ただし，給水人口が100人以下である水道によるものを除く。

3　この法律において「簡易水道事業」とは，給水人口が5,000人以下である水道により，水を供給する水道事業をいう。

4　この法律において「水道用水供給事業」とは，水道により，水道事業者に対してその用水を供給する事業をいう。ただし，水道事業者又は専用水道の設置者が他の水道事業者に分水する場合を除く。

5　この法律において「水道事業者」とは，第六条第 1 項の規定による認可を受けて水道事業を経営する者をいい，「水道用水供給事業者」とは，第二十六条の規定による認可を受けて水道用水供給事業を経営する者をいう。

6　この法律において「専用水道」とは，寄宿舎，社宅，療養所等における自家用の水道その他水道事業の用に供する水道以外の水道であつて，次の各号のいずれかに該当するものをいう。ただし，他の水道から供給を受ける水のみを水源とし，かつ，その水道施設のうち地中又は地表に施設されている部分の規模が政令で定める基準以下である水道を除く。

一　100人を超える者にその居住に必要な水を供給するもの

二　その水道施設の 1 日最大給水量（1 日に給水することができる最大の水量をいう。以下同じ。）が政令で定める基準を超えるもの

7　この法律において「簡易専用水道」とは，水道事業の用に供する水道及び専用水道以外の水道であつて，水道事業の用に供する水道から供給を受ける水のみを水源とするものをいう。ただし，その用に供する施設の規模が政令で定める基準以下のものを除く。

8　この法律において「水道施設」とは，水道のための取水施設，貯水施設，導水施設，浄水施設，送水施設及び配水施設（専用水道にあつては，給水の施設を含むものとし，建築

物に設けられたものを除く。以下同じ。）で
あつて，当該水道事業者，水道用水供給事業
者又は専用水道の設置者の管理に属するもの
をいう。

9　この法律において「給水装置」とは，需要
者に水を供給するために水道事業者の施設し
た配水管から分岐して設けられた給水管及び
これに直結する給水用具をいう。

10　この法律において「水道の布設工事」とは，
水道施設の新設又は政令で定めるその増設若
しくは改造の工事をいう。

11　この法律において「給水装置工事」とは，
給水装置の設置又は変更の工事をいう。

12　この法律において「給水区域」，「給水人口」
及び「給水量」とは，それぞれ事業計画にお
いて定める給水区域，給水人口及び給水量を
いう。

（水質基準）

第四条　水道により供給される水は，次の各号
に掲げる要件を備えるものでなければならな
い。

一　病原生物に汚染され，又は病原生物に汚
染されたことを疑わせるような生物若しく
は物質を含むものでないこと。

二　シアン，水銀その他の有毒物質を含まな
いこと。

三　銅，鉄，弗素，フェノールその他の物質
をその許容量をこえて含まないこと。

四　異常な酸性又はアルカリ性を呈しないこ
と。

五　異常な臭味がないこと。ただし，消毒に
よる臭味を除く。

六　外観は，ほとんど無色透明であること。

2　前項各号の基準に関して必要な事項は，厚
生労働省令で定める。

（施設基準）

第五条　水道は，原水の質及び量，地理的条件，
当該水道の形態等に応じ，取水施設，貯水施
設，導水施設，浄水施設，送水施設及び配水
施設の全部又は一部を有すべきものとし，そ
の各施設は，次の各号に掲げる要件を備える
ものでなければならない。

一　取水施設は，できるだけ良質の原水を必
要量取り入れることができるものであるこ
と。

二　貯水施設は，渇水時においても必要量の
原水を供給するのに必要な貯水能力を有す
るものであること。

三　導水施設は，必要量の原水を送るのに必
要なポンプ，導水管その他の設備を有する
こと。

四　浄水施設は，原水の質及び量に応じて，
前条の規定による水質基準に適合する必要
量の浄水を得るのに必要なちんでん池，濾
過池その他の設備を有し，かつ，消毒設備
を備えていること。

五　送水施設は，必要量の浄水を送るのに必
要なポンプ，送水管その他の設備を有する
こと。

六　配水施設は，必要量の浄水を一定以上の
圧力で連続して供給するのに必要な配水池，
ポンプ，配水管その他の設備を有すること。

2　水道施設の位置及び配列を定めるにあたつ
ては，その布設及び維持管理ができるだけ経
済的で，かつ，容易になるようにするととも
に，給水の確実性をも考慮しなければならな
い。

3　水道施設の構造及び材質は，水圧，土圧，
地震力その他の荷重に対して充分な耐力を有
し，かつ，水が汚染され，又は漏れるおそれ
がないものでなければならない。

4　前3項に規定するもののほか，水道施設に
関して必要な技術的基準は，厚生労働省令で
定める。

第2章　水道の基盤の強化

（基本方針）

第五条の二　厚生労働大臣は，水道の基盤を強
化するための基本的な方針（以下「基本方針」
という。）を定めるものとする。

2　基本方針においては，次に掲げる事項を定
めるものとする。

一　水道の基盤の強化に関する基本的事項

二　水道施設の維持管理及び計画的な更新に
関する事項

三　水道事業及び水道用水供給事業（以下「水
道事業等」という。）の健全な経営の確保
に関する事項

四　水道事業等の運営に必要な人材の確保及
び育成に関する事項

五　水道事業者等の間の連携等の推進に関す
る事項

六　その他水道の基盤の強化に関する重要事
項

3　厚生労働大臣は，基本方針を定め，又はこ
れを変更したときは，遅滞なく，これを公表

しなければならない。

（水道基盤強化計画）

第五条の三　都道府県は，水道の基盤の強化の
ため必要があると認めるときは，水道の基盤
の強化に関する計画（以下この条において「水
道基盤強化計画」という。）を定めることが
できる。

2　水道基盤強化計画においては，その区域
（以下この条において「計画区域」という。）
を定めるほか，おおむね次に掲げる事項を定
めるものとする。

一　水道の基盤の強化に関する基本的事項

二　水道基盤強化計画の期間

三　計画区域における水道の現況及び基盤の
強化の目標

四　計画区域における水道の基盤の強化のた
めに都道府県及び市町村が講ずべき施策並
びに水道事業者等が講ずべき措置に関する
事項

五　都道府県及び市町村による水道事業者等
の間の連携等の推進の対象となる区域（市
町村の区域を超えた広域的なものに限る。
次号及び第七号において「連携等推進対象
区域」という。）

六　連携等推進対象区域における水道事業者
等の間の連携等に関する事項

七　連携等推進対象区域において水道事業者
等の間の連携等を行うに当たり必要な施設
整備に関する事項

3　水道基盤強化計画は，基本方針に基づいて
定めるものとする。

4　都道府県は，水道基盤強化計画を定めよう
とするときは，あらかじめ計画区域内の市町
村並びに計画区域を給水区域に含む水道事業
者及び当該水道事業者が水道用水の供給を受
ける水道用水供給事業者の同意を得なければ
ならない。

5　市町村の区域を超えた広域的な水道事業者
等の間の連携等を推進しようとする二以上の
市町村は，あらかじめその区域を給水区域に
含む水道事業者及び当該水道事業者が水道用
水の供給を受ける水道用水供給事業者の同意
を得て，共同して，都道府県に対し，厚生労
働省令で定めるところにより，水道基盤強化
計画を定めることを要請することができる。

6　都道府県は，前項の規定による要請があつ
た場合において，水道の基盤の強化のため必
要があると認めるときは，水道基盤強化計画

を定めるものとする。

7　都道府県は，水道基盤強化計画を定めよう
とするときは，計画区域に次条第一項に規定
する協議会の区域の全部又は一部が含まれる
場合には，あらかじめ当該協議会の意見を聴
かなければならない。

8　都道府県は，水道基盤強化計画を定めたと
きは，遅滞なく，厚生労働大臣に報告すると
ともに，計画区域内の市町村並びに計画区域
を給水区域に含む水道事業者及び当該水道事
業者が水道用水の供給を受ける水道用水供給
事業者に通知しなければならない。

9　都道府県は，水道基盤強化計画を定めたと
きは，これを公表するよう努めなければなら
ない。

10　第4項から前項までの規定は，水道基盤強
化計画の変更について準用する。

（広域的連携等推進協議会）

第五条の四　都道府県は，市町村の区域を超え
た広域的な水道事業者等の間の連携等の推進
に関し必要な協議を行うため，当該都道府県
が定める区域において広域的連携等推進協議
会（以下この条において「協議会」という。）
を組織することができる。

2　協議会は，次に掲げる構成員をもつて構成
する。

一　前項の都道府県

二　協議会の区域をその区域に含む市町村

三　協議会の区域を給水区域に含む水道事業
者及び当該水道事業者が水道用水の供給を
受ける水道用水供給事業者

四　学識経験を有する者その他の都道府県が
必要と認める者

3　協議会において協議が調った事項について
は，協議会の構成員は，その協議の結果を尊
重しなければならない。

4　前3項に定めるもののほか，協議会の運営
に関し必要な事項は，協議会が定める。

第3章　水道事業
第1節　事業の認可等
（事業の認可及び経営主体）

第六条　水道事業を経営しようとする者は，厚
生労働大臣の認可を受けなければならない。

2　水道事業は，原則として市町村が経営する
ものとし，市町村以外の者は，給水しようと
する区域をその区域に含む市町村の同意を得
た場合に限り，水道事業を経営することがで

きるものとする。

（認可の申請）

第七条　水道事業経営の認可の申請をするには，申請書に，事業計画書，工事設計書その他厚生労働省令で定める書類（図面を含む。）を添えて，これを厚生労働大臣に提出しなければならない。

2　前項の申請書には，次に掲げる事項を記載しなければならない。

　一　申請者の住所及び氏名（法人又は組合にあつては，主たる事務所の所在地及び名称並びに代表者の氏名）

　二　水道事務所の所在地

3　水道事業者は，前項に規定する申請書の記載事項に変更を生じたときは，速やかに，その旨を厚生労働大臣に届け出なければならない。

4　第1項の事業計画書には，次に掲げる事項を記載しなければならない。

　一　給水区域，給水人口及び給水量

　二　水道施設の概要

　三　給水開始の予定年月日

　四　工事費の予定総額及びその予定財源

　五　給水人口及び給水量の算出根拠

　六　経常収支の概算

　七　料金，給水装置工事の費用の負担区分その他の供給条件

　八　その他厚生労働省令で定める事項

5　第1項の工事設計書には，次に掲げる事項を記載しなければならない。

　一　1日最大給水量及び1日平均給水量

　二　水源の種別及び取水地点

　三　水源の水量の概算及び水質試験の結果

　四　水道施設の位置（標高及び水位を含む。），規模及び構造

　五　浄水方法

　六　配水管における最大静水圧及び最小動水圧

　七　工事の着手及び完了の予定年月日

　八　その他厚生労働省令で定める事項

（認可基準）

第八条　水道事業経営の認可は，その申請が次の各号のいずれにも適合していると認められるときでなければ，与えてはならない。

　一　当該水道事業の開始が一般の需要に適合すること。

　二　当該水道事業の計画が確実かつ合理的であること。

　三　水道施設の工事の設計が第五条の規定による施設基準に適合すること。

　四　給水区域が他の水道事業の給水区域と重複しないこと。

　五　供給条件が第十四条第2項各号に掲げる要件に適合すること。

　六　地方公共団体以外の者の申請に係る水道事業にあつては，当該事業を遂行するに足りる経理的基礎があること。

　七　その他当該水道事業の開始が公益上必要であること。

2　前項各号に規定する基準を適用するについて必要な技術的細目は，厚生労働省令で定める。

（事業の変更）

第十条　水道事業者は，給水区域を拡張し，給水人口若しくは給水量を増加させ，又は水源の種別，取水地点若しくは浄水方法を変更しようとするとき（次の各号のいずれかに該当するときを除く。）は，厚生労働大臣の認可を受けなければならない。この場合において，給水区域の拡張により新たに他の市町村の区域が給水区域に含まれることとなるときは，当該他の市町村の同意を得なければ，当該認可を受けることができない。

　一　その変更が厚生労働省令で定める軽微なものであるとき。

　二　その変更が他の水道事業の全部を譲り受けることに伴うものであるとき。

2　第七条から前条までの規定は，前項の認可について準用する。

3　水道事業者は，第1項各号のいずれかに該当する変更を行うときは，あらかじめ，厚生労働省令で定めるところにより，その旨を厚生労働大臣に届け出なければならない。

（事業の休止及び廃止）

第十一条　水道事業者は，給水を開始した後においては，厚生労働省令で定めるところにより，厚生労働大臣の許可を受けなければ，その水道事業の全部又は一部を休止し，又は廃止してはならない。ただし，その水道事業の全部を他の水道事業を行う水道事業者に譲り渡すことにより，その水道事業の全部を廃止することとなるときは，この限りでない。

2　地方公共団体以外の水道事業者（給水人口が政令で定める基準を超えるものに限る。）が，前項の許可の申請をしようとするときは，あらかじめ，当該水道事業の給水区域をその区

域に含む市町村に協議しなければならない。

3　第1項ただし書の場合においては，水道事業者は，あらかじめ，その旨を厚生労働大臣に届け出なければならない。

（技術者による布設工事の監督）

第十二条　水道事業者は，水道の布設工事（当該水道事業者が地方公共団体である場合にあつては，当該地方公共団体の条例で定める水道の布設工事に限る。）を自ら施行し，又は他人に施行させる場合においては，その職員を指名し，又は第三者に委嘱して，その工事の施行に関する技術上の監督業務を行わせなければならない。

2　前項の業務を行う者は，政令で定める資格（当該水道事業者が地方公共団体である場合にあつては，当該資格を参酌して当該地方公共団体の条例で定める資格）を有する者でなければならない。

（給水開始前の届出及び検査）

第十三条　水道事業者は，配水施設以外の水道施設又は配水池を新設し，増設し，又は改造した場合において，その新設，増設又は改造に係る施設を使用して給水を開始しようとするときは，あらかじめ，厚生労働大臣にその旨を届け出で，かつ，厚生労働省令の定めるところにより，水質検査及び施設検査を行わなければならない。

2　水道事業者は，前項の規定による水質検査及び施設検査を行つたときは，これに関する記録を作成し，その検査を行つた日から起算して5年間，これを保存しなければならない。

第2節　業務

（供給規程）

第十四条　水道事業者は，料金，給水装置工事の費用の負担区分その他の供給条件について，供給規程を定めなければならない。

2　前項の供給規程は，次に掲げる要件に適合するものでなければならない。

一　料金が，能率的な経営の下における適正な原価に照らし，健全な経営を確保することができる公正妥当なものであること。

二　料金が，定率又は定額をもつて明確に定められていること。

三　水道事業者及び水道の需要者の責任に関する事項並びに給水装置工事の費用の負担区分及びその額の算出方法が，適正かつ明確に定められていること。

四　特定の者に対して不当な差別的取扱いをするものでないこと。

五　貯水槽水道（水道事業の用に供する水道及び専用水道以外の水道であつて，水道事業の用に供する水道から供給を受ける水のみを水源とするものをいう。以下この号において同じ。）が設置される場合においては，貯水槽水道に関し，水道事業者及び当該貯水槽水道の設置者の責任に関する事項が，適正かつ明確に定められていること。

3　前項各号に規定する基準を適用するについて必要な技術的細目は，厚生労働省令で定める。

4　水道事業者は，供給規程を，その実施の日までに一般に周知させる措置をとらなければならない。

5　水道事業者が地方公共団体である場合にあつては，供給規程に定められた事項のうち料金を変更したときは，厚生労働省令で定めるところにより，その旨を厚生労働大臣に届け出なければならない。

6　水道事業者が地方公共団体以外の者である場合にあつては，供給規程に定められた供給条件を変更しようとするときは，厚生労働大臣の認可を受けなければならない。

7　厚生労働大臣は，前項の認可の申請が第2項各号に掲げる要件に適合していると認めるときは，その認可を与えなければならない。

（給水義務）

第十五条　水道事業者は，事業計画に定める給水区域内の需要者から給水契約の申込みを受けたときは，正当の理由がなければ，これを拒んではならない。

2　水道事業者は，当該水道により給水を受ける者に対し，常時水を供給しなければならない。ただし，第四十条第1項の規定による水の供給命令を受けた場合又は災害その他正当な理由があつてやむを得ない場合には，給水区域の全部又は一部につきその間給水を停止することができる。この場合には，やむを得ない事情がある場合を除き，給水を停止しようとする区域及び期間をあらかじめ関係者に周知させる措置をとらなければならない。

3　水道事業者は，当該水道により給水を受ける者が料金を支払わないとき，正当な理由なしに給水装置の検査を拒んだとき，その他正当な理由があるときは，前項本文の規定にかかわらず，その理由が継続する間，供給規程

の定めるところにより，その者に対する給水を停止することができる。

（給水装置の構造及び材質）

第十六条 水道事業者は，当該水道によつて水の供給を受ける者の給水装置の構造及び材質が，政令で定める基準に適合していないときは，供給規程の定めるところにより，その者の給水契約の申込を拒み，又はその者が給水装置をその基準に適合させるまでの間その者に対する給水を停止することができる。

（給水装置工事）

第十六条の二 水道事業者は，当該水道によつて水の供給を受ける者の給水装置の構造及び材質が前条の規定に基づく政令で定める基準に適合することを確保するため，当該水道事業者の給水区域において給水装置工事を適正に施行することができると認められる者の指定をすることができる。

2 水道事業者は，前項の指定をしたときは，供給規程の定めるところにより，当該水道によつて水の供給を受ける者の給水装置が当該水道事業者又は当該指定を受けた者（以下「指定給水装置工事事業者」という。）の施行した給水装置工事に係るものであることを供給条件とすることができる。

3 前項の場合において，水道事業者は，当該水道によつて水の供給を受ける者の給水装置が当該水道事業者又は指定給水装置工事事業者の施行した給水装置工事に係るものでないときは，供給規程の定めるところにより，その者の給水契約の申込みを拒み，又はその者に対する給水を停止することができる。ただし，厚生労働省令で定める給水装置の軽微な変更であるとき，又は当該給水装置の構造及び材質が前条の規定に基づく政令で定める基準に適合していることが確認されたときは，この限りでない。

（給水装置の検査）

第十七条 水道事業者は，日出後日没前に限り，その職員をして，当該水道によつて水の供給を受ける者の土地又は建物に立ち入り，給水装置を検査させることができる。ただし，人の看守し，若しくは人の住居に使用する建物又は閉鎖された門内に立ち入るときは，その看守者，居住者又はこれらに代るべき者の同意を得なければならない。

2 前項の規定により給水装置の検査に従事する職員は，その身分を示す証明書を携帯し，関係者の請求があつたときは，これを提示しなければならない。

（検査の請求）

第十八条 水道事業によつて水の供給を受ける者は，当該水道事業者に対して，給水装置の検査及び供給を受ける水の水質検査を請求することができる。

2 水道事業者は，前項の規定による請求を受けたときは，すみやかに検査を行い，その結果を請求者に通知しなければならない。

（水道技術管理者）

第十九条 水道事業者は，水道の管理について技術上の業務を担当させるため，水道技術管理者1人を置かなければならない。ただし，自ら水道技術管理者となることを妨げない。

2 水道技術管理者は，次に掲げる事項に関する事務に従事し，及びこれらの事務に従事する他の職員を監督しなければならない。

一 水道施設が第五条の規定による施設基準に適合しているかどうかの検査（第二十二条の二第2項に規定する点検を含む。）

二 第十三条第1項の規定による水質検査及び施設検査

三 給水装置の構造及び材質が第十六条の規定に基く政令で定める基準に適合しているかどうかの検査

四 次条第1項の規定による水質検査

五 第二十一条第1項の規定による健康診断

六 第二十二条の規定による衛生上の措置

七 第二十二条の三第1項の台帳の作成

八 第二十三条第1項の規定による給水の緊急停止

九 第三十七条前段の規定による給水停止

3 水道技術管理者は，政令で定める資格（当該水道事業者が地方公共団体である場合にあつては，当該資格を参酌して当該地方公共団体の条例で定める資格）を有する者でなければならない。

（水質検査）

第二十条 水道事業者は，厚生労働省令の定めるところにより，定期及び臨時の水質検査を行わなければならない。

2 水道事業者は，前項の規定による水質検査を行つたときは，これに関する記録を作成し，水質検査を行つた日から起算して5年間，これを保存しなければならない。

3 水道事業者は，第1項の規定による水質検査を行うため，必要な検査施設を設けなけれ

ばならない。ただし，当該水質検査を，厚生
労働省令の定めるところにより，地方公共団
体の機関又は厚生労働大臣の登録を受けた者
に委託して行うときは，この限りでない。

（健康診断）

第二十一条　水道事業者は，水道の取水場，浄
水場又は配水池において業務に従事している
者及びこれらの施設の設置場所の構内に居住
している者について，厚生労働省令の定める
ところにより，定期及び臨時の健康診断を行
わなければならない。

2　水道事業者は，前項の規定による健康診断
を行つたときは，これに関する記録を作成し，
健康診断を行つた日から起算して一年間，こ
れを保存しなければならない。

（衛生上の措置）

第二十二条　水道事業者は，厚生労働省令の定
めるところにより，水道施設の管理及び運営
に関し，消毒その他衛生上必要な措置を講じ
なければならない。

（水道施設の維持及び修繕）

第二十二条の二　水道事業者は，厚生労働省令
で定める基準に従い，水道施設を良好な状態
に保つため，その維持及び修繕を行わなけれ
ばならない。

2　前項の基準は，水道施設の修繕を能率的に
行うための点検に関する基準を含むものとす
る。

（水道施設台帳）

第二十二条の三　水道事業者は，水道施設の台
帳を作成し，これを保管しなければならない。

2　前項の台帳の記載事項その他その作成及び
保管に関し必要な事項は，厚生労働省令で定
める。

（水道施設の計画的な更新等）

第二十二条の四　水道事業者は，長期的な観点
から，給水区域における一般の水の需要に鑑
み，水道施設の計画的な更新に努めなければ
ならない。

2　水道事業者は，厚生労働省令で定めるとこ
ろにより，水道施設の更新に要する費用を含
むその事業に係る収支の見通しを作成し，こ
れを公表するよう努めなければならない。

第二十三条　水道事業者は，その供給する水が
人の健康を害するおそれがあることを知つた
ときは，直ちに給水を停止し，かつ，その水
を使用することが危険である旨を関係者に周
知させる措置を講じなければならない。

2　水道事業者の供給する水が人の健康を害す
るおそれがあることを知つた者は，直ちにそ
の旨を当該水道事業者に通報しなければなら
ない。

（簡易水道事業に関する特例）

第二十五条　簡易水道事業については，当該水
道が，消毒設備以外の浄水施設を必要とせず，
かつ，自然流下のみによつて給水することが
できるものであるときは，第十九条第3項の
規定を適用しない。

2　給水人口が2,000人以下である簡易水道事
業を経営する水道事業者は，第二十四条第1
項の規定にかかわらず，消防組織法（昭和22
年法律第226号）第七条に規定する市町村長
との協議により，当該水道に消火栓を設置し
ないことができる。

第3節　指定給水装置工事事業者

（指定の申請）

第二十五条の二　第十六条の二第1項の指定は，
給水装置工事の事業を行う者の申請により行
う。

2　第十六条の二第1項の指定を受けようとす
る者は，厚生労働省令で定めるところにより，
次に掲げる事項を記載した申請書を水道事業
者に提出しなければならない。

一　氏名又は名称及び住所並びに法人にあつ
ては，その代表者の氏名

二　当該水道事業者の給水区域について給水
装置工事の事業を行う事業所（以下この節
において単に「事業所」という。）の名称
及び所在地並びに第二十五条の四第1項の
規定によりそれぞれの事業所において選任
されることとなる給水装置工事主任技術者
の氏名

三　給水装置工事を行うための機械器具の名
称，性能及び数

四　その他厚生労働省令で定める事項

（指定の基準）

第二十五条の三　水道事業者は，第十六条の二
第1項の指定の申請をした者が次の各号のい
ずれにも適合していると認めるときは，同項
の指定をしなければならない。

一　事業所ごとに，第二十五条の四第1項の
規定により給水装置工事主任技術者として
選任されることとなる者を置く者であるこ
と。

二　厚生労働省令で定める機械器具を有する

　者であること。
　　三　次のいずれにも該当しない者であること。
　　　イ　成年被後見人若しくは被保佐人又は破
　　　　産者で復権を得ない者
　　　ロ　この法律に違反して，刑に処せられ，
　　　　その執行を終わり，又は執行を受けるこ
　　　　とがなくなつた日から2年を経過しない
　　　　者
　　　ハ　第二十五条の十一第1項の規定により
　　　　指定を取り消され，その取消しの日から
　　　　2年を経過しない者
　　　ニ　その業務に関し不正又は不誠実な行為
　　　　をするおそれがあると認めるに足りる相
　　　　当の理由がある者
　　　ホ　法人であつて，その役員のうちにイか
　　　　らニまでのいずれかに該当する者がある
　　　　もの
　2　水道事業者は，第十六条の二第1項の指定
　　をしたときは，遅滞なく，その旨を一般に周
　　知させる措置をとらなければならない。
　（給水装置工事主任技術者）
第二十五条の四　指定給水装置工事事業者は，
　事業所ごとに，第3項各号に掲げる職務をさ
　せるため，厚生労働省令で定めるところによ
　り，給水装置工事主任技術者免状の交付を受
　けている者のうちから，給水装置工事主任技
　術者を選任しなければならない。
　2　指定給水装置工事事業者は，給水装置工事
　　主任技術者を選任したときは，遅滞なく，そ
　　の旨を水道事業者に届け出なければならない。
　　これを解任したときも，同様とする。
　3　給水装置工事主任技術者は，次に掲げる職
　　務を誠実に行わなければならない。
　　一　給水装置工事に関する技術上の管理
　　二　給水装置工事に従事する者の技術上の指
　　　導監督
　　三　給水装置工事に係る給水装置の構造及び
　　　材質が第十六条の規定に基づく政令で定め
　　　る基準に適合していることの確認
　　四　その他厚生労働省令で定める職務
　4　給水装置工事に従事する者は，給水装置工
　　事主任技術者がその職務として行う指導に従
　　わなければならない。
　（給水装置工事主任技術者免状）
第二十五条の五　給水装置工事主任技術者免状
　は，給水装置工事主任技術者試験に合格した
　者に対し，厚生労働大臣が交付する。
　2　厚生労働大臣は，次の各号のいずれかに該

当する者に対しては，給水装置工事主任技術
者免状の交付を行わないことができる。
　一　次項の規定により給水装置工事主任技術
　　者免状の返納を命ぜられ，その日から1年
　　を経過しない者
　二　この法律に違反して，刑に処せられ，そ
　　の執行を終わり，又は執行を受けることが
　　なくなつた日から2年を経過しない者
　3　厚生労働大臣は，給水装置工事主任技術者
　　免状の交付を受けている者がこの法律に違反
　　したときは，その給水装置工事主任技術者免
　　状の返納を命ずることができる。
　4　前3項に規定するもののほか，給水装置工
　　事主任技術者免状の交付，書換え交付，再交
　　付及び返納に関し必要な事項は，厚生労働省
　　令で定める。
　（給水装置工事主任技術者試験）
第二十五条の六　給水装置工事主任技術者試験
　は，給水装置工事主任技術者として必要な知
　識及び技能について，厚生労働大臣が行う。
　2　給水装置工事主任技術者試験は，給水装置
　　工事に関して3年以上の実務の経験を有する
　　者でなければ，受けることができない。
　3　給水装置工事主任技術者試験の試験科目，
　　受験手続その他給水装置工事主任技術者試験
　　の実施細目は，厚生労働省令で定める。
　（変更の届出等）
第二十五条の七　指定給水装置工事事業者は，
　事業所の名称及び所在地その他厚生労働省令
　で定める事項に変更があつたとき，又は給水
　装置工事の事業を廃止し，休止し，若しくは
　再開したときは，厚生労働省令で定めるとこ
　ろにより，その旨を水道事業者に届け出なけ
　ればならない。
　（事業の基準）
第二十五条の八　指定給水装置工事事業者は，
　厚生労働省令で定める給水装置工事の事業の
　運営に関する基準に従い，適正な給水装置工
　事の事業の運営に努めなければならない。
　（給水装置工事主任技術者の立会い）
第二十五条の九　水道事業者は，第十七条第1
　項の規定による給水装置の検査を行うときは，
　当該給水装置に係る給水装置工事を施行した
　指定給水装置工事事業者に対し，当該給水装
　置工事を施行した事業所に係る給水装置工事
　主任技術者を検査に立ち会わせることを求め
　ることができる。
　（報告又は資料の提出）

第二十五条の十　水道事業者は，指定給水装置工事事業者に対し，当該指定給水装置工事事業者が給水区域において施行した給水装置工事に関し必要な報告又は資料の提出を求めることができる。

（指定の取消し）

第二十五条の十一　水道事業者は，指定給水装置工事事業者が次の各号のいずれかに該当するときは，第十六条の二第1項の指定を取り消すことができる。

一　第二十五条の三第1項各号のいずれかに適合しなくなつたとき。

二　第二十五条の四第1項又は第2項の規定に違反したとき。

三　第二十五条の七の規定による届出をせず，又は虚偽の届出をしたとき。

四　第二十五条の八に規定する給水装置工事の事業の運営に関する基準に従つた適正な給水装置工事の事業の運営をすることができないと認められるとき。

五　第二十五条の九の規定による水道事業者の求めに対し，正当な理由なくこれに応じないとき。

六　前条の規定による水道事業者の求めに対し，正当な理由なくこれに応じず，又は虚偽の報告若しくは資料の提出をしたとき。

七　その施行する給水装置工事が水道施設の機能に障害を与え，又は与えるおそれが大であるとき。

八　不正の手段により第十六条の二第1項の指定を受けたとき。

2　第二十五条の三第2項の規定は，前項の場合に準用する。

第6章　簡易専用水道

第三十四条の二　簡易専用水道の設置者は，厚生労働省令で定める基準に従い，その水道を管理しなければならない。

2　簡易専用水道の設置者は，当該簡易専用水道の管理について，厚生労働省令の定めるところにより，定期に，地方公共団体の機関又は厚生労働大臣の登録を受けた者の検査を受けなければならない。

（検査の義務）

第三十四条の三　前条第2項の登録を受けた者は，簡易専用水道の管理の検査を行うことを求められたときは，正当な理由がある場合を除き，遅滞なく，簡易専用水道の管理の検査を行わなければならない。

第7章　監督

（認可の取消し）

第三十五条　厚生労働大臣は，水道事業者又は水道用水供給事業者が，正当な理由がなくて，事業認可の申請書に添附した工事設計書に記載した工事着手の予定年月日の経過後1年以内に工事に着手せず，若しくは工事完了の予定年月日の経過後1年以内に工事を完了せず，又は事業計画書に記載した給水開始の予定年月日の経過後1年以内に給水を開始しないときは，事業の認可を取り消すことができる。この場合において，工事完了の予定年月日の経過後1年を経過した時に一部の工事を完了していたときは，その工事を完了していない部分について事業の認可を取り消すこともできる。

2　地方公共団体以外の水道事業者について前項に規定する理由があるときは，当該水道事業の給水区域をその区域に含む市町村は，厚生労働大臣に同項の処分をなすべきことを求めることができる。

（給水停止命令）

第三十七条　厚生労働大臣は水道事業者又は水道用水供給事業者が，都道府県知事は専用水道又は簡易専用水道の設置者が，前条第1項又は第3項の規定に基づく指示に従わない場合において，給水を継続させることが当該水道の利用者の利益を阻害すると認めるときは，その指示に係る事項を履行するまでの間，当該水道による給水を停止すべきことを命ずることができる。同条第2項の規定に基づく勧告に従わない場合において，給水を継続させることが当該水道の利用者の利益を阻害すると認めるときも，同様とする。

（供給条件の変更）

第三十八条　厚生労働大臣は，地方公共団体以外の水道事業者の料金，給水装置工事の費用の負担区分その他の供給条件が，社会的経済的事情の変動等により著しく不適当となり，公共の利益の増進に支障があると認めるときは，当該水道事業者に対し，相当の期間を定めて，供給条件の変更の認可を申請すべきことを命ずることができる。

（報告の徴収及び立入検査）

第三十九条　厚生労働大臣は，水道（水道事業等の用に供するものに限る。以下この項にお

いて同じ。）の布設若しくは管理又は水道事業若しくは水道用水供給事業の適正を確保するために必要があると認めるときは，水道事業者若しくは水道用水供給事業者から工事の施行状況若しくは事業の実施状況について必要な報告を徴し，又は当該職員をして水道の工事現場，事務所若しくは水道施設のある場所に立ち入らせ，工事の施行状況，水道施設，水質，水圧，水量若しくは必要な帳簿書類（その作成又は保存に代えて電磁的記録の作成又は保存がされている場合における当該電磁的記録を含む。事項及び第四十条第8項において同じ。）を検査させることができる。

2　都道府県知事は，水道（水道事業等の用に供するものを除く。以下この項において同じ。）の布設又は管理の適正を確保するために必要があると認めるときは，専用水道の設置者から工事の施行状況若しくは専用水道の管理について必要な報告を徴し，又は当該職員をして水道の工事現場，事務所若しくは水道施設のある場所に立ち入らせ，工事の施行状況，水道施設，水質，水圧，水量若しくは必要な帳簿書類を検査させることができる。

3　都道府県知事は，簡易専用水道の管理の適正を確保するために必要があると認めるときは，簡易専用水道の設置者から簡易専用水道の管理について必要な報告を徴し，又は当該職員をして簡易専用水道の用に供する施設の在る場所若しくは設置者の事務所に立ち入らせ，その施設，水質若しくは必要な帳簿書類を検査させることができる。

4　前3項の規定により立入検査を行う場合には，当該職員は，その身分を示す証明書を携帯し，かつ，関係者の請求があつたときは，これを提示しなければならない。

5　第1項，第2項又は第3項の規定による立入検査の権限は，犯罪捜査のために認められたものと解釈してはならない。

資料3．水道法施行令（抄）

（昭和32年12月12日政令第336号，最終改正：平成31年4月17日政令第154号）

（専用水道の基準）

第一条　水道法（以下「法」という。）第三条第6項ただし書に規定する政令で定める基準は，次のとおりとする。

　一　口径25mm以上の導管の全長1,500m

　二　水槽の有効容量の合計100m^3

2　法第三条第6項第二号に規定する政令で定める基準は，人の飲用その他の厚生労働省令で定める目的のために使用する水量が20m^{3}であることとする。

（簡易専用水道の適用除外の基準）

第二条　法第三条第7項ただし書に規定する政令で定める基準は，水道事業の用に供する水道から水の供給を受けるために設けられる水槽の有効容量の合計が10m^{3}であることとする。

（水道施設の増設及び改造の工事）

第三条　法第三条第10項に規定する政令で定める水道施設の増設又は改造の工事は，次の各号に掲げるものとする。

　一　1日最大給水量，水源の種別，取水地点又は浄水方法の変更に係る工事

　二　沈でん池，濾過池，浄水池，消毒設備又は配水池の新設，増設又は大規模の改造に係る工事

（給水装置の構造及び材質の基準）

第六条　法第十六条の規定による給水装置の構造及び材質は，次のとおりとする。

　一　配水管への取付口の位置は，他の給水装置の取付口から30cm以上離れていること。

　二　配水管への取付口における給水管の口径は，当該給水装置による水の使用量に比し，著しく過大でないこと。

　三　配水管の水圧に影響を及ぼすおそれのあるポンプに直接連結されていないこと。

　四　水圧，土圧その他の荷重に対して充分な耐力を有し，かつ，水が汚染され，又は漏れるおそれがないものであること。

　五　凍結，破壊，侵食等を防止するための適当な措置が講ぜられていること。

　六　当該給水装置以外の水管その他の設備に直接連結されていないこと。

　七　水槽，プール，流しその他水を入れ，又は受ける器具，施設等に給水する給水装置にあつては，水の逆流を防止するための適当な措置が講ぜられていること。

2　前項各号に規定する基準を適用するについて必要な技術的細目は，厚生労働省令で定める。

（水道技術管理者の資格）

第七条　法第十九条第３項（法第三十一条及び第三十四条第１項において準用する場合を含む。）に規定する政令で定める資格は，次のとおりとする。

一　第五条の規定により簡易水道以外の水道の布設工事監督者たる資格を有する者

二　第五条第１項第一号，第三号及び第四号に規定する学校において土木工学以外の工学，理学，農学，医学若しくは薬学に関する学科目又はこれらに相当する学科目を修めて卒業した後（学校教育法による専門職大学の前期課程にあつては，修了した後），同項第一号に規定する学校を卒業した者については４年以上，同項第三号に規定する学校を卒業した者（同法による専門職大学の前期課程にあつては，修了した者）については６年以上，同項第四号に規定する学校を卒業した者については８年以上水道に関する技術上の実務に従事した経験を有する者

三　10年以上水道に関する技術上の実務に従事した経験を有する者

四　厚生労働省令の定めるところにより，前二号に掲げる者と同等以上の技能を有すると認められる者

2　簡易水道又は１日最大給水量が1,000m³以下である専用水道については，前項第一号中「簡易水道以外の水道」とあるのは「簡易水道」と，同項第二号中「４年以上」とあるのは「２年以上」と，「６年以上」とあるのは「３年以上」と，「８年以上」とあるのは「４年以上」と，同項第三号中「10年以上」とあるのは「５年以上」とそれぞれ読み替えるものとする。

資料４．水道法施行規則（抄）

（昭和32年12月14日厚生省令第45号，最終改正：令和元年９月30日厚生労働省令第57号）

（水道基盤強化計画の作成の要請）

第一条の二　市町村の区域を超えた広域的な水道事業者等（水道法（昭和三十二年法律第百七十七号。以下「法」という。）第二条の二第1項に規定する水道事業者等をいう。）の間の連携等（同条第２項に規定する連携等をいう。）を推進しようとする二以上の市町村は，法第五条の三第５項の規定により都道府県に対し同条第一項に規定する水道基盤強化計画（以下「水道基盤強化計画」という。）を定めることを要請する場合においては，法第五条の二第1項に規定する基本方針に基づいて当該要請に係る水道基盤強化計画の素案を作成して，これを提示しなければならない。

（認可申請書の添付書類等）

第一条の三　法第七条第1項に規定する厚生労働省令で定める書類及び図面は，次に掲げるものとする。

（事業の休廃止の許可の申請）

第八条の三　法第十一条第1項の許可を申請する水道事業者は，申請書に，休廃止計画書及び次に掲げる書類（図面を含む。）を添えて，厚生労働大臣に提出しなければならない。

一　水道事業の休止又は廃止により公共の利益が阻害されるおそれがないことを証する書類

二　休止又は廃止する給水区域を明らかにする地図

三　地方公共団体以外の水道事業者（給水人口が令第四条で定める基準を超えるものに限る。）である場合は，当該水道事業の給水区域をその区域に含む市町村に協議したことを証する書類

2　前項の申請書には，次に掲げる事項を記載しなければならない

一　申請者の住所及び氏名（法人又は組合にあつては，主たる事務所の所在地及び名称並びに代表者の氏名）

二　水道事務所の所在地

3　第1項の休止止計画書には，次に掲げる事項を記載しなければならない。

一　休止又は廃止する給水区域

二　休止又は廃止の予定年月日

三　休止又は廃止する理由

四　水道事業の全部又は一部を休止する場合にあつては，事業の全部又は一部の再開の予定年月日

五　水道事業の一部を廃止する場合にあつては，当該廃止後の給水区域，給水人口及び給水量

六　水道事業の一部を廃止する場合にあつては，当該廃止後の給水人口及び給水量の算出根拠

（事業の休廃止の許可の基準）

第八条の四 厚生労働大臣は，水道事業の全部又は一部の休止又は廃止により公共の利益が阻害されるおそれがないと認められるときでなければ，法第十一条第1項の許可をしてはならない。

（法第十四条第2項 各号を適用するについて必要な技術的細目）

第十二条 法第十四条第3項に規定する技術的細目のうち，地方公共団体が水道事業を経営する場合に係る同条第2項第一号に関するものは，次に掲げるものとする。

一 料金が，イに掲げる額とロに掲げる額の合算額からハに掲げる額を控除して算定された額を基礎として，合理的かつ明確な根拠に基づき設定されたものであること。

　イ 人件費，薬品費，動力費，修繕費，受水費，減価償却費，資産減耗費その他営業費用の合算額

　ロ 支払利息と資産維持費（水道施設の計画的な更新等の原資として内部留保すべき額をいう。）との合算額

　ハ 営業収益の額から給水収益を控除した額

二 第十七条の四第1項の試算を行つた場合にあつては，前号イからハまでに掲げる額が，当該試算に基づき，算定時からおおむね3年後から5年後までの期間について算定されたものであること。

三 前号に規定する場合にあつては，料金が，同号の期間ごとの適切な時期に見直しを行うこととされていること。

四 第二号に規定する場合以外の場合にあつては，料金が，おおむね3年を通じ財政の均衡を保つことができるよう設定されたものであること。

五 料金が，水道の需要者相互の間の負担の公平性，水利用の合理性及び水道事業の安定性を勘案して設定されたものであること。

第十二条の二 法第十四条第3項に規定する技術的細目のうち，地方公共団体以外の者が水道事業を経営する場合に係る同条第2項第一号に関するものは，次に掲げるものとする。

一 料金が，イに掲げる額とロに掲げる額の合算額からハに掲げる額を控除して算定された額を基礎として，合理的かつ明確な根拠に基づき設定されたものであること。

　イ 人件費，薬品費，動力費，修繕費，受

水費，減価償却費，資産減耗費，公租公課，その他営業費用の合算額

　ロ 事業報酬の額

　ハ 営業収益の額から給水収益を控除した額

二 第十七条の四第1項の試算を行つた場合にあつては，前号イ及びハに掲げる額が，当該試算に基づき，算定時からおおむね3年後から5年後までの期間について算定されたものであること。

三 前号に規定する場合にあつては，料金が，同号の期間ごとの適切な時期に見直しを行うこととされていること。

四 第二号に規定する場合以外の場合にあつては，料金が，おおむね3年を通じ財政の均衡を保つことができるよう設定されたものであること。

五 料金が，水道の需要者相互の間の負担の公平性，水利用の合理性及び水道事業の安定性を勘案して設定されたものであること。

第十二条の三 法第十四条第3項に規定する技術的細目のうち，同条第2項第三号に関するものは，次に掲げるものとする。

一 水道事業者の責任に関する事項として，必要に応じて，次に掲げる事項が定められていること。

　イ 給水区域

　ロ 料金，給水装置工事の費用等の徴収方法

　ハ 給水装置工事の施行方法

　ニ 給水装置の検査及び水質検査の方法

　ホ 給水の原則及び給水を制限し，又は停止する場合の手続

二 水道の需要者の責任に関する事項として，必要に応じて，次に掲げる事項が定められていること。

　イ 給水契約の申込みの手続

　ロ 料金，給水装置工事の費用等の支払義務及びその支払遅延又は不払の場合の措置

　ハ 水道メーターの設置場所の提供及び保管責任

　ニ 水道メーターの賃貸料等の特別の費用負担を課する場合にあつては，その事項及び金額

　ホ 給水装置の設置又は変更の手続

　ヘ 給水装置の構造及び材質が法第十六条の規定により定める基準に適合していな

　　い場合の措置
　　ト　給水装置の検査を拒んだ場合の措置
　　チ　給水装置の管理責任
　　リ　水の不正使用の禁止及び違反した場合
　　　の措置
第十二条の四　法第十四条第３項に規定する技
　術的細目のうち，同条第２項第四号に関する
　ものは，次に掲げるものとする。
　一　料金に区分を設定する場合にあつては，
　　給水管の口径，水道の使用形態等の合理的
　　な区分に基づき設定されたものであること。
　二　料金及び給水装置工事の費用のほか，水
　　道の需要者が負担すべき費用がある場合に
　　あつては，その金額が，合理的かつ明確な
　　根拠に基づき設定されたものであること。
第十二条の五　法第十四条第３項に規定する技
　術的細目のうち，同条第２項第五号に関する
　ものは，次に掲げるものとする。
　一　水道事業者の責任に関する事項として，
　　必要に応じて，次に掲げる事項が定められ
　　ていること。
　　イ　貯水槽水道の設置者に対する指導，助
　　　言及び勧告
　　ロ　貯水槽水道の利用者に対する情報提供
　二　貯水槽水道の設置者の責任に関する事項
　　として，必要に応じて，次に掲げる事項が
　　定められていること。
　　イ　貯水槽水道の管理責任及び管理の基準
　　ロ　貯水槽水道の管理の状況に関する検査
（料金の変更の届出）
第十二条の六　法第十四条第５項の規定による
　料金の変更の届出は，届出書に，料金の算出
　根拠及び経常収支の概算を記載した書類を添
　えて，速やかに行うものとする。
（給水装置の軽微な変更）
第十三条　法第十六条の二第３項の厚生労働省
　令で定める給水装置の軽微な変更は，単独水
　栓の取替え及び補修並びにこま，パッキン等
　給水装置の末端に設置される給水用具の部品
　の取替え（配管を伴わないものに限る。）と
　する。
（水道技術管理者の資格）
第十四条　令第七条第１項第四号の規定により
　同項第二号及び第三号に掲げる者と同等以上
　の技能を有すると認められる者は，次のとお
　りとする。
　一　令第五条第１項第一号，第三号及び第四
　　号に規定する学校において，工学，理学，

農学，医学及び薬学に関する学科目並びに
これらに相当する学科目以外の学科目を修
めて卒業した後（当該学科目を修めて学校
教育法に基づく専門職大学の前期課程（以
下この号及び第四十条第二号において「専
門職大学前期課程」という。）を修了した場
合を含む。），同項第一号に規定する学校の
卒業者については５年（簡易水道及び１日
最大給水量が1,000m³以下である専用水
道（以下この号及び次号において「簡易水
道等」という。）の場合は，２年６箇月）
以上，同項第三号に規定する学校の卒業者
（専門職大学前期課程の修了者を含む。次
号において同じ。）については７年（簡易水
道等の場合は，３年６箇月）以上，同項第
四号に規定する学校の卒業者については９
年（簡易水道等の場合は，４年６箇月）以
上水道に関する技術上の実務に従事した経
験を有する者
　二　外国の学校において，令第七条第１項第
　　二号に規定する学科目又は前号に規定する
　　学科目に相当する学科目を，それぞれ当該
　　各号に規定する学校において修得する程度
　　と同等以上に修得した後，それぞれ当該各
　　号の卒業者ごとに規定する最低経験年数
　　（簡易水道等の場合は，それぞれ当該各号
　　の卒業者ごとに規定する最低経験年数の２
　　分の１）以上水道に関する技術上の実務に
　　従事した経験を有する者
　三　厚生労働大臣の登録を受けた者が行う水
　　道の管理に関する講習（以下「登録講習」
　　という。）の課程を修了した者
（定期及び臨時の水質検査）
第十五条　法第二十条第１項の規定により行う
　定期の水質検査は，次に掲げるところにより
　行うものとする。
　一　次に掲げる検査を行うこと。
　　イ　１日１回以上行う色及び濁り並びに消
　　　毒の残留効果に関する検査
　　ロ　第三号に定める回数以上行う水質基準
　　　に関する省令の表（以下この項及び次項
　　　において「基準の表」という。）の上欄
　　　に掲げる事項についての検査
　二　検査に供する水（以下「試料」という。）
　　の採取の場所は，給水栓を原則とし，水道
　　施設の構造等を考慮して，当該水道により
　　供給される水が水質基準に適合するかどう
　　かを判断することができる場所を選定する

こと。ただし，基準の表中３の項から５の項まで，７の項，11の項から20の項まで，36の項，39の項から41の項まで，44の項及び45の項の上欄に掲げる事項については，送水施設及び配水施設内で濃度が上昇しないことが明らかであると認められる場合にあつては，給水栓のほか，浄水施設の出口，送水施設又は配水施設のいずれかの場所を採取の場所として選定することができる。

　三　第一号ロの検査の回数は，次に掲げるところによること。

　四　次の表の上欄に掲げる事項に関する検査は，当該事項についての過去の検査の結果が基準値の２分の１を超えたことがなく，かつ，同表の下欄に掲げる事項を勘案してその全部又は一部を行う必要がないことが明らかであると認められる場合は，第一号及び前号の規定にかかわらず，省略することができること。

２　法第二十条第１項の規定により行う臨時の水質検査は，次に掲げるところにより行うものとする。

　一　水道により供給される水が水質基準に適合しないおそれがある場合に基準の表の上欄に掲げる事項について検査を行うこと。

　二　試料の採取の場所に関しては，前項第二号の規定の例によること。

　三　基準の表中１の項，２の項，38の項及び46の項から51の項までの上欄に掲げる事項以外の事項に関する検査は，その全部又は一部を行う必要がないことが明らかであると認められる場合は，第一号の規定にかかわらず，省略することができること。

３　第１項第一号ロの検査及び第２項の検査は，水質基準に関する省令に規定する厚生労働大臣が定める方法によつて行うものとする。

４　第１項第一号イの検査のうち色及び濁りに関する検査は，同号ロの規定により色度及び濁度に関する検査を行つた日においては，行うことを要しない。

５　第１項第一号ロの検査は，第２項の検査を行つた月においては，行うことを要しない。

６　水道事業者は，毎事業年度の開始前に第１項及び第２項の検査の計画（以下「水質検査計画」という。）を策定しなければならない。

７　水質検査計画には，次に掲げる事項を記載しなければならない。

　一　水質管理において留意すべき事項のうち水質検査計画に係るもの

　二　第１項の検査を行う項目については，当該項目，採水の場所，検査の回数及びその理由

　三　第１項の検査を省略する項目については，当該項目及びその理由

　四　第２項の検査に関する事項

　五　法第二十条第３項の規定により水質検査を委託する場合における当該委託の内容

　六　その他水質検査の実施に際し配慮すべき事項

（衛生上必要な措置）

第十七条　法第二十二条の規定により水道事業者が講じなければならない衛生上必要な措置は，次の各号に掲げるものとする。

　一　取水場，貯水池，導水きょ，浄水場，配水池及びポンプせいは，常に清潔にし，水の汚染の防止を充分にすること。

　二　前号の施設には，かぎを掛け，さくを設ける等みだりに人畜が施設に立ち入つて水が汚染されるのを防止するのに必要な措置を講ずること。

　三　給水栓における水が，遊離残留塩素を0.1mg/L（結合残留塩素の場合は，0.4mg/L）以上保持するように塩素消毒をすること。ただし，供給する水が病原生物に著しく汚染されるおそれがある場合又は病原生物に汚染されたことを疑わせるような生物若しくは物質を多量に含むおそれがある場合の給水栓における水の遊離残留塩素は，0.2mg/L（結合残留塩素の場合は，1.5mg/L）以上とする。

２　前項第三号の遊離残留塩素及び結合残留塩素の検査方法は，厚生労働大臣が定める。

第二節　指定給水装置工事事業者

（指定の申請）

第十八条　法第二十五条の二第２項の申請書は，様式第１によるものとする。

２　前項の申請書には，次に掲げる書類を添えなければならない。

　一　法第二十五条の三第１項第三号イからホまでのいずれにも該当しない者であることを誓約する書類

　二　法人にあつては定款及び登記事項証明書，個人にあつてはその住民票の写し

３　前項第一号の書類は，様式第２によるものとする。

第十九条　法第二十五条の二第2項第四号の厚生労働省令で定める事項は，次の各号に掲げるものとする。

一　法人にあつては，役員の氏名

二　指定を受けようとする水道事業者の給水区域について給水装置工事の事業を行う事業所（第二十一条第3項において単に「事業所」という。）において給水装置工事主任技術者として選任されることとなる者が法第二十五条の五第1項の規定により交付を受けている給水装置工事主任技術者免状（以下「免状」という。）の交付番号

三　事業の範囲

（厚生労働省令で定める機械器具）

第二十条　法第二十五条の三第1項第二号の厚生労働省令で定める機械器具は，次の各号に掲げるものとする。

一　金切りのこその他の管の切断用の機械器具

二　やすり，パイプねじ切り器その他の管の加工用の機械器具

三　トーチランプ，パイプレンチその他の接合用の機械器具

四　水圧テストポンプ

（給水装置工事主任技術者の選任）

第二十一条　指定給水装置工事事業者は，法第十六条の二の指定を受けた日から2週間以内に給水装置工事主任技術者を選任しなければならない。

2　指定給水装置工事事業者は，その選任した給水装置工事主任技術者が欠けるに至つたときは，当該事由が発生した日から2週間以内に新たに給水装置工事主任技術者を選任しなければならない。

3　指定給水装置工事事業者は，前2項の選任を行うに当たつては，一の事業所の給水装置工事主任技術者が，同時に他の事業所の給水装置工事主任技術者とならないようにしなければならない。ただし，一の給水装置工事主任技術者が当該二以上の事業所の給水装置工事主任技術者となつてもその職務を行うに当たつて特に支障がないときは，この限りでない。

第二十二条　法第二十五条の四第2項の規定による給水装置工事主任技術者の選任又は解任の届出は，様式第3によるものとする。

（給水装置工事主任技術者の職務）

第二十三条　法第二十五条の四第3項第四号の厚生労働省令で定める給水装置工事主任技術者の職務は，水道事業者の給水区域において施行する給水装置工事に関し，当該水道事業者と次の各号に掲げる連絡又は調整を行うこととする。

一　配水管から分岐して給水管を設ける工事を施行しようとする場合における配水管の位置の確認に関する連絡調整

二　第三十六条第1項第二号に掲げる工事に係る工法，工期その他の工事上の条件に関する連絡調整

三　給水装置工事（第十三条に規定する給水装置の軽微な変更を除く。）を完了した旨の連絡

（免状の返納）

第二十八条　免状の交付を受けている者が死亡し，又は失そうの宣告を受けたときは，戸籍法（昭和22年法律224号）に規定する死亡又は失そうの届出義務者は，1月以内に，厚生労働大臣に免状を返納するものとする。

（変更の届出）

第三十四条　法第二十五条の七の厚生労働省令で定める事項は，次の各号に掲げるものとする。

一　氏名又は名称及び住所並びに法人にあつては，その代表者の氏名

二　法人にあつては，役員の氏名

三　給水装置工事主任技術者の氏名又は給水装置工事主任技術者が交付を受けた免状の交付番号

2　第二十五条の七の規定により変更の届出をしようとする者は，当該変更のあつた日から30日以内に様式第10による届出書に次に掲げる書類を添えて，水道事業者に提出しなければならない。

一　前項第一号に掲げる事項の変更の場合には，法人にあつては定款及び登記事項証明書，個人にあつては住民票の写し

二　前項第二号に掲げる事項の変更の場合には，様式第2による法第二十五条の三第1項第三号イからホまでのいずれにも該当しない者であることを誓約する書類及び登記事項証明書

（廃止等の届出）

第三十五条　法第二十五条の七の規定により事業の廃止，休止又は再開の届出をしようとする者は，事業を廃止し，又は休止したときは，当該廃止又は休止の日から30日以内に，事業

を再開したときは，当該再開の日から10日以内に，様式第11による届出書を水道事業者に提出しなければならない。

（事業の運営の基準）

第三十六条 法第二十五条の八に規定する厚生労働省令で定める給水装置工事の事業の運営に関する基準は，次の各号に掲げるものとする。

一　給水装置工事（第十三条に規定する給水装置の軽微な変更を除く。）ごとに，法第二十五条の四第1項の規定により選任した給水装置工事主任技術者のうちから，当該工事に関して法第二十五条の四第3項各号に掲げる職務を行う者を指名すること。

二　配水管から分岐して給水管を設ける工事及び給水装置の配水管への取付口から水道メーターまでの工事を施行する場合において，当該配水管及び他の地下埋設物に変形，破損その他の異常を生じさせることがないよう適切に作業を行うことができる技能を有する者を従事させ，又はその者に当該工事に従事する他の者を実施に監督させること。

三　水道事業者の給水区域において前号に掲げる工事を施行するときは，あらかじめ当該水道事業者の承認を受けた工法，工期その他の工事上の条件に適合するように当該工事を施行すること。

四　給水装置工事主任技術者及びその他の給水装置工事に従事する者の給水装置工事の施行技術の向上のために，研修の機会を確保するよう努めること。

五　次に掲げる行為を行わないこと。

イ　令第六条に規定する基準に適合しない給水装置を設置すること。

ロ　給水管及び給水用具の切断，加工，接合等に適さない機械器具を使用すること。

六　施行した給水装置工事（第十三条に規定する給水装置の軽微な変更を除く。)ごとに，第一号の規定により指名した給水装置工事主任技術者に次の各号に掲げる事項に関する記録を作成させ，当該記録をその作成の日から3年間保存すること。

イ　施主の氏名又は名称

ロ　施行の場所

ハ　施行完了年月日

ニ　給水装置工事主任技術者の氏名

ホ　竣工図

ヘ　給水装置工事に使用した給水管及び給水用具に関する事項

ト　法第二十五条の四第3項第三号の確認の方法及びその結果

資料5．給水装置の構造及び材質の基準に関する省令（抄）

（平成9年3月19日厚生省令第14号）

水道法施行令（昭和32年政令第336号）第六条の規定に基づき，給水装置の構造及び材質の基準に関する省令を次のように定める。

（耐圧に関する基準）

第一条　給水装置（最終の止水機構の流出側に設置されている給水用具を除く。以下この条において同じ。）は，次に掲げる耐圧のための性能を有するものでなければならない。

一　給水装置（次号に規定する加圧装置及び当該加圧装置の下流側に設置されている給水用具並びに第三号に規定する熱交換器内における浴槽内の水等の加熱用の水路を除く。）は，厚生労働大臣が定める耐圧に関する試験（以下「耐圧性能試験」という。）により1.75MPaの静水圧を1分間加えたとき，水漏れ，変形，破損その他の異常を生じないこと。

二　加圧装置及び当該加圧装置の下流側に設置されている給水用具（次に掲げる要件を満たす給水用具に設置されているものに限る。）は，耐圧性能試験により当該加圧装置の最大吐出圧力の静水圧を1分間加えたとき，水漏れ，変形，破損その他の異常を生じないこと。

イ　当該加圧装置を内蔵するものであること。

ロ　減圧弁が設置されているものであること。

ハ　ロの減圧弁の下流側に当該加圧装置が設置されているものであること。

ニ　当該加圧装置の下流側に設置されている給水用具についてロの減圧弁を通さない水との接続がない構造のものであること。

三　熱交換器内における浴槽内の水等の加熱用の水路（次に掲げる要件を満たすものに限る。）については，接合箇所（溶接によるものを除く。）を有せず，耐圧性能試験により1.75MPaの静水圧を1分間加えたとき，水漏れ，変形，破損その他の異常を生じないこと。

イ　当該熱交換器が給湯及び浴槽内の水等の加熱に兼用する構造のものであること。

ロ　当該熱交換器の構造として給湯用の水路と浴槽内の水等の加熱用の水路が接触するものであること。

四　パッキンを水圧で圧縮することにより水密性を確保する構造の給水用具は，第一号に掲げる性能を有するとともに，耐圧性能試験により20kPaの静水圧を1分間加えたとき，水漏れ，変形，破損その他の異常を生じないこと。

2　給水装置の接合箇所は，水圧に対する充分な耐力を確保するためにその構造及び材質に応じた適切な接合が行われているものでなければならない。

3　家屋の主配管は，配管の経路について構造物の下の通過を避けること等により漏水時の修理を容易に行うことができるようにしなければならない。

（浸出等に関する基準）

第二条　飲用に供する水を供給する給水装置は，厚生労働大臣が定める浸出に関する試験（以下「浸出性能試験」という。）により供試品（浸出性能試験に供される器具，その部品，又はその材料（金属以外のものに限る。）をいう。）について浸出させたとき，その浸出液は，別表第1の上欄に掲げる事項につき，水栓その他給水装置の末端に設置されている給水用具にあっては同表の中欄に掲げる基準に適合し，それ以外の給水装置にあっては同表の下欄に掲げる基準に適合しなければならない。

2　給水装置は，末端部が行き止まりとなっていること等により水が停滞する構造であってはならない。ただし，当該末端部に排水機構が設置されているものにあっては，この限りでない。

3　給水装置は，シアン，六価クロムその他水を汚染するおそれのある物を貯留し，又は取り扱う施設に近接して設置されていてはならない。

4　鉱油類，有機溶剤その他の油類が浸透するおそれのある場所に設置されている給水装置は，当該油類が浸透するおそれのない材質のもの又はさや管等により適切な防護のための措置が講じられているものでなければならない。

（水撃限界に関する基準）

第三条　水栓その他水撃作用（止水機構を急に閉止した際に管路内に生じる圧力の急激な変

動作用をいう。）を生じるおそれのある給水
用具は，厚生労働大臣が定める水撃限界に関
する試験により当該給水用具内の流速を
2 m/秒又は当該給水用具内の動水圧
を 0.15 MPa とする条件において給水用具の
止水機構の急閉止（閉止する動作が自動的に
行われる給水用具にあっては，自動閉止）を
したとき，その水撃作用により上昇する圧力
が 1.5 MPa 以下である性能を有するもので
なければならない。ただし，当該給水用具の
上流側に近接してエアチャンバーその他の水
撃防止器具を設置すること等により適切な水
撃防止のための措置が講じられているものに
あつては，この限りでない。

（防食に関する基準）

第四条　酸又はアルカリによつて侵食されるお
それのある場所に設置されている給水装置は，
酸又はアルカリに対する耐食性を有する材質
のもの又は防食材で被覆すること等により適
切な侵食の防止のための措置が講じられてい
るものでなければならない。

2　漏えい電流により侵食されるおそれのある
場所に設置されている給水装置は，非金属製
の材質のもの又は絶縁材で被覆すること等に
より適切な電気防食のための措置が講じられ
ているものでなければならない。

（逆流防止に関する基準）

第五条　水が逆流するおそれのある場所に設置
されている給水装置は，次の各号のいずれか
に該当しなければならない。

一　次に掲げる逆流を防止するための性能を
有する給水用具が，水の逆流を防止するこ
とができる適切な位置（ニに掲げるものに
あつては，水受け容器の越流面の上
方 150 mm 以上の位置）に設置されている
こと。

イ　減圧式逆流防止器は，厚生労働大臣が
定める逆流防止に関する試験（以下「逆
流防止性能試験」という。）により3kPa
及び 1.5 MPa の静水圧を 1 分間加えた
とき，水漏れ，変形，破損その他の異常
を生じないとともに，厚生労働大臣が定
める負圧破壊に関する試験（以下「負圧
破壊性能試験」という。）により流入側
から −54 kPa の圧力を加えたとき，減
圧式逆流防止器に接続した透明管内の水
位の上昇が 3 mm を超えないこと。

ロ　逆止弁（減圧式逆流防止器を除く。）

及び逆流防止装置を内部に備えた給水用
具（ハにおいて「逆流防止給水用具」と
いう。）は，逆流防止性能試験により
3 kPa 及び 1.5 MPa の静水圧を 1 分間
加えたとき，水漏れ，変形，破損その他
の異常を生じないこと。

ハ　逆流防止給水用具のうち次の表の第 1
欄に掲げるものに対するロの規定の適用
については，同欄に掲げる逆流防止給水
用具の区分に応じ，同表の第 2 欄に掲げ
る字句は，それぞれ同表の第 3 欄に掲げ
る字句とする。

逆流防止給水用具の区分	読み替えられる字句	読み替える字句
(1)減圧弁	1.5 MPa	当該減圧弁の設定圧力
(2)当該逆流防止装置の流出側に止水機構が設けられておらず，かつ，大気に開口されている逆流防止給水用具（(3)及び(4)に規定するものを除く。）	3kPa 及び 1.5 MPa	3 kPa
(3)浴槽に直結し，かつ，自動給湯する給湯機及び給湯付きふろがま（(4)に規定するものを除く。）	1.5 MPa	50 kPa
(4)浴槽に直結し，かつ，自動給湯する給湯機及び給湯付きふろがまであって逆流防止装置の流出側に循環ポンプを有するもの	1.5 MPa	当該循環ポンプの最大吐出圧力又は 50 kPa のいずれかの高い圧力

ニ　バキュームブレーカは，負圧破壊性能
試験により流入側から −54 kPa の圧力
を加えたとき，バキュームブレーカに接
続した透明管内の水位の上昇が75mm
を超えないこと。

ホ　負圧破壊装置を内部に備えた給水用具
は，負圧破壊性能試験により流入側から
−54 kPa の圧力を加えたとき，当該給
水用具に接続した透明管内の水位の上昇
が，バキュームブレーカを内部に備えた
給水用具にあつては逆流防止機能が働く
位置から水受け部の水面までの垂直距離
の1/2，バキュームブレーカ以外の負圧

破壊装置を内部に備えた給水用具にあつては吸気口に接続している管と流入管の接続部分の最下端又は吸気口の最下端のうちいずれか低い点から水面までの垂直距離の1/2を超えないこと。

　ヘ　水受け部と吐水口が一体の構造であり，かつ，水受け部の越流面と吐水口の間が分離されていることにより水の逆流を防止する構造の給水用具は，負圧破壊性能試験により流入側から−54kPaの圧力を加えたとき，吐水口から水を引き込まないこと。

　二　吐水口を有する給水装置が，次に掲げる基準に適合すること。

　　イ　呼び径が25mm以下のものにあつては，別表第2の上欄に掲げる呼び径の区分に応じ，同表中欄に掲げる近接壁から吐水口の中心までの水平距離及び同表下欄に掲げる越流面から吐水口の中心までの垂直距離が確保されていること。

　　ロ　呼び径が25mmを超えるものにあつては，別表第3の上欄に掲げる区分に応じ，同表下欄に掲げる越流面から吐水口の最下端までの垂直距離が確保されていること。

2　事業活動に伴い，水を汚染するおそれのある場所に給水する給水装置は，前項第二号に規定する垂直距離及び水平距離を確保し，当該場所の水管その他の設備と当該給水装置を分離すること等により，適切な逆流の防止のための措置が講じられているものでなければならない。

（耐寒に関する基準）

第六条　屋外で気温が著しく低下しやすい場所その他凍結のおそれのある場所に設置されている給水装置のうち減圧弁，逃し弁，逆止弁，空気弁及び電磁弁（給水用具の内部に備え付けられているものを除く。以下「弁類」という。）にあつては，厚生労働大臣が定める耐久に関する試験（以下「耐久性能試験」という。）により10万回の開閉操作を繰り返し，かつ，厚生労働大臣が定める耐寒に関する試験（以下「耐寒性能試験」という。）により−20℃±2℃の温度で1時間保持した後通水したとき，それ以外の給水装置にあつては，耐寒性能試験により−20℃±2℃の温度で1時間保持した後通水したとき，当該給水装置に係る第一条第1項に規定する性能，第三条に規定する性能及び前条第1項第一号に規定する性能を有するものでなければならない。ただし，断熱材で被覆すること等により適切な凍結の防止のための措置が講じられているものにあつては，この限りでない。

（耐久に関する基準）

第七条　弁類（前条本文に規定するものを除く。）は，耐久性能試験により10万回の開閉操作を繰り返した後，当該給水装置に係る第一条第1項に規定する性能，第三条に規定する性能及び第五条第1項第一号に規定する性能を有するものでなければならない。

別表第1

事項	水栓その他給水装置の末端に設置されている給水用具の浸出液に係る基準	給水装置の末端以外に設置されている給水用具の浸出液，又は給水管の浸出液に係る基準
カドミウム及びその化合物	カドミウムの量に関して，0.0003mg/L 以下であること。	カドミウムの量に関して，0.003mg/L 以下であること。
水銀及びその化合物	水銀の量に関して，0.00005mg/L 以下であること。	水銀の量に関して，0.0005mg/L 以下であること。
セレン及びその化合物	セレンの量に関して，0.001mg/L 以下であること。	セレンの量に関して，0.01mg/L 以下であること。
鉛及びその化合物	鉛の量に関して，0.001mg/L 以下であること。	鉛の量に関して，0.01mg/L 以下であること。
ヒ素及びその化合物	ヒ素の量に関して，0.001mg/L 以下であること。	ヒ素の量に関して，0.01mg/L 以下であること。
六価クロム化合物	六価クロムの量に関して，0.005mg/L 以下であること。	六価クロムの量に関して，0.05mg/L 以下であること。
亜硝酸態窒素	0.004mg/L 以下であること。	0.04mg/L 以下であること。
シアン化物イオン及び塩化シアン	シアンの量に関して，0.001mg/L 以下であること。	シアンの量に関して，0.01mg/L 以下であること。
硝酸態窒素及び亜硝酸態窒素	1.0mg/L 以下であること。	10mg/L 以下であること。
フッ素及びその化合物	フッ素の量に関して，0.08mg/L 以下であること。	フッ素の量に関して，0.8mg/L 以下であること。
ホウ素及びその化合物	ホウ素の量に関して，0.1mg/L 以下であること。	ホウ素の量に関して，1.0mg/L 以下であること。
四塩化炭素	0.0002mg/L 以下であること。	0.002mg/L 以下であること。
一・四 – ジオキサン	0.005mg/L 以下であること。	0.05mg/L 以下であること。
シス – 一・二 – ジクロロエチレン及びトランス – 一・二 – ジクロロエチレン	0.004mg/L 以下であること。	0.04mg/L 以下であること。
ジクロロメタン	0.002mg/L 以下であること。	0.02mg/L 以下であること。
テトラクロロエチレン	0.001mg/L 以下であること。	0.01mg/L 以下であること。
トリクロロエチレン	0.001mg/L 以下であること。	0.01mg/L 以下であること。
ベンゼン	0.001mg/L 以下であること。	0.01mg/L 以下であること。
ホルムアルデヒド	0.008mg/L 以下であること。	0.08mg/L 以下であること。
亜鉛及びその化合物	亜鉛の量に関して，0.1mg/L 以下であること。	亜鉛の量に関して，1.0mg/L 以下であること。
アルミニウム及びその化合物	アルミニウムの量に関して，0.02mg/L 以下であること。	アルミニウムの量に関して，0.2mg/L 以下であること。
鉄及びその化合物	鉄の量に関して，0.03mg/L 以下であること。	鉄の量に関して，0.3mg/L 以下であること。
銅及びその化合物	銅の量に関して，0.1mg/L 以下であること。	銅の量に関して，1.0mg/L 以下であること。
ナトリウム及びその化合物	ナトリウムの量に関して，20mg/L 以下であること。	ナトリウムの量に関して，200mg/L 以下であること。

マンガン及びその化合物	マンガンの量に関して，0.005mg/L 以下であること。	マンガンの量に関して，0.05mg/L 以下であること。
塩化物イオン	20mg/L 以下であること。	200mg/L 以下であること。
蒸発残留物	50mg/L 以下であること。	500mg/L 以下であること。
陰イオン界面活性剤	0.02mg/L 以下であること。	0.2mg/L 以下であること。
非イオン界面活性剤	0.005mg/L 以下であること。	0.02mg/L 以下であること。
フェノール類	フェノールの量に換算して，0.0005mg/L 以下であること。	フェノールの量に換算して，0.005mg/L 以下であること。
有機物（全有機炭素（TOC）の量）	0.5mg/L 以下であること。	3mg/L 以下であること。
味	異常でないこと。	異常でないこと。
臭気	異常でないこと。	異常でないこと。
色度	0.5度以下であること。	5度以下であること。
濁度	0.2度以下であること。	2度以下であること。
１・２‐ジクロロエタン	0.0004mg/L 以下であること。	0.004mg/L 以下であること。
アミン類	トリエチレンテトラミンとして，0.01mg/L 以下であること。	トリエチレンテトラミンとして，0.01mg/L 以下であること。
エビクロロヒドリン	0.01mg/L 以下であること。	0.01mg/L 以下であること。
酢酸ビニル	0.01mg/L 以下であること。	0.01mg/L 以下であること。
スチレン	0.002mg/L 以下であること。	0.002mg/L 以下であること。
２・４‐トルエンジアミン	0.002mg/L 以下であること。	0.002mg/L 以下であること。
２・６‐トルエンジアミン	0.001mg/L 以下であること。	0.001mg/L 以下であること。
１・２‐ブタジエン	0.001mg/L 以下であること。	0.001mg/L 以下であること。
１・３‐ブタジエン	0.001mg/L 以下であること。	0.001mg/L 以下であること。

資料編

別表第2

呼び径の区分	近接壁から吐水口の中心までの水平距離	越流面から吐水口の中心までの垂直距離
13mm 以下のもの	25mm 以上	25mm 以上
13mm を超え20mm 以下のもの	40mm 以上	40mm 以上
20mm を超え25mm 以下のもの	50mm 以上	50mm 以上

備考
1　浴槽に給水する給水装置（水受け部と吐水口が一体の構造であり，かつ，水受け部の越流面と吐水口の間が分離されていることにより水の逆流を防止する構造の給水用具（この表及び次表において「吐水口一体型給水用具」という。）を除く。）にあっては，この表下欄中「25mm」とあり，又は「40mm」とあるのは，「50mm」とする。
2　プール等の水面が特に波立ちやすい水槽並びに事業活動に伴い洗剤又は薬品を入れる水槽及び容器に給水する給水装置（吐水口一体型給水用具を除く。）にあっては，この表下欄中「25mm」とあり，「40mm」とあり，又は「50mm」とあるのは，「200mm」とする。

別表第3

区　分			越流面から吐水口の最下端までの垂直距離
近接壁の影響がない場合	－	－	$(1.7 \times d + 5)$mm 以上
近接壁の影響がある場合	近接壁が一面の場合	壁からの離れが $(3 \times D)$mm 以下のもの	$(3 \times d)$mm 以上
		壁からの離れが $(3 \times D)$mm を超え $(5 \times D)$ 以下	$(2 \times d + 5)$mm 以上
		壁からの離れが $(5 \times D)$mm を超えるもの	$(1.7 \times d + 5)$mm 以上
	近接壁が二面の場合	壁からの離れが $(4 \times D)$mm 以下のもの	$(3.5 \times d)$mm 以上
		壁からの離れが $(4 \times D)$mm を超え $(6 \times D)$ 以下	$(3 \times d)$mm 以上
		壁からの離れが $(6 \times D)$mm を超え $(7 \times D)$ 以下	$(2 \times d + 5)$mm 以上
		壁からの離れが $(7 \times D)$mm を超えるもの	$(1.7 \times d + 5)$mm 以上

備考
1　D：吐水口の内径（単位：mm）　　　d：有効開口の内径（単位：mm）
2　吐水口の断面が長方形の場合は長辺を D とする。
3　越流面より少しでも高い壁がある場合は近接壁とみなす。
4　浴槽に給水する給水装置（吐水口一体型給水用具を除く。）において，下欄に定める式により算定された越流面から吐水口の最下端までの垂直距離が50mm 未満の場合にあっては，当該距離は50mm 以上とする。
5　プール等の水面が特に波立ちやすい水槽並びに事業活動に伴い洗剤又は薬品を入れる水槽及び容器に給水する給水装置（吐水口一体型給水用具を除く。）において，下欄に定める式により算定された越流面から吐水口の最下端までの垂直距離が200mm 未満の場合にあっては，当該距離は200mm 以上とする。

資料6．建築基準法施行令（抄）

（昭和25年11月16日政令第338号，最終改正：令和元年9月6日政令第91号）

第5章の4　建築設備等
第1節　建築設備の構造強度
第百二十九条の二の三　法第二十条第1項第一号，第二号イ，第三号イ及び第四号イの政令で定める技術的基準のうち建築設備に係るものは，次のとおりとする。

二　建築物に設ける昇降機以外の建築設備にあつては，構造耐力上安全なものとして国土交通大臣が定めた構造方法を用いること。

三　法第二十条第1項第一号から第三号までに掲げる建築物に設ける屋上から突出する水槽，煙突その他これらに類するものにあつては，国土交通大臣が定める基準に従つた構造計算により風圧並びに地震その他の震動及び衝撃に対して構造耐力上安全であることを確かめること。

第1節の2　給水，排水その他の配管設備
（給水，排水その他の配管設備の設置及び構造）
第百二十九条の二の四　建築物に設ける給水，排水その他の配管設備の設置及び構造は，次に定めるところによらなければならない。

一　コンクリートへの埋設等により腐食するおそれのある部分には，その材質に応じ有効な腐食防止のための措置を講ずること。

二　構造耐力上主要な部分を貫通して配管する場合においては，建築物の構造耐力上支障を生じないようにすること。

三　第百二十九条の三第1項第一号又は第三号に掲げる昇降機の昇降路内に設けないこと。ただし，地震時においても昇降機の籠（人又は物を乗せ昇降する部分をいう。以下同じ。）の昇降，籠及び出入口の戸の開閉その他の昇降機の機能並びに配管設備の機能に支障が生じないものとして，国土交通大臣が定めた構造方法を用いるもの及び国土交通大臣の認定を受けたものは，この限りでない。

四　圧力タンク及び給湯設備には，有効な安全装置を設けること。

五　水質，温度その他の特性に応じて安全上，防火上及び衛生上支障のない構造とすること。

六　地階を除く階数が3以上である建築物，地階に居室を有する建築物又は延べ面積が3,000㎡を超える建築物に設ける換気，暖房又は冷房の設備の風道及びダストシュート，メールシュート，リネンシュートその他これらに類するもの（屋外に面する部分その他防火上支障がないものとして国土交通大臣が定める部分を除く。）は，不燃材料で造ること。

七　給水管，配電管その他の管が，第百十二条第19項の準耐火構造の防火区画，第百十三条第1項の防火壁若しくは防火床，第百十四条第1項の界壁，同条第2項の間仕切壁又は同条第3項若しくは第4項の隔壁（ハにおいて「防火区画等」という。）を貫通する場合においては，これらの管の構造は，次のイからハまでのいずれかに適合するものとすること。ただし，1時間準耐火基準に適合する準耐火構造の床若しくは壁又は特定防火設備で建築物の他の部分と区画されたパイプシャフト，パイプダクトその他これらに類するものの中にある部分については，この限りでない。

イ　給水管，配電管その他の管の貫通する部分及び当該貫通する部分からそれぞれ両側に1m以内の距離にある部分を不燃材料で造ること。

ロ　給水管，配電管その他の管の外径が，当該管の用途，材質その他の事項に応じて国土交通大臣が定める数値未満であること。

ハ　防火区画等を貫通する管に通常の火災による火熱が加えられた場合に，加熱開始後20分間（第百十二条第1項若しくは第3項から第5項まで，同条第6項（同条第7項の規定により床面積の合計200㎡以内ごとに区画する場合又は同条第8項の規定により床面積の合計500㎡以内ごとに区画する場合に限る。），同条第9項（同条第7項の規定により床面積の合計200㎡以内ごとに区画する場合又は同条第8項の規定により床面積の合計500㎡以内ごとに区画する場合に限る。）若しくは同条第17項の規定による準耐火構造の床若しくは壁又は第百十三条第1項の防火壁若しくは防火床にあつては1時間，第百十四条第1項の界壁，同

条第2項の間仕切壁又は同条第3項若しくは第4項の隔壁にあつては45分間)防火区画等の加熱側の反対側に火炎を出す原因となる亀裂その他の損傷を生じないものとして，国土交通大臣の認定を受けたものであること。

八　3階以上の階を共同住宅の用途に供する建築物の住戸に設けるガスの配管設備は，国土交通大臣が安全を確保するために必要があると認めて定める基準によること。

2　建築物に設ける飲料水の配管設備（水道法第三条第9項に規定する給水装置に該当する配管設備を除く。）の設置及び構造は，前項の規定によるほか，次に定めるところによらなければならない。

一　飲料水の配管設備（これと給水系統を同じくする配管設備を含む。以下この項において同じ。）とその他の配管設備とは，直接連結させないこと。

二　水槽，流しその他水を入れ，又は受ける設備に給水する飲料水の配管設備の水栓の開口部にあつては，これらの設備のあふれ面と水栓の開口部との垂直距離を適当に保つことその他の有効な水の逆流防止のための措置を講ずること。

三　飲料水の配管設備の構造は，次に掲げる基準に適合するものとして，国土交通大臣が定めた構造方法を用いるもの又は国土交通大臣の認定を受けたものであること。

イ　当該配管設備から漏水しないものであること。

ロ　当該配管設備から溶出する物質によつて汚染されないものであること。

四　給水管の凍結による破壊のおそれのある部分には，有効な防凍のための措置を講ずること。

五　給水タンク及び貯水タンクは，ほこりその他衛生上有害なものが入らない構造とし，金属性のものにあつては，衛生上支障のないように有効なさび止めのための措置を講ずること。

六　前各号に定めるもののほか，安全上及び衛生上支障のないものとして国土交通大臣が定めた構造方法を用いるものであること。

3　建築物に設ける排水のための配管設備の設置及び構造は，第1項の規定によるほか，次に定めるところによらなければならない。

一　排出すべき雨水又は汚水の量及び水質に応じ有効な容量，傾斜及び材質を有すること。

二　配管設備には，排水トラップ，通気管等を設置する等衛生上必要な措置を講ずること。

三　配管設備の末端は，公共下水道，都市下水路その他の排水施設に排水上有効に連結すること。

四　汚水に接する部分は，不浸透質の耐水材料で造ること。

五　前各号に定めるもののほか，安全上及び衛生上支障のないものとして国土交通大臣が定めた構造方法を用いるものであること。

資料7．建築物に設ける飲料水の配管設備及び排水のための配管設備を安全上及び衛生上支障のない構造とするための基準（抄）

（昭和50年12月20日建設省告示第1597号）

建築基準法施行令（昭和25年政令第338号）第百二十九条の二の五第2項第六号及び第3項第五号の規定に基づき，建築物に設ける飲料水の配管設備及び配水のための配管設備を安全上及び衛生上支障のない構造とするための構造方法を次のように定める。

　建築物に設ける飲料水の配管及び配水のための配管設備の装置方法を定める件

第1　飲料水の配管設備の構造は，次に定めるところによらなければならない。

　一　給水管

　イ　ウォーターハンマーが生ずるおそれがある場合においては，エアチャンバーを設ける等有効なウォーターハンマー防止のための措置を講ずること。

　ロ　給水立て主管からの各階への分岐管等主要な分岐管には，分岐点に近接した部分で，かつ，操作を容易に行うことができる部分に止水弁を設けること。

　二　給水タンク及び貯水タンク

　イ　建築物の内部，屋上又は最下階の床下に設ける場合においては，次に定めるところによること。

　　(1)　外部から給水タンク又は貯水タンク（以下「給水タンク等」という。）の天井，底又は周壁の保守点検を容易かつ安全に行うことができるように設けること。

　　(2)　給水タンク等の天井，底又は周壁は，建築物の他の部分と兼用しないこと。

　　(3)　内部には，飲料水の配管設備以外の配管設備を設けないこと。

　　(4)　内部の保守点検を容易かつ安全に行うことができる位置に，次に定める構造としたマンホールを設けること。ただし，給水タンク等の天井がふたを兼ねる場合においては，この限りでない。

　　　(い)　内部が常時加圧される構造の給水タンク等（以下「圧力タンク等」という。）に設ける場合を除き，ほこりその他衛生上有害なものが入らないように有効に立ち上げること。

　　　(ろ)　直径60cm以上の円が内接することができるものとすること。ただし，外部から内部の保守点検を容易かつ安全に行うことができる小規模な給水タンク等にあつては，この限りでない。

　　(5)　(4)のほか，水抜管を設ける等内部の保守点検を容易に行うことができる構造とすること。

　　(6)　圧力タンク等を除き，ほこりその他衛生上有害なものが入らない構造のオーバーフロー管を有効に設けること。

　　(7)　最下階の床下その他浸水によりオーバーフロー管から水が逆流するおそれのある場所に給水タンク等を設置する場合にあつては，浸水を容易に覚知することができるよう浸水を検知し警報する装置の設置その他の措置を講じること。

　　(8)　圧力タンク等を除き，ほこりその他衛生上有害なものが入らない構造の通気のための装置を有効に設けること。ただし，有効容量が2m³未満の給水タンク等については，この限りでない。

　　(9)　給水タンク等の上にポンプ，ボイラー，空気調和機等の機器を設ける場合においては，飲料水を汚染することのないように衛生上必要な措置を講ずること。

　ロ　イの場所以外の場所に設ける場合においては，次に定めるところによること。

　　(1)　給水タンク等の底が地盤面下にあり，かつ，当該給水タンク等からくみ取便所の便槽，し尿浄化槽，排水管（給水タンク等の水抜管又はオーバーフロー管に接続する排水管を除く。），ガソリンタンクその他衛生上有害な物の貯溜又は処理に供する施設までの水平距離が5m未満である場合においては，イの(1)及び(3)から(8)までに定めるところによること。

　　(2)　(1)の場合以外の場合においては，イの(3)から(8)までに定めるところによること。

令和４年度

給水装置工事主任技術者
試験問題

「学科試験1」

注意事項

次の注意事項を解答用紙と対比しながら声を出さずに読んで下さい。

1. 解答用紙の受験番号の確認

   解答用紙の所定欄に，あなたの受験番号が印刷してありますので，確認して下さい。

   記載内容に誤りがある場合は，手を上げて下さい。

2. 解答用紙への氏名及びフリガナの記入

   解答用紙の所定欄に，あなたの氏名を記入するとともに，フリガナをカタカナで記入して下さい。

3. 注意事項の表紙への受験番号及び氏名の記入

   この注意事項の表紙の所定欄に，あなたの受験番号及び氏名を記入して下さい。

4. 試験問題数及び解答時間

   学科試験1の試験問題数は40問で，解答時間は150分です。

5. 解答方法

   (1) 解答方法はマークシート方式です。質問に適した答えを一つ選び，次の例にならって解答用紙にマーク（塗りつぶす）して下さい。

   なお，一つの試験問題で二つ以上マークすると誤りとなりますので注意して下さい。

   〔例1〕四肢択一の問題

   問題1　次のうち，日本一高い山はどれか。

   (1) 阿蘇山

   (2) 浅間山

   (3) 富士山

   (4) 槍ヶ岳

   正解は(3)ですから，次のように解答用紙の ③ をマークして下さい。

問題番号	解　答　欄			
問題1	①	②	●	④

   〔例2〕五肢択一の問題

   問題2　次のうち，日本一大きい湖はどれか。

   (1) 霞ヶ浦

   (2) 琵琶湖

   (3) サロマ湖

   (4) 猪苗代湖

   (5) 宍道湖

   正解は(2)ですから，次のように解答用紙の ② をマークして下さい。

問題番号	解　答　欄				
問題2	①	●	③	④	⑤

   (2) 採点は機械によって行いますので，解答はHBの鉛筆を使用し，◯ の外にはみ出さないようにマークして下さい。ボールペンは使用しないで下さい。

   なお，シャープペンシルを使用する場合は，なるべく芯の太いものを使用して下さい。

   良い解答の例……●

   悪い解答の例……Ⓦ Ⓥ Ⓧ ◯ ◯ ◾ ●

   (3) 一度マークしたところを訂正する場合は，消しゴムで消し残りのないように完全に消して下さい。なお，砂消しゴムは，解答用紙を傷つけたり，よごす恐れがありますので使用してはいけません。

   鉛筆の跡が残ったり，● のような消し方をした場合は，訂正したことにはなりませんので注意して下さい。

   (4) 解答用紙は，折り曲げたり，チェックやメモ書きなどで汚したりしないように特に注意して下さい。

6. その他の注意事項

   (1) 試験問題の内容に関する質問には一切お答えしません。

   (2) 解答用紙を持ち帰ることは認めません。

   (3) 途中退室は試験開始45分後から試験終了15分前までの間は認めますが，その前後の途中退室は認めません。

   (4) 途中退室する際には，着席したままで手を上げて下さい。

   試験監督員があなたの解答用紙を回収し，退室の指示があるまで席を立たないで下さい。

   (5) 一度退室すると試験終了後，指示があるまで再入室できません。

   (6) 試験終了後は，試験監督員が全員の解答用紙を回収し確認作業を行いますので，試験監督員の指示があるまで席を立たないで下さい。

   (7) 試験問題は，試験終了後の持ち帰りは認めますが，途中退室する際の持ち出しは認めません。

   途中退室された方が試験問題を必要とする場合は，試験終了後，再入室を許可する旨の指示を受けてから，再入室して自席のものをお持ち帰り下さい。許可するまでは再入室を認めません。

学科試験 1

公衆衛生概論

問題 1　水道法において定義されている水道事業等に関する次の記述のうち，<u>不適当なものはどれか。</u>

(1)　水道事業とは，一般の需要に応じて，水道により水を供給する事業をいう。ただし，給水人口が100人以下である水道によるものを除く。

(2)　簡易水道事業とは，水道事業のうち，給水人口が5,000人以下の事業をいう。

(3)　水道用水供給事業とは，水道により，水道事業者に対してその用水を供給する事業をいう。

(4)　簡易専用水道とは，水道事業の用に供する水道及び専用水道以外の水道であって，水道事業から受ける水のみを水源とするもので，水道事業からの水を受けるために設けられる水槽の有効容量の合計が100 m³以下のものを除く。

問題 2　水道水の水質基準に関する次の記述のうち，<u>不適当なものはどれか。</u>

(1)　味や臭気は，水質基準項目に含まれている。

(2)　一般細菌の基準値は，「検出されないこと」とされている。

(3)　総トリハロメタンとともに，トリハロメタン類のうち4物質について各々基準値が定められている。

(4)　水質基準は，最新の科学的知見に照らして改正される。

問題 3　塩素消毒及び残留塩素に関する次の記述のうち，<u>不適当なものはどれか。</u>

(1)　残留塩素には遊離残留塩素と結合残留塩素がある。消毒効果は結合残留塩素の方が強く，残留効果は遊離残留塩素の方が持続する。

(2)　遊離残留塩素には，次亜塩素酸と次亜塩素酸イオンがある。

(3)　水道水質基準に適合した水道水では，遊離残留塩素のうち，次亜塩素酸の存在比が高いほど，消毒効果が高い。

(4)　一般に水道で使用されている塩素系消毒剤としては，次亜塩素酸ナトリウム，液化塩素（液体塩素），次亜塩素酸カルシウム（高度さらし粉を含む）がある。

水道行政

問題4 水道事業者等の水質管理に関する次の記述のうち，<u>不適当なもの</u>はどれか。

(1) 水道により供給される水が水質基準に適合しないおそれがある場合は臨時の検査を行う。

(2) 水質検査に供する水の採取の場所は，給水栓を原則とし，水道施設の構造等を考慮して，当該水道により供給される水が水質基準に適合するかどうかを判断することができる場所を選定する。

(3) 水道法施行規則に規定する衛生上必要な措置として，取水場，貯水池，導水渠，浄水場，配水池及びポンプ井は，常に清潔にし，水の汚染防止を充分にする。

(4) 水質検査を行ったときは，これに関する記録を作成し，水質検査を行った日から起算して1年間，これを保存しなければならない。

問題5 簡易専用水道の管理基準に関する次の記述のうち，<u>不適当なもの</u>はどれか。

(1) 有害物や汚水等によって水が汚染されるのを防止するため，水槽の点検等の必要な措置を講じる。

(2) 設置者は，毎年1回以上定期に，その水道の管理について，地方公共団体の機関又は厚生労働大臣の登録を受けた者の検査を受けなければならない。

(3) 供給する水が人の健康を害するおそれがあることを知ったときは，直ちに給水を停止し，かつ，その水を使用することが危険である旨を関係者に周知させる措置を講じる。

(4) 給水栓により供給する水に異常を認めたときは，水道水質基準の全項目について水質検査を行わなければならない。

問題6 指定給水装置工事事業者の5年ごとの更新時に，水道事業者が確認することが望ましい事項に関する次の記述の正誤の組み合わせのうち，<u>適当なもの</u>はどれか。

ア 指定給水装置工事事業者の受注実績

イ 給水装置工事主任技術者等の研修会の受講状況

ウ 適切に作業を行うことができる技能を有する者の従事状況

エ 指定給水装置工事事業者の講習会の受講実績

	ア	イ	ウ	エ
(1)	正	正	正	正
(2)	正	誤	正	正
(3)	誤	誤	正	誤
(4)	誤	正	誤	誤
(5)	誤	正	正	正

問題7　水道法に関する次の記述の正誤の組み合わせのうち，<u>適当なもの</u>はどれか。

ア　国，都道府県及び市町村は水道の基盤の強化に関する施策を策定し，推進又は実施するよう努めなければならない。

イ　国は広域連携の推進を含む水道の基盤を強化するための基本方針を定め，都道府県は基本方針に基づき，水道基盤強化計画を定めなければならない。

ウ　水道事業者等は，水道施設を適切に管理するための水道施設台帳を作成し，保管しなければならない。

エ　指定給水装置工事事業者の5年ごとの更新制度が導入されたことに伴って，給水装置工事主任技術者も5年ごとに更新を受けなければならない。

	ア	イ	ウ	エ
(1)	正	誤	誤	正
(2)	正	正	誤	誤
(3)	誤	誤	正	正
(4)	正	誤	正	誤
(5)	誤	正	誤	正

問題8　水道法第14条の供給規程が満たすべき要件に関する次の記述のうち，<u>不適当なもの</u>はどれか。

(1)　水道事業者及び指定給水装置工事事業者の責任に関する事項並びに給水装置工事の費用の負担区分及びその額の算出方法が，適正かつ明確に定められていること。

(2)　料金が，能率的な経営の下における適正な原価に照らし，健全な経営を確保することができる公正妥当なものであること。

(3)　特定の者に対して不当な差別的取扱いをするものでないこと。

(4)　貯水槽水道が設置される場合においては，貯水槽水道に関し，水道事業者及び当該貯水槽水道の設置者の責任に関する事項が，適正かつ明確に定められていること。

問題9　水道施設運営権に関する次の記述のうち，<u>不適当なもの</u>はどれか。

(1)　地方公共団体である水道事業者は，民間資金等の活用による公共施設等の整備等の促進に関する法律（以下本問においては「民間資金法」という。）の規定により，水道施設運営等事業に係る公共施設等運営権を設定しようとするときは，あらかじめ，都道府県知事の許可を受けなければならない。

(2)　水道施設運営等事業は，地方公共団体である水道事業者が民間資金法の規定により水道施設運営権を設定した場合に限り，実施することができる。

(3)　水道施設運営権を有する者が，水道施設運営等事業を実施する場合には，水道事業経営の認可を受けることを要しない。

(4)　水道施設運営権を有する者は，水道施設運営等事業について技術上の業務を担当させるため，水道施設運営等事業技術管理者を置かなければならない。

給水装置工事法

問題10 水道法施行規則第36条の指定給水装置工事事業者の事業の運営に関する次の記述の _____ 内に入る語句の組み合わせのうち，適当なものはどれか。

　水道法施行規則第36条第 1 項第 2 号に規定する「適切に作業を行うことができる技能を有する者」とは，配水管への分水栓の取付け，配水管の穿孔，給水管の接合等の配水管から給水管を分岐する工事に係る作業及び当該分岐部から ア までの配管工事に係る作業について，配水管その他の地下埋設物に変形，破損その他の異常を生じさせることがないよう，適切な イ ， ウ ，地下埋設物の エ の方法を選択し，正確な作業を実施することができる者をいう。

	ア	イ	ウ	エ
(1)	水道メーター	給水用具	工程	移設
(2)	宅 地 内	給水用具	工程	防護
(3)	水道メーター	資機材	工法	防護
(4)	止 水 栓	資機材	工法	移設
(5)	宅 地 内	給水用具	工法	移設

問題11 給水管の取出しに関する次の記述の正誤の組み合わせのうち，<u>適当なものはどれか</u>。

ア　配水管を断水してＴ字管，チーズ等により給水管を取り出す場合は，断水に伴う需要者への広報等に時間を要するので，充分に余裕を持って水道事業者と協議し，断水作業，通水作業等の作業時間，雨天時の対応等を確認する。

イ　ダクタイル鋳鉄管の分岐穿孔に使用するサドル付分水栓用ドリルは，エポキシ樹脂粉体塗装の場合とモルタルライニング管の場合とでは，形状が異なる。

ウ　ダクタイル鋳鉄管のサドル付分水栓等による穿孔箇所には，穿孔部のさびこぶ発生防止のため，水道事業者が指定する防食コアを装着する。

エ　不断水分岐作業の場合には，分岐作業終了後に充分に排水すれば，水質確認を行わなくてもよい。

	ア	イ	ウ	エ
(1)	正	正	正	誤
(2)	誤	誤	正	誤
(3)	誤	正	誤	正
(4)	正	正	誤	正
(5)	正	正	誤	誤

問題12 配水管からの分岐穿孔に関する次の記述のうち，<u>不適当なものはどれか</u>。

(1) 割Ｔ字管は，配水管の管軸頂部にその中心線がくるように取り付け，給水管の取出し方向及び割Ｔ字管が管軸方向から見て傾きがないか確認する。

(2) ダクタイル鋳鉄管からの分岐穿孔の場合，割Ｔ字管の取り付け後，分岐部に水圧試験用治具を取り付けて加圧し，水圧試験を行う。負荷水圧は，常用圧力＋0.5MPa 以下とし，最大1.25MPa とする。

(3) 割Ｔ字管を用いたダクタイル鋳鉄管からの分岐穿孔の場合，穿孔はストローク管理を確実に行う。また，穿孔中はハンドルの回転が重く感じ，センタードリルの穿孔が終了するとハンドルの回転は軽くなる。

(4) 割Ｔ字管を用いたダクタイル鋳鉄管からの分岐穿孔の場合，防食コアを穿孔した孔にセットしたら，拡張ナットをラチェットスパナで締め付ける。規定量締付け後，拡張ナットを緩める。

(5) ダクタイル鋳鉄管に装着する防食コアの挿入機及び防食コアは，製造者及び機種等により取扱いが異なるので，必ず取扱説明書を読んで器具を使用する。

問題13　給水管の明示に関する次の記述の正誤の組み合わせのうち，<u>適当なものはどれか。</u>

ア　道路管理者と水道事業者等道路地下占用者の間で協議した結果に基づき，占用物埋設工事の際に埋設物頂部と路面の間に折り込み構造の明示シートを設置している場合がある。

イ　道路部分に布設する口径75mm以上の給水管には，明示テープ等により管を明示しなければならない。

ウ　道路部分に給水管を埋設する際に設置する明示シートは，水道事業者の指示により，指定された仕様のものを任意の位置に設置する。

エ　明示テープの色は，水道管は青色，ガス管は緑色，下水道管は茶色とされている。

	ア	イ	ウ	エ
(1)	正	誤	正	正
(2)	誤	正	誤	正
(3)	正	正	誤	正
(4)	正	誤	正	誤
(5)	誤	正	正	誤

問題14　水道メーターの設置に関する次の記述のうち，<u>不適当なものはどれか。</u>

(1)　メーターますは，水道メーターの呼び径が50mm以上の場合はコンクリートブロック，現場打ちコンクリート，金属製等で，上部に鉄蓋を設置した構造とするのが一般的である。

(2)　水道メーターの設置は，原則として道路境界線に最も近接した宅地内で，メーターの計量及び取替え作業が容易であり，かつ，メーターの損傷，凍結等のおそれがない位置とする。

(3)　水道メーターの設置に当たっては，メーターに表示されている流水方向の矢印を確認した上で水平に取り付ける。

(4)　集合住宅の配管スペース内の水道メーター回りは弁栓類，継手が多く，漏水が発生しやすいため，万一漏水した場合でも，居室側に浸水しないよう，防水仕上げ，水抜き等を考慮する必要がある。

(5)　集合住宅等の複数戸に直結増圧式等で給水する建物の親メーターにおいては，ウォーターハンマーを回避するため，メーターバイパスユニットを設置する方法がある。

問題15　スプリンクラーに関する次の記述の正誤の組み合わせのうち，<u>適当なものはどれか。</u>

ア　消防法の適用を受ける水道直結式スプリンクラー設備の設置に当たり，分岐する配水管からスプリンクラーヘッドまでの水理計算及び給水管，給水用具の選定は，給水装置工事主任技術者が行う。

イ　消防法の適用を受けない住宅用スプリンクラーは，停滞水が生じないよう日常生活において常時使用する水洗便器や台所水栓等の末端給水栓までの配管途中に設置する。

ウ　消防法の適用を受ける乾式配管方式の水道直結式スプリンクラー設備は，消火時の水量をできるだけ多くするため，給水管分岐部と電動弁との間を長くすることが望ましい。

エ　平成19年の消防法改正により，一定規模以上のグループホーム等の小規模社会福祉施設にスプリンクラーの設置が義務付けられた。

	ア	イ	ウ	エ
(1)	正	誤	正	誤
(2)	誤	正	誤	正
(3)	正	正	誤	正
(4)	正	誤	誤	正
(5)	誤	正	正	誤

問題16 給水装置の構造及び材質の基準に関する省令に関する次の記述のうち，<u>不適当なものはどれか。</u>

(1) 給水装置の接合箇所は，水圧に対する充分な耐力を確保するためその構造及び材質に応じた適切な接合が行われたものでなければならない。

(2) 弁類（耐寒性能基準に規定するものを除く。）は，耐久性能基準に適合したものを用いる。

(3) 給水管及び給水用具は，最終の止水機構の流出側に設置される給水用具を含め，耐圧性能基準に適合したものを用いる。

(4) 配管工事に当たっては，管種，使用する継手，施工環境及び施工技術等を考慮し，最も適当と考えられる接合方法及び工具を用いる。

問題17 給水管の配管工事に関する次の記述のうち，<u>不適当なものはどれか。</u>

(1) 水圧，水撃作用等により給水管が離脱するおそれのある場所には，適切な離脱防止のための措置を講じる。

(2) 宅地内の主配管は，家屋の基礎の外回りに布設することを原則とし，スペースなどの問題でやむを得ず構造物の下を通過させる場合は，さや管を設置しその中に配管する。

(3) 配管工事に当たっては，漏水によるサンドブラスト現象などにより他企業埋設物への損傷を防止するため，他の埋設物との離隔は原則として30cm以上確保する。

(4) 地階あるいは2階以上に配管する場合は，原則として階ごとに止水栓を設置する。

(5) 給水管を施工上やむを得ず曲げ加工して配管する場合，曲げ配管が可能な材料としては，ライニング鋼管，銅管，ポリエチレン二層管がある。

問題18 給水管及び給水用具の選定に関する次の記述の [_____] 内に入る語句の組み合わせのうち，<u>適当なものはどれか。</u>

給水管及び給水用具は，配管場所の施工条件や設置環境，将来の維持管理等を考慮して選定する。

配水管の取付口から [ア] までの使用材料等については，地震対策並びに漏水時及び災害時等の [イ] を円滑かつ効率的に行う観点から，[ウ] が指定している場合が多いので確認する。

	ア	イ	ウ
(1)	水道メーター	応急給水	厚生労働省
(2)	止水栓	緊急工事	厚生労働省
(3)	止水栓	応急給水	水道事業者
(4)	水道メーター	緊急工事	水道事業者

問題19 各種の水道管の継手及び接合方法に関する次の記述のうち，<u>不適当なものはどれか。</u>

(1) ステンレス鋼鋼管のプレス式継手による接合は，専用締付け工具を使用するもので，短時間に接合ができ，高度な技術を必要としない方法である。

(2) ダクタイル鋳鉄管のNS形及びGX形継手は，大きな伸縮余裕，曲げ余裕をとっているため，管体に無理な力がかかることなく継手の動きで地盤の変動に適応することができる。

(3) 水道給水用ポリエチレン管のEF継手による接合は，融着作業中のEF接続部に水が付着しないように，ポンプによる充分な排水を行う。

(4) 硬質塩化ビニルライニング鋼管のねじ接合において，管の切断はパイプカッター，チップソーカッター，ガス切断等を使用して，管軸に対して直角に切断する。

(5) 銅管の接合には継手を使用するが，25mm以下の給水管の直管部は，胴接ぎとすることができる。

令和4年度問題

給水装置の構造及び性能

問題20　給水装置に関わる規定に関する次の記述のうち，<u>不適当なもの</u>はどれか。

(1)　給水装置が水道法に定める給水装置の構造及び材質の基準に適合しない場合，水道事業者は供給規程の定めるところにより，給水契約の申し込みの拒否又は給水停止ができる。

(2)　水道事業者は，給水区域において給水装置工事を適正に施行することができる者を指定できる。

(3)　水道事業者は，使用中の給水装置について，随時現場立ち入り検査を行うことができる。

(4)　水道技術管理者は，給水装置工事終了後，水道技術管理者本人又はその者の監督の下，給水装置の構造及び材質の基準に適合しているか否かの検査を実施しなければならない。

問題21　以下の給水用具のうち，通常の使用状態において，浸出性能基準の適用対象外となるものの組み合わせとして，<u>適当なもの</u>はどれか。

ア　食器洗い機　　　　　　　　　　ウ　冷水機
イ　受水槽用ボールタップ　　　　　エ　散水栓

(1)　ア，イ　　　　　(4)　イ，ウ
(2)　ア，ウ　　　　　(5)　イ，エ
(3)　ア，エ

問題22　給水装置の負圧破壊性能基準に関する次の記述の正誤の組み合わせのうち，<u>適当なもの</u>はどれか。

ア　水受け部と吐水口が一体の構造であり，かつ水受け部の越流面と吐水口の間が分離されていることにより水の逆流を防止する構造の給水用具は，負圧破壊性能試験により流入側からマイナス20kPaの圧力を加えたとき，吐水口から水を引き込まないこととされている。

イ　バキュームブレーカとは，器具単独で販売され，水受け容器からの取付け高さが施工時に変更可能なものをいう。

ウ　バキュームブレーカは，負圧破壊性能試験により流入側からマイナス20kPaの圧力を加えたとき，バキュームブレーカに接続した透明管内の水位の上昇が75mmを超えないこととされている。

エ　負圧破壊装置を内部に備えた給水用具とは，製品の仕様として負圧破壊装置の位置が施工時に変更可能なものをいう。

	ア	イ	ウ	エ
(1)	誤	正	誤	正
(2)	誤	正	誤	誤
(3)	誤	誤	誤	正
(4)	正	誤	正	誤
(5)	正	誤	正	正

問題23　給水装置の耐久性能基準に関する次の記述の正誤の組み合わせのうち，<u>適当なものはどれか。</u>

ア　耐久性能基準は，頻繁に作動を繰り返すうちに弁類が故障し，その結果，給水装置の耐圧性，逆流防止等に支障が生じることを防止するためのものである。

イ　耐久性能基準は，制御弁類のうち機械的・自動的に頻繁に作動し，かつ通常消費者が自らの意思で選択し，又は設置・交換しないような弁類に適用される。

ウ　耐久性能試験において，弁類の開閉回数は10万回とされている。

エ　耐久性能基準の適用対象は，弁類単体として製造・販売され，施工時に取り付けられるものに限られている。

	ア	イ	ウ	エ
(1)	正	正	正	誤
(2)	正	誤	正	正
(3)	誤	正	正	正
(4)	正	正	誤	正
(5)	正	正	正	正

問題24　水道水の汚染防止に関する次の記述のうち，<u>不適当なものはどれか。</u>

(1)　末端部が行き止まりとなる給水装置は，停滞水が生じ，水質が悪化するおそれがあるため極力避ける。やむを得ず行き止まり管となる場合は，末端部に排水機構を設置する。

(2)　合成樹脂管をガソリンスタンド，自動車整備工場等に埋設配管する場合は，油分などの浸透を防止するため，さや管などにより適切な防護措置を施す。

(3)　一時的，季節的に使用されない給水装置には，給水管内に長期間水の停滞を生じることがあるため，適量の水を適時飲用以外で使用することにより，その水の衛生性を確保する。

(4)　給水管路に近接してシアン，六価クロム等の有毒薬品置場，有害物の取扱場，汚水槽等の汚染源がある場合は，給水管をさや管などにより適切に保護する。

(5)　洗浄弁，洗浄装置付便座，ロータンク用ボールタップは，浸出性能基準の適用対象外の給水用具である。

問題25　水撃作用の防止に関する次の記述の正誤の組み合わせのうち，<u>適当なものはどれか。</u>

ア　水撃作用が発生するおそれのある箇所には，その直後に水撃防止器具を設置する。

イ　水栓，電磁弁，元止め式瞬間湯沸器は作動状況によっては，水撃作用が生じるおそれがある。

ウ　空気が抜けにくい鳥居配管がある管路は水撃作用が発生するおそれがある。

エ　給水管の水圧が高い場合は，減圧弁，定流量弁等を設置し，給水圧又は流速を下げる。

	ア	イ	ウ	エ
(1)	誤	正	正	正
(2)	正	誤	正	誤
(3)	正	正	誤	正
(4)	誤	正	正	誤
(5)	誤	正	誤	正

問題26　クロスコネクションに関する次の記述の正誤の組み合わせのうち，<u>適当なもの</u>は<u>どれか</u>。

ア　給水管と井戸水配管を直接連結する場合，両管の間に逆止弁を設置し，逆流防止の措置を講じる必要がある。

イ　給水装置と受水槽以下の配管との接続はクロスコネクションではない。

ウ　クロスコネクションは，水圧状況によって給水装置内に工業用水，排水，ガス等が逆流するとともに，配水管を経由して他の需要者にまでその汚染が拡大する非常に危険な配管である。

エ　一時的な仮設であっても，給水装置とそれ以外の水管を直接連結してはならない。

	ア	イ	ウ	エ
(1)	誤	誤	正	正
(2)	誤	正	正	正
(3)	正	誤	正	誤
(4)	誤	誤	正	誤
(5)	正	誤	誤	誤

問題27　呼び径20mmの給水管から水受け容器に給水する場合，逆流防止のために確保しなければならない吐水口空間について，下図に示す水平距離（A，B）と垂直距離（C，D）の組み合わせのうち，<u>適当なものはどれか</u>。

(1)　A，C
(2)　A，D
(3)　B，C
(4)　B，D

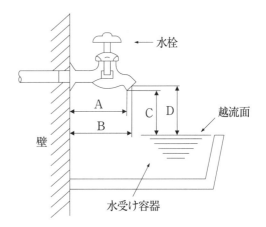

問題28　給水装置の寒冷地対策に用いる水抜き用給水用具の設置に関する次の記述のうち，<u>不適当なものはどれか</u>。

(1)　水道メーター下流側で屋内立上り管の間に設置する。

(2)　排水口は，凍結深度より深くする。

(3)　水抜き用の給水用具以降の配管は，できるだけ鳥居配管やU字形の配管を避ける。

(4)　排水口は，管内水の排水を容易にするため，直接汚水ます等に接続する。

(5)　水抜き用の給水用具以降の配管が長い場合には，取り外し可能なユニオン，フランジ等を適切な箇所に設置する。

問題29 給水装置の逆流防止のために圧力式バキュームブレーカを図のように設置する場合，バキュームブレーカの下端から確保しなければならない区間とその距離との組み合わせのうち，<u>適当なもの</u>はどれか。

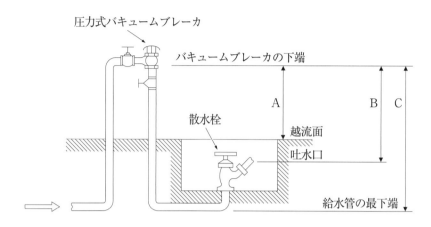

	〔確保しなければならない区間〕	〔確保しなければならない距離〕
(1)	A	100mm 以上
(2)	A	150mm 以上
(3)	B	150mm 以上
(4)	B	200mm 以上
(5)	C	200mm 以上

給水装置計画論

問題30 給水方式に関する次の記述の正誤の組み合わせのうち，<u>適当なもの</u>はどれか。

ア 受水槽式は，配水管の水圧が変動しても受水槽以下の設備は給水圧，給水量を一定の変動幅に保持できる。

イ 圧力水槽式は，小規模の中層建物に多く使用されている方式で，受水槽を設置せずに，ポンプで圧力水槽に貯え，その内部圧力によって給水する方式である。

ウ 高置水槽式は，一つの高置水槽から適切な水圧で給水できる高さの範囲は10階程度なので，それを超える高層建物では高置水槽や減圧弁をその高さに応じて多段に設置する必要がある。

エ 直結増圧式は，給水管の途中に直結加圧形ポンプユニットを設置し，圧力を増して直結給水する方法である。

	ア	イ	ウ	エ
(1)	正	正	誤	誤
(2)	正	誤	正	正
(3)	誤	誤	正	誤
(4)	誤	正	誤	正
(5)	正	正	正	誤

問題31　受水槽式の給水方式に関する次の記述の正誤の組み合わせのうち, <u>適当なものはどれか。</u>

ア　配水管の水圧低下を引き起こすおそれのある施設等への給水は受水槽式とする。

イ　有毒薬品を使用する工場等事業活動に伴い, 水を汚染するおそれのある場所, 施設等への給水は受水槽式とする。

ウ　病院や行政機関の庁舎等において, 災害時や配水施設の事故等による水道の断減水時にも給水の確保が必要な場合の給水は受水槽式とする。

エ　受水槽は, 定期的な点検や清掃が必要である。

	ア	イ	ウ	エ
(1)	正	正	誤	正
(2)	誤	正	正	正
(3)	正	正	正	誤
(4)	正	誤	正	正
(5)	正	正	正	正

問題32　給水装置工事の基本調査に関する次の記述の正誤の組み合わせのうち, <u>適当なものはどれか。</u>

ア　基本調査は, 計画・施工の基礎となるものであり, 調査の結果は計画の策定, 施工, さらには給水装置の機能にも影響する重要な作業である。

イ　水道事業者への調査項目は, 既設給水装置の有無, 屋外配管, 供給条件, 配水管の布設状況などがある。

ウ　現地調査確認作業は, 道路管理者への埋設物及び道路状況の調査や, 所轄警察署への現場施工環境の確認が含まれる。

エ　工事申込者への調査項目は, 工事場所, 使用水量, 既設給水装置の有無, 工事に関する同意承諾の取得確認などがある。

	ア	イ	ウ	エ
(1)	正	誤	誤	正
(2)	誤	正	誤	正
(3)	正	誤	正	正
(4)	正	正	誤	正
(5)	誤	正	正	誤

問題33　計画使用水量に関する次の記述の正誤の組み合わせのうち, <u>適当なものはどれか。</u>

ア　計画使用水量は, 給水管口径等の給水装置系統の主要諸元を計画する際の基礎となるものであり, 建物の用途及び水の使用用途, 使用人数, 給水栓の数等を考慮した上で決定する。

イ　直結増圧式給水を行うに当たっては, 1日当たりの計画使用水量を適正に設定することが, 適切な配管口径の決定及び直結加圧形ポンプユニットの適正容量の決定に不可欠である。

ウ　受水槽式給水における受水槽への給水量は, 受水槽の容量と使用水量の時間的変化を考慮して定める。

エ　同時使用水量とは, 給水装置に設置されている末端給水用具のうち, いくつかの末端給水用具を同時に使用することによってその給水装置を流れる水量をいう。

	ア	イ	ウ	エ
(1)	正	誤	正	誤
(2)	誤	正	誤	正
(3)	正	誤	誤	正
(4)	正	誤	正	正
(5)	誤	正	誤	誤

問題34 **図－1**に示す事務所ビル全体（6事務所）の同時使用水量を給水用具給水負荷単位により算定した場合，次のうち，適当なものはどれか。

ここで，6つの事務所には，それぞれ大便器（洗浄弁），小便器（洗浄弁），洗面器，事務室用流し，掃除用流しが1栓ずつ設置されているものとし，各給水用具の給水負荷単位及び同時使用水量との関係は，**表－1**及び**図－2**を用いるものとする。

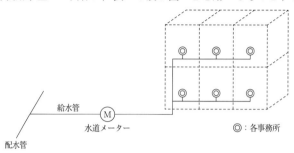

給水管
水道メーター
配水管
◎：各事務所

図－1

(1) 約 60 L/min
(2) 約150 L/min
(3) 約200 L/min
(4) 約250 L/min
(5) 約300 L/min

表－1 給水用具給水負荷単位

器具名	水栓	器具給水負荷単位
大 便 器	洗浄弁	10
小 便 器	洗浄弁	5
洗 面 器	給水栓	2
事務室用流し	給水栓	3
掃除用流し	給水栓	4

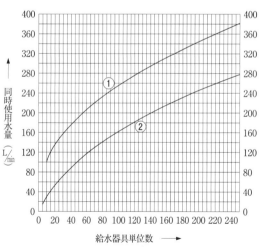

同時使用水量（L/min）
給水器具単位数 →

(注)この図の曲線①は大便器洗浄弁の多い場合，曲線②は大便器洗浄タンク（ロータンク便器等）の多い場合に用いる。

図－2 給水用具給水負荷単位による同時使用水量

問題35　図－1に示す給水装置における直結加圧形ポンプユニットの吐水圧（圧力水頭）として，次のうち，<u>最も近い値はどれか</u>。

　　ただし，給水管の真札損失水頭と逆止弁による損失水頭は考慮するが，管の曲りによる損失水頭はこう慮しないものとし，給水管の流量と動水勾配の関係は，**図－2**を用いるものとする。また，計算に用いる数値条件は次の通りとする。

① 給水栓の使用水量　　　　　　　　120 L/min
② 給水管及び給水用具の口径　　　　40 mm
③ 給水栓を使用するために必要な圧力　5 m
④ 逆止弁の損失水頭　　　　　　　　10 m

(1) 30 m　　(2) 32 m　　(3) 34 m　　(4) 36 m　　(5) 40 m

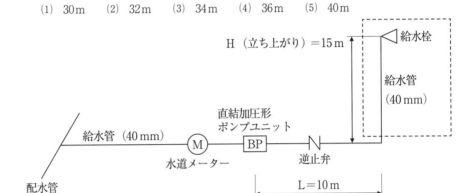

H（立ち上がり）＝15 m

給水栓

給水管（40 mm）

直結加圧形ポンプユニット

給水管（40 mm）　　Ｍ　水道メーター　　BP　　逆止弁

配水管

L＝10 m

図－1　給水装置図

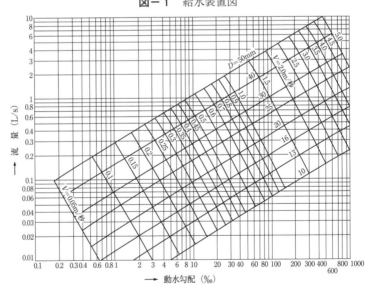

図－2　ウエストン公式による給水管の流量図

給水装置工事事務論

問題36　給水装置の構造及び材質の基準（以下本問においては「構造材質基準」という。）に関する次の記述のうち，<u>不適当なもの</u>はどれか。
(1)　厚生労働省令に定められている「構造材質基準を適用するために必要な技術的細目」のうち，個々の給水管及び給水用具が満たすべき性能及びその定量的な判断基準（以下本問においては「性能基準」という。）は4項目の基準からなっている。
(2)　構造材質基準適合品であることを証明する方法は，製造者等が自らの責任で証明する「自己認証」と第三者機関に依頼して証明する「第三者認証」がある。
(3)　JISマークの表示は，国の登録を受けた民間の第三者機関がJIS適合試験を行い，適合した製品にマークの表示を認める制度である。
(4)　厚生労働省では製品ごとの性能基準への適合性に関する情報が，全国的に利用できるよう，給水装置データベースを構築している。

問題37　個々の給水管及び給水用具が満たすべき性能及びその定量的な判断基準（以下本問においては「性能基準」という。）に関する次の記述のうち，<u>不適当なもの</u>はどれか。
(1)　給水装置の構造及び材質の基準（以下本問においては「構造材質基準」という。）に関する省令は，性能基準及び給水装置工事が適正に施行された給水装置であるか否かの判断基準を明確化したものである。
(2)　給水装置に使用する給水管で，構造材質基準に関する省令を包含する日本産業規格（JIS規格）や日本水道協会規格（JWWA規格）等の団体規格に適合した製品も使用可能である。
(3)　第三者認証を行う機関の要件及び業務実施方法については，国際整合化等の観点から，ISOのガイドラインに準拠したものであることが望ましい。
(4)　第三者認証を行う機関は，製品サンプル試験を行い，性能基準に適しているか否かを判定するとともに，基準適合製品が安定・継続して製造されているか否か等の検査を行って基準適合性を認証した上で，当該認証機関の認証マークを製品に表示することを認めている。
(5)　自己認証においては，給水管，給水用具の製造業者が自ら得たデータや作成した資料等に基づいて，性能基準適合品であることを証明しなければならない。

問題38　給水装置工事における給水装置工事主任技術者（以下本問においては「主任技術者」という。）の職務に関する次の記述の正誤の組み合わせのうち，<u>適当なもの</u>はどれか。
ア　主任技術者は，公道下の配管工事について工事の時期，時間帯，工事方法等について，あらかじめ水道事業者から確認を受けることが必要である。
イ　主任技術者は，施主から工事に使用する給水管や給水用具を指定された場合，それらが給水装置の構造及び材質の基準に関する省令に適合していない場合でも，現場の状況に合ったものを使用することができる。
ウ　主任技術者は，工事に当たり施工後では確認することが難しい工事目的物の品質を，施工の過程においてチェックする品質管理を行う必要がある。
エ　主任技術者は，工事従事者の健康状態を管理し，水系感染症に注意して，どのような給水装置工事においても水道水を汚染しないよう管理する。

	ア	イ	ウ	エ
(1)	誤	正	誤	正
(2)	正	誤	誤	正
(3)	正	誤	正	正
(4)	誤	誤	正	誤

問題39　給水装置工事の記録，保存に関する次の記述のうち，<u>適当なものはどれか</u>。
(1)　給水装置工事主任技術者は，給水装置工事を施行する際に生じた技術的な問題点等について，整理して記録にとどめ，以後の工事に活用していくことが望ましい。
(2)　指定給水装置工事事業者は，給水装置工事の記録として，施主の氏名又は名称，施行の場所，竣工図等の記録を作成し，5年間保存しなければならない。
(3)　給水装置工事の記録作成は，指名された給水装置工事主任技術者が作成するが，いかなる場合でも他の従業員が行ってはいけない。
(4)　給水装置工事の記録については，水道法施行規則に定められた様式に従い作成しなければならない。

問題40　建設業法に関する次の記述のうち，<u>不適当なものはどれか</u>。
(1)　建設業を営む場合には，建設業の許可が必要であり，許可要件として，建設業を営もうとするすべての営業所ごとに，一定の資格又は実務経験を持つ専任の技術者を置かなければならない。
(2)　建設業を営もうとする者のうち，2以上の都道府県の区域内に営業所を設けて営業をしようとする者は，本店のある管轄の都道府県知事の許可を受けなければならない。
(3)　建設業法第26条第1項に規定する主任技術者及び同条第2項に規定する監理技術者は，同法に基づき，工事を適正に実施するため，工事の施工計画の作成，工程管理，品質管理，その他の技術上の管理や工事の施工に従事する者の技術上の指導監督を行う者である。
(4)　工事1件の請負代金の額が建築一式工事にあっては1,500万円に満たない工事又は延べ面積が150m^{2}に満たない木造住宅工事，建築一式工事以外の建設工事にあっては500万円未満の軽微な工事のみを請け負うことを営業とする者は，建設業の許可は必要がない。

「学科試験2」

注意事項

次の注意事項を解答用紙と対比しながら声を出さずに読んで下さい。

1. 解答用紙の受験番号の確認

    解答用紙の所定欄に，あなたの受験番号が印刷してありますので，確認して下さい。

    記載内容に誤りがある場合は，手を上げて下さい。

2. 解答用紙への氏名及びフリガナの記入

    解答用紙の所定欄に，あなたの氏名を記入するとともに，フリガナをカタカナで記入して下さい。

3. 注意事項の表紙への受験番号及び氏名の記入

    この注意事項の表紙の所定欄に，あなたの受験番号及び氏名を記入して下さい。

4. 試験問題数及び解答時間

    学科試験2の試験問題数は20問で，解答時間は60分です。

5. 解答方法

(1) 解答方法はマークシート方式です。質問に適した答えを一つ選び，次の例にならって解答用紙にマーク（塗りつぶす）して下さい。

    なお，一つの試験問題で二つ以上マークすると誤りとなりますので注意して下さい。

    〔例1〕四肢択一の問題

      問題1　次のうち，日本一高い山はどれか。

        (1) 阿蘇山

        (2) 浅間山

        (3) 富士山

        (4) 槍ヶ岳

      正解は(3)ですから，次のように解答用紙の ③ をマークして下さい。

問題番号	解 答 欄			
問題1	①	②	●	④

    〔例2〕五肢択一の問題

      問題2　次のうち，日本一大きい湖はどれか。

        (1) 霞ヶ浦

        (2) 琵琶湖

        (3) サロマ湖

        (4) 猪苗代湖

        (5) 宍道湖

      正解は(2)ですから，次のように解答用紙の ② をマークして下さい。

問題番号	解 答 欄				
問題2	①	●	③	④	⑤

(2) 採点は機械によって行いますので，解答は HB の鉛筆を使用し，◯ の外にはみ出さないようにマークして下さい。ボールペンは使用しないで下さい。

    なお，シャープペンシルを使用する場合は，なるべく芯の太いものを使用して下さい。

    良い解答の例……●

    悪い解答の例……Ⓦ Ⓥ Ⓧ ◯ ◯ ◑ ●

(3) 一度マークしたところを訂正する場合は，消しゴムで消し残りのないように完全に消して下さい。なお，砂消しゴムは，解答用紙を傷つけたり，よごす恐れがありますので使用してはいけません。

    鉛筆の跡が残ったり，● のような消し方をした場合は，訂正したことにはなりませんので注意して下さい。

(4) 解答用紙は，折り曲げたり，チェックやメモ書きなどで汚したりしないように特に注意して下さい。

6. その他の注意事項

(1) 試験問題の内容に関する質問には一切お答えしません。

(2) 解答用紙を持ち帰ることは認めません。

(3) 途中退室は試験開始30分後から試験終了15分前までの間は認めますが，その前後の途中退室は認めません。

(4) 途中退室する際には，着席したままで手を上げて下さい。

    試験監督員があなたの解答用紙を回収し，退室の指示があるまで席を立たないで下さい。

(5) 一度退室すると試験終了後，指示があるまで再入室できません。

(6) 試験終了後は，試験監督員が全員の解答用紙を回収し確認作業を行いますので，試験監督員の指示があるまで席を立たないで下さい。

(7) 試験問題は，試験終了後の持ち帰りは認めますが，途中退室する際の持ち出しは認めません。

    途中退室された方が試験問題を必要とする場合は，試験終了後，再入室を許可する旨の指示を受けてから，再入室して自席のものをお持ち帰り下さい。許可するまでは再入室を認めません。

学科試験 2

給水装置の概要

問題41　給水用具に関する次の記述の正誤の組み合わせのうち，<u>適当なもの</u>はどれか。

ア　単水栓は，給水の開始，中止及び給水装置の修理その他の目的で給水を制限又は停水するために使用する給水用具である。

イ　甲形止水栓は，流水抵抗によって，こまパッキンが摩耗して止水できなくなるおそれがある。

ウ　ボールタップは，浮玉の上下によって自動的に弁を開閉する構造になっており，水洗便器のロータンクや受水槽の水を一定量貯める給水用具である。

エ　ダイヤフラム式ボールタップは，圧力室内部の圧力変化を利用しダイヤフラムを動かすことにより吐水，止水を行うもので，給水圧力による止水位の変動が大きい。

	ア	イ	ウ	エ
(1)	誤	正	正	誤
(2)	正	誤	誤	正
(3)	正	誤	正	誤
(4)	誤	誤	正	正
(5)	誤	正	誤	正

問題42　給水用具に関する次の記述のうち，<u>不適当なもの</u>はどれか。

(1)　各種分水栓は，分岐可能な配水管や給水管から不断水で給水管を取り出すための給水用具で，分水栓の他，サドル付分水栓，割T字管がある。

(2)　仕切弁は，弁体が鉛直方向に上下し，全開・全閉する構造であり，全開時の損失水頭は小さい。

(3)　玉形弁は，止水部が吊りこま構造であり，弁部の構造から流れがS字形となるため損失水頭が小さい。

(4)　給水栓は，給水装置において給水管の末端に取り付けられ，弁の開閉により流量又は湯水の温度の調整等を行う給水用具である。

問題43　給水用具に関する次の記述のうち，<u>不適当なもの</u>はどれか。

(1)　減圧弁は，水圧が設定圧力よりも上昇すると，給水用具を保護するために弁体が自動的に開いて過剰圧力を逃し，圧力が所定の値に降下すると閉じる機能を持った給水用具である。

(2)　空気弁は，管頂部に設置し，管内に停滞した空気を自動的に排出する機能を持った給水用具である。

(3)　定流量弁は，オリフィス，ばね式等による流量調整機構によって，一次側の圧力に関わらず流量が一定になるよう調整する給水用具である。

(4)　圧力式バキュームブレーカは，給水・給湯系統のサイホン現象による逆流を防止するために，負圧部分へ自動的に空気を導入する機能を持ち，常時水圧は掛かるが逆圧の掛からない配管部分に設置する。

問題44 給水用具に関する次の記述の ［　　　　］ 内に入る語句の組み合わせのうち，<u>適当</u>なものはどれか。

① ［　ア　］ は，個々に独立して作動する第1逆止弁と第2逆止弁が組み込まれている。各逆止弁はテストコックによって，個々に性能チェックを行うことができる。

② ［　イ　］ は，一次側の流水圧で逆止弁体を押し上げて通水し，停水又は逆圧時は逆止弁体が自重と逆圧で弁座を閉じる構造の逆止弁である。

③ ［　ウ　］ は，独立して作動する第1逆止弁と第2逆止弁との間に一次側との差圧で作動する逃し弁を備えた中間室からなり，逆止弁が正常に作動しない場合，逃し弁が開いて排水し，空気層を形成することによって逆流を防止する構造の逆流防止器である。

④ ［　エ　］ は，弁体がヒンジピンを支点として自重で弁座面に圧着し，通水時に弁体が押し開かれ，逆圧によって自動的に閉止する構造の逆止弁である。

	ア	イ	ウ	エ
(1)	複式逆止弁	リフト式逆止弁	中間室大気開放型逆流防止器	スイング式逆止弁
(2)	二重式逆流防止器	自重式逆止弁	減圧式逆流防止器	スイング式逆止弁
(3)	複式逆止弁	自重式逆止弁	減圧式逆流防止器	単式逆止弁
(4)	二重式逆流防止器	リフト式逆止弁	中間室大気開放型逆流防止器	単式逆止弁
(5)	二重式逆流防止器	自重式逆止弁	中間室大気開放型逆流防止器	単式逆止弁

問題45 給水用具に関する次の記述のうち，<u>不適当な</u>ものはどれか。

(1) 逆止弁付メーターパッキンは，配管接合部をシールするメーター用パッキンにスプリング式の逆流防止弁を兼ね備えた構造である。逆流防止機能が必要な既設配管の内部に新たに設置することができる。

(2) 小便器洗浄弁は，センサーで感知し自動的に水を吐出させる自動式とボタン等を操作し水を吐出させる手動式の2種類あり，手動式にはニードル式，ダイヤフラム式の2つのタイプの弁構造がある。

(3) 湯水混合水栓は，湯水を混合して1つの水栓から吐水する水栓である。ハンドルやレバー等の操作により吐水，止水，吐水流量及び吐水温度が調整できる。

(4) 水道用コンセントは，洗濯機，食器洗い機との組合せに最適な水栓で，通常の水栓のように壁から出っ張らないので邪魔にならず，使用するときだけホースをつなげばよいので空間を有効に利用することができる。

問題46 給水管に関する次の記述のうち，<u>適当な</u>ものはどれか。

(1) 銅管は，耐食性に優れるため薄肉化しているので，軽量で取り扱いが容易である。また，アルカリに侵されず，スケールの発生も少ないが，遊離炭酸が多い水には適さない。

(2) 耐熱性硬質塩化ビニルライニング鋼管は，鋼管の内面に耐熱性硬質ポリ塩化ビニルをライニングした管である。この管の用途は，給水・給湯等であり，連続使用許容温度は95℃以下である。

(3) ステンレス鋼鋼管は，鋼管と比べると特に耐食性に優れている。軽量化しているので取り扱いは容易であるが，薄肉であるため強度的には劣る。

(4) ダクタイル鋳鉄管は，鋳鉄組織中の黒鉛が球状のため，靱性がなく衝撃に弱い。しかし，引張り強さが大であり，耐久性もある。

問題47 給水管の継手に関する次の記述の 内に入る語句の組み合わせのうち, 適当なものはどれか。

① 架橋ポリエチレン管の継手の種類としては, メカニカル式継手と ア 継手がある。

② ダクタイル鋳鉄管の接合形式は多種類あるが, 一般に給水装置では, メカニカル継手, イ 継手及びフランジ継手の3種類がある。

③ 水道用ポリエチレン二層管の継手は, 一般的に ウ 継手が用いられる。

④ ステンレス鋼鋼管の継手の種類としては, エ 継手とプレス式継手がある。

	ア	イ	ウ	エ
(1)	EF	RR	金属	スライド式
(2)	熱融着	プッシュオン	TS	スライド式
(3)	EF	プッシュオン	金属	伸縮可とう式
(4)	熱融着	RR	TS	伸縮可とう式
(5)	EF	RR	金属	伸縮可とう式

問題48 軸流羽根車式水道メーターに関する次の記述の 内に入る語句の組み合わせのうち, 適当なものはどれか。

軸流羽根車式水道メーターは, 管状の器内に設置された流れに平行な軸を持つ螺旋状の羽根車を回転させて, 積算計量する構造のものであり, たて形とよこ形の2種類に分けられる。

たて形軸流羽根車式は, メーターケースに流入した水流が, 整流器を通って, ア に設置された螺旋状羽根車に沿って流れ, 羽根車を回転させる構造のものである。水の流れが水道メーター内で イ するため損失水頭が ウ 。

	ア	イ	ウ
(1)	垂 直	迂 流	小さい
(2)	水 平	直 流	大きい
(3)	垂 直	迂 流	大きい
(4)	水 平	迂 流	大きい
(5)	水 平	直 流	小さい

問題49 水道メーターに関する次の記述のうち, 不適当なものはどれか。

(1) 水道の使用水量は, 料金算定の基礎となるもので適正な計量が求められることから, 水道メーターは計量法に定める特定計量器の検定に合格したものを設置する。

(2) 水道メーターは, 検定有効期間が8年間であるため, その期間内に検定に合格した水道メーターと交換しなければならない。

(3) 水道メーターの技術進歩への迅速な対応及び国際整合化の推進を図るため, 日本産業規格（JIS規格）が制定されている。

(4) 電磁式水道メーターは, 水の流れと平行に磁界をかけ, 電磁誘導作用により, 流れと磁界に平行な方向に誘起された起電力により流量を測定する器具である。

(5) 水道メーターの呼び径決定に際しては, 適正使用流量範囲, 一時的使用の許容範囲等に十分留意する必要がある。

問題50　給水用具の故障と修理に関する次の記述の正誤の組み合わせのうち，<u>適当なもの</u>はどれか。

ア　受水槽のボールタップの故障で水が止まらなくなったので，原因を調査した。その結果，パッキンが摩耗していたので，パッキンを取り替えた。

イ　ボールタップ付ロータンクの水が止まらなかったので，原因を調査した。その結果，フロート弁の摩耗，損傷のためすき間から水が流れ込んでいたので，分解し清掃した。

ウ　ピストン式定水位弁の水が止まらなかったので，原因を調査した。その結果，主弁座パッキンが摩耗していたので，主弁座パッキンを新品に取り替えた。

エ　水栓から不快音があったので，原因を調査した。その結果，スピンドルの孔とこま軸の外径が合わなく，がたつきがあったので，スピンドルを取り替えた。

	ア	イ	ウ	エ
(1)	正	誤	正	正
(2)	正	誤	誤	正
(3)	誤	正	誤	正
(4)	誤	正	正	誤
(5)	正	誤	正	誤

問題51　給水用具の故障と修理に関する次の記述の正誤の組み合わせのうち，<u>適当なもの</u>はどれか。

ア　大便器洗浄弁のハンドルから漏水していたので，原因を調査した。その結果，ハンドル部のパッキンが傷んでいたので，ピストンバルブを取り出し，Uパッキンを取り替えた。

イ　小便器洗浄弁の吐水量が多いので，原因を調査した。その結果，調節ねじが開け過ぎとなっていたので，調節ねじを左に回して吐水量を減らした。

ウ　ダイヤフラム式定水位弁の故障で水が出なくなったので，原因を調査した。その結果，流量調節棒が締め切った状態になっていたので，ハンドルを回して所定の位置にした。

エ　水栓から漏水していたので，原因を調査した。その結果，弁座に軽度の摩耗が見られたので，まずはパッキンを取り替えた。

	ア	イ	ウ	エ
(1)	正	誤	誤	正
(2)	誤	正	誤	正
(3)	正	正	誤	正
(4)	正	誤	正	誤
(5)	誤	誤	正	正

問題52　湯沸器に関する次の記述の正誤の組み合わせのうち，<u>適当なもの</u>はどれか。

ア　地中熱利用ヒートポンプ給湯機は，年間を通して一定である地表面から約10m以深の安定した温度の熱を利用する。地中熱は日本中どこでも利用でき，しかも天候に左右されない再生可能エネルギーである。

イ　潜熱回収型給湯器は，今まで利用せずに排気していた高温（200℃）の燃焼ガスを再利用し，水を潜熱で温めた後に従来の一次熱交換器で加温して温水を作り出す。

ウ　元止め式瞬間湯沸器は，給湯配管を通して湯沸器から離れた場所で使用できるもので，2カ所以上に給湯する場合に広く利用される。

エ　太陽熱利用貯湯湯沸器の二回路型は，給水管に直結した貯湯タンク内で太陽集熱器から送られる熱源を利用し，水を加熱する。

	ア	イ	ウ	エ
(1)	正	正	誤	正
(2)	正	誤	正	誤
(3)	正	誤	誤	正
(4)	誤	正	正	誤
(5)	誤	正	誤	正

問題53　浄水器に関する次の記述のうち，<u>不適当なもの</u>はどれか。

(1) 浄水器は，水道水中の残留塩素等の溶存物質，濁度等の減少を主目的としたものである。

(2) 浄水器のろ過材には，活性炭，ろ過膜，イオン交換樹脂等が使用される。

(3) 水栓一体形浄水器のうち，スパウト内部に浄水カートリッジがあるものは，常時水圧が加わらないので，給水用具に該当しない。

(4) アンダーシンク形浄水器は，水栓の流入側に取り付けられる方式と流出側に取り付けられる方式があるが，どちらも給水用具として分類される。

問題54　直結加圧形ポンプユニットに関する次の記述のうち，<u>不適当なもの</u>はどれか。

(1) 直結加圧形ポンプユニットの構成は，ポンプ，電動機，制御盤，バイパス管，圧力発信機，流水スイッチ，圧力タンク等からなっている。

(2) 吸込側の圧力が異常低下した場合は自動停止し，吸込側の圧力が復帰した場合は手動で復帰させなければならない。

(3) 圧力タンクは，日本水道協会規格（JWWA B 130：2005）に定める性能に支障が生じなければ，設置する必要はない。

(4) 使用水量が少なく自動停止する時の吐水量は，10L/min 程度とされている。

問題55　給水用具に関する次の記述のうち，<u>不適当なもの</u>はどれか。

(1) 自動販売機は，水道水を内部タンクで受けたあと，目的に応じてポンプにより加工機構へ供給し，コーヒー等を販売する器具である。

(2) Y型ストレーナは，流体中の異物などをろ過するスクリーンを内蔵し，ストレーナ本体が配管に接続されたままの状態でも清掃できる。

(3) 水撃防止器は，封入空気等をゴム等により圧縮し，水撃を緩衝するもので，ベローズ形，エアバッグ形，ダイヤフラム式等がある。

(4) 温水洗浄装置付便座は，その製品の性能等の規格をJISに定めており，温水発生装置で得られた温水をノズルから射出する装置を有した便座である。

(5) サーモスタット式の混合水栓は，湯側・水側の2つのハンドルを操作し，吐水・止水，吐水量の調整，吐水温度の調整ができる。

給水装置施工管理法

問題56 給水装置工事における施工管理に関する次の記述のうち，**不適当なもの**はどれか。

(1) 配水管からの分岐以降水道メーターまでの工事は，あらかじめ水道事業者の承認を受けた工法，工期その他の工事上の条件に適合するように施工する必要がある。

(2) 水道事業者，需要者（発注者）等が常に施工状況の確認ができるよう必要な資料，写真の取りまとめを行っておく。

(3) 道路部掘削時の埋戻しに使用する埋戻し土は，水道事業者が定める基準等を満たした材料であるか検査・確認し，水道事業者の承諾を得たものを使用する。

(4) 工事着手に先立ち，現場付近の住民に対し，工事の施工について協力が得られるよう，工事内容の具体的な説明を行う。

(5) 工事の施工に当たり，事故が発生した場合は，直ちに必要な措置を講じた上で，事故の状況及び措置内容を水道事業者及び関係官公署に報告する。

問題57 宅地内での給水装置工事の施工管理に関する次の記述の 内に入る語句の組み合わせのうち，**適当なもの**はどれか。

宅地内での給水装置工事は，一般に水道メーター以降 ア までの工事である。 イ の依頼に応じて実施されるものであり，工事の内容によっては，建築業者等との調整が必要となる。宅地内での給水装置工事は，これらに留意するとともに，道路上での給水装置工事と同様に ウ の作成と，それに基づく工程管理，品質管理，安全管理等を行う。

	ア	イ	ウ
(1)	末端給水用具	施主(需要者等)	施工計画書
(2)	末端給水用具	水道事業者	工程表
(3)	末端給水用具	施主(需要者等)	工程表
(4)	建築物の外壁	水道事業者	工程表
(5)	建築物の外壁	施主(需要者等)	施工計画書

問題58 給水装置工事における品質管理について，穿孔後に確認する水質項目の組み合わせのうち，**適当なもの**はどれか。

(1)	残留塩素	TOC	色	濁り	味
(2)	におい	残留塩素	濁り	味	色
(3)	残留塩素	濁り	味	色	pH値
(4)	におい	濁り	残留塩素	色	TOC
(5)	残留塩素	におい	濁り	pH値	色

問題59　建設工事公衆災害防止対策要綱に基づく交通対策に関する次の記述の正誤の組み合わせのうち，<u>適当なもの</u>はどれか。

ア　施工者は，道路上に作業場を設ける場合は，原則として，交通流に対する正面から車両を出入りさせなければならない。ただし，周囲の状況等によりやむを得ない場合においては，交通流に平行する部分から車両を出入りさせることができる。

イ　施工者は，道路上において土木工事を施工する場合には，道路管理者及び所轄警察署長の指示を受け，作業場出入口等に原則，交通誘導警備員を配置し，道路標識，保安灯，セイフティコーン又は矢印板を設置する等，常に交通の流れを阻害しないよう努めなければならない。

ウ　発注者及び施工者は，土木工事のために，一般の交通を迂回させる必要がある場合においては，道路管理者及び所轄警察署長の指示するところに従い，まわり道の入口及び要所に運転者又は通行者に見やすい案内用標示板等を設置し，運転者又は通行者が容易にまわり道を通過し得るようにしなければならない。

エ　施工者は，歩行者用通路とそれに接する車両の交通の用に供する部分との境及び歩行者用通路と作業場との境は，必要に応じて移動さくを等間隔であけるように設置し，又は移動さくの間に保安灯を設置する等明確に区分する。

	ア	イ	ウ	エ
(1)	正	正	正	誤
(2)	正	誤	正	誤
(3)	誤	正	正	正
(4)	誤	正	正	誤
(5)	誤	正	誤	正

問題60　建設工事公衆災害防止対策要綱に基づく交通対策に関する次の記述のうち，<u>不適当なもの</u>はどれか。

(1)　施工者は工事用の諸施設を設置する必要がある場合に当たっては，周辺の地盤面から高さ0.8m以上2m以下の部分については，通行者の視界を妨げることのないよう必要な措置を講じなければならない。

(2)　施工者は，道路を掘削した箇所を埋め戻したのち，仮舗装を行う際にやむを得ない理由で段差が生じた場合は，10%以内の勾配ですりつけなければならない。

(3)　施工者は，道路上において又は道路に接して土木工事を施工する場合には，工事を予告する道路標識，標示板等を，工事箇所の前方50mから500mの間の路側又は中央帯のうち視認しやすい箇所に設置しなければならない。

(4)　発注者及び施工者は，やむを得ず歩行者用通路を制限する必要がある場合，歩行者が安全に通行できるよう車道とは別に，幅0.9m以上（高齢者や車椅子使用者等の通行が想定されない場合は幅0.75m以上），有効高さは2.1m以上の歩行者用通路を確保しなければならない。

(5)　発注者及び施工者は，車道を制限する場合において，道路管理者及び所轄警察署長から特に指示のない場合は，制限した後の道路の車線が1車線となる場合にあっては，その車道幅員は3m以上とし，2車線となる場合にあっては，その車道幅員は5.5m以上とする。

令和4年度 給水装置工事主任技術者試験　正答一覧

（学科試験 1 ）

科 目 名	公衆衛生概論			水道行政						給水装置工事法							
問題番号	1	2	3	4	5	6	7	8	9	10	11	12	13	14	15	16	17
正答番号	4	2	1	4	4	5	4	1	1	3	1	1	3	5	2	3	5
科 目 名			給水装置の構造及び性能										給水装置計画論				
問題番号	18	19	20	21	22	23	24	25	26	27	28	29	30	31	32	33	34
正答番号	4	4	3	3	2	5	4	1	1	3	4	2	2	5	4	4	5
科 目 名	給水装置工事事務論																
問題番号	35	36	37	38	39	40											
正答番号	2	1	5	3	1	2											

（学科試験 2 ）

科 目 名	給水装置の概要															給水装置	
問題番号	41	42	43	44	45	46	47	48	49	50	51	52	53	54	55	56	57
正答番号	1	3	1	2	2	1	3	3	4	5	5	1	3	2	5	3	1
科 目 名	施工管理法																
問題番号	58	59	60														
正答番号	2	4	2														

索　　引

あ行

か行

さ行

[執 筆 者] 横 手 幸 伸　Yukinobu Yokote
　　　　　　1972年　関西大学工学部機械工学科卒業
　　　　　　2016年　清水建設㈱　設備・BLC 本部 設備技術部 副部長
　　　　　　現　在　建物診断センター

　　　　　　鈴 木 弘 一　Koichi Suzuki
　　　　　　1975年　横浜国立大学工学部機械工学科卒業

　　　　　　田 中 和 美　Kazumi Tanaka
　　　　　　1981年　工学院大学建築学科（設備コース）卒業

　　　　　　中 村　　勉　Tsutomu Nakamura
　　　　　　1975年　大阪府立工業高等専門学校機械工学科卒業

給水装置工事
主任技術者試験　**要点テキスト　令和5年度版**

2023 年 5 月 25 日　初 版 印 刷
2023 年 6 月 5 日　初 版 発 行

　　　　　　　　　　執筆者　横　手　幸　伸
　　　　　　　　　　　　　　　　（他上記 3 名）
　　　　　　　　　　発行者　澤　崎　明　治

（印　刷）広済堂ネクスト　（製　本）三省堂印刷
　　　　　　　　　　　　　　（トレース）丸山図芸社

　　　　　発行所　株式会社 市ヶ谷出版社
　　　　　　　　　東京都千代田区五番町 5
　　　　　　　　　電話　03 - 3265 - 3711 ㈹
　　　　　　　　　FAX　03 - 3265 - 4008
　　　　　　　　　http://www.ichigayashuppan.co.jp

　　Ⓒ 2023　　　　　　ISBN 978-4-87071-926-2